Iter Romanum

Lehrwerk Latein

Texte und Übungen · Grammatik und Vokabeln

Herausgeber: Jörgen Vogel, Benedikt van Vugt,
Theodor van Vugt

Autoren: Astrid Grohn, Henry Grohn,
Ulrich Herz, Jörgen Vogel,
Benedikt van Vugt, Theodor van Vugt

Best.-Nr. 10554 X

Verlag Ferdinand Schöningh

Parallel zu diesem Lehrwerk ist eine Lern- und Arbeitshilfe für Schüler als Computersoftware für IBM-kompatible Rechner erschienen. Diese Software mit dem Titel „NAVIGIUM® Iter Romanum" erhalten Sie im Buchhandel oder direkt beim Verlag.

DOS-Version (2 Disketten 3,5")   ISBN 3-506-62420-2 (ab 286er, mind. 640 KB RAM)

Bildquellenverzeichnis

Anthony-Verlag, Starnberg: S. 18 u., S. 93, S. 150; aus Antike Welt, Heft 2/1996, Verlag Philipp von Zabern/München: S. 76 o.; Archiv für Kunst und Geschichte, Berlin: S. 13, S. 39, S. 47 M., S. 83, S. 91, S. 164; Stadt Augsburg/Verkehrsverein: S. 33; Bavaria, Gauting: S. 117; Bildarchiv Preußischer Kulturbesitz, Berlin: S. 47 o., S. 48, S. 54, S. 98; British Museum, London: S. 68, S. 111 r.; aus: Peter Connolly (Hg.), Die Römische Armee, Verlag Tessloff/Nürnberg 1976: S. 44; aus Peter Connolly, Pompeji, Verlag Tessloff/Nürnberg 1979: S. 89 u.; aus: Mike Corbishley, Das Buch vom alten Rom, Arena/Würzburg 1990: S. 60; aus: Mike Corbishley, Die Welt der Römer, Verlag Tessloff/Nürnberg 1987: S. 101; DAI, Athen: S. 71; dpa/Farbarchiv, Frankfurt: S. 20; Europa-Farbbildarchiv Klammet, Ohlstadt: S. 12; Fitzwilliam Museum, Cambridge: S. 155 u.; Fotocielo, Rom: S. 41; Foto Musei Capitolini, Rom: S. 28; nach: Geschichtsbuch 1/Neue Ausgabe, Cornelsen/Berlin 1994: S. 56 o.; Kunsthistorisches Museum, Wien: S. 139 l.; laenderpress, Mainz: S. 73; © Les Editions Albert René, Paris: S. 115, S. 125; Limesmuseum, Aalen: S. 137 u.; Bildarchiv Foto Marburg: S. 18 o.; Leonard von Matt, Buochs/Schweiz: S. 42; Museo Archeologico, Florenz: S. 106; Museo Guarnacci, Volterra/Italien: S. 40; Museo nazionale, Neapel: S. 35; Ny Carlsberg Glyptotek, Kopenhagen: S. 63; Pennyroyal Press, USA: S. 79 l.; aus: Phädrus, Fabeln, C. C. Buchners Verlag/Hamburg 1994: S. 120; Rheinisches Landesmuseum, Bonn: S. 103; Rheinisches Landesmuseum, Trier: S. 36 u.; Scala, Florenz: S. 27, S. 29, S. 47 u., S. 53; S. 56 u., S. 70, S. 79 r., S. 96, S. 109; Staatliche Münzsammlung, München: S 111 l., S. 127, S. 142 u.; Staatsbibliothek, Bamberg: S. 86; aus: Trierer Grabungen und Forschungen, Bd. I/1 - Die Trierer Kaiserthermen, Dr. Benno Filser Verlag/Augsburg 1929: S. 89 o.; Vatikanisches Museum, Rom: S. 107; Westfälisches Römermuseum, Haltern (Zeichnung: Iris Buchholz): S. 137 o.; weitere: Verlagsarchiv Schöningh, Paderborn.

Gedruckt auf umweltfreundlichem, chlorfrei gebleichtem Papier.

mit neuer Rechtschreibung

© 1997 Ferdinand Schöningh, Paderborn
(Verlag Ferdinand Schöningh, Jühenplatz 1, 33098 Paderborn)

Alle Rechte vorbehalten. Dieses Werk sowie einzelne Teile desselben sind urheberrechtlich geschützt. Jede Verwertung in anderen als den gesetzlich zugelassenen Fällen ist ohne vorherige schriftliche Zustimmung des Verlages nicht zulässig.

Printed in Germany. Gesamtherstellung Ferdinand Schöningh.

Druck 5 4 3 2 1   Jahr 01 00 99 98 97

ISBN 3-506-10554-X

Dieses Werk folgt der reformierten Rechtschreibung und Zeichensetzung. Ausnahmen bilden Texte, bei denen künstlerische, philologische oder lizenzrechtliche Gründe einer Änderung entgegenstehen.

Sequenzübersicht

Lektion	Lesestück	Seite	Grammatik	Seite
1	Über dieses Buch und die lateinische Sprache	10		

Flug der Kinder nach Rom und ihre ersten Begegnungen mit der Gegenwart und Vergangenheit der Stadt

Lektion	Lesestück	Seite	Grammatik	Seite
2	Reise nach Rom	12	F: Verben: Infinitiv 3. P. Sg. u. Pl. Präsens; a-, o-Dekl. (masc.): Nominativ u. Akkusativ S: Subjekt, Prädikat, Objekt (Akkusativ)	169
3	Auf dem Flughafen „Leonardo da Vinci"	14	F: Verben: Imperativ; a-, o-Dekl. (masc.): Dativ u. Vokativ; o-Dekl.: Subst. auf -er S: Objekt (Infinitiv u. Dativ)	171
4	Endlich bei den Großeltern	17	F: a-, o-Dekl. (masc.): Genitiv; o-Dekl. (neutr.) S: Attribut (Genitiv)	173
5	Unterwegs in Rom	19	F: Verben: 3. P. Sg. u. Pl. Imperfekt; a-, o-Dekl.: Ablativ; Präpositionen S: Adverbiale Bestimmung	174
6	Trubel auf den Märkten Roms	21	F: est, sunt; erat, erant; Adj. a-, o-Dekl. S: Adjektiv als Attribut und Prädikatsnomen; Subjekt (Infinitiv); KNG-Kongruenz	177
7	Das Forum Romanum	24		180
8	Auf dem Palatin	28	F: Verben, esse, posse: Präsens (alle Personalformen) S: Interrogativsatz; Apposition	181
9	Verirrt in Rom – Hilft Merkur auch heute noch?	31	F: Subst. Interrogativpronomen; Adj. o-Dekl. auf -(e)r S: Kasusfunktionen (Akk., Abl.)	183
10	Tagesablauf eines römischen Jungen	34	F: Verben, esse, posse: Imperfekt, Perfekt S: Tempusgebrauch; Kasusfunktionen (Abl.)	185
11	Von den Anfängen Roms	37	F: Verben, esse, posse: Plusquamperfekt Subst.: 3. Dekl.	188
12	Rom unter den Etruskern (Plateaulektion)	40		190

Lektion	Lesestück	Seite	Grammatik	Seite

Alltägliches und Festliches im antiken Rom

Lektion	Lesestück	Seite	Grammatik	Seite
13	Ein römischer Triumphzug	43	F: Inf. Perf. Akt. S: a c i	192
14	Brot und Spiele	45	F: Kasusfunktionen (Gen., Dat., Abl.)	195
15	Gladiatoren	48	F: Personalpronomen; Komposita von esse	197
16	Gastmahl bei einem neureichen Römer	51	F: ferre; Adj. 3. Dekl.	199
17	„Schwarze Tage" in der Geschichte Roms (Plateaulektion)	54		202

Ostia – der Hafen Roms

Lektion	Lesestück	Seite	Grammatik	Seite
18	Auf nach Ostia!	57	F: Verben, esse, posse: Futur I, Futur II; Possessivpronomen S: Tempusgebrauch; si – cum	204
19	Im Hafen von Ostia	60	F: is, ea, id; Reflexivpronomen S: Gebrauch der Pronomina	207
20	Angst vor den Gefahren des Meeres	62	F: Verben, esse, posse: Konj. Imperfekt, Plusquamperfekt S: Konjunktiv als Irrealis	209
21	Seeräuber	64	S: Abhängige Begehr-, Final- und Konsekutivsätze	211
22	Sklaven in Rom	66	F: Verben, esse, posse: Konj. Präsens und Perfekt S: Konj. Präsens und Perfekt im Hauptsatz; Indirekter Fragesatz; Consecutio temporum	214
23	Aus dem Leben römischer Kaiser (Plateaulektion)	69		216

Odysseus und Aeneas

Lektion	Lesestück	Seite	Grammatik	Seite
24	Der trojanische Krieg	71	F: ire S: cum (Konj.) mit Konjunktiv	218
25	Ein Abenteuer des Odysseus	74	F: Verben: Passiv im Perfektstamm	220

Lektion	Lesestück	Seite	Grammatik	Seite
26	Aeneas – Kampf oder Flucht?	77	F: e-Dekl. S: Partizip der Vorzeitigkeit; Participium coniunctum	223
27	Dido und Aeneas	80	F: u-Dekl.; velle, nolle, malle S: Der verneinte Imperativ	226
28	Aeneas in Latium	82	F: Verben: Passiv im Präsensstamm; Grundzahlen 1–10 S: Passiv in medialer Bedeutung	229
29	Aeneas in der Unterwelt (Plateaulektion)	84		231

Süditalien und Sizilien

Lektion	Lesestück	Seite	Grammatik	Seite
30	Im Bad von Baiae	87	F: Partizip Präsens Aktiv S: Partizip der Gleichzeitigkeit	233
31	Der Vesuvausbruch im Jahr 79 n. Chr.	90	S: Ablativ mit Partizip/Ablativus absolutus; Das narrative Präsens	235
32	Rom und Magna Graecia	92	S: Partizip der Gleichzeitigkeit im Ablativus absolutus; Kasusfunktionen (Gen.)	238
33	Der Cereskult auf Sizilien	95	F: Partizip und Infinitiv Futur Aktiv S: Nachzeitigkeit; Nominaler Ablativus absolutus	239
34	Amtsmissbrauch eines römischen Provinzstatthalters (Plateaulektion)	97	S: Partizipialkonstruktionen (Übersetzungsmöglichkeiten)	241

Gesellschaftliche Ordnung und soziale Spannungen in der römischen Republik

Lektion	Lesestück	Seite	Grammatik	Seite
35	Der Epitaphios – die ruhmvolle Ehrung der Verstorbenen	99	F: hic; ille S: Doppelter Akkusativ	243
36	Soziale Spannungen in Rom	102	F: Grund- und Ordnungszahlen; iste; ipse	245
37	Ein homo novus rettet Rom	105	F: qui, quae, quod S: Relativsätze I; adj. Interrogativpronomen	247
38	Catilina, eine Gefahr für die libera res publica (Plateaulektion)	108		249

Lektion	Lesestück	Seite	Grammatik	Seite

Das Ende der res publica und der Beginn der Kaiserzeit

Lektion	Lesestück	Seite	Grammatik	Seite
39	Kampf um die Macht in Rom	110	S: nd-Formen als Gerundium	250
40	Der Friedensherrscher Augustus	112	F: idem S: Relativer Satzanschluss	252
41	Augustus und der sprechende Rabe	114	F: nd-Formen als Gerundivum S: Gerundivum in prädikativer Funktion	253
42	Kaiser Tiberius (Plateaulektion)	116		255

Dichter und Künstler

Lektion	Lesestück	Seite	Grammatik	Seite
43	Fabeln des Phaedrus	118	F: Steigerung des Adjektivs; Dekl. des Komparativs S: Komparativ und Superlativ; Kasusfunktionen (Abl.)	255
44	Der Dichter Martial	121	F: Unregelmäßige Steigerung der Adjektive	257
45	Exul poeta – Das Schicksal eines verbannten Dichters	124	S: Gerundivum in attributiver Funktion	258
46	Kaiser Nero – ein wahrer Künstler? (Plateaulektion)	127		259

Die Ausbreitung der römischen Macht und die Begegnung mit anderen Völkern

Lektion	Lesestück	Seite	Grammatik	Seite
47	Römische Machtausbreitung nach Gallien und Britannien	129	F: Adverb S: Prädikatives Adjektiv	260
48	Die Niederlage des Quintilius Varus	132	F: Steigerung des Adverbs	262
49	Bräuche und Sitten der Germanen	135	F: Indefinitpronomina I; verallgemeinernde Relativpronomina	263
50	Kritik an den römischen Eroberungen	138	F: Indefinitpronomina II S: n c i	265
51	Roma caput mundi (Plateaulektion)	140		267

Lektion	Lesestück	Seite	Grammatik	Seite
	Das Christentum im römischen Reich			
52	Der Brand Roms und seine Folgen	143	*F:* Deponentien	268
53	Der Christenbrief des Plinius	145	*F:* Deponentien; Semideponentien	271
54	Konstantins Sieg über Maxentius	148	*F:* fieri	272
55	Gewissenskonflikt eines römischen Soldaten (Plateaulektion)	151		274
	Das Fortwirken der lateinischen Sprache und des römischen Erbes bis in die Gegenwart			
56	„Ciceronianus es, non Christianus"	153	*S:* Relativsätze II (Konjunktiv; Verschränkung)	275
57	Karl der Große – der Frankenkönig als Nachfolger der römischen Kaiser	156	*S:* Faktisches quod; ut mit dem Konjunktiv (Zusammenfassung)	277
58	Die Klage eines geplagten Lehrers	159	*S:* cum als Konjunktion (Zusammenfassung)	279
59	Trauer um den besten Freund	162		280
60	Latein im 20. Jahrhundert	165		

Aufbau des Bandes

Einführung 9
Lektionen 1–60 (Lesestück, Impulse, Information) 10
Lektionen 2–60 (Grammatik, Vokabeln) 169
Überblick über die Formenlehre 282
Grammatisches Register 287
Vokabelregister 288
Eigennamenverzeichnis 307

Einführung

Iter Romanum ist ein Unterrichtswerk, das vorrangig für den Lateinunterricht ab Klasse 7 verfasst worden ist. Leitendes Prinzip der Konzeption war eine abgewogene Reduzierung des Stoffes auf das für eine spätere Lektüre notwendige Maß. Dem entspricht der Aufbau des Buches.

Das **einbändige Unterrichtswerk** umfasst **60 Lektionen**. Der erste Block enthält die Lesestücke mit den zugehörigen Impulsen (Übungen) und Informationen, der zweite die Grammatik und den Wortschatz.

In **elf Sequenzen** werden alle wichtigen Themenbereiche der lateinischen Sprache und Kultur von der Frühzeit Roms über das Mittelalter bis zur Neuzeit behandelt. Dabei orientieren sich die **Lesestücke** inhaltlich und sprachlich mehr und mehr an lateinischen Originaltexten.

Plateaulektionen, die den Abschluss eines Sequenz bilden, fassen den bisher gelernten grammatischen Stoff zusammen und runden die Themenkreise inhaltlich ab. Sie bieten dadurch Gelegenheit, die grammatischen Erscheinungen der vorangegangenen Lektionen noch einmal in gebündelter Form zu wiederholen.

Die **Impulse** erhalten neben formalen Übungen schon bald und in großem Umfang Aufgaben und Anregungen zur Texterschließung. Sie leiten von Anfang an zu einen sachgemäßen und selbstständigen Umgang mit Texten an.

In den **Informationen** finden sich weiterführende Angaben zum Inhalt der Lesestücke. Mit den dazugehörigen Aufgaben ermöglichen sie es, die Textaussagen in einen größeren historischen oder literarischen Zusammenhang zu stellen.

Die **Bilder** haben nicht nur dokumentarischen Charakter, sondern bieten in Verbindung mit Arbeitsanweisungen Anlass zu weiterer Textreflexion.

Die **Grammatik** benutzt ein einfaches und gut merkfähiges Satzmodell. Die Satzbeispiele zur Veranschaulichung der grammatischen Regeln sind der jeweiligen Lektion entnommen.

Die **Vokabeln** werden in der Reihenfolge ihres Vorkommens im Text aufgeführt. Sie werden durch den Druck als Vokabeln des Grundwortschatzes (fett) und solchen des Aufbauwortschatzes (normal) unterschieden. Vokabeln des Aufbauwortschatzes, die nur einmal im Unterrichtswerk erscheinen, werden mit einem Stern (*) bezeichnet. Diese Vokabeln dienen nur dem Textverständnis an der jeweiligen Stelle und gehören nicht im engeren Sinn zum Lernvokabular.

Mit einem blauen Punkt (•) sind ab Lektion 10 bereits bekannte Verben gekennzeichnet, deren Stammformen an dieser Stelle nachgetragen werden.

Im Anhang des Buches befindet sich ein **alphabetisches Vokabelregister** mit der Angabe des jeweils ersten Vorkommens einer Vokabel in den Lektionen. Bei den unregelmäßigen Verben wird das Vorkommen ihrer Perfektstämme durch weitere Angaben notiert.

Lektion 1

Über dieses Buch und die lateinische Sprache

Liebe Schülerin, lieber Schüler!

„Iter Romanum" lautet der Titel deines Lateinbuches. Das heißt auf Deutsch: „Reise nach Rom". In diesem Buch lernst du Julia und Cornelius kennen, die in den Sommerferien von Deutschland aus nach Rom fliegen um ihre dort lebenden Großeltern zu besuchen. In Rom selbst und an vielen anderen Orten in Italien, zu denen sie zusammen mit ihren Großeltern reisen, begegnen sie immer wieder der Geschichte, der Kultur und der Sprache der römischen Antike.

Iter Romanum bedeutet also auch: Reise durch die römische Vergangenheit. Mit den Kindern nimmst du an dieser Reise teil. Von den Erlebnissen der Kinder auf dieser Reise erfährst du in einer Sprache, die heute nicht mehr Verkehrssprache ist. Man sagt daher auch oft, Latein sei eine „tote Sprache". Tatsächlich aber lebt das Lateinische nicht nur in den romanischen Sprachen, wie zum Beispiel dem Italienischen oder dem Französischen fort, sondern auch im Deutschen. Denn in der Wissenschaft, in der Technik, in der Werbung und sogar im Alltag wird auch heute noch mehr, als es vielen bewusst ist, „lateinisch gesprochen". Das geschieht zwar meist nicht mehr in ganzen Sätzen und zusammenhängenden Texten (dass es das heute auch noch gibt, wirst du am Ende des Buches in Lektion 60 erfahren), aber doch durch die Verwendung zahlreicher Begriffe und Wörter, die direkt aus dem Lateinischen übernommen oder aus ihm hergeleitet sind. Eine umfangreiche Untersuchung aus jüngerer Zeit über die Herkunft von Fremd- und Lehnwörtern im Deutschen trägt daher zu Recht den Titel „Unser tägliches Latein"[1]. Darin wird festgestellt, daß ca. 25 000 Wörter im deutschen Sprachschatz eine lateinische Herkunft haben. Hier eine kleine Auswahl: Akt – *actus*; Brief – *brevis*; Fenster – *fenestra*; Frucht – *fructus*; Justiz – *iustitia*; Käse – *caseus*; Kammer – *camera*; Keller – *cellarium*; Mauer – *murus*; Markt – *mercatus*; Nation – *natio*; Paar – *par*; Pforte – *porta*; Rose – *rosa*; Sack – *saccus*; Spiegel – *speculum*; Staat – *status*; Stil – *stilus*; Wall – *vallum*.

Da, wie du siehst, die lateinische Sprache in vielerlei Hinsicht auch heute noch „lebt", lassen wir die Kinder und ihre Großeltern in dieser Sprache miteinander reden.

Die **Aussprache** der lateinischen Wörter macht kaum Schwierigkeiten. Man spricht sie im Allgemeinen so aus, wie man sie schreibt. Nur wenige Unterschiede zur deutschen Aussprache musst du dir merken:
c und **ch** spricht man wie **k**: cellarium, Christus
v wie **w**: vallum
sp und **st** wie **s-p** und **s-t**: speculum, status
ti wie **t-i**: natio
i vor Vokalen wie **j**: iustitia
ae und **oe** wie **ä** und **ö**: Caesar, Croesus
s wird immer stimmlos (wie bei **ß**) gesprochen

---

[1] Bernhard Kytzler/Lutz Redemund, Unser tägliches Latein, Mainz 1992

Die Vokale können wie im Deutschen kurz oder lang sein: mūrŭs – stătŭs (vgl. Mūt – Mŭttĕr).

Die **Betonung** eines Wortes hängt von der Silbenlänge der vorletzten Silbe ab: Ist diese lang, wird sie betont (Romānus), ist sie aber kurz, geht die Betonung auf die drittletzte Silbe über (spécŭlŭm).

Auch in der Frage der **Groß-** oder **Kleinschreibung** gibt es keine Probleme. Groß schreibt man nur die Eigennamen (Caesar), die von Eigennamen abgeleiteten Adjektive (iter Romanum) oder das Wort am Satzanfang.

Nach diesen Informationen bist du gerüstet für die „Reise nach Rom", wenn es jetzt heißt: „Fertig machen zum Flug in die Vergangenheit!"

- *Die folgenden lateinischen Wörter sind als Lehnwörter in die deutsche Sprache eingegangen. Versuche die deutschen Wörter den lateinischen Vokabeln zuzuordnen:*

Lateinische Wörter   **Deutsche Lehnwörter**

1. carrus   _____
2. cista   _____
3. moneta   _____
4. papyrus   _____
5. pondus   _____
6. scribere   _____
7. stratum   _____
8. tincta   _____
9. milia   _____
10. tegula   _____

Deutsche Lehnwörter

Papier – Münze – Ziegel – Straße – Tinte – Meile – Kiste – schreiben – Karre – Pfund

Flug der Kinder nach Rom und ihre ersten Begegnungen mit der Gegenwart und Vergangenheit der Stadt (2–12)

In den nächsten Lektionen erfährst du, wie die Kinder Julia und Cornelius bei ihren Großeltern in Rom ankommen und wie ihre ersten Tage in der Ewigen Stadt verlaufen: Bei ihren Streifzügen durch das heutige Rom stoßen sie immer wieder auf die Antike. Sie besuchen das Forum, den Palatin und erfahren viel vom Leben im alten Rom und von seinen geschichtlichen Anfängen.

Lektion 2

Reise nach Rom

Hodie Cornelius et Iulia in Italiam volant; nam avus et avia in Italia habitant.
Iulia et Cornelius aviam et avum valde diligunt; itaque avum et aviam ibi visitare volunt.
Mox liberi ex aeroplano[1] Alpes[2] vident. Tum Iulia gaudet, Cornelius autem tremit.
Liberi etiam campos et silvas vident.
Ecce, Roma! In aeroportu[3] avus et avia liberos exspectant, sed liberi avum et aviam non vident, non audiunt, non reperiunt. Ubi sunt?

[1] *ex aeroplano*: aus dem Flugzeug
[2] *Alpes*: die Alpen
[3] *in aeroportu*: auf dem Flughafen

Blick auf das antike Zentrum von Rom

• *Welche Bauwerke auf dem Bild kannst du erkennen? Was hast du schon über sie erfahren?*

Impulse

I. *Nenne der Reihe nach die Tätigkeiten von Cornelius und Julia.*

II. *Durch welche sprachlichen Mittel wird die vergebliche Suche der Kinder nach ihren Großeltern verdeutlicht?*

III. *Stelle aus dem Text alle Substantive zusammen und ordne sie nach Subjekten und Objekten.*

IV. *Ordne die Verben nach Personalendungen.*

V. *Ordne die Wörter, die eine Zeit oder einen Ort angeben.*

VI. *Ergänze:*

1. Iulia gaude_____. 2. Liberi vola_____. 3. Avus et avia Iuli_____ et Corneli_____ exspecta_____. 4. Liberi av_____ non vide_____. 5. Av_____ et avi_____ in Italia habita_____. 6. Corneli_____ aviam visitat. 7. Iulia et Cornelius trem_____. 8. Avus Corneli_____ audi_____. 9. Iulia et Corneli_____ av_____ non reperi_____. 10. Avus Iuli_____ dilig_____. 11. Liber_____ in Italiam volant. 12. Ex aeroplano camp_____ et silv_____ vident. 13. Ubi sunt av_____ et avi_____?

VII. *Bilde aus folgenden Wörtern bzw. Wortverbindungen drei sinnvolle Sätze:*

avum et aviam – diligit – avia – non videt – visitant – Cornelium et Iuliam – avus – liberi – liberos

VIII. *Mehr als die Hälfte des englischen Wortschatzes hat lateinische Wurzeln. Von welchen lateinischen Wörtern des Lesestücks sind dir entsprechende englische Vokabeln bekannt?*

IX. *Reisen heute – Reisen in der Antike*
Die Strecke Köln–Rom beträgt rund 1500 km.
Julia und Cornelius fliegen mit einem modernen Düsenjet und sind in 2 Stunden an ihrem Ziel.

1. *Ein Händler, der von Rom nach Köln wollte um seine Waren zu verkaufen, musste einen Reisewagen benutzen, mit dem er pro Tag bis zu 45 Meilen[1] schaffen konnte. Wie lange brauchte unser Händler, bis er in Köln ankam?*

2. *Ein berittener Bote des Kaisers legte bis zu 100 Meilen pro Tag zurück. Wann traf eine Nachricht des Kaisers in Köln ein?*

3. *Die römischen Legionäre marschierten pro Tag ca. 16 Meilen. Wann kam ein Soldat in Köln an, wenn er am 1. März in Rom losmarschierte?*

[1] 1 röm. Meile = 1,5 km

Römischer Reisewagen. Relief an der Kirche von Maria Saal bei Klagenfurt (Kärnten).

Lektion 3

Auf dem Flughafen „Leonardo da Vinci"

Tandem liberi avum et aviam inveniunt et salutant:
„Salvete, avia et ave!"
„Salvete, liberi!"
Tum Iulia et Cornelius aviae et avo flores[1] dant. „Ubi est taberna, ave", Iulia rogat, „ubi aqua mineralis[2] vel glacies[3]?"
Iam tabernam vident et intrant. Ibi feminae, viri, liberi sunt, ubique stant aut sedent, puerum cauponium[4] vocant, clamare non dubitant:
„Porta vinum, statim veni, contende!"
„Sedete et exspectate, viri et feminae, desistite clamare", puer cauponius respondet, „collega[5] statim venit."
Sed neque puer cauponius neque collega Cornelio, Iuliae, aviae, avo, feminis virisque vel aquam vel glaciem[6] apportant. Tum liberi non diutius manere, sed tandem Romam visitare volunt.

[1] *flores*: Blumen
[2] *aqua mineralis*: Mineralwasser
[3] *glacies* (Nom. Sg.): Eis
[4] *puer cauponius*: Kellner
[5] *collega*: Kollege
[6] *glaciem* (Akk. Sg.): Eis

Impulse

I. *In der taberna verständigen sich die Gäste und der Wirt durch Zurufe. Sammle die Zurufe aus dem Text und unterscheide zwischen den Formen der Verben und Substantive.*

II. *1. Schreibe aus dem Lesestück die Prädikate heraus und ordne ihnen die Objekte zu. Gliedere diese nach Dativ und Akkusativ.*
2. Fertige von einem Beispiel ein Satzbild an.

III. *Wörter, die Sätze miteinander verbinden, heißen Konnektoren. Stelle alle Wörter zusammen, durch die im Lesestück Sätze miteinander verknüpft sind. Bestimme den gedanklichen Zusammenhang, der durch die Wörter zum Ausdruck kommt.*

IV. *Bilde den Imperativ Singular und Plural:*

1. invenire, 2. portare, 3. videre, 4. dare, 5. volare, 6. desistere

V. *Setze die Reihe fort:*

1. voca! – mane! – habit_____ – aud_____ – gaud_____ – salut_____ – dilig_____

2. salutate! – intr_____ – ven_____ – gaud_____ – visit_____ – respond_____ – contend_____

VI. *Bilde die 3. Person Singular und Plural:*

1. vocare, 2. reperire, 3. contendere, 4. dubitare, 5. manere, 6. invenire, 7. apportare, 8. respondere, 9. venire

VII. *Welches Wort passt nicht in die folgende Reihe:*

aviae – liberis – feminas – viris – avo – Iuliae – tabernis

VIII. *Ergänze die richtigen Endungen:*

1. Avus liber_____ aqu_____ dat.
2. Liberi non dubita_____ puerum voca_____.
3. Avi_____ et av_____ Cornelius vinum apportat.
4. Viri femina_____ salutant.
5. Cornelius et Iulia vola_____ volunt.
6. Viri clam_____ non desist_____.
7. Liberi valde contend_____.

IX. *Suche passende lateinische Unterschriften:*

_____

_____

_____

Ludi Latini

2. dicimus magistris, magistris
 grammaticis, ut vale-valeant
 duris qui capistris, capistris
 et os et fauces colli-colligant
 o Latinitas …

3. Amor nos docebit, docebit,
 qui regnat inter numi-numina.
 illi, qui studebit, studebit
 et discet styli lumi-lumina.
 o Latinitas …

4. bibimus frequenter, frequenter
 de Bacchis liquori-liquoribus:
 verba sic decenter, decenter
 ex udis fluent ori-oribus.
 o Latinitas …

5. studia Latina, Latina
 qui colit non fide-fideliter,
 ima in latrina, latrina
 dispereat crudeli-deliter!
 o Latinitas …

(Text: Wilfried Stroh, Melodie: Jan Novák)

Lektion 4

Endlich bei den Großeltern

Iam forum apparet, iam Colosseum, sed hodie liberi neque forum neque Colosseum spectare volunt.
Tandem domum[1] avi et aviae intrant. Avia liberis cenam parat; mox Iulia et Cornelius dormiunt. Luna Dea somnum liberorum custodit: Monumenta et templa Romae animum Cornelii valde incitant, vita virorum, feminarum, puerorum puellarumque Romae Iuliam movet.
Ecce, sol[2]! Cito Iulia et Cornelius surgunt, aviam vocant, ientaculum[3] exspectant. Avia, ut erat mos[4] Romanorum, aquam, caseum, sucum[5], olivas, poma portat. Liberi gaudent. Iterum atque iterum avum rogant: „Quid est Capitolium? Quid Colosseum? Quid evenit ibi? Unde veniunt bestiae? Quis occidit bestias? Ubi est Circus Maximus? Quis quadrigas[6] equorum agit? Narra, ave!"

[1] *domus*: Haus
[2] *sol*: Sonne
[3] *ientaculum*: Frühstück
[4] *mos erat*: es war Sitte
[5] *sucus*: Saft
[6] *quadrigae*: das Viergespann

Impulse

I. *Stelle aus dem Lesestück alle Wörter zusammen, die als Zeitangabe dienen.*

II. *Suche die Plätze und Gebäude, nach denen Julia und Cornelius Z. 9–11 fragen, auf der Romkarte im vorderen Buchdeckel.*

III. *Antworte lateinisch:*

1. Quid liberi hodie non iam spectare volunt?
2. Quis liberis cenam parat?
3. Quis somnum liberorum custodit?
4. Quid animum Cornelii incitat?
5. Quid Iuliam movet?
6. Quem puer et puella rogant?

IV. *Bilde von den folgenden Substantiven den Genitiv Singular und Plural:*

femina – forum – vir – dea – monumentum – puer – somnus – bestia – pomum – taberna

V. *Bilde aus den vorgegebenen Substantiven möglichst viele sinnvolle Wortverbindungen mit dem Genitiv:*

vita – Romani – liberi – monumentum – avus – forum – avia – somnus – Roma

VI. *Vorsicht Falle: Welche Formen kommen in mehreren Fällen (ohne Vokativ) vor?*

1. liberi, equi, pueri, Romani, avi, Capitolii, somni, viri, fori, pomi
2. monumenta, avia, poma, cena, vita, fora, puella, bestia, templa, taberna

VII. *Wer macht was?*

1. Avia Iuliae Romae templa demonstrat.
2. Monumenta fori Cornelii animum incitant.
3. Poma avia liberis portat.

VIII. *Zum Frühstück der Kinder gehören auch caseus et olivae. Viele lateinische Bezeichnungen für Lebensmittel sind als Lehnwörter in unsere Sprache eingegangen. Ordne den folgenden lateinischen Wörtern die deutschen Entsprechungen zu.*

menta – cucurbita – piper – laurus – ceresia – vinum – feniculum – caulis – radix – cuminum – persicum – amandula

Fenchel – Kirsche – Kohl – Kürbis – Kümmel – Lorbeer – Mandel – Minze – Pfeffer – Pfirsich – Rettich – Wein

Information: Das Kolosseum

Das größte antike Bauwerk in Rom ist das Flavische Amphitheater, das sogenannte Kolosseum. Dieser Name ist abgeleitet von einer etwa 35 m hohen Kolossalstatue des Kaisers Nero, die ihn als Sonnengott mit Strahlenkranz und Kugel darstellte und sich in unmittelbarer Nähe des Amphitheaters befand.

Das Flavische Amphitheater mit der Kolossalstatue des Nero

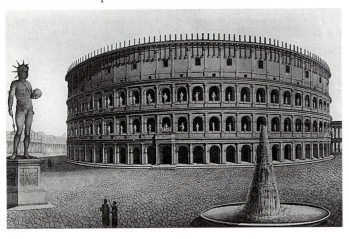

Das Kolosseum heute

Das Kolosseum wurde unter den flavischen Kaisern Vespasian, Titus und Domitian erbaut und im Jahr 80 n. Chr. mit 100-tägigen Festspielen eröffnet. Bei diesem Anlass sollen allein an einem Tag 5 000 Tiere und unzählige Gladiatoren in Schaukämpfen und Tierhetzen zu Tode gekommen sein. Unter der Arena befanden sich zahlreiche Räume, Käfige, Gänge und Aufzüge, mit denen immer wieder neue Gladiatoren und Tiere schnell herangeführt werden konnten.

Das Kolosseum bot etwa 50 000 Zuschauern Platz. Durch 76 nummerierte Eingänge und ein ausgeklügeltes System von Gängen und Treppen fand jeder Besucher rasch seinen Sitzplatz. Der Zuschauerraum (*cavea*) war in drei Ränge aus Stein und einen aus Holz eingeteilt. Der erste Rang war den Rittern vorbehalten, im vierten Rang befanden sich die Sitzreihen der Frauen, denen der Zugang zu den unteren Rängen streng verboten war. Über dem vierten Rang gab es noch einen Säulengang mit Stehplätzen für Nichtbürger und Sklaven, an die keine Eintrittskarten verteilt wurden.

Mit Hilfe von hölzernen Masten auf der Mauerkrone des Kolosseums konnte ein riesiges Sonnensegel (*velum*) aufgezogen werden. Matrosen der Flotte in Misenum sorgten dann mit verschieden farbigen Segeln dafür, dass Kämpfer und Zuschauer vor dem grellen Sonnenlicht geschützt wurden.

- *Kennst du andere Amphitheater?*

- *Entwerft ein Plakat zur Einweihung des Kolosseums im Jahr 80 n. Chr. und hängt es in eurem Klassenzimmer auf.*

Lektion 5

Unterwegs in Rom

Tunc Cornelius Iuliaque cum avo domum[1] relinquunt. Sed avia puerum et puellam admonet: „Animos attendite, liberi! Avus libenter pueros et puellas fabulis sollicitat, nonnumquam etiam aliquid falsi[2] de Romanis narrat; nam scientiam liberorum temptare vult[3]."
Liberi per forum ad Capitolium veniunt. Avus postulat: „Videte nunc monumenta Romanorum! Ibi templa Iovis[4] et Iunonis[4] et Minervae sunt. Romani donis deos placabant, bestias immolabant, vinum dabant. Itaque dei Romanos semper audiebant. Romani ubique populos vincebant, imperium bellis amplificabant et contra adversarios defendebant. Postremo imperium Romanum usque ad Africam, Asiam, Britanniam pertinebat."
Deinde de Capitolio forum spectant. Patet inter Capitolium atque Palatium. Avus Iuliam et Cornelium invitat: „Ambulate mecum inter ruinas! Forum gloriam atque potentiam Romanorum adhuc indicat. Templis et basilicis et columnis et curia exornatum est[5]."
Sed liberi non diutius in foro monumenta spectare, sed in taberna sedere volunt.

[1] *domus*: Haus
[2] *aliquid falsi*: etwas Falsches
[3] *vult*: er, sie, es will
[4] *Iovis*: Genitiv von Iuppiter; *Iunonis*: Genitiv von Iuno
[5] *exornatum est*: es ist ausgeschmückt

Impulse

I. *Verschaffe dir einen ersten Überblick über den Inhalt des Lesestückes. Achte dabei auf die Subjekte, die Prädikate und die Tempora.*

II. *Verschiedene lateinische Wörter, die eine ähnliche Bedeutung haben, gehören zu einem Wortfeld. Wenn du aus dieser und den bisherigen Lektionen alle Verben zusammenstellst, die zum Wortfeld „Bewegung und Stillstand" gehören, wirst du sehen, dass du schon etwa 10 dieser Verben kennen gelernt hast.*

III. *Mit oder ohne „cum" – das ist hier die Frage:*

1. Cornelius … avia ambulat.
2. Avus puerum … fabulis de Romanis delectat[1].
3. Romani forum … templis exornabant.
4. Feminae … viris libenter in taberna sedent.
5. Romani deos … donis placant.
6. Romani … adversariis contendebant.

IV. *Wähle die passende adverbiale Bestimmung als Ergänzung:*

de deis – ubique – cum liberis – dono – iterum atque iterum – nunc
1. Cornelius … templa fori spectat.
2. Avus invitat: „Spectate … reliquias Romanorum!"
3. Romani deos … placant.
4. … templa, aedificia, basilicae sunt.
5. Liberi fabulas … audire volunt.
6. Avus et avia … tabernam relinquunt.

[1] *delectat*: er, sie, es erfreut

V. *Was hältst du von folgender Geschichte des Großvaters?*

In Capitolio bestiae habitant. Aut in lectis iacent aut in tabernis sedent aut ex aeroplano forum spectant. Velut viri et feminae narrant et nonnumquam vocant: „Videte puellas et pueros! Semper ruinas et reliquias Romanorum visitant, gaudent et stupent. Delirant¹ puellae et pueri ut Romani."

¹ *delirare*: verrückt sein, „spinnen"

VI. *Bilde aus den vorgegebenen Silben jeweils ein lateinisches Wort. Die Anfangsbuchstaben ergeben ein berühmtes Gebäude in Rom.*

1. to – di – bat – cus – e 2. bat – ci – de – oc 3. be – ro – li – rum 4. li – vae – o 5. bant – de – se 6. ta – spec – te 7. nit – ve – e 8. bi – u – que 9. nu – ta – men – mo

VII. *Informiere dich mit Hilfe der Karte im Einband über die Grenzen des römischen Reiches. Welche heutigen Länder gehörten um 100 n. Chr. zum Imperium Romanum?*

Information: Die Götter der Römer

Aus der Beobachtung, dass in der Natur verschiedene Kräfte wirksam sind, und aus der Deutung dieser Kräfte als übermenschliches, göttliches Wesen entwickelten die Römer ihre religiösen Vorstellungen. In ihrem täglichen Leben spielten die Götter und die verschiedenen Formen ihrer Verehrung eine wichtige Rolle.
Jupiter ist der Gott der Himmelshelle und wird deshalb auf höher gelegenen Orten und Hügeln verehrt. Als oberster Himmelsgott ist er zugleich auch der Wettergott: Er schleudert Blitz und Donner, sendet Regen. Von Anfang an gilt er als Schutzherr der Römer, die er im Kampf unterstützt: Er verleiht dem Heer Standhaftigkeit und Sieg.
Janus ist einer der ältesten italischen Götter und wird in Gebeten gemeinsam mit Jupiter angerufen. Er ist der Gott der Anfänge; nach ihm ist der Monat Januar benannt. *Mars* ist nach Jupiter der größte Gott der italischen Völker; nach ihm war der erste Monat des altrömischen Kalenders benannt. Er ist der Kriegsgott; vor jedem Feldzug wurden ihm Waffen und Kriegsgeräte geweiht. *Neptunus* ist ursprünglich der Gott des Süßwassers, später auch des Meeres. *Vulcanus*, der Gott der Schmiede, soll die Stadt vor verheerenden Bränden schützen, während *Vesta* das häusliche Herdfeuer bewacht.
Juno ist die Beschützerin der Frauen, *Minerva* gilt als Schutzherrin der Handwerker und Künstler. Jupiter, Juno und Minerva sind die Schutzgötter Roms. Sie werden gemeinsam auf dem Kapitol im Tempel des *Iupiter Optimus Maximus* verehrt.

- *Woran kann man die jeweilige Gottheit erkennen?*

Die Kapitolinische Trias: Jupiter, rechts Juno, links Minerva

Lektion 6

Trubel auf den Märkten Roms

[1] *forum boarium*: Rindermarkt
[2] *forum holitorium*: Gemüsemarkt
[3] *forum pistorium*: Brotmarkt
[4] *forum piscatorium*: Fischmarkt
[5] *porrum, i*: Porree
[6] *laganum, i*: Ölkuchen
[7] *forum coquinum*: Kochmarkt
[8] *olere*: (nach etw.) riechen
[9] *fenus exercere*: Wucherzinsen nehmen

Liberi in taberna libraria librum emunt. Domi magno cum gaudio legunt:
Multa fora Romam antiquam ornabant. Maximum erat forum Romanum.
Alia fora erant forum boarium[1], forum holitorium[2], forum pistorium[3], forum piscatorium[4].
Mane multi servi fora Romae frequentabant. In foro holitorio magnam copiam frumenti, varia poma, porrum[5], lagana[6] emebant. Ad forum multae tabernae erant. Tabernarii saepe peregrini erant velut Graeci et Syri. Cuncta ad vitam necessaria vendebant. Ubique tabernarii clamabant et reclamabant.
In foro coquino[7] cenare Romanis iucundum erat. Locus cibos bonos, botulos vinaque olebat[8].
Etiam mali et improbi fora frequentabant: Pecuniam dabant, fenus exercebant[9], imperitos negotiorum fallebant. Non raro aliis magnum damnum dabant.

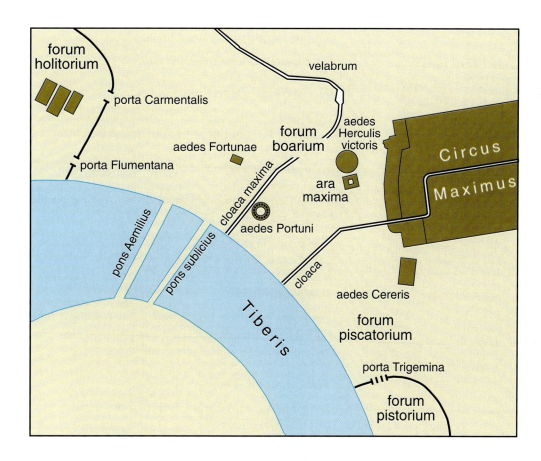

Die Marktzone Roms

- *Suche die im Lesestück und in der Information genannten Stätten auf der Karte.*

Impulse

I. 1. Welche „fora" werden im Text genannt?

2. Überlege, ob es „Markt"-Bezeichnungen als Straßennamen auch in deiner Stadt oder in anderen Städten gibt.

II. *Suche aus dem Lesestück die Adjektive heraus. Nenne ihr Beziehungswort und ihre syntaktische Funktion.*

III. *Ergänze die Endung des Adjektivs und dekliniere:*

columna alt_____; mult_____ monumenta; avus laet_____

IV. *Bilde folgende Reihe:* via lata → Akk. Pl. → Sg. → Dat. → Pl. → Gen. → Sg. → Abl. → Pl. → Nom. → Sg.

V. antiquus, magnus, clarus, latus

Bilde mit diesen Adjektiven das Prädikat (Prädikatsnomen + Kopula esse) zu folgenden Subjekten:

campus, aedificium, curia, vir

Setze die Sätze auch in den Plural.

VI. *Ordne so, dass ein sinnvoller Satz entsteht:*

1. Cuncti   a) clarum est.
2. Forum Romanum   b) liberi laeti sunt.
3. Cornelius et Iulia   c) iucundum est.
4. Romam videre   d) veniunt.

VII. *In einem antiken 'Reiseführer' über Rom könnte der lateinische Text so überliefert sein:*

FORUMROMANUMMULTISPOPULISNOTUMESTINFOROSUNTMULTAAEDIFI
CIAVELUTTEMPLAANTIQUAETBASILICAEMAGNAEFORUMPOTENTIAMMAG
NAMROMANORUMINDICATETIAMCAPITOLIUMLOCUSCLARUSESTIBITEMP
LUMSUMMIDEIEST

Trenne die einzelnen Wörter und suche jeweils das Satzende.
Schreibe die Sätze in dein Heft und übersetze sie.
Welche Bauwerke und Stätten sind genannt?

VIII. *Antworte lateinisch:*

1. Quando[1] servi forum holitorium[2] intrant? 2. Quid servi ibi emunt? 3. Quid tabernarii vendunt? 4. Quis negotia in foro agit?

---

[1] *quando*: wann?
[2] *forum holitorium*: Gemüsemarkt

Information: Handel und Märkte in Rom

In der Ebene zwischen dem Tiber und der Hügelgruppe von Kapitol, Palatin und Aventin hatte der Kleinhandel sein Zentrum. Hier kreuzten sich zwei Hauptverkehrsadern Mittelitaliens: die Nord-Süd-Straße, die von Etrurien nach Kampanien führte, und der damals schiffbare Tiber.

An der Flussschleife wurden die erste Brücke Roms und der erste Handelshafen gebaut. Von dem Seehafen Ostia, wo die Waren aus vielen Ländern und Provinzen eintrafen und auf kleinere Schiffe umgeladen wurden, wurden sie den Tiber aufwärts nach Rom transportiert. Deshalb befanden sich in der Nähe der Flussschleife nicht nur verschiedene Märkte zum Verkauf der Waren, sondern auch große Salzlager (*salinae*) und der Großmarkt (*velabrum*), den der Dichter Horaz den „Magen Roms" nannte. In dem Velabrum wurden große Mengen von Lebensmitteln, Wein, Käse und Öl gelagert.

Während der Kaiserzeit vergrößerte sich dieser Stadtteil bis in die Ebene südlich des Aventin. In der Nähe des alten Forum Boarium, der heutigen Piazza Bocca della Verità, lagen mehrere, teilweise erhaltene Kultstätten des Herkules, z. B. der Rundtempel des *Hercules victor*. Von dem ältesten Herkules-Hauptheiligtum in Rom, der *ara maxima*, vermutet man Mauerreste in der Krypta der Kirche S. Maria in Cosmedin.

Trubel in Rom

- *Welche Marktstände kannst du erkennen?*
- *Erzähle, was in heutiger Zeit auf einem Markt angeboten wird.*

Lektion 7

Das Forum Romanum

Forum Romanum medium Romae et imperii Romani erat. Aedificia magnifica et templa praeclara forum continebant. Multae reliquiae etiam nunc exstant, velut curia, templum Saturni, templum Vestae, templum Concordiae.
In curia quondam senatores[1] de imperio Romano consulebant. In Saturni templo quaestores[2] aerarium custodiebant et administrabant. Vestales[3] in templo Vestae rotundo flammam sanctam servabant; habitabant in atrio ad templum Vestae sito.
Romani non modo templa deorum dearumque, sed etiam basilicas magnas frequentabant, imprimis basilicam Iuliam. In basilicis mercatum habebant[4] aut ius dicebant[5]. Tecta basilicarum magnae columnae sustinebant.
Ante curiam comitium et rostra erant. De rostris viri clari velut Cato et Cicero orationes ad populum habebant[6]. In comitio Romani antiquitus de causis populi consulebant.
Via fori notissima erat Via Sacra. Per Viam Sacram ambulare, turbam virorum et feminarum spectare, amicos salutare, consistere, colloquiis se delectare multos Romanos iuvabat.

[1] *senatores* (Nom. Pl.): Senatoren (Mitglieder des Senats, d. h. des Ältestenrates in Rom)
[2] *quaestores* (Nom. Pl.): Quästoren (römische Beamte, die für das Finanzwesen zuständig waren)
[3] *Vestales* (Nom. Pl.) Vestalinnen (Priesterinnen der Göttin Vesta)
[4] *mercatum habere*: Markt abhalten
[5] *ius dicere*: Recht sprechen
[6] *orationes habere ad*: Reden halten an

Impulse

I. *Die Zeilen 13–15 enthalten eine Aufzählung von gleichrangigen Aussagen ohne verbindende Konjunktion. Eine solche Reihung nennt man Asyndeton (griech. = unverbunden). Welche Wirkung diese Stilfigur hat, wirst du leicht erkennen, wenn du die Glieder der Aufzählung jeweils mit der entsprechenden Konjunktion verbindest und beide Formulierungen miteinander vergleichst.*

II. *Welche Bauwerke werden im Lesestück genannt und welche Aufgaben hatten sie?*

III. *Was versteht man heute unter einer Basilika?*

IV. *Wer entschied in Rom über politische Angelegenheiten? Benenne mit den lateinischen Begriffen aus dem Lesestück die Gruppierungen, ihre Tätigkeiten und den Ort ihrer Zusammenkünfte.*

V. *Bilde mit Hilfe des Textes aus den folgenden Substantiven sechs Begriffspaare:*
(Arbeitsbeispiel: templa – dei = templa deorum: Göttertempel)
medium – templa et aedificia – columnae – imperium Romanum – basilicae – turba – Saturnus – viae – viri et feminae – templum – forum – reliquiae

VI. *Hier hat jemand nicht aufgepasst. Stelle die Aussagen richtig.*
In basilicis senatores flammam sanctam servabant.
In templo Saturni Vestales mercatum habebant aut ius dicebant.
In curia Romani aerarium custodiebant.
In templo Vestae quaestores de imperio Romano consulebant.
De rostris Romani orationes habebant.
In comitio Cicero et Cato de causis populi consulebant.

VII. *„Geschlossene Wortstellung"*

Vestales in atrio ad templum sito habitabant.
Die Vestalinnen wohnten im Atrium am Tempel.

Vergleiche den lateinischen Satz mit der deutschen Übersetzung und formuliere den Unterschied.
Erläutere jetzt den Begriff „geschlossene Wortstellung".
Übersetze entsprechend:

aedificia et templa ad forum sita – comitium ante curiam situm – in templo Minervae in Capitolio sito

Information: Das Forum Romanum

Zur Zeit der Gründung Roms 753 v. Chr. lag zwischen den Hügeln Kapitol, Palatin und Esquilin ein sumpfiges Tal. Der letzte etruskische König, Tarquinius Superbus, entwässerte um 510 dieses Gebiet durch den Bau der Cloaca Maxima, eines offenen Kanals, der Jahrhunderte später, um 200, eingewölbt wurde.

Das kleine Tal wurde nun zum Mittelpunkt der auf den Hügeln ansässigen Bewohner, es wurde das politische Zentrum Roms und des Weltreichs. In der *Curia* tagte der Senat, der „Ältestenrat" (von *senex*: der alte Mann mit Lebenserfahrung). Der Senat setzte sich zusammen aus den Vertretern der alteingesessenen adligen Familien und den ehemaligen Staatsbeamten. Wichtigste Aufgabe der Senatoren war es, bei politischen Entscheidungen die Beamten zu beraten und Beschlüsse zu fassen (*senatus consultum*).

Die Beschlüsse des Senats wurden an die Volksversammlung weitergeleitet, die auf dem *Comitium* zusammentrat. Sie stimmte über Annahme oder Ablehnung der Senatsbeschlüsse ab. Weitere wichtige Rechte der Volksversammlung waren die Wahl der Staatsbeamten und die letzte Entscheidung in richterlichen Angelegenheiten.

Im Bereich des Comitiums erhob sich die Rednertribüne. Die Römer nannten sie *Rostra*, da an der Frontseite die Schnäbel (*rostrum*: Schiffsschnabel) der in der Seeschlacht von Antium (338 v. Chr.) erbeuteten Schiffe der Volsker angebracht waren. Wenige Meter vor der Kurie befindet sich der *Lapis niger*, unter dem man das Grab des Romulus vermutete. Am Fuße des Kapitols wurde unter der Diktatur Sullas (81–79) das mächtige *Tabularium* gebaut; es diente als Staatsarchiv.

Das Forum Romanum war auch ein Mittelpunkt des religiösen Lebens. Die Römer haben staatliche Einrichtungen und religiöse Bauwerke eng miteinander verknüpft. Schon kurz nach 500 v. Chr. wurde der *Tempel des Saturn*, des alten römischen Gottes der Saaten und der Erde, errichtet. Saturn galt als Vater Juppiters. Unter seiner Herrschaft sollen die Menschen im „Goldenen Zeitalter" gelebt haben. Sein Fest am 7. Dezember wurde wie Karneval gefeiert. An diesem Tag herrschte Gleichheit zwischen Herren und Sklaven. Im Jahre 484 wurde der *Tempel der Dioskuren Castor und Pollux* eingeweiht. Die Zwillinge galten als Schutzgötter der Freiheit Roms. Die älteste und wichtigste Kultstätte auf dem Forum war der *Tempel der Vesta*, der Göttin des Herdfeuers.

Die Gebäude auf dem Forum – die ersten Tempel waren aus Holz und Lehmziegeln – wurden im Laufe der Jahrhunderte immer wieder baulich verändert. Unter Cäsar (ermordet 44 v. Chr.) und seinem Nachfolger Augustus (gest. 14 n. Chr.) wurden zahlreiche Bauten prachtvoll erneuert und mit Marmor verkleidet. In dieser Zeit erhielt das Forum im Wesentlichen seine heute noch erkennbare Gestalt. Daran angrenzend entstanden in den folgenden Jahrhunderten die Kaiserforen.

Der Verfall der Bauten setzte im Mittelalter ein, als viele Gebäude entweder zerstört oder zu Kirchen umgebaut wurden. Zeitweise wurde das Forum als Viehweide genutzt. Im 19. Jahrhundert begannen die ersten Ausgrabungen; dadurch kam das antike Forum Romanum wieder zum Vorschein.

Das Forum Romanum zur Kaiserzeit:
1 Tempel des Jupiter Capitolinus
2 Arx (Burg)
3 Tabularium (Staatsarchiv)
4 Carcer
5 Tempel der Concordia
6 Tempel des Vespasian
7 Tempel des Saturn
8 Tiberiusbogen
9 Bogen des Septimius Severus
10 Rostra (Rednertribüne)
11 Curia (Senatsgebäude)
12 Janustempel
13 Basilica Julia (Basilica = Markthalle)
14 Tempel des Castor und Pollux
15 Bogen des Augustus
16 Rundtempel der Vesta
17 Haus der Vestalinnen
18 Regia (Sitz des Pontifex maximus)
19 Tempel des Julius Caesar
20 Tempel des Antoninus Pius und der Faustina
21 Basilica Aemilia
22 Forum Pacis (Vespasian)
23 Forum des Nerva
24 Forum des Augustus
25 Forum des Julius Caesar
26 Tempel der Venus Genetrix

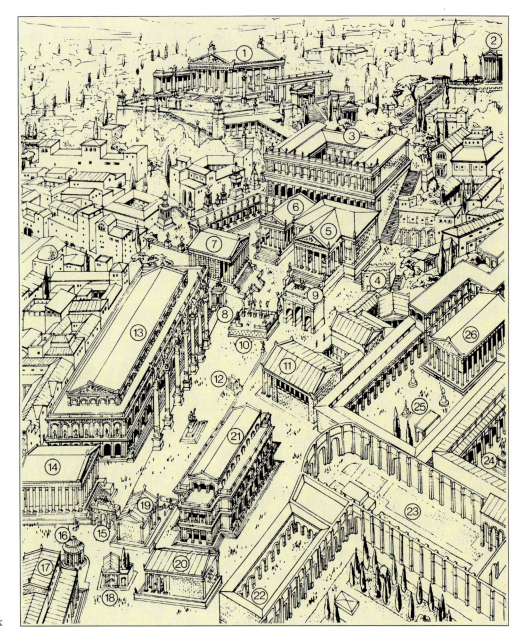

Das Forum Romanum heute

• Vergleiche die Fotografie des heutigen Forum Romanum mit der Rekonstruktionszeichnung. Von welchen Bauwerken kannst du noch Teile erkennen?

Lektion 8

Auf dem Palatin

Hodie Cornelius et Iulia cum Marco, amico Romano, per vias Romae ambulare in animo habent.
Cornelius: „Alia loca nobis demonstra, Marce!"
Marcus: „Venite mecum ad Palatium, Iulia et Corneli!"
Iulia: „Citius[1] properas, Marce. Iam fessa sum, nam via ardua est."
Tandem liberi in Palatio sunt.
Marcus: „Attenti este, amici! Multas reliquias aedificorum antiquorum videmus. Fama est: Primi incolae Romae in Palatio habitabant. Hic casam Romuli, ibi domum[2] Augusti Liviaeque videre potestis. Etiam Cicero et M. Antonius, viri clari, in Palatio domicilium collocabant. Placetne vobis aedificia antiqua explorare? Ruinas intrare possumus. Num cessatis?"
Liberi domum Liviae, domicilium Augusti, intrant. Simulacra praeclara inveniunt et stupent. Cornelius solus domum relinquit. De alto campum latum spectat. „Veni, Marce", clamat. „Quid ibi video?"
Marcus: „Circum Maximum vides. Olim Romani ibi ludis equestribus[3] se delectabant, hodie autem, ut vides, locus desertus et vastus est."
Iam vesper adest. Avus et avia liberos exspectant.

[1] *citius*: zu schnell
[2] *domus*: Haus
[3] Abl. von *ludi equestres*: Wagenrennen

Blick auf den Südhang des Palatin, wie er in der Antike aussah und in einem Modell rekonstruiert wurde. Oben in der Mitte der Apollotempel, den Octavian-Augustus nach erfolgreichen Schlachten für seinen Schutzgott erbauen ließ (28 v. Chr. eingeweiht). Links davon das Haus des Augustus, bewusst schlicht gehalten; rechts unten der Circus Maximus.
(Museo della Civiltà Romana)

Impulse

I. *Von welchen antiken Bauwerken sehen die Kinder Überreste auf dem Palatin?*

II. *Von welchen historischen Persönlichkeiten ist im Lesestück die Rede? Informiere dich über sie.*

III. *Übertrage die Tabelle in dein Heft und ordne die Prädikate des Lesestücks in die richtige Spalte ein (ohne Imperative):*

die 1. (sprechende) Person		die 2. (angesprochene) Person		die 3. (besprochene) Person	
Singular	Plural	Singular	Plural	Singular	Plural

IV. *Vertausche Singular und Plural und nenne den Infinitiv:*

rogas, vident, intro, defendis, sum, venit, habitamus, potes, explorant, possumus, sedeo, estis, spectant, scimus, potest, manetis, vincit, sunt

V. *Verwandle die Aussagesätze in Befehlssätze.*

1. Marcus ruinas relinquit. 2. Iulia attenta est. 3. Cornelius et Iulia ad Palatium veniunt. 4. Amicus domum Augusti Liviaeque videt. 5. Pueri puellaeque laeti sunt.

VI. *Ergänze die richtige Endung der Apposition und übersetze die Sätze.*

1. Cornelius, amic_____ Marci, domum Liviae intrat.
2. Multae reliquiae in Palatio, loco not_____, sunt.
3. Per Viam Appiam, via_____ antiqu_____, ambulamus.
4. Ibi aedificia antiqua, monument_____ clarorum virorum, spectare possumus.
5. Quis templum Minervae, de_____ clar_____, videt?

VII. *Bestimme die Art des Fragesatzes (Wort- oder Satzfrage) und antworte lateinisch.*

1. Quid liberi vident? 2. Nonne liberis aedificia antiqua placent? 3. Quem avus et avia exspectant? 4. Num templum Iovis in Palatio est? 5. Possuntne cernere liberi Circum Maximum? 6. Ubi domus Liviae est?

Älteste Siedlung auf dem Palatin, 10.–9. Jh. v. Chr., Rekonstruktion (Rom, Antiquarium del Palatino)

Information: Der Palatin

Auf dem Palatin, einem der sieben Hügel Roms, ist eine Besiedlung seit dem 9. Jahrhundert v. Chr. nachweisbar.
In der republikanischen Zeit wurde der Palatin der Wohnsitz reicher und vornehmer Römer. Octavian, der spätere Kaiser Augustus, errichtete auf dem Palatin sein Wohnhaus und daneben einen Tempel zu Ehren seines Schutzgottes Apollo. Das Haus der Livia und das Haus des Augustus wurden durch Wandmalereien ausgeschmückt.
Die Nachfolger des Augustus residierten fortan auf dem Palatin und errichteten teilweise umfangreiche Palastanlagen.
Mit der Gründung Konstantinopels (330) durch Kaiser Konstantin den Großen begann zwar der Verfall der Paläste auf dem Palatin, doch blieb der Palatin Aufenthaltsort der (oströmischen) Kaiser.
Der deutsche König und Kaiser Otto III. (983–1002), der sich bewusst auch als Nachfolger der römischen Kaiser fühlte, belebte diese von Augustus begründete Tradition und residierte bei den Aufenthalten in Rom in seiner Pfalz auf dem Palatin.

- *Von dem lateinischen Wort „palatium" stammt die deutsche Bezeichnung Pfalz. Erkundige dich, was dieses Wort bedeutet. Überlege mit Hilfe der Information, wie es sich dazu entwickelt hat.*

Der „Raum der Masken" im Haus des Augustus auf dem Palatin.
Bestimmender Teil der Dekoration sind Theatermasken. Die architektonische Gliederung entspricht einer hellenistischen Theaterbühne. Die betont einfache Ausführung unterstrich die Abkehr des Augustus von bisher gepflegtem Aufwand und Luxus.

Lektion 9

Verirrt in Rom – Hilft Merkur auch heute noch?

Vesperi per vias ignotas errare asperum est. Liberi ex nonnullis viris et feminis viam rectam quaerere student. Varia et diversa sunt responsa:
„Via mihi nota non est. Alios interrogate!" – „Ad dextram!" – „Ite usque ad Collosseum; inde flectite viam ad sinistram et Viam Labicanam[1] intrate!"
Liberi consilio egent et animo deficiunt: „O nos miseros! Cuius responsum verum est? Cui fidem habere[2] possumus? A quo certa comperimus? Quem interrogemus[3] praeterea? Fortasse dei Romanorum antiquorum etiam hodie auxilium praebere possunt."
Itaque Cornelius Mercurium, deum viarum, implorat: „Mercuri, nobis ades et viam rectam ostende!"
Et iam adest – vigil[4]!
Vigil viam liberis cum diligentia demonstrat. Media nocte[5] Cornelius et Iulia fessi domum perveniunt. Avus et avia liberos magno gaudio excipiunt. Nunc demum magna cura liberi sunt.
Mercurio gratia!
Mercurio?

[1] *Via Labicana*: Name einer Straße im antiken wie im heutigen Rom
[2] *fidem habere*: Vertrauen schenken
[3] übersetze mit: „sollen"
[4] *vigil*: Polizist
[5] *media nocte*: mitten in der Nacht

Impulse

I. **Ein** *Substantiv kommt im ganzen Lesestück wiederholt vor und bildet somit das Thema des Textes. Um welches Substantiv handelt es sich? Schreibe es in seinen jeweiligen Wortverbindungen heraus.*

II. Mercurio gratia! Mercurio?: *Wie verstehst du diesen Schluss? Was bewirkt das Fragezeichen?*

III. *Wenn im antiken Drama die Handlungsfäden unlösbar verknotet erschienen, wurde mit Hilfe einer Maschine (machina) ein Gott auf die Bühne herabgelassen, der eine unverhoffte Lösung brachte. Dieser „Deus ex machina" wurde zu einem sprichwörtlichen Begriff, den man auch heute noch in bestimmten Situationen gebraucht. Ist der Begriff auch auf die Erzählung im Lesestück anzuwenden?*
Weißt du, was man heute im weiteren Sinne darunter versteht?

IV. *Füge zu den folgenden Substantiven aeger und miser hinzu:*

viros	_____	_____
feminarum	_____	_____
avum	_____	_____
pueri	_____	_____
liberis	_____	_____
aviae	_____	_____

V. *Setze die Fragepronomina (quis, cuius, cui, quem, a quo) an die richtige Stelle:*

_____ responsa diversa sunt?
_____ Cornelius implorat?
_____ consilio eget?
_____ liberi viam rectam comperiunt?
_____ liberi grati esse debent?

VI. *Bilde mit den Wörtern unter den Abbildungen sinnvolle Sätze und frage dabei nach Ort oder Richtung.*

Iulia/theatrum/sedere

viri et feminae/theatrum/properare

liberi/hortus/ambulare

statuae/hortus/esse

liberi/Italia/volare

avus et avia/Italia/habitare

VII. *Die folgenden Sätze sind eine Kurzfassung des Lesestücks. Fülle die Lücke mit Hilfe der folgenden Ausdrücke:*

cura; magna cum diligentia; ex viris et feminis; domum; animo deficiunt.

Cornelius et Iulia per vias Romae errant. Tandem liberi _____ viam quaerunt. Vigil liberis viam _____ demonstrat. Cornelius et Iulia sero _____ veniunt. Tum demum avus et avia _____ liberi sunt.

Information: Straßen in Rom

Die römischen Straßen hatten in der Kaiserzeit – zusammengenommen – eine Länge von ca. 85 km. Die Anlage und Führung der Straßen waren jedoch wenig geplant und geordnet. Sie verliefen im Zickzack und schlängelten sich um Großbauten und Mietskasernen (*insulae*) herum. Es gab keine Schilder mit Straßennamen und keine Hausnummern. Angaben zur Lage der Häuser umschrieb man daher gern mit der Nennung markanter Punkte (Tempel, Märkte, Plätze usw.) in der Nähe seines Hauses. Für einen Fremden war es daher nicht leicht, sich in Rom zurechtzufinden. Da die Straßen nachts unbeleuchtet waren, fiel es selbst Römern häufig schwer, im Dunkeln den Weg nach Hause zu finden, wenn sie nicht Fackeln bei sich hatten. Der Romanschriftsteller Petron erzählt, dass Gäste eines am Abend stattfindenden Gastmahles schon tagsüber dicke Kreidestriche an bestimmten Gebäuden anbrachten, um in der Nacht den Heimweg leichter zu finden.

Nur wenige Straßen hatten einen Namen. Innerhalb der Stadt war es vor allem die Via Sacra, die über das Forum zum Kapitol führte. Bekannte Straßen, die aus Rom hinausführten, waren die Via Appia, die Via Latina und die Via Labicana.

Der Merkurbrunnen in Augsburg (um 1600)

• *Merkur war vor allem der Bote der Götter. An welchen Elementen der Figur lässt sich diese Aufgabe erkennen?*
Erkundige dich im Eigennamenverzeichnis über die weitere Bedeutung des Gottes.
Was könnte der Grund dafür gewesen sein, dass die Bürger der Stadt Augsburg im späten Mittelalter a) einen römischen Gott und b) den Gott Merkur als Brunnenfigur wählten? (Informiere dich im Lexikon oder im Geschichtsbuch über die Geschichte der Stadt Augsburg).

Lektion 10

Tagesablauf eines römischen Jungen

Julia und Cornelius wollen wissen, wie Kinder im alten Rom lebten. Der Großvater erzählt von Julius, einem römischen Jungen aus vornehmem Hause.

Titus Iulius Candidus Capito cottidie prima hora[1] e lecto surgebat.
Servus: „Dormivistine bene, domine?"
Iulius: „Bene dormivi." Deinde parentes[2] salutavit: „Dormivistisne bene?" – „Bene dormivimus, Iuli."
Interim atrium viris et feminis refertum[3] erat: „Ave, domine!" vocaverunt. Dominus resalutavit et cunctis dextram dedit.
Etiam Tranio pomarius[4] adfuit[5]. Iam diu Titus Iulius Corneliam, filiam pulchram pomarii, amabat. Iterum atque iterum in theatro et in circo puellam videbat. Etiam hodie in animo habuit Corneliam in circo convenire, sed ecce – Eutychus, grammaticus Graecus, appropinquat: „Tite Iuli, fuistine sedulus? Litterisne Graecis et Latinis studuisti?"
Iulius: „Cottidie Homerum et Vergilium legebam et cognoscebam, heri autem cum amicis in circo fui et ludos spectavi."
Magister Iulium vituperat, puer autem verba neglegit.
Nona hora[6], ut mos[7] erat Romanis, Iulius cum quattuor servis et Eutycho in balnea ambulavit. O deam Fortunam! Ecce – Cornelia poma ante thermas vendit. Iam Iulius advolat, salutat – at paedagogus severus dicit: „Tite Iuli! Intra thermas! Ad horam decimam parentes[8] convivas invitaverunt. Festinare oportet."

[1] *prima hora*: 6.00 Uhr
[2] *parentes* (Akk.): Eltern
[3] *refertus, a, um*: (m. Abl.): gefüllt, voll
[4] *pomarius, i*: Obsthändler
[5] *adesse*: anwesend sein
[6] *nona hora*: 15.00 Uhr
[7] *mos*: Sitte, Brauch
[8] *parentes* (Nom.): Eltern

Impulse

I. *Wie verbringt Titus Julius den Tag? Schreibe die betreffenden Prädikate heraus. Welche Aspekte der Handlung bezeichnen die verschiedenen Vergangenheitstempora?*

II. *Du kannst auch Titus Julius in der Ich-Form im Präsens berichten lassen.*

III. *Vergleiche deinen Tagesablauf mit dem von Titus Julius und nimm Stellung dazu.*

IV. *Erkundige dich nach den Dichtern Vergil und Homer.*

V. *Konjugiere:*

in circo fui et ludos spectavi; veni et vidi; amicum salutavi et dextram dedi; venire poteram; bene dormire potui

VI. *Setze die folgenden Wendungen in das Imperfekt und das Perfekt:*

paedagogum salutat; cunctis dextram dat; in circo puellam videre possum; Titus et Cornelia in theatro sunt; sedulus es; puer verba neglegit; liberi Vergilium legunt et cognoscunt; convivae veniunt

VII. *Perfekt oder Imperfekt? Ergänze:*

1. Romani litteras Graecas ..... (amare); itaque Graeciam saepe ..... (visitare).
2. Nonnulli liberi libris Homeri poetae ..... (studere). 3. Etiam Titus Iulius cottidie Homerum ..... (legere). 4. Non raro magister ..... (rogare): „Sedulus ..... (esse)?"
5. Interdum Titus Iulius ..... (respondere): „Heri sedulus non ..... (esse); nam cum amicis in circo ..... (esse) et ludos ..... (spectare)."

Information: Schule und Unterricht

Im antiken Rom wurden die Kinder entweder zu Hause oder in der Schule von einem – oft griechischen – Sklaven oder Freigelassenen unterrichtet. In früher Zeit übernahmen nicht selten auch Väter, wie z.B. Cato (234–149 v. Chr.) die Erziehung und Unterrichtung ihrer Kinder.
Der Unterricht fand auch in Tavernen am Forum, in kleinen Mietshäusern oder im Freien statt. Tische waren in der Regel nicht vorhanden. Der Lehrer saß auf einem Stuhl mit Rückenlehne (*cathedra*), Jungen und Mädchen meistens auf Schemeln. Zu ihren Schreibutensilien gehörten Wachstäfelchen, Papyrusrolle und ein Tintenfass mit Leder.
Das Schuljahr fing im März an, in den heißen Sommermonaten waren die Schulen weiter geöffnet, jedoch nur schwach besucht. Der Unterricht fand vormittags und nachmittags statt. Am Mittag gingen die Kinder nach Hause, um das *prandium* zu sich zu nehmen.
Die Ausbildung begann in der Elementarschule (*ludus*) bei einem *litterator* und umfasste zunächst das Lesen, Schreiben und Rechnen.
Wer danach die Ausbildung fortsetzen wollte, ging zu einem *grammaticus*. Nach dem Erlernen der griechischen Sprache las man die lateinischen und griechischen Dichter. Ziel dieses Unterrichts war ein guter mündlicher und schriftlicher Ausdruck. Seit der Kaiserzeit gab es nach dem Vorbild der Griechen auch Musikunterricht, vor allem Gesang und Saitenspiel.
Wenn die Ausbildung beim *grammaticus* beendet war, gingen wenige noch in die Schule des *rhetor*. Hier bereiteten sich die jungen Römer auf Aufgaben im öffentlichen Leben vor; sie lernten und übten dabei besonders die Beredsamkeit, die von den Griechen entwickelte und übermittelte Kunst des Vortrags.

• *Nenne die einzelnen Phasen der schulischen Ausbildung eines Römers.*

Schulunterricht auf dem Forum (Wandgemälde aus Pompeji)

• *Beschreibe die Szene und nimm Stellung dazu.*

Schreibgriffel (*stilus*) und Wachstafeln (*cerae*), Schriftrollen (*volumina*) und ein Behälter (*capsa*)

- *Versuche einmal selbst eine Wachstafel oder eine Buchrolle zu basteln.*

Schulszene auf einem Sandsteinrelief aus Neumagen (bei Trier, Mosel)

Lektion 11

Von den Anfängen Roms

Was der Lehrer Eutychus seinen Schülern aus dem Geschichtswerk des Livius über die Anfänge Roms erzählen konnte:

Procas, rex Albae Longae, duos filios habuit, Numitorem atque Amulium. Quia Procas Numitori regnum dederat, Amulius, vir nefarius, fratrem regno privavit et ex urbe expulit. Quamquam Rheam Silviam, filiam Numitoris, virginem Vestalem fecerat et ei[1] spem[2] liberorum ademerat, Mars, saevus bellorum deus, e filia Numitoris geminos genuit. Amulius, postquam iratus Vestalem in custodiam dedit, pueros ad ripam fluminis exposuit. Deorum autem auxilio lupa geminos servavit et aluit. Paulo post Faustulus, pastor regis, Romulum et Remum invenit, in casam portavit, inter liberos suos[3] educavit.
Fratres, postquam adoleverunt, viribus corporis animique ceteris iuvenibus praestabant. Cum pastoribus non modo feras a gregibus arcuerunt, sed etiam latrones superaverunt. Postea cum globo[4] iuvenum Amulium, regem iniustum, necaverunt et Numitori regnum reddiderunt.
Tunc eo loco[5], ubi Faustulus geminos invenerat, urbem novam condere constituerunt. Sed quod uterque[6] frater regnare cupivit, Romulus et Remus in foedum certamen venerunt. Postremo Remus altitudinem moenium ludibrio habuit[7] et novos muros transiluit. Romulus autem iratus fratrem interfecit.

(nach Livius, ab urbe condita I)

[1] *ei* (Dat. Sg. f.): ihr
[2] *spem* (Akk. Sg.): Hoffnung
[3] *suus, a, um*: sein
[4] *globus*: Schar
[5] *eo loco*: an ebendem Ort
[6] *uterque*: jeder von beiden
[7] *ludibrio habere*: verspotten

Impulse

I. *Für das Verständnis von Sätzen ist besonders auch ihre Einleitung von Bedeutung.*
1. *Suche aus dem Lesestück alle Wörter heraus, die Sätze miteinander verbinden, und ordne sie nach Gliedsatz- und Hauptsatzeinleitungen.*
2. *Ist das Subjekt von Gliedsatz und Hauptsatz identisch, wird es fast immer an den Anfang des lateinischen Satzes gestellt. Suche aus dem Lesestück Beispiele für diese Erscheinung und überlege dir eine elegante Übersetzung.*

II. *Der Lehrer fragt in der nächsten Stunde seine Schüler nach der römischen Gründungssage. Beantworte seine Fragen lateinisch.*
1. Cur Amulius fratrem ex urbe expulerat?
2. Ubi Amulius pueros exposuit?
3. Quomodo dei geminos servaverunt?
4. Quid evenit, postquam fratres adoleverunt?
5. Cur fratres in certamen foedum venerunt?

III. *Bilde zu den Substantiven die vorgegebene Reihe:*

rex clarus: Akk. > Plur. > Nom. > Dat. > Sing. > Gen. > Plur. > Abl. > Sing. > Nom.

urbs antiqua: Plur. > Akk. > Sing. > Dat. > Plur. > Gen. > Sing. > Abl. > Nom.

flumen altum: Gen. Plur. > Dat. > Sing. > Abl. > Akk. > Plur. > Nom. > Sing.

IV. *Welche Wörter gehören nicht in diese Reihe?*

1. domino, foro, amico, latro, theatro, servo
2. fluminis, pastoris, corporis, iuvenis, liberis, certaminis
3. paedagogum, gregum, auxilium, locum, avum, patronum
4. fratri, corpori, pueri, certamini, virgini, flumini

V. *Ergänze die fehlenden Endungen und übersetze.*

Romulus und Remus
1. Faustulus, pastor reg___, geminos invenit. 2. Nam Amulius fratr___ ad ripam flum___ exposuerat. 3. Postea iuven___ cum pastor___ greges regis custodiebant. 4. Saepe etiam insidias latr___ arcebant. 5. Postquam reg___ iniustum necaverunt, urb___ novam condiderunt. 6. Quia autem Remus muros urb___ novae transiluerat, Romulus fratr___ interfecit.

VI. *Reise in die Vergangenheit: Bilde aus den vorgegebenen Silben jeweils ein lateinisches Wort. Die Anfangsbuchstaben ergeben einen lateinischen Begriff.*

1. gav - ro - t - era   2. o - tui - por - t   3. mov - s - eba   4. ne - tis - ba - mo - ad   5. ad - nt - eru - olev   6. rav - it - nar   7. si - t - lui - tran   8. ter - tis - era - infec   9. mo - quo - do   10. que - bi - u   11. em - nt - ad - eru

VII. *Übersetze die folgenden Formen und bilde von ihnen im Lateinischen das Imperfekt, Perfekt und Plusquamperfekt:*

1. potestis, possum, possunt, potest, possumus, potes
2. es, sumus, estis, sunt, sum, est

VIII. *Wörter, die denselben Stamm aufweisen, gehören zur selben Wortfamilie, z. B.* regnare *und* rex. *Erschließe mit Hilfe der Wortfamilie die Bedeutung der folgenden jeweils noch unbekannten Vokabeln:*

necare – nex; studere – studium; egere – egestas; currere – cursus; errare – error; neglegere – neglegentia

Die Kapitolinische Wölfin mit Romulus und Remus

- *Welche Szene aus dem Lesestück gibt die Bronzestatue wieder? Kennst du andere Sagen, bei denen Kinder ausgesetzt, aber dennoch gerettet werden?*
- *Welchen Gott entdeckst du im lateinischen Namen der Stadt Rom?*
- *Informiere dich in einem römischen Sagenbuch über die Anfänge der Stadt nach dem Tod des Remus.*

[1] *quam*: wie
[2] *Colisaeus*: Colosseum
[3] *quando*: (dann) wenn
[4] *cadet*: er (sie, es) wird einstürzen, untergehen
[5] *mundus*: die Welt

Bei dem englischen Kirchenlehrer und Geschichtsschreiber Beda Venerabilis (672–735 n. Chr.) ist eine Prophezeiung überliefert, die von der Dauer und der Bedeutung des „Ewigen Rom" kündet:

Quam[1] diu stat Colisaeus[2], stat etiam Roma.
Quando[3] cadet[4] Colisaeus, cadet etiam Roma.
Quando cadet Roma, cadet etiam mundus[5].

- *Was will dieser mittelalterliche Spruch zum Ausdruck bringen?*

Lektion 12
Plateaulektion

Etruskisches Ehepaar (Urnendeckel aus Volterra, Anfang 1. Jh. v. Chr.)

- *Beschreibe die Abbildung. Welches Verhältnis von Mann und Frau kommt in der Darstellung zum Ausdruck?*

Rom unter den Etruskern

Anno septingentesimo quinquagesimo tertio a. Chr. n.[1] Romulus – ut Livius tradit – Romam condidit. Multos annos pastores Palatium ceterosque colles incolebant. In speluncis vel casis parvis vivebant.

Saeculo sexto Etrusci Romam occupaverunt. Postquam paludem inter Palatium atque Capitolium sitam fossis siccaverunt, ibi forum exstruxerunt. Tum urbem moenibus circumdederunt, templis ornaverunt, Circum Maximum et multas vias – velut Viam Sacram – aedificaverunt.

Usque ad annum quingentesimum nonum[2] reges Etrusci in urbe regnabant. Ultimus regum, Tarquinius Superbus, erat dominus saevus et iniustus. Socerum, regem bonum, fugaverat et necaverat. Magna licentia atque crudelitate regnabat. Quod inimicos timebat, semper custodes circum se habebat. Postquam filius Tarquinii Lucretiae, feminae integrae, iniuriam fecit, mulier pudica ob eam rem[3] se morte multavit. Lucius Iunius Brutus autem Romanos sollicitabat et admonebat: „Fugate tyrannum, fugate filium, fugate totam gentem! Liberate urbem a rege superbo!"

Romani, quamquam Tarquinios fugaverunt et rem publicam[4] constituerant, tamen multa instituta Etruscorum retinebant, velut officia haruspicum et augurum, triumphum, togam triumphatoris, ludos gladiatorios.

(nach Livius, ab urbe condita I, und Cicero, de re publica II)

[1] 753 v. Chr.
[2] 509 v. Chr.
[3] *ob eam rem*: deswegen
[4] *rem publicam*: den Staat

Impulse

I. *Schreibe alle Prädikate heraus, die im Vergangenheitstempus stehen, und ordne sie nach Imperfekt und Perfekt. Was kannst du jeweils für die Handlung daraus schließen?*

II. *1. Suche alle adverbialen Bestimmungen der Zeit aus dem Lesestück.*

2. Wovon ist in den einzelnen Abschnitten des Lesestücks die Rede?
Inwiefern helfen dir die adverbialen Bestimmungen der Zeit bei der Gliederung?

III. *Nenne die Adjektiv-Attribute des Textes sowie ihre Beziehungswörter und bestimme sie.*

IV. *Durch welches sprachliche Mittel unterstreicht Brutus seinen Aufruf zur Vertreibung des Tarquinius Superbus (Z. 17–18)?*

Luftaufnahme der Gräber von Cerveteri

Information: Die Etrusker

Die Herkunft der Etrusker, die die Römer auch Tusci genannt haben, ist immer noch ungeklärt. Der griechische Historiker Herodot (um 490–420 v. Chr.) berichtet, dass die Tyrrhener – so lautete die Bezeichnung bei den Griechen – aus Kleinasien nach Italien eingewandert seien. Eine andere Überlieferung läßt die Etrusker von Norden kommen. Eine dritte Theorie, die heute am meisten vertreten wird und bereits in der Antike geäußert wurde, geht davon aus, dass die Etrusker nicht als geschlossenes Volk nach Italien eingewandert sind, sondern aus verschiedenen einheimischen und fremden Elementen allmählich zu einem Volk zusammengeschmolzen sind. Ihren politischen, wirtschaftlichen und kulturellen Höhepunkt erreichten die Etrusker im 6. Jahrhundert. Ihr Einflussgebiet erstreckte sich von der Po-Ebene im Norden bis nach Capua im Süden.

Das Leben der Etrusker kann besonders durch ihre Grabdenkmäler erfasst werden, die reich mit Malereien und Votivgaben ausgestattet sind. Danach waren die Etrusker ein lebensfrohes Volk, das Gelage, Musik, Tanz und Sport über alles liebte. So sieht man auf Sarkophagen häufig Verstorbene beim Gastmahl.

Die Römer haben viele Einrichtungen und Riten der Etrusker beibehalten, besonders für die Bereiche Religion, Politik, Gesellschaft und Militär. Der Amtssessel der ehemaligen Könige, die *sella curulis*, und die Rutenbündel, die *fasces*, blieben auch in der römischen Republik Insignien der höchsten Staatsgewalt.

Die *disciplina Etrusca*, die sakrale Gesetze und Vorschriften enthielt, blieb in den Institutionen der Vogelschauer (*augures*) und der Eingeweideschauer (*haruspices*) erhalten. Diese hatten die Aufgabe vor allen wichtigen politischen und militärischen Entscheidungen und Handlungen den Willen der Gottheiten zu erforschen. Dazu beobachteten die Auguren ungewöhnliche Erscheinungen am Himmel oder auf der Erde, wie z. B. Blitz, Donner, Flugformationen und -richtungen von Vögeln, um daraus Hinweise und Verhaltensformen für die Zukunft abzuleiten. Die *haruspices* lasen den Willen der Götter aus der Analyse von Lebern, besonders der Schafe, ab. Ein Modell aus Bronze zeigt auf der Oberseite Namen von 40 Göttern und die Aufteilung in 16 Felder. Die Leber galt den Etruskern als Sinnbild des Kosmos; deshalb enthält sie die gleiche Grundeinteilung durch ein Achsenkreuz, durch das man sich auch Himmel und Erde in Nord–Süd und Ost–West ausgerichtet vorstellte. Für jeden Sektor der weiteren Unterteilungen waren bestimmte Götter zuständig, deren Willen es aus dem Befund der Leber zu erkennen galt.

Nach dem Einfall der Gallier und aufgrund von Unstimmigkeiten unter den Stadtstaaten zerfiel im 4. Jahrhundert allmählich die Macht der Etrusker. Rom löste sich von dem etruskischen Einfluss und begann seinerseits mit der Romanisierung Etruriens und der Ausdehnung nach Norden. Nach dem Bundesgenossenkrieg 91–89 v. Chr. erhielten auch die etruskischen Städte das römische Bürgerrecht. Die bis dahin zu beobachtende Zweisprachigkeit wurde allmählich durch ausschließlich lateinische Schriften abgelöst. Mit Augustus verschwanden die letzten etruskischen Schriftzeugnisse.

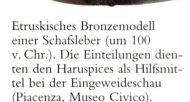

Etruskisches Bronzemodell einer Schafsleber (um 100 v. Chr.). Die Einteilungen dienten den Haruspices als Hilfsmittel bei der Eingeweideschau (Piacenza, Museo Civico).

- *Welche Einrichtungen und Bräuche haben die Römer von den Etruskern übernommen?*

Alltägliches und Festliches im antiken Rom (13–16)

Die folgenden Lektionen handeln von feierlichen Ereignissen und alltäglichen Freizeitvergnügungen im alten Rom. Dazu gehörten Triumphzüge, Gladiatorenkämpfe und ausgefallene „Partys".

Lektion 13

Ein römischer Triumphzug

Auf dem Forum bewundern Julia und Cornelius den Triumphbogen des Titus, der nach der Eroberung Jerusalems durch die Römer im Jahr 70 n. Chr. errichtet wurde. Schon seit frühester Zeit war es in Rom üblich, einen siegreichen Feldherrn durch einen Triumphzug zu ehren. Ein solcher Triumphzug fand auch im Jahr 396 v. Chr. statt, als Rom endlich die etruskische Nachbarstadt Veji besiegt hatte.

Romani, postquam Tarquinium regem ex urbe expulerunt, multos annos cum nationibus finitimis bellum gerebant. Iterum atque iterum cum Sabinis, Volscis, Aequis de imperio Italiae certabant. Imprimis incolae Veiorum, magnae opulentaeque Etruscorum urbis, copiis Romanorum diu resistebant. Quamquam Veios magna fortitudine decem annos defenderant, postremo tamen M. Furius Camillus imperator urbem expugnavit et delevit. Romae[1] senatores statim triumphum imperatori decreverunt.
Multi cives in foro adventum[2] militum exspectant. Iam legionem foro appropinquare audiunt. Vident senatores ante agmen incedere, milites sub signis forum intrare, servos praedam opulentam portare: „Gaudemus M. Furium hostes superavisse, urbem expugnavisse et delevisse. Audivimus incolas Veiorum copiis Romanis diu restitisse. Sed quis ignorat M. Furium imperatorem clarum esse, milites Romanos semper summa virtute pugnare?"
Interea imperator in curru triumphali[3] ad Capitolium pervenit et deis taurum album immolat. Sacerdos deis gratias agit et „Romanos", inquit, „non solum fortitudine militum, sed etiam auxilio deorum hostes superavisse constat."

(nach Livius, ab urbe condita V)

[1] *Romae*: in Rom
[2] *adventus*: Ankunft
[3] *currus triumphalis*: Triumphwagen

Impulse

I. *Schreibe aus den Sätzen im ersten Absatz des Lesestückes jeweils Subjekt, Prädikat und Zeitangabe heraus. Erkläre dann den unterschiedlichen Tempusgebrauch.*

II. *Suche aus dem Lesestück alle Sätze heraus, in denen ein a c i enthalten ist. Schreibe jeweils das übergeordnete Subjekt und Prädikat sowie den folgenden Akkusativ mit Infinitiv heraus und unterstreiche beide Blöcke mit verschiedenen Farben.*

III. *Verwandle in den Infinitiv der Vorzeitigkeit:*

exspectare – superare – audire – expellere – delere – resistere – scire – agere – esse – certare – posse – decernere

IV. *Aus zwei mach eins (achte dabei auf das Zeitverhältnis).*
1. Audivimus – Romani multos annos cum nationibus finitimis bellum gerebant
2. Livius scriptor tradit – incolae Veiorum Romanis diu resistebant
3. Non ignoramus – M. Furius imperator clarus fuit
4. Constat – milites Romani summa virtute pugnaverunt
5. Servus nuntiavit – imperator cum militibus iam foro appropinquat
6. Cives Romani gaudent – legio salva forum intrat
7. Notum est – in triumpho milites saepe carminibus imperatorem illuserunt

V. *Die Wiedergabe eines a c i im Deutschen*

Scimus M. Furium imperatorem clarum fuisse:
a) Wir wissen, dass Marcus Furius ein berühmter Feldherr war. (abhängiger Aussagesatz mit „dass")
b) Marcus Furius war, wie wir wissen, ein berühmter Feldherr. (Parenthese)
c) Marcus Furius war nach unserem Wissen ein berühmter Feldherr. (Präpositionalausdruck)
d) Marcus Furius war bekanntlich ein berühmter Feldherr. (Adverb)

Übersetze die folgenden Sätze und vermeide dabei die Übersetzung mit „dass":

1. Avus liberis senatores imperatoribus Romanis post victoriam triumphum decrevisse narrat.
2. Hodie quoque monumentum imperatoris Titi in foro exstare scimus.
3. Imperatorem Titum Hierosolyma[1] expugnavisse constat.
4. Scriptores antiqui tradunt milites Romanos templum Iudaeorum[2] inflammavisse, multa artificia ex urbe rapuisse.
5. Avus Titum cum Vespasiano patre triumphum Iudaeorum[2] egisse docet.

[1] *Hierosolyma, orum n.*: Jerusalem
[2] *Iudaei, orum*: die Juden

VI. *Unterschiedliche Wörter und Wendungen, die aus demselben Sachbereich stammen, gehören zum Sachfeld. Stelle aus dem Lesestück alle Wendungen zusammen, die zum Sachfeld „Krieg und Eroberung" gehören. Unterscheide dabei nach Handlungen und Handlungsträgern.*

Information: Der römische Triumphzug

Auch der Brauch des römischen Triumphzuges ist von den Etruskern übernommen worden. Der Triumph war die höchste vom Senat verliehene Auszeichnung für einen römischen Feldherrn. Er wurde nur für einen siegreichen Feldzug und die Erweiterung des römischen Reiches gewährt. Der Triumphzug begann am Marsfeld und führte über das Forum zum Kapitol. Angeführt wurde der Festzug von den Senatoren und den Beamten; es folgten die Beutestücke sowie Schaubilder von Schlachten und eroberten Städten. Hinter den weißen Opferstieren Jupiters gingen die gefangenen Fürsten und Anführer, die meist im Carcer Publicus auf dem Forum hingerichtet wurden. Dann folgte der vergoldete Wagen des siegreichen Feldherrn, von vier Schimmeln gezogen. Der Triumphator selbst trug ein Purpurgewand, einen Lorbeerkranz auf dem Haupt und hatte ein Zepter in der Hand; sein Gesicht war wie die Jupiterstatue rot bemalt. Hinter ihm hielt ein Sklave die im Jupitertempel aufbewahrte Goldkrone und mahnte den Feldherrn: *hominem te esse memento* (Denke daran, dass du nur ein Mensch bist!). Den Schluss des Triumphzuges bildeten die Soldaten, denen es an diesem Tag erlaubt war, mit frechen Liedern ihren Feldherrn zu verspotten.

Relief eines Silberbechers aus Boscoreale in Italien

- *Welche Szenen aus dem römischen Triumph sind auf dem Silberbecher dargestellt?*
- *Entwerft eine Reportage über einen römischen Triumphzug und nehmt sie mit dem Kassettenrekorder auf.*

Lektion 14

Brot und Spiele

Nicht weit vom Titusbogen liegt das Kolosseum. Auch dieses großartige Bauwerk fasziniert Cornelius und Julia. Dass in der Antike dort Spiele stattgefunden haben, ist ihnen nicht unbekannt. Welche *ludi* gab es überhaupt? Was passierte im Kolosseum?

Antiquis temporibus Romanos ad ludos voluptatis causa venisse notum est. Romani multas horas ludis scaenicis, muneribus, circensibus se delectaverunt. Multi homines etiam mimos magno cum gaudio spectaverunt.

Imprimis ludi gladiatorii et circenses Romanis magnae voluptati erant. Populus semper flagitabat panem et circenses.

Maximum amphitheatrum erat Colosseum. Venationes in arena magna crudelitate fuisse scimus: bestiarii elephantos et copiam aliarum beluarum laceraverunt; Romani etiam viros scelestos ad bestias dederunt. Gaudium spectatorum magnum erat.

Cum tubae concinebant, munera incipiebant. Tum gladiatorum erat ad digitum pugnare[1]. Cum unus ex gladiatoribus saucius[2] humi iacebat, spectatores aut mappis[3] signum missionis[4] dabant aut pollicem vertebant. Interdum gladiatores sine missione[5] pugnabant. Victor spem[6] libertatis habebat.

Martialis poeta narrat: Postquam Priscus et Verus, gladiatores magnae fortitudinis, certamen traxerunt, populus magno clamore finem petivit. Postremo imperator Titus, quamquam gladiatores ad digitum pugnare[1] iusserat, et Prisco et Vero palmas et rudes[7] misit.

(nach Martialis, epigrammata und liber de spectaculis)

[1] *ad digitum pugnare*: bis zum Fingerheben (als Zeichen der Kapitulation) kämpfen
[2] *saucius, a, um*: verwundet
[3] *mappa, ae*: Tuch
[4] *missio, onis*: Begnadigung
[5] *sine missione*: ohne Pardon, bis zum Tod
[6] *spem* (Akk. Sg.): die Hoffnung
[7] *palma (ae) et rudis (is)*: Palmzweig (als Siegeszeichen) und hölzernes Schwert (als Symbol für die Entlassung aus dem Gladiatorenvertrag)

Impulse

I. *Sammle die Substantive des Lesestücks, die im Genitiv, Dativ und Ablativ stehen, und bestimme ihre semantische Funktion (Bedeutungsinhalt).*

II. *Von welchen „ludi" ist im Text die Rede? An welchen „ludi" hast du heute Interesse?*

III. *Was meint man heute mit dem Satz, das Volk verlange „panem et circenses"?*

IV. *Welche Form ist nicht Genitiv?*

muneris, finis, populus, petitis, ludi, gaudii, voluptati, viri, bestiae, hominum, signum, certaminum, ludum, urbium, gentium, filium, regum

V. *Welche Form ist nicht Dativ?*

fortitudini, inimici, misi, mori, dei, fuisti, libertati, hominibus, munus, populis, sacerdotis, defenditis, poetis, civis, ludo, narro, auxilio, postremo, loco, altitudo, bello

VI. *Genitivus subiectivus oder obiectivus? Übersetze und bestimme:*

fortitudo militum, gaudium virtutis, auxilium deorum, crudelitas Tarquinii, timor crudelitatis, timor regis, gaudium liberorum, altitudo moenium, cupiditas imperii, clamor populi, voluptas ludorum, finis pugnae, victoria imperatoris

VII. *Trage in einer Tabelle die semantische und syntaktische Funktion der unterstrichenen Wörter ein:*

1. Ludi gladiatorii semper magna crudelitate erant. 2. Gladiatoris erat aut in alium gladiatorem aut in bestias pugnare. 3. Multas horas spectatores muneribus et venationibus se delectabant. 4. Priscus fuit gladiator magnae fortitudinis. 5. Quis gladiatorum tam validus fuit quam[1] Priscus? 6. Tamen Prisco saepe timor pugnae erat. 7. Pugnae gladiatorum spectatoribus magno gaudio erant.

[1] *tam validus quam*: so stark wie

Information: Spiele in Rom

Die *ludi* gehörten zum römischen Kult und fanden jährlich an bestimmten Festen statt; die ältesten waren die *ludi Romani*. Daneben gab es, vor allem in der Kaiserzeit, auch außerordentliche *ludi*, die von Kaisern oder von Privatpersonen gestiftet wurden.

Die *ludi Circenses* (Spiele im Zirkus) waren die ältesten Spiele. Sie fanden im Circus Maximus oder im Circus Flaminius, seit den flavischen Kaisern auch im Kolosseum statt. Zu diesen Spielen gehörten die Gladiatorenkämpfe (*ludi gladiatorii* oder *munera*), die etruskischen Ursprungs waren und anfangs bei Begräbnissen abgehalten wurden. In Gladiatorenschulen von einem Ausbilder (*lanista*) ausgebildete Kämpfer, meistens Sklaven, versuchten sich gegenseitig zu verwunden und zu töten.

Bei den Gladiatoren gab es verschieden ausgerüstete Kämpfer: den *thraex*, der einen Schild und einen kurzen Krummdolch hatte, den *myrmillo*, bewaffnet mit einem Schwert und gewappnet mit einem langen rechteckigen Schild und einem Helm, den *retiarius*, der mit einem langstieligen Dreizack kämpfte und dem Gegner ein Netz (*rete*) überzuwerfen und ihn damit kampfunfähig zu machen versuchte, sowie den *secutor*, der schwer bewaffnet und gerüstet, aber auch schwerfällig war. In der Regel kämpften der *myrmillo* und der *thraex* sowie der *retiarius* und der *secutor* gegeneinander. Aber auch vor anderen grausamen Vorführungen scheute man nicht zurück.

Die Spiele dienten nicht allein der Unterhaltung der Menschen, sondern hatten auch eine festliche, ja kultische Ausrichtung. Auf diesen religiösen Zusammenhang deuten die Götterfiguren in der Arena und die Rituale, die der Kaiser vollzog. Dass dies auch für das grausame Schauspiel der *ad bestias* Verurteilten galt, ist mit der damaligen Auffassung zu erklären: Verurteilte, Staatsfeinde waren wie Sklaven in den Augen der Römer „Barbaren", d. h. Wesen außerhalb der Zivilisation und deshalb rechtlos wie wilde Tiere.

Im Circus Maximus faszinierten besonders Wagenrennen. Die Zuschauer nahmen Partei für bestimmte Sportverbände, deren Farbe die Wagenlenker trugen: grün, rot, blau und weiß.

Die *venationes* bestanden aus Jagden auf wilde Tiere. Bei der Eröffnung des Kolosseums durch Kaiser Titus im Jahre 80 n. Chr. mussten während der 100 Festtage 2000 Gladiatoren und 9000 wilde Tiere ihr Leben lassen, wie der Schriftsteller Cassius Dio berichtet.

Zu allen Schauspielen hatten die Zuschauer freien Eintritt.

oben: Terrakotta-Relief, 1. Jh. n. Chr. (Mailand, Museo teatrale della Scala)

rechts: Mosaik in der römischen Villa von Nennig (3. Jh. n. Chr.)

unten: Relief aus Pompeji, 1. Jh. v. Chr. (Neapel, Nationalmuseum)

- Welche ludi sind auf den Bildern dargestellt? Lies zur Beantwortung auch die Information.
- Welche Arten von Gladiatoren sind auf dem Mosaik und dem Terrakotta-Relief dargestellt?

Lektion 15

Gladiatoren

Was das römische Publikum als abwechslungsreiche Unterhaltung betrachtete, war für die Gladiatoren bitterer Ernst. Wie den Gladiatoren vor einem Kampf zumute war, könnte uns folgender Dialog deutlich machen.

Flavus: Conside, Lyde, et narra de te!
Lydus: Libenter, Flave. Tu multis pugnis interfuisti et tam animosus es. Sed mihi fortitudo deest; ego primam pugnam timeo.
Flavus: Existimo te gladiatorem bonum esse. Narra mihi: Cur servus es et gladiator?
Lydus: Praedones in agros invaserunt, nobiscum pugnaverunt, multos amicos interfecerunt. Pauci nostrum supersunt. Praedones nos magistris gladiatorum vendiderunt; nunc longe a Lydia patria absumus.
Flavus: Ego princeps eram in Gallia, praeeram clarae genti. Nos Galli cum Romanis bellavimus. Romani nos superaverunt et in servitutem abduxerunt. Et nobis et vobis calamitati fuerunt.
Lydus: Tu miles es: Tibi prodest scientia belli. Ego autem rusticus sum: Me terret pugna periculosa.
Flavus: Vita gladiatoris saepe longa non est. Sed semper stude magna audacia pugnare et palmam[1] accipere.
Lydus: Studium mei gratum mihi est, sed mihi apparet gladiatori duas[2] vias libertatis esse: aut vincere aut vitam perdere.

[1] *palma*: Palmzweig (als Siegeszeichen)
[2] *duas* (Akk. Pl. f.): zwei

Gladiator mit zahlreichen Siegeskränzen auf einem römischen Relief (3. Jh. n. Chr.)

[1] *Oceanus*: Eigenname
[2] *l(ib.)* = *liber* oder *libertus*, also freigelassen
[3] *Aracintus*: Eigenname

Wie groß in der Antike das Interesse an den Gladiatorenspielen war, zeigen die zahlreichen Kritzeleien an Häuserwänden. Zwei Graffiti aus Pompeji sind hier abgebildet.
Die Inschrift lautet:
a) Oceanus[1] l(ib.)[2] (victoriarum) XIII v(icit).
b) Aracintus[3] l(ib.) (victoriarum) IIII.

- *Erschließe aus Text und Bild, wer der Sieger war.*

Impulse

I. *Das Lesestück ist gegliedert durch den Gebrauch verschiedener Zeiten. Kennzeichne die Abschnitte und kläre dann, von welchen Personen in den jeweiligen Abschnitten die Rede ist. Beschreibe nun allgemein den Gesprächsverlauf.*

II. *Welche Konnektoren im Lesestück zeigen an, dass in einer Rede die Hauptperson wechselt? Warum stehen gerade diese hier?*

III. *Meist „versteckt" sich das Personalpronomen im Prädikat. Untersuche, warum es in diesem Text gelegentlich doch aufgeführt wird.*

IV. *Spielt den Text mit verteilten Rollen.*

V. *Im 1. Jahrhundert n. Chr. lässt der Satiriker Petron einen Römer sagen (Satyricon 45): „In drei Tagen, am Feiertag, gibt es eine tolle Veranstaltung: nicht mit Kämpfern aus einer Fechterschule, sondern zum Großteil mit Freigelassenen… (Der Veranstalter) wird für blanken Stahl sorgen, ohne Davonlaufen, für ein Gemetzel mitten auf der Bühne, damit es das ganze Amphitheater sehen kann."*
Nimm Stellung dazu.

VI. *Welche der drei Möglichkeiten gibt die Aussage richtig wieder?*

1. Pugnis interfuisti.
Pugnavisti.   Pugnas audivisti.   Amicus pugnavit.
2. Fortitudo mihi deest.
Pugnare cupio.   Timidus sum.   Libenter pugno.
3. Pauci supersunt.
Pauci vicerunt.   Pauci mortui sunt.   Pauci vivunt.
4. A patria absumus.
In patriam venimus.   In patria vivimus.   In patria non sumus.
5. Praeeram genti.
Princeps gentis eram.   Sine amicis vivebam.   Principem habebamus.
6. Liberi mihi aderant.
Liberi me reliquerunt.   Liberi aberant.   Liberi me adiuvabant.
7. Vincula mihi oberant.
Vincula non habebam.   Propter vincula fugere non poteram.   Milites vincula solvebant.

VII. *Ersetze die Personalpronomina der 1. Person Singular durch die der 1. Person Plural und ändere den Satz entsprechend.*
Flavus erzählt:

1. Gallia mihi patria fuit. 2. Me venatione et agri cultura[1] alebam. 3. Multi liberi mihi aderant. 4. Aliquando Romani vicum expugnaverunt et me in vincula coniecerunt. 5. Quia vincula mihi oberant, fugere non potui. 6. Deinde Romani me magistro gladiatorum vendiderunt.

[1] *agri cultura*: Ackerbau

VIII. *Ersetze im Text des Impulses I die 1. Person Singular durch die 2. Person Singular und ändere den Satz entsprechend.*

IX. *Setze die richtigen Formen ein und übersetze:*

1. ... (ego) ludi gladiatorii placent, ... (tu) ludi scaenici delectant.
2. ... (ego) libenter pugnas specto, ... (tu) carmina poetarum audis.
3. ... (ego) venationes excitant, ... (tu) fabulae placent.
4. ... (ego) molestum est ludos scaenicos spectare, ... (tu) crudelitas pugnarum terret.
5. Quamquam a ... (tu) dissentio, tamen amici sumus.

X. *Lateinisch „prosten" wir uns heute noch zu. Was steckt in „prosit"?*

Lektion 16

Gastmahl bei einem neureichen Römer

Beim Abendessen mit den Großeltern erkundigen sich die Kinder nach den Essgewohnheiten der Römer in der Antike. Viel Freude haben sie dabei an der Erzählung über ein Gastmahl, das Petron überliefert hat:

[1] *manus* (Akk. Pl.): die Hände
[2] *gustatio, onis*: Vorspeise
[3] *cervicalia munitissima* n.: sehr kleine Kopfkissen
[4] *adrasus, a, um*: blank
[5] *puls, pultis*: Mehlbrei
[6] *epulae, arum*: (erlesene) Speisen
[7] *sumen, inis* n.: Schweineeuter
[8] *petauristarius, i*: Schausteller
[9] *occisus, a, um*: geschlachtet
[10] *exinterare*: ausnehmen
[11] *tomaculum, i*: Bratwurst

Primo convivae balneum intraverunt, deinde in triclinium venerunt, tum omnes convivae discubuerunt. Servi manus[1] pedesque ingenti diligentia laverunt. Quamquam dominus nondum affuit, convivae gustatione[2] se delectaverunt.
Ecce! Servi Trimalchionem, virum nobilem, lectica in triclinium afferunt et inter cervicalia munitissima[3] ponunt. Omnes rident, quod nihil nisi caput adrasum[4] Trimalchionis eminet.
Convivae non pultem[5], ut erat mos maiorum, cenaverunt, sed epulas[6] velut lepores, anseres, apros, aves, quin etiam sumina[7].
Tum Trimalchio: „Pater meus pauper fuit. Ego autem dives sum, atque mihi nomen illustre est." Talibus verbis dominus felix se iactavit et convivas delectavit.
Interim petauristarii[8] in triclinium venerant: circulos ardentes transiluerunt et dentibus amphoram sustulerunt. Spectaculum summam admirationem Trimalchionis et omnium convivarum excitavit. Postremo servi in triclinium tres sues adduxerunt. Trimalchio coquum ad se vocavit et magna voce clamavit: „Maximum occide!"
Brevi post servi porcum occisum[9] intulerunt. Omnes putaverunt coquum suem non exinteravisse[10]. Trimalchio iratus coquum porcum exinterare iussit. Statim coquus ventrem secuit, ecce: tomacula[11] exciderunt. – O tempora, o mores!

(nach Petron, Satyricon)

Bei einer *cena* im *triclinium*

- Beschreibe die Anordnung der Liegen und fertige eine Zeichnung an.
- Welche Unterschiede bestehen zu heutigen Tischgewohnheiten?

Mostbrötchen
(antikes Rezept aus Cato, *de agricultura* 121)

„Mostbrötchen mache folgendermaßen: Besprenge einen Scheffel (ca. 9 l) Weizenmehl mit Most; gib dazu Anis, Kümmel, 2 Pfund (ca. 655 g) Schmalz, 1 Pfund (ca. 330 g) Käse und reibe etwas von einem Lorbeerzweig ab und, wenn du sie geformt hast, gib Lorbeerblätter darunter, wenn du sie backst."

$\frac{1}{2}$ kg Mehl,
0,3 l Traubensaft,
2 Esslöffel Aniskörner,
1 Esslöffel ganzen oder gemahlenen Kümmel,
100 g Schmalz,
50 g geriebenen Käse (am besten Schafskäse),
etwa 20 Lorbeerblätter.
Kochzeit: ca. 30–35 Min. bei 180° backen.
Es empfiehlt sich, die Mostbrötchen mit Hefeteig zu machen, da sie sich auf diese Weise länger halten und nicht so hart werden. Den Hefeteig setzt man mit dem Mehl, dem Traubensaft und 1 Würfel (40 g) Hefe an und lässt ihn gehen, bevor man die restlichen Zutaten dazugibt.

Impulse

I. *Was machen die Gäste vor der „cena"?*

II. *Stelle die Speisen der Gäste zusammen.*

III. *Welche Besonderheiten bot Trimalchio seinen Gästen während der „cena"?*

IV. *Bilde die gleichen Formen von ferre:*

portas, portabant, portavimus, portate, porto, portaveras, portat, portaverunt, portatis, portabamus, portavisse, porta, portavi, portant

V. *Stelle zu passenden Paaren zusammen und nenne den Nominativ Singular:*

Substantive: clamore, viri, nomina, cum patre, temporibus, convivis, feminas, avibus, porcorum, iudices

Adjektive: illustria, felices, albis, divites, ingenti, trium, omnibus, iustos, divite, antiquis

VI. *Setze die Adjektive in die richtige Form und übersetze.*

1. Quia Petronius de cena Trimalchionis scripsit, nomen Trimalchionis (nobilis) est. 2. Ante cenam servi pedes convivarum diligentia (ingens) laverunt. 3. Inter cenam Trimalchio se iactavit: „Scitis me ex patre (pauper) natum esse, nunc autem dominum (dives) esse". 4. Postea convivae viderunt servos sues (magnus) in triclinium adducere. 5. Trimalchio coquum suem (maximus) occidere iussit.

VII. *Ordne nach Wortarten und bestimme die Formen der Nomina und Verben.*

deinde, munere, aedificare, vince, saepe, divite (3), admone, valde, amice, illustre (2), triclinia (2), diligentia (2), vetera (2), cena (3), nomina (3), ingentia (2), maiorum, nondum, dominum, illustrium (3), regum, servorum, admirationem, turbam, omni (6), ludi (2), delectavi, capiti, iussisti, ibi, primi (3)

Information: Essgewohnheiten der Römer

In der Regel aßen die Römer dreimal am Tag. Das Frühstück (*ientaculum*) bestand aus wenig Brot und Früchten.

In der Mittagszeit folgte das leichte *prandium*: Gemüse und Brot, auch Fisch oder kaltes Fleisch.

Die Hauptmahlzeit des Tages war die *cena*. Sie begann am Nachmittag und konnte sich bis in den Abend hinziehen. Reiche und vornehme Römer konnten sich erlesene Gerichte leisten. Als Vorspeise aßen sie häufig Fisch, Salat und Eier. Zum Hauptgang wurden Vögel, Wild, Lamm- und Schweinefleisch, auch Schinken und Würste gereicht. Früchte gab es als Nachspeise. Zum Essen wurde Wein getrunken.

Die meisten Römer aber konnten sich solch üppiges Essen nicht leisten. Ihre Mahlzeit bestand vor allem aus Brot und Gemüse, wie Erbsen, Bohnen, Linsen, ferner aus Käse, Eiern und Obst. Häufig gab es auch den aus Getreide zubereiteten Mehlbrei (*puls*), dagegen kaum Fleisch, da es zu teuer war.

Während des Essens lagen die Römer auf Speisesofas (*lecti*), die Frauen, die erst seit der Kaiserzeit im Speisezimmer (*triclinium*) mitaßen, saßen in Korbsesseln.

Essensreste auf dem Boden. Mosaik aus einer Villa bei Rom, 2. Jh. n. Chr. Bei den Römern war es Sitte, die Essensreste auf den Boden fallen zu lassen. Dieses Motiv wurde auch gern als Bodenmosaik in Speisesälen verwendet (Asaroton-Motiv).

Lektion 17
Plateaulektion

„Schwarze Tage" in der Geschichte Roms

Nach der Vertreibung der etruskischen Könige (um 510) folgte die Zeit der Republik. In dieser Zeit entwickelte sich Rom von einem kleinen Stadtstaat zur Weltmacht. Auf diesem Weg hatte Rom allerdings auch zwei Katastrophen zu bewältigen, die sich über Jahrhunderte im Bewusstsein der Römer als „schwarze Tage" festsetzten.

Saeculo quarto a. Chr. n. Galli Italiam invaserunt et ad Alliam flumen milites Romanos vicerunt.

Romani, quia agmen Gallorum urbi appropinquare audiverant, constituerunt iuventutem militarem cum coniugibus ac liberis in arcem Capitoliumque cedere. Ceteri in urbes finitimas se contulerunt.

Galli, postquam per portam Collinam apertam in forum pervenerunt, aedificia et templa ferro ignique deleverunt. Nocte per praeruptum saxum in Capitolium venerunt et non solum custodes, sed etiam canes fefellerunt. Anseres autem vigiles fuerunt; clangore[1] Manlium, virum egregii animi, excitaverunt: Statim arma arripit, ceteros ad arma vocat. Iamque Romani concurrunt, telis saxisque hostes de muro deiciunt.

[1] *clangor, oris*: Geschnatter

„Auf einem Bergvorsprung stehend zeigt Hannibal seinen Kriegern Italien."
Lithografie nach einer aquarellierten Zeichnung von Alfred Rethel (1816–1859)

Paulo post Q. Sulpicius, tribunus militum[2], et Brennus, dux Gallorum, de pace egerunt; milia pondera auri pretium populi fuerunt. Dum Romani aurum pendunt, miles Gallus gladium librae addidit et clamavit: „Vae victis!"

Saeculo tertio a. Chr. n. Hannibal, vir virtute singulari, cum copiis multisque elephantis Alpes montes superavit. In promunturio[3] constitit et militibus campos ostendit: „Moenia non modo Italiae, sed etiam urbis Romanae transcendistis."
Ducem Poenorum proeliis compluribus consules militesque Romanorum fugavisse, ad Cannas pugna atroci Romanos devicisse immortalemque gloriam sibi comparavisse scimus. Tum urbs sine praesidio erat, et Romani exclamabant: „Hannibal ad portas!"
Hannibal autem Romam non petere, sed Campaniam peragrare decrevit. Deinde Maharbal, praefectus equitum: „Vincere scis, Hannibal; victoria uti[4] nescis".

(nach Livius, ad urbe condita V; XXI und XXII)

[2] *tribunus militum*: Militärtribun
[3] *promunturium, i*: Bergvorsprung
[4] *victoria uti*: den Sieg ausnutzen

Impulse

I. 1. *Schreibe die Handlungen der Gallier heraus. Welche Reaktionen mussten sie bei den Römern hervorrufen?*

2. *Welche Maßnahmen ergriffen die Römer, nachdem ihr Heer an der Allia besiegt worden war? Was war für sie das Wichtigste?*

3. *Begründe den Tempuswechsel in Z. 9–11.*

4. *Was wollte der gallische Soldat mit dem Ausruf „vae victis" zum Ausdruck bringen?*

II. 1. *Welchen Abschnitt im Text über Hannibal bringt die Zeichnung von Alfred Rethel zum Ausdruck? Womit vergleicht Hannibal die Alpen?*

2. *Versuche zu ergründen, warum der Name der Stadt Sagunt auf einer Fahne steht.*

3. *Nenne mit Hilfe der Karte (S. 56) die proelia, in denen Hannibal die Römer besiegte.*

4. *Welches Vorgehen erwartete Maharbal von Hannibal nach der Schlacht bei Cannae?*

III. *Vergleiche die beiden Situationen, in denen sich Rom nach den Niederlagen gegen die Gallier und Hannibal befand. Nenne Unterschiede und Gemeinsamkeiten.*

IV. *Bestimme die Genitive und Ablative des Lesestücks und erläutere ihre semantische Funktion.*

V. *Sammle aus dem Lesestück die Wörter des Sachfelds „angreifen, kämpfen, siegen" und ordne sie nach Wortarten.*

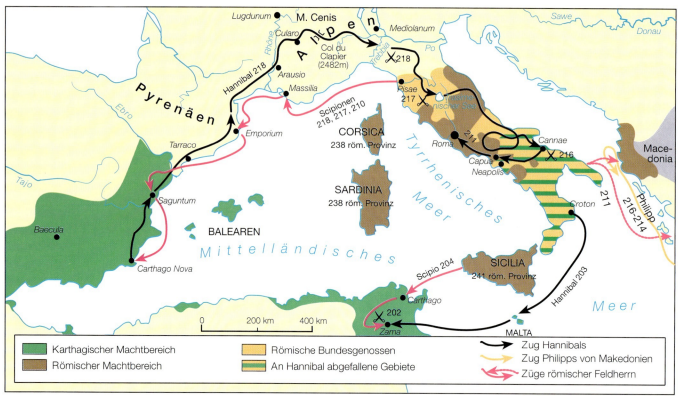

Rom und Karthago zur Zeit des 2. Punischen Krieges

Kriegselefant mit Kampfturm. Der Turm auf dem Rücken diente den Bogenschützen als Deckung (Ausschnitt aus einem etruskischen Teller, 3. Jh. v. Chr., Rom, Villa Giulia)

- Erkläre, warum die Elefanten auch „Panzer der Antike" genannt werden?

Ostia – der Hafen Roms (18–22)

Die Kinder machen mit ihren Großeltern einen Ausflug nach Ostia und ans Meer. Ostia war in der Antike die Hafenstadt Roms und ein beliebter Kurort. Vom Reiz der damaligen Stadt, vom Trubel im Hafen und von der antiken Seefahrt erzählen die folgenden Lektionen.

Lektion 18

Auf nach Ostia!

Nach dem anstrengenden Gastmahl bei Trimalchio benötigen zwei der Gäste, Encolpius und Ascyltus, dringend Erholung. Encolpius macht einen Vorschlag:

E.: „Cras si caelum serenum erit, Ostiam petemus. Urbem visitare, praeter litus maris ambulare nobis certe proderit. Aura salubris nostris corporibus fessis bona curatio erit. Nisi propositum meum tibi displicet, mane, cum ientaverimus[1], Romam relinquemus et Ostiam petemus."
A.: „Quid ibi videbo, quid ibi inveniam?"
E.: „Thermas pulchras, magnas insulas, tabernas mercatorum, Capitolium excelsum, theatrum praeclarum videbis. In theatro, si placebit, de scaena carmina poetarum recitare vel personam agere[2] poteris. Ego in summa cavea sedebo, ludo tuo adero, te declamare audiam: ‚Arma virumque cano, Troiae qui primus ab oris Italiam fato profugus Laviniaque venit litora …'.[3] Cum personam bene egeris[2], plausum tibi dabo[4]. Si fessi fuerimus, in taberna ad theatrum sita nos recreare poterimus. Postea autem in litore cubabimus vel membra undis refrigerabimus. Amici nostri nobis invidebunt, cum nos loco tam amoeno fuisse audiverint."
A.: „Propositum tuum optimum est et mihi valde placet. Cuncta, credo, mihi gaudio erunt. Certe facetias ineptas Trimalchionis aliquamdiu vitabimus."

[1] *ientare*: frühstücken
[2] *personam agere*: (im Schauspiel) eine Rolle spielen; (als Schauspieler) auftreten
[3] „Waffentat künde ich und den Mann, der als Erster von Troja, schicksalsgesandt, auf der Flucht nach Italien kam und Laviniums Küsten …" (übers. v. J. Götte)
[4] *plausum dare*: Beifall spenden

Marmormaske im Theater von Ostia. Diese Marmormaske gehörte zur ursprünglichen Dekoration des Bühnenraums. Masken, die bestimmte Typen darstellten, wurden von den Schauspielern getragen.

Das Theater in Ostia. Blick von der Bühne in den Zuschauerraum.

Impulse

I. Stelle alle Begriffe zusammen, die zum Sachfeld „Theater" und zum Sachfeld „Erholung" gehören.

II. Was verstehen wir unter dem Begriff „Person"? Welchen Zusammenhang siehst du zwischen unserer heutigen Bedeutung und dem ursprünglichen Begriff „persona"?

III. Welche Stilfigur liegt in den Zeilen 6/7 vor?

IV. Vertausche die im Lesetext vorkommenden Formen des Futur I mit denen des Futur II und umgekehrt.

V. *si* oder *cum*? – Ergänze die fehlenden Konjunktionen und übersetze die Sätze.

Encolpius und Ascyltus sprechen über den geplanten Besuch in Ostia:
1. _____ ientaverimus, nos in viam dabimus[1]. 2. _____ cuncta visitaverimus, ad litus maris nos recreabimus. 3. _____ Ostia nobis placuerit, Romam aliquamdiu non reveniemus[2]. 4. _____ theatrum spectaverimus, in taberna cenabimus. 5. _____ navem invenerimus, per mare navigabimus.

VI. Ergänze die Prädikatsform und übersetze.

1. Amici stupebunt, cum nos Ostiae[3] fuisse audi_____. 2. Quicumque[4] Ostiam vid_____, semper huc reveniet[2]. 3. Cum ego tibi Ostiam demonstr_____, mihi gratus eris. 4. Plausum tibi dabo, si in theatro carmina bene recit_____. Si desiderium Romae nos cep_____, domum reveniemus.

[1] *se in viam dare*: sich auf den Weg machen
[2] *revenire*: zurückkommen
[3] *Ostiae*: in Ostia
[4] *quicumque*: jeder, der

Information: Ostia

Ostia, ca. 30 km von Rom entfernt, verdankt seinen Namen der Lage (von lat. *os* = Mund, Mündung). Hier mündete in der Antike der Tiber in das Tyrrhenische Meer. In Ostia befand sich zunächst ein Militärlager zum Schutz der nach Rom führenden Salzstraße (*via salaria*). Über den Hafen Ostias erfolgte die Versorgung Roms mit Lebensmitteln.

Die Ruinen der Tempel und Gebäude im heutigen Ostia vermitteln einen lebendigen Eindruck von der damaligen Stadt und ihren Bewohnern. Neben dem einstöckigen Atriumhaus (*domus*) finden sich vierstöckige Miethäuser (*casae*) und Wohnblöcke, die von vier Straßen umgeben sind (*insulae*).

Das gut erhaltene Theater wurde von Kaiser Augustus gestiftet. Es war ganz und gar mit Marmor verkleidet und bot 3000 Besuchern Platz. Es ist heute restauriert und so für Aufführungen wieder verwendbar gemacht. Besucher erproben gerne seine großartige Akustik.

Hinter dem Theater liegt ein großer Platz, auf dem sich die Büros von 70 Reedereien befanden. Jede Gesellschaft besaß eine Reedereimarke, die in schwarzweißem Mosaik im Fußboden eingelassen war. Aus den figürlichen Darstellungen (z.B. Schiffe, exotische Tiere) erfährt man etwas über die Handelsart und die Handelsbeziehung der einzelnen Gesellschaften.

Die Mosaikfußböden mit mythologischen Darstellungen in den Theateranlagen, in den Wohn- und Geschäftshäusern lassen den einstigen Wohlstand der Stadt erkennen. Malereien an den Wänden der Innenräume geben oft Hinweise auf die Tätigkeit ihrer Bewohner.

Die Bevölkerungszahl von Ostia betrug zur Kaiserzeit ca. 100000. Als in der Spätantike

Kaiser Konstantin Ostia das Stadtrecht entzog, entvölkerte die Stadt sich mehr und mehr und verfiel allmählich. Infolge riesiger Anschwemmungen im Verlauf der Jahrhunderte liegt Ostia heute nicht mehr direkt am Meer.

Mosaiken aus dem Eingangsbereich von Geschäftsräumen (Handelskontoren) in Ostia

• *Was ist auf den Mosaiken dargestellt? Auf welche Handelsart oder Handelsbeziehungen lassen die Abbildungen schließen?*

Lektion 19

Im Hafen von Ostia

Encolpius et Ascyltus, dum per vias Ostiae ambulant, in Pomptinum navicularium[1] incidunt. Is amicos secum ad portum[2] ducit. Angustae sunt viae eius regionis et multis horreis, tabernis, thermopoliis[3] inclusae. Ante tabernas mercatorum multi homines stant et merces eorum vel spectant vel emunt. Amici operarios[4] horrea intrare aut relinquere vident.

Pomptinus cum amicis suis cauponam intrat. Ea vocibus clamoribusque resonat. In angulo cauponae nonnulli viri sedent et caelum ac terram miscent[5]. Linguam eorum neque Encolpius neque Ascyltus intelligit. Navicularius[1] eos viros Aegyptios esse docet. Ea, quae[6] inter se narrant, iocosa esse apparet.

Pomptinus et amici multas naves graviter[7] onustas portum intrare vident. Eae ex cunctis provinciis merces, frumentum, oleum, vinum apportant. Una ex eis oculos amicorum ad se convertit. Pomptinus eam navem sibi esse dicit. Docet se ea iam saepe in ultimas terras navigavisse. Neque ventos neque undas eam umquam afflixisse affirmat. Amici navem eius valde laudant. Pomptinus ea laude gaudet et eos nave sua invitat.

[1] *navicularius*: Schiffsbesitzer, Reeder
[2] *(ad) portum*: (zum) Hafen
[3] *thermopolium*: Gasthaus
[4] *operarius*: Arbeiter
[5] *caelum ac terram miscere*: einen Höllenlärm machen
[6] *quae* (Relativpronomen Akk. Pl. n.): was
[7] *graviter* (Adv.): schwer

Antikes Handelsschiff (Rekonstruktion). Ein solches Handelsschiff konnte eine Ladung von 6 000 Amphoren (mit Wein, Obst, Olivenöl oder Fischsoße) fassen. Der große hölzerne Gänsekopf steht für die Göttin Isis, die Schutzpatronin der Seefahrer.

Impulse

I. *Auf welche Informationen im vorhergehenden Satz verweisen jeweils die Formen von* is, ea, id? *Schreibe Bezugswort und Verweisform in folgender Weise heraus:* Pomptinum navicularium ← Is.

II. *Überlege, welche Bedeutung die Verweisformen für das Textverständnis haben.*

III. *Welche Wörter gehören zum Sachfeld „Seefahrt"?*

IV. *Stelle aus dem Lesestück alle lateinischen Wörter für die Gebäude im Hafen und die Fracht der Schiffe zusammen.*

V. *Eine Amphore (zweihenkliges Vorratsgefäß) fasste 26,2 l. Errechne die Gesamtmenge an Ladung für 6 000 Amphoren.*

VI. *Füge zu den folgenden Substantiven das Demonstrativpronomen hinzu:*

vias – amicos – amici (2) – tabernis – voce – navis (2) – angulo (2) – frumentum – mercatores (2) – viae (3)

VII. *Ersetze folgende Substantive durch das Pronomen:*

imperii – poculum – provinciis – mercatorum – oculos – linguam – urbis – amicus – tabernae (3)

VIII. *Stelle fest, wer mit dem Pronomen gemeint ist:*

1. Encolpius et Ascyltus Pomptino se nondum navigavisse dicunt. 2. Itaque Pomptinus eis potestatem navigandi facit[1]. 3. Pomptinus amicis se multas terras cognovisse narrat. 4. Amici eum in multas terras venisse stupent.

[1] *potestatem navigandi facere*: Gelegenheit zu einer Seereise geben

IX. *Setze das passende Possessivpronomen (suus, a, um – eius, eorum) ein:*

1. Pomptinus in Aegyptum navigare in animo habet. 2. Amicis propositum _____ valde placet. 3. Navem Pomptini laudant. 4. Pomptinus laude _____ gaudet. 5. Navicularius nave _____ contentus est; nam multos annos ventos et undas sustinuit. 6. Itaque amici etiam saluti _____ non timent.

Information: Schiffsverkehr

Mangels Post und Telefon spielte in der Antike die Seereise zu mündlicher Verhandlung mit Kunden und Lieferanten bei jedem Geschäftsfall eine größere Rolle als heute. Auf der Grabinschrift eines Kaufmanns aus Hierapolis in Phrygien ist vermerkt, dass er 72-mal zu Geschäften von Malta nach Italien gereist sei. Besonders bei Massen- und Schwergütern kam dem Transport über das Wasser ein Vorrang zu. Hafenstädte wie Alexandria, Antiochia und Ostia waren daher Brennpunkte von Handel und Verkehr. Das Leben und Treiben dort war damals ebenso international und turbulent wie in den Welthäfen von heute. Das Sprachengewirr war gewaltig. Nach einem antiken Bericht soll ein römischer Kaufmann in der Hafenstadt Dioskurias an der Schwarzmeerküste für die Abwicklung seiner Geschäfte 130 verschiedene Dolmetscher benötigt haben.
Vom Ende der Republik an war Ostia an der Tibermündung der Welthafen Roms. Ostia und Rom sind wie Bremerhaven und Bremen zu denken. In Ostia wurden die ungeheuren Getreidemengen umgeschlagen, die für die Versorgung (*annona*) der römischen Plebs benötigt wurden. Der Weizen wurde in ganzen Flotten aus Ägypten, Syrien, Tunis, Algier und aus Sizilien herbeigeschafft. Die Fracht wurde in Ostia gelöscht, gestapelt und auf Abruf des Beamten für das Ernährungswesen (*praefectus annonae*) tiberaufwärts nach Rom geschafft.

Lektion 20

Angst vor den Gefahren des Meeres

Encolpius und Ascyltus entschließen sich Pomptinus auf seiner nächsten Seereise zu begleiten. Zum vereinbarten Zeitpunkt finden sie sich im Hafen ein.

Ascyltus cessat et: „Cum pericula maris", inquit, „mecum reputo, aliquantum sollicitatus sum. Nam tempestates, ventos adversos, imprimis piratas navibus imminere iam saepe audivi. Utinam ea pericula melius[1] considerāvissem! Utinam ne tam temere id consilium cepissemus! Utinam inceptum nostrum irritum facere possem!"
Tum Encolpius: „Utinam! Utinam ne! – Utinam ne tu semper tam timidus esses! Nisi viri animosi in altum navigarent, nobis frumentum, oleum aliaque ad vitam necessaria deessent. Si pericula maris maiores nostros deterruissent, Romani numquam alienas et ultimas terras petivissent et non domini terrarum, sed gens pauper agricolarum essent. Vita nostra omnino non tam iucunda esset, si cuncti homines tam timidi fuissent quam tu. Es tibi conscius: navigare necesse est! Salus nostra est in manibus[2] deorum."
Tum demum Ascyltus animum recipit: bracchia ad caelum tollit et deos implorat: „Neptune et Mercuri, incepto nostro favete et cuncta bene vertite! Si nobis adfueritis et nos integri in patriam renavigaverimus, vobis statuam ponemus."
Nunc Ascyltus non iam cessat, sed bono animo cum amico navem conscendit.

[1] *melius* (Adv.): besser
[2] *in manibus*: in den Händen

Impulse

I. *Gliedere das Lesestück mit Hilfe der Konnektoren und gib den Inhalt der Abschnitte kurz wieder.*

II. *Durch welche sprachlichen Elemente (Verben, Modi, Partikel[1]) wird in dem Lesestück ein Wünschen und Wollen zum Ausdruck gebracht?*

III. *Welche Begriffe gehören zum Wortfeld „Furcht und Schrecken"?*

IV. *Imperfekt oder Plusquamperfekt? Bestimme die Konjunktive:*

audirem – incidissemus – potuisses – navigaret – deterruissetis – peterent – fuisses – consideraret – essent – posuissetis – defuisset – possem

V. *Übersetze und bestimme die Zeitstufe des Irrealis:*
1. Amici, si pericula maris antea consideravissent, fortasse Romae mansissent.
2. Nautae non in altum navigarent, si incommoda ita timuissent ut Ascyltus.
3. Romani, nisi viros tam animosos haberent, non domini terrarum essent.

[1] Partikel sind unflektierte Wörter wie z.B. Konjunktionen und Interjektionen (= Aus- und Zurufe).

VI. *Ergänze und übersetze:*

1. Ascyltus laetus esset, si inceptum irritum facere _____ (posse).
2. Nisi pericula maris eum _____ (terrere), non tam timidus fuisset.
3. Amici Ostiae _____ (remanere), nisi Pomptinus eos invitavisset.
4. Romani non domini terrarum essent, nisi terras ultimas _____ (petere).

Information: Die Angst vor dem Meer

Die Angst der Menschen in der Antike vor den Gefahren des Meeres hat auch in der römischen Dichtung ihren Niederschlag gefunden. So beschreibt z. B. der Dichter Ovid (43 v. Chr.–17 n. Chr.) die Gewalt des Meeres in folgender Weise:

O wie elend ich bin! Wie schwellen die Wogen im Sturme!
    Tief aus dem Grunde der Flut wirbelt den Sand er herauf.
Wellen wie Berge bespringen den Bug und das Heck des gekrümmten
    Schiffes: Der Gottheiten Bild[1] wird von der Brandung gepeitscht.
Fichtene Planken erdröhnen, es knirschen die Taue im Anprall,
    und bis zum Kiele hinab stöhnt das Gefährt um mein Leid.
Bleich ist der Seemann im Antlitz und zeigt, dass Angst ihn durchschauert,
    fügt sich, erliegend, dem Schiff, lenkt es nicht mehr nach der Kunst,
und wie ein kraftloser Reiter des starr sich sträubenden Halses
    Zügel dem Hengst überlässt, die er zu nutzen nicht weiß,
so hat der Steurer, ich seh' es, die Segel dem Schiff überlassen,
    dass es nicht fährt, wie er will, sondern der Brandung gehorcht.
(Tristien I 4; übersetzt von W. Willige, Zürich-Stuttgart 1963)

[1] Auf dem Hinterdeck eines Schiffes war ein Bild der Gottheit angebracht, der das Schiff geweiht war.

- *In welchen Bildern stellt der Dichter die Gewalt des Meeres und die Furcht der Menschen dar?*
- *Überlege, warum in der Antike die Angst der Menschen vor dem Meer so groß war.*

Darstellung eines Schiffsunglücks auf einem römischen Sarkophag

Lektion 21

Seeräuber

Neben den Bedrohungen durch die Naturgewalten machten vor allem die Piraten den Reisenden zu schaffen. Auch Cäsar geriet als junger Mann in die Gewalt von Seeräubern. Erst Pompeius befreite Rom von dieser Plage.

Aliquando Caesar iuvenis Rhodum secessit, ut Moloni, clarissimo dicendi magistro[1], operam daret[2]. Circa Pharmacussam insulam praedones navem oppresserunt et Caesarem comitesque eius ceperunt. Mox plurimos eorum emiserunt, ut ii pro redemptione Caesaris pecunias in civitatibus Asiae expedirent. Caesarem autem cum paucis amicis quadraginta dies[3] in potestate sua retinebant. Postquam civitates quinquaginta talenta numeraverunt[4], praedones Caesarem in litore exposerunt. At Caesar nocte classem contraxit, ne praedones effugerent. Tanta celeritate eos petivit, ut praedones se in suas sedes occultare non possent. Partem navium fugavit, partem mersit multosque piratas cepit. Captivi iure timuerunt, ne poenas darent facinorum suorum. Et profecto Caesar eos proconsuli[5] Asiae tradidit et ab eo petivit, ut de eis supplicium sumeret. Postquam is recusavit, ne id faceret, Caesar omnes captivos cruci affixit.
Paucis annis post senatores Pompeium miserunt, ut orbem terrarum a timore praedonum liberaret. Brevi tempore ei contigit, ut cuncta maria redderet tuta a praedonibus et bellum tam late diffusum conficeret. Pompeius partem praedonum cruci affixit, partem eorum in oppidis a mari remotis collocavit, ut eos a rapinis prohiberet.

(nach Velleius, historia Romana II 41)

[1] *dicendi magister*: Lehrer der Redekunst
[2] *operam dare* (m. Dat.): Hörer sein bei, studieren bei
[3] *quadraginta dies*: vierzig Tage
[4] *quinquaginta a numerare*: fünfzig Talente zahlen
[5] *proconsul, is*: Statthalter

Impulse

I. 1. *Schreibe aus den Hauptsätzen des Lesestücks (Z. 1–12) in Reihenfolge Subjekt und Prädikat heraus und ordne sie untereinander an.*
2. *Gliedere mit Hilfe dieser Zusammenstellung den Text.*

II. *Zeige mit Angaben aus dem Text, wie Cäsar sich verhält.*

III. ‚*Partem navium fugavit, partem emersit …*' *(Z. 8/9): Was fällt dir in stilistischer Hinsicht auf? Welche Wirkung hat diese Formulierung?*

IV. *Ordne die konjunktivischen Gliedsätze des Lesestücks nach Begehr-, Final- und Konsekutivsätzen.*

V. Setze: ut – ut non – ne ein und übersetze die Sätze:

Pompeius beendet die Seeräuberplage

1. Primo a. Chr. n. saeculo praedones mare tantopere in potestate sua tenebant, _____ plerique mercatores mare vitarent. 2. Etiam multae nautae recusabant, _____ se aut mortis aut servitutis periculo committerent[1]. 3. Nullus ante Pompeium imperator praedones prohibere potuerat, _____ naves caperent aut portus[2] diriperent. 4. Tandem senatores Pompeio imperium detulerunt, _____ mare a praedonibus tutum redderet. 5. Brevi tempore Pompeius praedones devicit; partem eorum interfecit, partem tanto spatio a mari collocavit, _____ raptum exire[3] possent. 6. Tamen multi Romani timebant, _____ homines nefarii in perpetuum[4] rapinis desisterent.

[1] *se periculo committere*: sich der Gefahr aussetzen
[2] *portus* (Akk. Pl.): Häfen
[3] *raptum exire*: auf Raub ausgehen
[4] *in perpetuum*: für immer

Information: Rom und die Seeräuber

Der griechische Schriftsteller Plutarch (45–125 n. Chr.) schreibt dazu in seiner Biografie des Pompeius Folgendes:

„Die Macht der Seeräuber hatte ihren Ursprung in Kilikien, wo sie zuerst in der Stille sich an gewagten Unternehmungen versuchten. Dann gewannen sie Mut und Kühnheit im Mithridateskriege, während dessen sie sich in den königlichen Dienst stellten. Als dann die Römer in den Bürgerkriegen vor den Toren Roms aneinander geraten waren, lockte sie die unbewacht gebliebene See mehr und mehr an und machte sie groß, sodass sie nicht nur mehr die Seefahrer angriffen, sondern auch Inseln und Küstenstädte ausplünderten. Bereits bestiegen auch Männer von Vermögen und vornehmer Abkunft, die als klug und einsichtsvoll angesehen wurden, die Piratenschiffe und beteiligten sich an dem Handwerk, das eine Art Ruhm und Ehre einbrachte. Es gab auch an vielen Orten Ankerplätze der Piraten und befestigte Beobachtungstürme, und ihre Flotten, denen man nun begegnete, waren nicht nur durch ausgesuchte Bemannung, wohlgeübte Steuerleute und schnelle, leichte Schiffe für ihre besondere Aufgabe wohl gerüstet, sondern kränkender noch als ihre Gefährlichkeit war ihr dreister Übermut, wenn sie mit vergoldeten Flaggenstangen, purpurnen Vorhängen und silberbeschlagenen Rudern prunkten und sich so gleichsam mit ihren Verbrechen brüsteten. Flöten- und Saitenspiel, Gesänge und Trinkgelage an jedem Strand, Entführungen obrigkeitlicher Personen und Brandschatzungen eroberter Städte waren eine Schande für die römische Regierung. Die Zahl der Seeräuberschiffe betrug über tausend, die der von ihnen eroberten Städte vierhundert. Heilige Stätten, die bisher als unverletzlich und unbetretbar galten, überfielen sie und plünderten sie aus.
Ganz besonders ließen sie ihren Übermut an den Römern aus, drangen vom Meer ins Landesinnere, machten mit ihren Räubereien die römischen Straßen unsicher und plünderten die in der Nähe gelegenen Villen aus. Einmal nahmen sie sogar zwei Praetoren, Sextilius und Bellienus, gefangen in ihren Purpurgewändern und nahmen zugleich mit ihnen auch ihre Diener und Liktoren mit.
Diese Macht verbreitete sich über das ganze Mittelländische Meer, sodass die gesamte Handelsschiffahrt lahm gelegt wurde. Dies vor allem bewog die Römer, denen alle Zufuhr abgeschnitten wurde, sodass sie einem großen Mangel entgegensahen, Pompeius auszusenden, um den Piraten die Seeherrschaft zu entreißen."
(Plutarch, Große Griechen und Römer, übers. v. Konrat Ziegler, Stuttgart 1955)

- *Welche Auswirkungen hatte nach dem Bericht Plutarchs die Piraterie für die Römer?*

Lektion 22

Sklaven in Rom

Nicht alle, die in die Hände von Seeräubern gefallen waren, konnten sich wie Cäsar retten. Die meisten wurden von den Piraten als Sklaven verkauft. Sie erlitten dasselbe Schicksal wie diejenigen, die als Kriegsgefangene nach Rom verschleppt wurden.

Legamus, qualis vita servorum fuerit!
Milites Romani, cum gentes exteras[1] vicerant, viros, mulieres liberosque in servitutem ducebant. Imperator captivos in triumpho per Romae vias duxit et in foro venditioni exposuit. Multi Romani eo veniebant, ut captivum emerent. Saepe servus optabat: „Utinam dominus bonus et iustus sit! Ne durus sit neve me vexet!"
Si domini iniusti erant, servi nonnumquam deliberabant, quid agerent. Alii: „Ne domini nos vexent! Fugiamus, ut in libertate vivamus!" Alii: „Nemo nostrum dicat nos vitam humanam agere. Seditionem faciamus, ne in servitute manere debeamus!"
At non omnes domini tam duri fuerunt, ut servos exercerent. Multos Romanos servis humanitatem exhibuisse[2] notum est. Ex litteris comperimus, quantopere Plinius scriptor saluti servorum consuluerit. Ministeria iucunda servorum laudavit et preces eorum non neglexit. Plinius cunctis servis permisit, ut quasi testamenta facerent, et paruit, ut cupiverant.
Etiam Seneca philosophus Lucilio discipulo suasit: „Sic cum inferiore[3] vivas, quemadmodum[4] tecum superiorem[5] cupias vivere."

(nach Plinius, epistulae V 19, und Seneca, epistula 47)

[1] *exterus, a, um*: fremd
[2] *exhibere*: erweisen, zeigen
[3] *inferior*: der (im Rang) niedriger gestellte
[4] *quemadmodum*: wie
[5] *superior*: Gegenteil von *inferior*

Impulse

I. *Sammle aus den Hauptsätzen die Konjunktive im Präsens und Perfekt und bestimme jeweils ihre Sinnrichtung.*

II. *Inwiefern widersprach die „humanitas" von Plinius und Seneca dem allgemeinen Urteil über die Sklaven? Lies dazu den Text Varros.*

III. *Gestalte auf der Grundlage des Textes selbstständig einen Dialog zwischen zwei Sklaven.*

IV. *Setze in den Konjunktiv.*

ducit, optamus, responderunt, comperio, credidi, durus es, vivitis, exerceo, consuluisti, iustae fuistis, facis, cupivimus, monent, delibero, venistis, emere potest

V. *Suche den Störenfried in jeder Spalte.*

neglegam	debeas	egerim	ducem	dominis
miseram	exerceas	fuerim	vexem	liberis
faciam	vias	fecerim	optem	liberaveris
vivam	pareas	possim	imperem	pueris

Bilde weitere Gruppen.

VI. *Mache abhängig von ‚Scimus' und übersetze.*

1. Quomodo servi Romam venerunt? 2. Quem imperator per Romae vias duxit? 3. Ubi imperator captivos venditioni exposuit? 4. Quid servi nonnumquam deliberaverunt? 5. „Cur domini iniusti sunt? 6. Quis saluti servorum consulit?"

VII. *Setze die richtige Verbform ein und beachte dabei die Consecutio temporum.*

1. Multi domini postulaverunt, ut servi ..... (parere – Gleichzeitigkeit). 2. Dominis tanta potestas fuit, ut servos verberare vel necare ..... (posse – Gleichzeitigkeit). 3. Nonnulli servi cogitaverunt: „Domini nostri tam severi et duri sunt, ut nos iniuriam non iam ..... (tolerare – Gleichzeitigkeit). 4. Optaveramus, ut domini nobis humanitatem ..... (exhibere – Gleichzeitigkeit). 5. Fugiemus, ut liberi ..... (esse – Gleichzeitigkeit) neque in servitute ..... (manere – Gleichzeitigkeit)." 6. Mirum est, quanta humanitate nonnulli cives ..... (esse – Vorzeitigkeit). 7. Plinius scripsit, quomodo servis ..... (consulere – Vorzeitigkeit). 8. Notum est Senecam quoque tam humanum fuisse, ut cum servis suis ..... (cenare – Gleichzeitigkeit).

Information: Das Leben der Sklaven

In der Zeit der Republik sind die meisten Sklaven als Kriegsgefangene nach Rom gekommen. Mit der Ausdehnung des Reiches wurde eine immer größere Anzahl von Gefangenen angeboten. Bei den Versteigerungen auf dem Forum trug jeder am Hals einen Zettel (*titulus*), auf dem die Herkunft, das Alter, die Vorzüge und Mängel angegeben waren. Die Preise waren sehr unterschiedlich: Ein gewöhnlicher Sklave kostete 2000 Sesterzen (ca. 350 DM), eine schöne Sklavin 100 000 Sesterzen, für einen Sprachlehrer ist sogar der einmalige Preis von 700 000 Sesterzen überliefert.

Mit dem zunehmenden Luxus wuchs auch die Zahl der Sklaven. Manche Herren besaßen Hunderte oder sogar Tausende von Sklaven. Tätig waren diese nicht nur in der Landwirtschaft, etwa auf den großen Latifundien; sie halfen ihrem Herrn auch in geschäftlichen Angelegenheiten oder erfüllten die mannigfachen Aufgaben in einem Land- oder Stadthaus. Alle gehörten sie jeweils zur *familia* ihres *dominus*.

Die rechtliche Stellung der Sklaven gründete in der Auffassung, dass sie juristisch als Sachen (*res*) galten. Die Verfügungsgewalt ihres Herrn war unbeschränkt. Das Strafmaß richtete sich in der Regel nach der Schwere des Vergehens und konnte bis zur Folter oder Kreuzigung führen. So ließ Crassus nach der Niederschlagung des Sklavenaufstandes unter Spartakus 6000 Sklaven an der Via Appia ans Kreuz schlagen. Doch es gab auch Beispiele guten Zusammenlebens zwischen Herren und Sklaven.

Die Stellung des Sklaven hatte zur Folge, dass er nichts besitzen durfte, dass er keine rechtmäßige Ehe eingehen und keinen gesetzlichen Einspruch gegen die Handlungen seines Herrn vorbringen konnte. Erst in der Kaiserzeit wurden die Rechte des *dominus* gegenüber den Sklaven eingeschränkt.

Doch konnte ein Sklave für sich und seine Nachkommen die Freiheit erlangen. Diese Freilassung (*manumissio*) konnte in verschiedenen Formen erfolgen: ein feierliches Ritual, eine Eintragung als Bürger in die Liste der Censoren oder eine testamentarische Willenserklärung. Später genügte auch eine einfache Willenserklärung des Herrn. Nicht selten führte der Freigelassene (*libertus*) dann den Namen seines Herrn. Das Ende der Sklaverei in Rom erfolgte mit dem Untergang des weströmischen Reiches und der Ausbreitung des Christentums.

Sklaven als Sachen

M. Terentius Varro (116–27 v. Chr.) schreibt in seinem *liber rerum rusticarum* 1, 17, welche „Dinge" (*res*) man bei der Bestellung der Felder braucht:

Nunc dicam, agri quibus rebus colantur. Quas res alii dividunt in duas partes, in homines et adminicula hominum, sine quibus rebus colere non possunt; alii in tres partes, instrumenti genus vocale et semivocale et mutum, vocale, in quo sunt servi, semivocale, in quo sunt boves, mutum, in quo sunt plaustra.	Nun möchte ich sagen, womit die Äcker bebaut werden. Diese Dinge unterteilen die einen in zwei Bereiche, in Menschen und Werkzeuge der Menschen, ohne die sie keinen Ackerbau betreiben können; die anderen unterteilen sie in drei Bereiche, und zwar in eine sprechende, in eine halbsprechende und eine stumme Art von Hilfsmittel: Die sprechende Art ist diejenige, zu der die Sklaven gehören, die halbsprechende diejenige, zu der die Ochsen, und die stumme Art ist diejenige, zu der die Wagen gehören.

- *Womit werden die Sklaven gleichgestellt?*
- *Welche Folgen hatte dies für die Behandlung der Sklaven?*
- *Nimm Stellung zu der Auffassung Varros.*

Halseisen (*collare*) eines Sklaven, gefunden in einem Grab bei Frascati, mit der Aufschrift:
TENE ME • ET • REBOCA ME APRONIANO PALATINO • AD MAPPA(M) AUREA(M) • IN ABENTINO QUIA FUGI

Sklavenmarke aus Rom oder der Umgebung. Sie war aus Bronze und an einem eisernen Halsring befestigt. Ihre Aufschrift lautet (Ergänzungen in Klammern hinzugefügt):
TENE ME NE FUGIA(M) • ET • REVOCA ME AD DOM(I)NU(M) MEU(M) VIVENTIUM • IN AR(E)A CALLISTI

- *Welchen Zweck haben Halseisen und Marke mit ihren Inschriften?*

Lektion 23
Plateaulektion

Aus dem Leben römischer Kaiser

Mit dem Prinzipat des Augustus endete die Republik. Die Geschichte Roms wurde von nun an bestimmt von den Entscheidungen eines einzelnen Herrschers. Charakterzüge und Lebensgewohnheiten der ersten Kaiser schildert der Schriftsteller Sueton in seinen „Kaiserbiografien".

Imperator Augustus primo iuxta forum Romanum, postea in aedibus modicis in Palatio sitis habitabat.

Imperator cibi et vini parcus erat. Suetonius scriptor eum in conviviis non sine ordinum et hominum electione cenavisse, numquam libertos adhibuisse tradit.

Alea Augusto magnae voluptati erat. Se saepe inter cenam lusisse in epistula scribit: „Multas horas lusimus. Heri viginti milia nummum[1] perdidi, quod liberalis fui, ut plerumque ludere soleo."

In ceteris partibus vitae[2] Augustum magna continentia fuisse Suetonius iudicat.

Gaio Caesari cognomen Caligulae[3] erat, quia cum Germanico patre pueritiam manipulario habitu[4] inter milites egit. Adulescens minimum litteris, eloquentiae plurimum studuit.

Caligula saepe sumptuosus erat: Luxuriosa balnea aedificavit et nova genera ciborum finxit; convivis panes ex auro apposuit.

Postea naturam saevam continere non poterat. Caligula tam crudelis erat, ut non raro suppliciis cruentis interesset.

Postremo Cassius Chaerea, tribunus cohortis praetoriae, paucis militibus persuasit, ut imperatorem crudelem interficerent.

Imperator Claudius in compluribus libris res gestas[5] Romanorum scripsit. Opera magna et necessaria, velut portum[6] Ostiae exstruxit. Is aliter ac Augustus convivia ampla agitavit, ut plerumque sesceni[7] simul discumberent.

Claudius in complures senatores equitesque magna neglegentia animadvertit: Cum aliquando centurio necem consularis[8] nuntiavisset, negavit se id imperavisse. Ceterum Suetonius putat eum magna ex parte arbitrio uxorum libertorumque imperium administravisse.

Tamen Agrippina, uxor Claudii, decrevit imperatorem veneno necare, ut Nero filius in principis locum succederet.

(nach Sueton, de vita Caesarum)

[1] *viginti milia nummum*: 20 000 Sesterzen
[2] *partes vitae*: hier: Lebenswandel
[3] *caligula*: Verkleinerungsform von caliga, ae: Soldatenstiefel
[4] *manipulario habitu*: in der Kleidung eines gemeinen Soldaten
[5] *res gestas* (Akk. Pl.): die Taten
[6] *portum* (Akk. Sg.): den Hafen
[7] *sesceni*: (je) 600
[8] *consularis, is*: ehemaliger Konsul

Impulse

I. *Worin kam die Bescheidenheit des Augustus zum Ausdruck?*
Welche Eigenschaft legte Augustus beim Würfelspiel an den Tag?

II. *Welche Eigenschaften hatte Kaiser Caligula und wie traten sie zutage?*
Wie würdest du demnach seinen Charakter beurteilen? (Berücksichtige sein Lebensalter.)

III. *Worin unterschied sich Kaiser Claudius von Augustus?*
Beurteile die verschiedenen Tätigkeiten des Claudius.

IV. *Schreibe aus dem Lesestück alle Prädikate heraus, die im Konjunktiv stehen, und ordne sie nach den Tempora.*

V. 1. *Sammle aus dem Lesestück*
a) *die abhängigen Aussagesätze und*
b) *die abhängigen Begehrsätze.*
Nenne jeweils die Verben, von denen sie abhängig sind.
Bestimme bei den Begehrsätzen deren Bedeutungsinhalt.
2. *Welche syntaktische Funktion haben jeweils die Aussage- und Begehrsätze als Satzglieder?*

VI. *Schreibe die Genitive, Dative und Ablative heraus und bestimme ihre semantische Funktion.*

Augustusstatue von Prima Porta, nach 17 v. Chr.

Diese 2 m hohe Statue, im Jahr 1863 bei Prima Porta nördlich von Rom gefunden, stand auf einer Gartenterrasse in der Villa der Livia, der Ehefrau des Augustus. Von allen römischen Kaiserstatuen zeigt sie den reichsten Schmuck. Im Mittelpunkt des Brustpanzers ist dargestellt, wie die Parther im Jahr 20 v. Chr. in früheren Schlachten erbeutete Legionsadler und Feldzeichen an die Römer zurückgeben.
Im unteren Teil des Panzers sind die Erdgöttin (in der Mitte) und die beiden Schutzgottheiten des Augustus zu sehen: Apollo, auf einem Greifen reitend, und Diana mit einer Fackel.
In der oberen Zone erscheinen einige Gottheiten, unter ihnen der Sonnengott Sol, der im Vierergespann aufsteigt und die anbrechende Friedenszeit verheißt.
Der neben Augustus auf einem Delphin reitende Eros deutet auf die Göttin Venus, die Ahnfrau des julischen Geschlechts.

Odysseus und Aeneas (24–29)

Nachdem Cornelius und Julia vieles in Rom und Umgebung gesehen haben, brechen sie zu einer längeren Fahrt nach Süditalien auf. Sie machen zunächst Halt in Sperlonga und Cuma, wo sie in besonderer Weise an die antike griechisch-römische Mythologie und den römischen Stammvater Aeneas erinnert werden.

Lektion 24

Der trojanische Krieg

In Sperlonga befinden sich in einer Grotte Skulpturen aus der Odysseus-Sage. Odysseus war einer der Anführer der Griechen im Kampf um Troja.

Cum Paris, filius regis Priami, Helenam, uxorem regis Menelai, rapuisset, Graeci magna classe in Asiam navigare paraverant, ut Helenam in patriam reducerent. Etiam Ulixes comites convocavit et animos eorum incitavit: „Transeamus ad oppidum Troiam, ut bello intersimus et Menelaum adiuvemus!"
Copiae Graecorum, cum ad litus Asiae pervenissent, castra collocaverunt, oppidum oppugnabant. Cum autem decem annos summa virtute pugnavissent atque multa pericula subissent, tamen Troiam expugnare non potuerunt. Nam cum moenia adibant, Troiani eos repellebant.
Postquam multi milites fortes Graecorum ferro perierunt, Ulixes consilium callidum iniit et: „Numquam", inquit, „tali modo id oppidum capiemus! Nos dolum adhibere oportet: Aedificemus magnum equum ligneum[1], impleamus eum viris audacibus, collocemus ante portam! Certe Troiani equum deae Minervae[2] sacrum esse putabunt et eum in urbem trahent. Multa autem nocte[3] milites clam ex equo exibunt et portas oppidi aperient, ut copiae nostrae Troiam invadere possint."
Ac profecto Graeci Troiam ea ratione ceperunt et funditus everterunt.

Amphora aus Mykonos mit der Darstellung des trojanischen Pferdes (um 670 v. Chr.)

[1] *ligneus, a, um*: hölzern, aus Holz
[2] *Minerva, ae*: Minerva, der griechischen Athene entsprechend, die im Kampf um Troja aufseiten der Griechen stand. Aber auch in Troja wurde ein besonderes hölzernes Bildnis Athenes, das Palladion, verehrt
[3] *multa nocte*: in tiefer Nacht

Impulse

I. 1. *Sammle aus dem Lesestück alle lateinischen Wörter, die dem Sachfeld „Kriegswesen" zugerechnet werden können.*

2. *Welche weiteren lateinischen Wörter desselben Sachfeldes sind dir noch bekannt?*

3. *Ordne alle gesammelten Wörter nach Wortarten.*

II. *Ersetze die Formen von esse und seinen Komposita durch die entsprechenden lateinischen Formen von ire und seinen Komposita:*

est, afuisti, fuissent, interero, es (2), sunt, adsim, eramus, adeste, abessemus, fuero, affuisse, absum, este

III. *Nur eine Form passt: Wähle die richtige aus und übersetze:*

1. Graeci, quamquam iterum atque iterum Troiam oppidum (exibant/adibant/inibant), tamen expugnare non potuerunt.
2. Itaque Agamemnon in animo habuit in patriam (obire/transire/redire).

3. Graeci, cum magna pericula (subissent/abissent/interissent), hoc consilio Agamemnonis gaudebant.
4. Minerva dea autem Ulixem (periit/adiit/subiit) et postulavit, ut Graecis persuaderet, ne a Troia oppido (abirent/inirent/exirent).
5. Ac profecto Graeci verbis Ulixis fidem habuerunt neque domum (redierunt/adierunt/obierunt).

IV. *Ersetze die Formen von esse und Komposita durch die entsprechenden Formen von ire und Komposita. Setze diese in folgendes Schema ein:*

interessetis, es, intereris, sis,
afuisset, es, aderant,
fuit, intersunt, fueris.

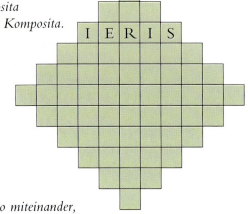

V. *Kombiniere die Aussagen beider Spalten so miteinander, dass ein sinnvoller Satz entsteht. Übersetze diesen anschließend:*

1. Graeci in Asiam navigaverunt		Ulixes diu per maria erraret.	a
2. Graeci moenia Troiae oppugnaverunt		castra in litus collocavissent.	b
3. Troiani fugae se mandabant[1]		comitibus ad oram Cyclopum venit.	c
4. Troiani equum ligneum in urbem portaverunt	cum	Achilles eos adibat.	d
5. Post expugnationem[2] Troiae multi Graeci in patriam redierunt		Paris Helenam rapuisset.	e
6. Post longos errores Ulixes		Laocoon, sacerdos Troianorum, eos moneret, ne facerent.	f

[1] *fugae se mandare*: fliehen
[2] *expuguatio, onis*: Eroberung

Information: Homer und der Kampf um Troja

Über den zehnjährigen Kampf der Griechen gegen die Trojaner berichtet uns der griechische Dichter Homer, der im 8. Jh. v. Chr. lebte, in dem ihm zugeschriebenen Epos *Ilias*. In diesem Werk stellt er nicht das gesamte Kriegsgeschehen dar, sondern nur einen Ausschnitt aus dem letzten Kriegsjahr. Homer berichtet aber nicht nur von der Auseinandersetzung der Griechen mit den Trojanern. Bei ihm greifen auch die Götter immer wieder in die Handlung ein, unterstützen ihre Schützlinge und nehmen sogar am Kampf teil. Hera, Athene, Hermes, Poseidon und Hephaistos stehen auf der Seite der Griechen, während sich Ares und Aphrodite hinter die Trojaner stellen.

So berichtet uns Homer in der *Ilias* davon, dass der Trojaner Paris, der Helena geraubt hat, den tapfersten aller Griechen zum Zweikampf herausfordert, um so den Krieg der Völker zu beenden. Ihm stellt sich Menelaos, Helenas Ehemann, entgegen. Als Paris in diesem Kampf zu unterliegen droht, hüllt ihn die Göttin Aphrodite kurzerhand in einen schützenden Nebel und setzt ihn im Gemach der Helena ab, während Menelaos auf dem Kampfplatz noch immer wutentbrannt nach dem verschwundenen Paris sucht.

Dieses hölzerne Pferd ist heute bei Troja zu sehen.

- *Warum wurde diese Nachbildung des trojanischen Pferdes aufgestellt?*
- *Das Geschenk der Griechen, auch Danaer genannt, das diese auf Veranlassung des Odysseus den Trojanern machten, wird auch als „Danaergeschenk" bezeichnet.*
Überlege dir, was man unter diesem geflügelten Wort heute versteht.

Lektion 25

Ein Abenteuer des Odysseus

Bei seiner Heimkehr von Troja nach Ithaka musste Odysseus viele Abenteuer bestehen. Eines davon ist in der Skulpturengruppe von Sperlonga dargestellt. Bei Homer erfährt man über dieses Abenteuer Folgendes:

Postquam urbs Troia a Graecis expugnata est, Ulixes in animo habuit in patriam redire. In eo itinere cum comitibus suis ad insulam Cyclopum appulsus est.
Cyclopibus, viris ingentibus, media in fronte unus oculus erat. Inter Cyclopes erat Polyphemus. Dum oves in campis pascit, Ulixes cum sociis speluncam eius intravit. Vesperi Polyphemus cum pecudibus in speluncam rediit et ianuam magno saxo clausit.
Monstrum immane, cum Graecos aspexisset, statim duos[1] comites Ulixis comprehendit et devoravit. Cum spelunca clausa esset, Graeci effugere non potuerunt. Itaque Ulixes, vir callidus, deliberavit, quomodo se comitesque liberare posset: Polyphemo vinum praebuit, ut monstrum ebrium[2] faceret. Cum Polyphemus vino impletus esset et somno se dedisset, Ulixes atque amici telo acuto ei oculum effoderunt.
Polyphemus, cum oculo privatus esset, tamen proximo die[3] Graecos fuga prohibebat: cum oves e spelunca ageret, eas digitis temptavit. Graeci autem, quia ab Ulixe ad ventres pecudum alligati erant, Polyphemum effugerunt.

[1] *duos* (Akk. Pl.): zwei
[2] *ebrius, a, um*: betrunken
[3] *proximo die*: am nächsten Tag

Impulse

I. *Suche alle Passivformen aus Lektion 25 heraus und bestimme sie.*

II. *Lege eine Tabelle nach folgendem Muster an:*

	Indikativ	Konjunktiv
Imperfekt		
Perfekt		
Plusquamperfekt		

Trage die unten angeführten Verben aus dem Lesestück, nach Tempus und Modus geordnet, darin ein.

expugnata est, aspexisset, ageret, habuit, erat, alligati erant, impletus esset, appulsus est, faceret, dedisset, prohibebat, intravit, posset, comprehendit, privatus esset.

III. *Zur Vervollständigung der folgenden lateinischen Wörter ist jeweils ein Buchstabe zu ergänzen und dann die entstandene Form zu bestimmen. Bei der Ergänzung gibt es immer mehrere Möglichkeiten. Einige der gesuchten Formen tauchen im Lesestück auf.*

digit?s (3), pecud?m (2), potuer?nt (3), callid?s (4), er?nt (2), habeb?t (2), amic? (3), ventr?s (2).

IV. *Setze folgende Verbformen in die entsprechende Form des Passivs:*

expugnavissemus, monuistis, alligaverim, aspexeram, clauserit (2), appulisti, privavero, audiveramus, implevissent, aedificaveris (2)

V. *Aktiv oder Passiv? Wähle die richtige Form aus und übersetze den Satz.*

1. Neptunus, pater Polyphemi, Ulixi iratus erat, quod filium oculo (privatum erat/privaverat).
2. Cum tempestas a Neptuno (excitata esset/excitavisset), Ulixes a reditione[1] (prohibuit/prohibitus est).
3. Ea tempestate navis Ulixis (deleta est/delevit), comites eius interierunt.
4. Solus Ulixes superfuit et ad insulam Phaeacum (appulit/appulsus est), ubi ab Alcinoo rege tecto (recepit/receptus est).
5. Denique Phaeaces Ulixem nave in patriam (transportati sunt/transportaverunt).
6. Neptunus autem iratus Phaeaces (punivit/punitus est), quod Ulixem (adiuverant/adiutus erat).
7. Nam Phaeaces, cum redirent, a Neptuno in lapides (mutaverunt/mutati sunt).

[1] *reditio, onis*: Rückkehr

Information: Odysseus

Auch die ca. 50 Jahre nach der *Ilias* entstandene *Odyssee* soll der griechische Dichter Homer verfasst haben. In ihr werden die Fahrten und Abenteuer des Odysseus und seine Heimkehr nach Ithaka geschildert. Odysseus gilt als sehr schlau und redegewandt. Durch diese Eigenschaften trägt er entscheidend zur Einnahme Trojas bei. Auch während seiner lang dauernden Irrfahrten kann er sich dadurch immer wieder aus bedrohlichen Situationen retten, z. B. bei Polyphem, dem Sohn Poseidons. Als Odysseus sich und seine Gefährten aus der Höhle des Kyklopen gerettet hat, verflucht ihn dieser mit folgenden Worten:

„Höre mich, Erdumgürter, du bläulich gelockter Poseidon.
Bin ich wirklich dein Sohn und nennst du rühmend dich Vater,
gib, dass Odysseus, der Sohn Laertes', der Städteverwüster,
der in Ithaka wohnt, nicht wiederkehre zur Heimat!
Oder ward ihm bestimmt, die Freunde wieder zu sehen
und sein prächtiges Haus und seiner Väter Gefilde,
lass ihn spät, unglücklich und ohne Gefährten zur Heimat
kehren auf fremdem Schiff und Elend finden im Hause!"
(Homer, Odyssee, 9. Gesang, V. 528–535, übersetzt von J. H. Voss)

Von da an versucht Poseidon die Heimkehr des Odysseus hinauszuzögern. Odysseus verliert tatsächlich alle seine Gefährten und Schiffe. Nur mithilfe der Göttin Athene gelingt es ihm nach zehnjähriger Irrfahrt doch noch, in seine Heimat zurückzukehren und sich dort gegen die Freier seiner Frau Penelope, die in seinem Haus in Saus und Braus leben, durchzusetzen.

- *Inwiefern stellt das Polyphem-Abenteuer für Odysseus einen wichtigen Einschnitt auf seiner Heimfahrt von Troja dar?*

Odysseus blendet Polyphem. Marmorskulptur aus Sperlonga

Griechische Briefmarken aus dem Jahr 1983 mit Motiven aus der Odysseus-Sage

- *Bestimme bei den Bildmotiven, auf welche Passagen des Lesestückes sie Bezug nehmen.*

Lektion 26

Aeneas – Kampf oder Flucht?

Auf der Seite der Trojaner kämpfte Aeneas. Wie er den Untergang Trojas erlebte und wie es ihn nach Italien verschlug, erzählt der römische Dichter Vergil.

Non solum Ulixes, sed etiam Aeneas diu per aequor vastum agitatus est.
Cum Ulixes comitesque ex equo a Graecis aedificato exirent, ut Troianis perniciem ferrent, Aeneas dormivit. Subito in somno ante oculos Aeneae Hector ab Achille necatus affuit et maestas voces edidit: „Heu fuge, fili[1] deae, hostis habet muros. Troiani magnam spem in te habent, tibi res sacras suosque penates commendant, ut eis patriam novam quaeras". 5
Eis verbis somno excitatus Aeneas primo de salute desperavit, quia putavit Troianis nihil spei reliquum esse. Itaque arma arripuit, ut in pugna interiret. Subito mater, Venus dea, apparuit: „Es bono animo! Etiam in rebus adversis te tuosque non deseram." Aeneas verbis matris monitus et spe salutis confirmatus domum[2] properavit, 10
ut Creusam uxorem et Iulum filium servaret. Etiam Anchisae, patri aetate confecto, persuasit, ut verbis deae fidem haberet et patriam relinqueret.
Ac profecto Aeneae, quamquam patrem umeris tulit et parvum Iulum dextra tenuit, contigit, ut ex urbe a Graecis incensa evaderet. Flammae enim auxilio deorum repulsae sunt. Creusa autem uxor in fuga periit. 15

[1] *fili*: Vokativ zu *filius*
[2] *domum*: nach Hause

Impulse

I. *Zeige den Konflikt auf, in dem sich Aeneas befindet. Warum entscheidet er sich letztendlich nicht für den Kampf, sondern für die Flucht?*

II. *Schreibe aus dem Lesestück alle Partizipialkonstruktionen heraus und unterstreiche das Partizip und sein jeweiliges Beziehungswort. Bestimme dann, ob ein adverbial oder attributiv gebrauchtes Partizip vorliegt.*

III. *In jeder Zeile gibt es einen „Irrläufer". Finde ihn heraus.*

equus, fides, corpus, virtus, leges
deam, custodum, perniciem, consilium, cibum
rerum, urbium, vinum, senatorum, peregrinorum
navis, deis, viribus, virginibus, diebus
pernicie, vita, amico, corpora, foedere
foedera, femina, res, filii, dona

IV. *Kombiniere jeweils ein Substantiv mit einem Adjektiv bzw. Partizip so, dass ein grammatikalisch richtiger und sinnvoller Ausdruck entsteht.*

Substantive: dies, penatium, perniciei, re, puer, dei, rebus, uxoris, aciem

Adjektive/Partizipien: secundis, publica, magnae, immortales, carae, multos, parvus, repulsam, servatorum

V. *Bilde zu folgenden Wörtern den jeweils entgegengesetzten lateinischen Begriff:*

inire, fugare, maestus, discipulus, humanitas, nemo, longus, antea, favere, fortis, laudare.

VI. *Attributiv oder adverbial? Setze in die folgenden Sätze passende Partizipien ein und übersetze:*

inflammata, promissae, aedificatas, situm, deleta, agitato, promissam, adiutus, datum

1. Non solum Aeneas, sed etiam alii Troiani ex urbe Troia a Graecis ———— atque ———— evaserunt.
2. Troiani, postquam perniciem effugerunt, ad Idam montem prope mare ———— properaverunt, ut arboribus naves aedificarent.
3. Tum naves ———— solverunt, quamquam nesciverunt, quo verterent.
4. Itaque Aeneas oraculum Apollinis adire constituit, ut nomen terrae a deis ———— comperiret.
5. Sed responsum ei ———— tam obscurum[1] fuit, ut fata non intellegeret.
6. Neque tamen Aeneas a Venere dea ———— de salute desperavit.
7. Denique Aeneae diu per maria ———— post longos errores contigit, ut patriam novam a deis ———— reperiret.

VII. *Viele lateinische Ausdrücke erscheinen im Deutschen als Redewendungen.*

1. Weißt du, was ein Schwiegersohn in spe ist?
2. Was macht ein Redner, der medias in res geht?
3. Kannst du erklären, warum Geld zu allen Zeiten der nervus rerum war?

[1] *obscurus, a, um*: unklar

Information: Pius Aeneas

Waren die Kämpfe um Troja und die Abenteuer des Odysseus durch den griechischen Dichter Homer einer breiten Öffentlichkeit bekannt geworden, so trägt zum Ruhm und zur Verherrlichung des Aeneas entscheidend der römische Dichter Vergil (70–19 v. Chr.) mit seinem Werk *Aeneis* bei. Vergil behandelt in diesem Nationalepos der Römer das Schicksal des Aeneas von der Eroberung Trojas bis zu seinem Sieg über den italischen Fürsten Turnus. Odysseus hat durch seine List und Beredsamkeit viele schwierige Situationen gemeistert. Bei Aeneas hebt Vergil vor allem dessen Respektierung des göttlichen Willens (*religio*) und vorbildliche Pflichterfüllung (*pietas*) gegenüber seinem greisen Vater Anchises hervor. Diese Eigenschaften bestimmen immer wieder das Handeln des Aeneas. Als Anchises z. B. seinen Sohn bittet ihn im brennenden Troja zurückzulassen, mit der Begründung, er sei schon sehr alt und aufgrund seiner Jahre nutzlos, kommt dies für Aeneas nicht infrage. Vielmehr sagt er zu seinem Vater:

„Auf denn, lieber Vater, so setze dich auf meinen Nacken,
Hier, ich biete die Schultern dir dar: Nicht drückt diese Last mich.
Mag immer kommen, was will: Vereint trifft gleiche Gefahr uns,
gleiches Heil wird beiden zuteil. Der kleine Iulus sei mein Begleiter, …"
(Vergil, Aeneis II 707–711, übersetzt von Johannes Götte)

Das von Vergil hier geschilderte Sagenmotiv war schon seit frühester Zeit weit verbreitet. So findet sich dieses Thema zuerst auf attischen Vasenbildern des 6. und frühen 5. Jahrhunderts v. Chr. und in der Kaiserzeit besonders auf Münzen, Gemmen, Lampen und Reliefs. Bis in unsere Zeit hat die Rettungsaktion des Aeneas immer wieder Künstler in ihrem Schaffen inspiriert. Zahlreiche Plastiken – von ihnen dürfte die des italienischen Baumeisters und Bildhauers Gian Lorenzo Bernini (um 1619) die bekannteste sein – und Gemälde – u.a. von dem flämischen Maler Pieter Brueghel d.J. (1564–1638) – legen davon Zeugnis ab. 25

Aeneas trägt seinen alten Vater, der, wie der Mythos berichtet, gelähmt war. Buchillustration von Barry Moser, 1981

Abb. rechts außen: Flucht des Aeneas mit seinem Sohn und Vater, der die Penaten hält. Marmorgruppe von Bernini, um 1619
(Rom, Museo Borghese)

• Überlege dir, warum gerade die Flucht des Aeneas aus dem brennenden Troja immer wieder Künstler zu entsprechenden Werken angeregt hat.

• Arbeite Gemeinsamkeiten und Unterschiede zwischen den beiden Abbildungen heraus.

Lektion 27

Dido und Aeneas

Nach seiner Flucht aus Troja suchte Aeneas mit seinen Gefährten eine neue Heimat. Auf seinen Irrfahrten gelangte er auch nach Karthago, wo die Königin Dido die Stadt aufbauen ließ. Von Dido und ihren Untertanen wurden die Trojaner freundlich aufgenommen.

Dido Aeneam domum recepit et eum de erroribus narrare voluit. Postquam deorum voluntate Dido amore Aeneae incensa est, Aeneas et Dido in spelunca se coniunxerunt. Sed Iuppiter Venusque Troianos Carthagine manere et urbem exstruere noluerunt. Itaque deus Aeneae dixit: „Num mavis Carthaginis fundamenta locare[1] quam cursum pergere? Ne neglexeris fata tua neve Iuli regnum Italiae!" Deinde Aeneas Troianos classem clam aptare iussit.
At Dido, cum motus animadvertisset, exclamavit: „Noli me relinquere! Tene, perfide, neque amor meus neque dextra manus data tenent? Te miserum benigno vultu excepi, tibi regnum promisi. Tu pudorem[2] meum exstinxisti. Si me reliqueris, manus mihi inferam!"
Aeneas autem: „Numquam merita tua negabo. Cum autem Iuppiter me meo arbitrio vivere nolit, iussu deorum in Italiam navigabo. Fata neglegere nolo." Prima luce Troiani portum reliquerunt.
Infelix Dido, cum naves in fluctibus videret, luctui se dedit. Dira verba emisit: „Nullus amor populis neque foedera sunto[3]!" Deinde plena cruciatuum gladio Aeneae se transfixit.
(nach Vergil, Aeneis IV)

[1] *fundamenta locare*: die Grundmauern errichten
[2] *pudor, pudoris*: Ehrgefühl
[3] *sunto* (3. P. Pl. Imperativ Präs.): sie sollen sein/existieren!

Didos Tod, Federzeichnung von Francesco Barbieri, gen. il Guercino (1591–1666)

- *Welche Szene aus dem Lesestück zeigt das Bild?*
- *Was hebt der Maler mit seinem Bild hervor?*

Impulse

I. *Die Aeneis ist eine Erzählung von Erlebnissen. Warum besteht die Begegnung von Dido und Aeneas über weite Passagen aus wörtlicher Rede?*

II. *Untersuche den Dialog zwischen Dido und Aeneas. Welche Begriffe stellt Dido, welche stellt Aeneas in den Vordergrund?*

III. *Wie beurteilst du das Verhalten von Dido und von Aeneas?*

IV. *In welchem Konflikt befindet sich Aeneas?*

V. *Lest die beiden Reden mit verteilten Rollen vor.*

VI. *Welche Wirkung hat die Wiederholung von* tu / te *in Zeile 7–9?*

VII. *Stelle aus dem Lesestück alle Ausdrücke zum Wortfeld „sagen" / „sprechen" zusammen.*

VIII. *Suche aus dem Lesestück alle Substantive der u-Deklination heraus und setze sie in den jeweils anderen Numerus.*

IX. *Setze das eingeklammerte Substantiv anstelle des jeweils vorangehenden.*

1. Regina Aeneam benigno animo (vultus) accepit. 2. Dido in magna villa (domus) vivebat. 3. Clam Troiani oppidum (portus) reliquerunt et per undas (fluctus) in Italiam navigaverunt. 4. Dido autem dolori (luctus) se dedit.

X. *Bestimme die Formen von* velle *und bilde die entsprechenden Formen von* nolle *und* malle.

volo – volebat – vult – voluistis – vultis – velimus – velletis – volumus – vis – volet

XI. *Nenne jeweils die Grundform des Wortes und bestimme:*

malis (3) – mavis – magis – malo (3) – voles (2) – vocas – vobis (2) – vel – vultis – vir – vellem – vis – vultui – nonnullis (2) – nolis – novis (2)

XII. *Suche die 11 Formen von* velle, nolle, malle *heraus, die in diesem Quadrat stehen, indem du von oben nach unten, von links nach rechts und umgekehrt liest.*

```
S V O L A M E
M E M A L A T
A L I N O L O
V I S O V E L
O M A L U N T
L A T I L T A
O V U L T I S
```

XIII. 1. Manus manum lavat.
Wie heißt dieses römische Sprichwort im Deutschen?

2. *Erkläre die folgenden Wörter, indem du ihre Herkunft aus dem Lateinischen zu Hilfe nimmst:*

Motor – (Tat)motiv – domestizieren – Kursbuch – manuell – Manual – Manschette – Exkursion – airport (engl.) – Fluktuation – Manuskript – Manufaktur – Maniküre – Manipulation

Lektion 28

Aeneas in Latium

Nachdem Aeneas Dido und Karthago verlassen hatte, gelangte er an die Küste Latiums. Um mit den Bewohnern des Landes Kontakt aufzunehmen schickte er eine Gesandtschaft zu den Latinern.

Latii incolae a Latino rege regebantur. Latinus legatos magna cum benignitate excepit et eos interrogavit: „Unde venitis, a quo regimini?"
Unus ex Troianis respondit: „Fugitivi sumus, ex urbe Troia venimus. Ego Ilioneus vocor, nos omnes Troiani appellamur et ab Aenea, Veneris filio, regimur. Septem iam annos in alto iactabamur. Fato huc deducti in terra vestra manere volumus. Itaque te rogamus, ut in amicitiam accipiamur." Tum rex: „Dabitur, Troiane, quod¹ optas!"
Latino regi filia nomine Lavinia erat. Turnus, cum eam adamavisset, a patre petivit, ut filia sibi in matrimonium daretur. Latinus autem multis prodigiis² adductus filiam non Turno, sed Aeneae dari constituit.
Turnus ira incitatus et amore amens exclamavit: „Lavinia numquam a te in matrimonium ducetur, sceleste Aenea, nam mihi promissa est. Tu autem a me necaberis, vos Troiani e Latio expellemini."
Tum Aeneas: „Troia suos penates mihi commendavit. Eis urbem iussu Iovis condam. Filio meo tellus³ Romana regnumque Italiae debentur. Itaque minis tuis non terreor."
Cum autem a Turno iterum iterumque lacessitus esset, cum eo pugnavit eumque necavit.

(nach Vergil, Aeneis VII–XII)

¹ *quod*: was
² *prodigium, i*: Vorzeichen
³ *tellus, uris* f.: Erde, Land

Impulse

I. *Welche Argumente für und gegen den Aufenthalt von Aeneas und seinen Gefährten werden von Aeneas und Turnus vorgebracht?*

II. *Wie verhält sich Latinus zu den Flüchtlingen?*

III. *Suche alle Verben heraus, die eine Bewegung bezeichnen.*

IV. 1. *Suche die finiten Passivformen des Lesestücks und bilde davon den jeweils anderen Numerus.*
2. *Bilde zu den finiten Passivformen des Lesestücks (soweit möglich) die entsprechende Form des Aktivs.*

V. *Bestimme die folgenden Formen und ordne sie nach Substantiven und Verben:*
ali, colli, consuli (2), dici, duci (2), laudari, laudi, observari, poni, regi (2), servi (2), spectator, spectatur, victor, vincor, vinci, voci

VI. *Achte bei der Übersetzung auf den unterschiedlichen Gebrauch von „werden" im Deutschen.*

1. Troia a Graecis capitur, multi Troiani necantur. 2. Aeneas autem multos annos

cum sociis per maria errabit. 3. Denique ab Aenea oppidum in Latio condetur. 4. Ea regio a Latino regitur. 5. Rex Troianos verbis benignis accipiet. 6. Sed castra Troianorum a Turno oppugnabuntur. 7. Turnus autem ab Aenea necabitur.

VII. 1. *Welche Zahlwörter „verstecken" sich in:*

Dezimalsystem, Dual, Duell, Oktopus, Sextett, Triumvirat, three, Uniform, Unikat?

2. *In welchen deutschen Monatsnamen stecken noch lateinische Zahlwörter?*

VIII. *Von oben nach unten gelesen ergibt sich der Name einer Person aus der Aeneis.*

1. Er herrschte in Latium.
2. Ein Grund für das Verhalten von Turnus.
3. Das blieb Aeneas im Streit mit Turnus.
4. So heißt das Land noch heute.
5. Auch die rettete Aeneas aus Troja.
6. Heute für viele eine Modeerscheinung, im Lateinischen eine Personalendung. Kennt ihr sie?
7. Triebfeder des Aeneas (Plural).

Information: Die Aeneis – Das römische Nationalepos

Als der Dichter Vergil im September 19 v. Chr. starb, war sein Epos *Aeneis*, an dem er seit etwa zehn Jahren gearbeitet hatte, noch nicht ganz abgeschlossen. Gegen den erklärten Willen des Dichters, der in seinem Testament befohlen hatte, das Manuskript zu verbrennen, wurde die *Aeneis* dennoch auf Befehl des Kaisers Augustus herausgegeben.
Die *Aeneis*, die in zwölf Büchern von der Eroberung Trojas, den Irrfahrten des Aeneas und seinen Kämpfen in Latium berichtet, wurde bald nach ihrer Veröffentlichung von den Römern als ihr überragendes Epos anerkannt, das alle lateinischen Vorgänger in den Schatten stellte. Mit diesem Werk war es Vergil gelungen, ein Epos zu schreiben, das den bewunderten griechischen Dichtungen, besonders der *Ilias* und *Odyssee* Homers, gleichwertig war. Dazu hat – neben der hohen sprachlichen Qualität des Werkes – auch beigetragen, daß Vergil bei der Darstellung der bekannten Aeneassage immer wieder Ausblicke in die eigene Zeit gibt, die das Selbstverständnis der Römer widerspiegeln. In mehreren göttlichen Prophezeiungen, die Aeneas auf seiner vom *fatum* bestimmten Flucht erhält, wird deutlich, daß es den Römern bestimmt ist, einst über den ganzen Erdkreis zu herrschen. Dieser Zeitpunkt wird unter Kaiser Augustus, einem Nachkommen des Aeneas, erreicht sein.

Beantworte mithilfe eines Lexikons folgende Fragen:
- *Wie viele Musen gab es?*
- *Für welchen Bereich sind die abgebildeten Musen zuständig?*
- *Warum wurden mit Vergil zusammen Kalliope und Melpomene abgebildet?*

Vergil zwischen den Musen Kalliope (l.) und Melpomene. Mosaik aus Sousse (Hadrumetum) Tunesien, 3. Jh. n. Chr.

Lektion 29
Plateaulektion

Aeneas in der Unterwelt

In Cumae erinnert eine lateinische Inschrift in der „Höhle der Sibylle" daran, dass hier nach antiker Vorstellung ein Eingang zur Unterwelt gewesen ist. Schon Aeneas soll hier mit der Sibylle, einer Seherin Apollons, hinabgestiegen sein.

Sibylla et Aeneas cumba[1] Stygem flumen a Charone horribili transportantur. Primo ingentem et profundum Tartarum flammis circumdatum vident. Monstrum exsomne[2] veste cruenta indutum eum locum servat, unde gemitus, saeva verbera, strepitus catenarum tractarum audiuntur. Ibi omnes nefarii muris altis inclusi poenas duras solvunt.

Deinde in Elysium amoenum perveniunt, ubi sol et sidera campos lumine claro implent. Eo loco animae bonorum ludo, choreis[3], carminibus delectantur.

Subito Aeneas inter animas patrem conspicit et magno cum gaudio salutat. Ter[4] bracchia collo patris circumdare vult, ter imago patris manus effugit.

Anchises: „Te tua fata docebo, tuam prolem[5] enumerabo. Futuros reges et illustres viros Romanorum vides:

Ecce Romulus! Ab eo urbs Roma condetur et septem colles muro circumdabuntur. Aliquando Roma caput orbis terrarum erit.

Ecce Caesar et Pompeius! Ii viri aliquando bellum perniciosum inter se gerent et patriam in duas partes distrahent. Caesar, sanguis meus, victor clemens erit.

Ecce Augustus! Hostes adventum eius viri horrebunt. Ab eo bella civilia finientur, saeculum aureum condetur, fines imperii proferentur: Imperium sine fine populo Romano dabitur. Tu, Romane, memento[6]: regere imperio populos, parcere subiectis et debellare superbos."

Tum Aeneas spe gloriae futurae commotus Orcum relinquit, laeto animo in Latium navigat.

(nach Vergil, Aeneis VI)

[1] *cumba*: Kahn
[2] *exsomnis, e*: nie schlafend
[3] *chorea*: Tanz
[4] *ter*: dreimal
[5] *proles, prolis* f.: Nachkommenschaft
[6] *memento*: denke daran!

Impulse

I. *Bevor ihr das Lesestück übersetzt, könnt ihr euch schon einen Überblick verschaffen:*
Lest den ganzen Text durch und bearbeitet dann in verschiedenen Gruppen folgende Fragen:
1. *Welche Ortsangaben werden gemacht?*
2. *Welche Personen werden aufgeführt?*
3. *Welche Konnektoren der Zeit werden genannt?*
4. *Welche Tempora werden verwandt?*

II. *In Zeile 10 steht „Te tua fata docebo." Wie verläuft danach die römische Geschichte?*

III. *Wie wird die römische Herrschaft charakterisiert?*

IV. 1. *Sammle die Begriffe, welche den Tartarus kennzeichnen, und diejenigen, welche das Elysium charakterisieren.*
2. *Vergleiche diese antiken Vorstellungen mit den heutigen. Benutze dabei auch die Information.*

V. *Wörter-Baukasten. Setze aus den folgenden Wörtern zwei sinnvolle Sätze zusammen:*
Tartaro – dant – in – amoeno – animae – multis – Elysio – nefarii – rebus – poenas – delectantur – atroci – in – bonorum – inclusi.

Information: Die Ansichten der Antike über das Leben nach dem Tod

Nach antiker Vorstellung lebten die Menschen nach ihrem Tod als körperlose Schatten im Totenreich weiter. Dieser Ort befand sich unter der Erde.
Herrscher in der Unterwelt waren Pluto (gr.: Hades) und seine Gemahlin Proserpina (gr.: Persephone). Die Toten kamen in verschiedene Bereiche der Unterwelt. Im Tartarus waren die Übeltäter, im Elysium verdienstvolle Menschen.
Wer starb, wurde von Hermes zum Reich des Pluto gebracht. Um dorthin zu gelangen, musste man unter der Erde den Fluss Acheron/Styx überqueren. Dies war nur mit dem Boot des Fährmanns Charon möglich, der für diese Überfahrt mit einem Obolus (kleine Münze) bezahlt werden musste. Daher gab man den Toten eine Münze mit ins Grab. Menschen, die nicht bestattet worden waren, durften den Fluss nicht sofort passieren, sondern mussten lange warten.
Den Eingang zum Totenreich selbst bewachte der dreiköpfige Hund Cerberus, der die Toten einließ, aber ein Verlassen der Unterwelt nicht erlaubte.
Ein Feuerstrom floss um den Tartarus. Dort mussten die Übeltäter ewig schreckliche Strafen erleiden. Besonders hart wurden aufgrund ihrer schweren Vergehen Sisyphus und Tantalus bestraft:
Sisyphus musste einen riesigen Felsbrocken einen Berg hinaufrollen, aber sobald der Felsbrocken oben war, rollte der Stein von selbst wieder hinab und Sisyphus musste erneut beginnen. Tantalus wurde von furchtbarem Hunger und Durst gequält. Er stand in einem See, aber wenn er sich bückte um zu trinken, wich das Wasser zurück; über ihm hingen Zweige voller Früchte, doch wenn er nach den Früchten griff, wichen sie nach oben aus.
Ins Elysium gelangten nur gute Menschen, die sich in außergewöhnlicher Weise um die Menschheit verdient gemacht hatten. Unter einem freundlichen Himmel lebten sie in einer schönen, friedvollen Landschaft, die der Fluss Lethe vom Rest der Unterwelt trennte. Die Menschen dort konnten ihr Leben genießen, da es für sie nur Annehmlichkeiten gab. Jeder konnte sich von den berühmtesten Künstlern unterhalten lassen, Sport treiben oder sich sonst einer früheren Lieblingsbeschäftigung widmen.
Viele Griechen und Römer hielten es für möglich, nach dem Tod in einem neuen Körper wieder geboren zu werden. Zuvor tranken die „Unterweltler" aus dem Fluss Lethe („Vergessen"), sodass sie ihr altes Leben vergaßen.

Was sind Tantalusqualen? Was versteht man unter einer Sisyphusarbeit? Was versteht man heute unter einem Zerberus?

Darstellung des Tartarus auf einem Holzschnitt des 16. Jahrhunderts

- *Suche aus dem Unterweltbild alle Personen mit Namen heraus und beschreibe die Art ihrer Strafe. Kläre mithilfe eines Lexikons, wer die Personen sind, die du noch nicht kennst.*

Süditalien und Sizilien (30–34)

Von Cuma aus führt die Reise der Kinder weiter nach Süden. Über Baja und Pompeji gelangen sie nach Kalabrien und setzen von dort nach Sizilien über.

Lektion 30

Im Bad von Baiae

Baiae im Golf von Neapel – das heutige Baja – war in der Antike ein vornehmes und berühmtes Kurbad der Römer.

Aestate Romani libenter in Campaniam frugiferam, hortum Italiae, iter faciebant. Ibi oppida florentia velut Capua, Baiae, Cumae, Pompeii erant. Imprimis Baiae a multis Romanis divitibus frequentabantur. Homines ad oram pulchram ambulantes vel in balnea euntes otio se dabant.
Baiarum balnea tam celebria fuerunt, ut Horatius poeta diceret: „Nullus in orbe sinus[1] Baiis praelucet[2] amoenis."
Senecae philosopho autem luxuria et licentia Baiarum valde displicuerunt. Aliquando supra balnea habitans turbam hominum tali modo descripsit:
„Undique varius clamor me litteris studentem circumsonat. Semper homines magno clamore fructus offerentes audio. Semper gemitus virorum exercentium et manus plumbo[3] graves iactantium! Semper gemitus virorum laborantium vel labores simulantium! Liberi ridentes et clamantes in aquam saliunt.
Heri furem[4] comprehensum clamare audivi: ‚Pecuniam ornamentaque non rapui! Innocens sum! Parcite mihi!'
Quin etiam alipilus[5] in balneis est. Odi eum hominem numquam tacentem. Etiam exclamationes botulariorum[6] et crustulariorum[7] merces vendentium aures implent. Inter tantos clamores manere nolo. Cras Baias relinquam."

(nach Horaz, epistulae I 18, und Seneca, epistula 51 und 56)

[1] *sinus, us* m.: Bucht
[2] *praelucere* (m. Dat.): übertreffen
[3] *plumbum, i*: Blei(gewicht), Hantel
[4] *fur, furis* m.: Dieb
[5] *alipilus, i*: Sklave, der die Achselhaare zupft
[6] *botularius, i*: Wurstverkäufer
[7] *crustularius, i*: Zuckerbäcker

Impulse

I. 1. *Was konnte Seneca im Bad von Baiae erleben?*
2. *Beschreibe, wie Seneca seinen Ärger sprachlich hervorhebt.*

II. *Inwiefern steht Senecas Reaktion im Widerspruch zur Aussage in Z. (3–6)?*

III. *Suche aus dem Lesestück die Partizipien der Gleichzeitigkeit und deren Beziehungswort heraus. Bestimme das Sinnverhältnis zum übergeordneten Prädikat.*

IV. *Unterscheide:*

dati – danti	audita – audientia
labores – laborantes	mittis – mittentis
clamares – clamantes	facientis – facietis
manibus – manentibus	iactatum – iactantium
flemus – flentibus	implent – implens
relinquam – relinquentem	rapientes – rapies

V. *Suche das richtige Partizip heraus und übersetze die Sätze.*

1. Titus et Claudius thermas Caracallae (ineunti/ineuntes/ineuntibus) magnam multitudinem hominum viderunt. 2. Tum Claudius dixit: „Ego lavari (cupiens/cupientes/cupidus) in tepidario[1] et caldario[2] et frigidario[3] ibo. Placetne tibi me (exspectati/exspectanti/exspectantis) in popina[4] sedere, Tite?" 3. Titus amicum

[1] *tepidarium, i*: Becken mit warmem Wasser
[2] *caldarium, i*: Warmbad
[3] *frigidarium, i*: Kaltbad
[4] *popina, ae*: Bar

[5] *palaestra, ae*: Übungsplatz (von einer Säulenhalle umgeben)
[6] *plumbum, i*: Hantel

(exspectans/exspectatus/exspectantes) voces virorum merces (offerentes/offerentem/offerentium) audivit. 4. Postea Titus per palaestram[5] (ambulantem/ambulans/ambulantes) amicum animadvertit. 5. In palaestra etiam viri fortes manus plumbo[6] graves (iactati/iactanti/iactantes) exercuerunt.

VI. *Setze die richtige Form des Partizips der Gleichzeitigkeit ein und verwende verschiedene Übersetzungsmöglichkeiten.*

1. Romani libenter oppida ..... (florere) Campaniae frequentabant. 2. Homines ad oram Baiarum ..... (ambulare) naturam loci laudibus extulerunt. 3. Balnea Baiarum multis iucunda fuerunt. Magnum erat gaudium liberorum in aquas ..... (salire). 4. Etiam exclamationes multorum virorum merces ..... (offerre) in balneis auditae sunt. 5. Senecae supra balnea ..... (habitare) gemitus virorum ..... (exercere) valde displicuerunt. 6. Tanti clamores philosophum litteris studere ..... (cupere) irritaverunt[1].

[1] *irritare*: erzürnen

VII. *In einer alten Handschrift könnte der lateinische Text so überliefert sein:*

ROMANIINVIAAPPIAITERFACIENTESADCAPUAMCAPUTCAMPANIAEPERVEN
ERUNTMAGNUMFUITGAUDIUMHOMINUMBAIISAPPROPINQUANTIUMROM
ANICLARIVELUTPOMPEIUSCAESARNEROHADRIANUSETAQUASCALIDASBAI
ARUMETLUXURIAMAMANTESADORAMVILLASAEDIFICAVERUNT

Trenne die einzelnen Wörter und suche jeweils das Satzende.
Schreibe die Sätze in dein Heft und übersetze sie.

Information: Das Badeleben

Erst in der Kaiserzeit gab es den Badebetrieb, wie Seneca ihn in Baiae erlebt hat.
In der Mitte des 3. Jahrhunderts v. Chr. kam der von den Griechen übernommene Brauch auf in Privathäusern ein Badezimmer für ein Einzelbad anzulegen; man nannte es *balneum*. Im 2. Jahrhundert entstanden in Rom die ersten öffentlichen Badeanstalten. Ihre Zahl wuchs bis zur Zeit des Augustus auf 170. Auch in den Provinzen waren sie immer weiter verbreitet. In der Kaiserzeit entstanden die großen und prächtig ausgestatteten Thermen.
In der Ausgestaltung der Bäder gab es zwar Unterschiede, doch bestimmte Räumlichkeiten waren für jedes öffentliche Bad unerlässlich. Zunächst ging man in den Umkleideraum, das *apodyterium*. Wenn, wie bei größeren Thermen üblich, eine *palaestra* vorhanden war, konnte man sich nun sportlichen Übungen widmen, wobei das Ballspiel besonders beliebt war.
Die Reihenfolge bei der Benutzung der einzelnen Baderäume war grundsätzlich nicht feststehend, doch in der Regel badete der Römer von heiß nach kalt: Dazu dienten verschiedene Baderäume: das *caldarium*, das Warmwasserbad, das *tempidarium*, das mäßig erwärmt war, und das *frigidarium*, das Kaltbad. In manchen Bädern gab es auch ein *sudatorium*, in dem Gäste ein Schwitzbad wie in einer Sauna nehmen konnten.
Geheizt wurde durch ein *hypocaustum*; bei dieser Heizungsanlage stieg erhitzte Luft in den Hohlraum unter dem Fußboden der Bäder.
Männer und Frauen badeten getrennt, entweder zu verschiedenen Zeiten oder in getrennten Abteilungen. Als Eintrittspreis in ein Bad nennt Seneca 1/4 As. Legt man den Wert der Goldmünzen Cäsars zugrunde, wäre dies weniger als ein Pfennig. Nach einer Angabe Ciceros verdiente ein Arbeitssklave am Tag 12 Asse (das sind drei Sesterze). Der Eintritt in die Bäder kostete also sehr wenig, manchmal war er sogar kostenlos.

- *Nenne einzelne Räumlichkeiten der Bäder und ihre Funktionen.*

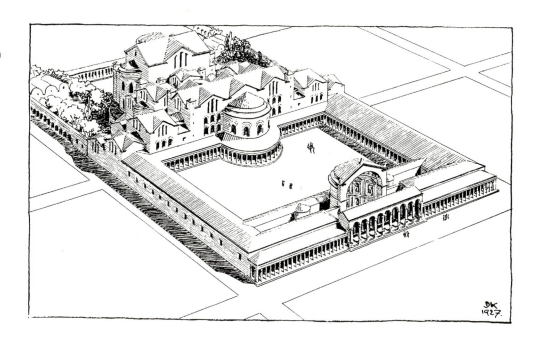

Die Kaiserthermen in Trier. Zustand zur Zeit Konstantins des Großen (Rekonstruktion)

Die Stabianer Bäder von Pompeji. Blick von Osten in den Bereich der Männerbäder (Rekonstruktion)

1 Eingangshalle
2 Umkleideraum
3 Kaltwasserbad
4 Warmraum
5 Heißraum
6 Ofenfeuer
7 Warteraum für die Diener

Lektion 31

Der Vesuvausbruch im Jahr 79 n. Chr.

Im Jahre 79 n. Chr. wurde Pompeji durch den Ausbruch des Vesuv verschüttet. Der römische Schriftsteller Plinius der Jüngere erlebte dieses Ereignis in Misenum im Haus seines Onkels, der im dortigen Kriegshafen Kommandant der römischen Flotte war. In einem Brief an den römischen Historiker Tacitus berichtet Plinius über diese Naturkatastrophe.

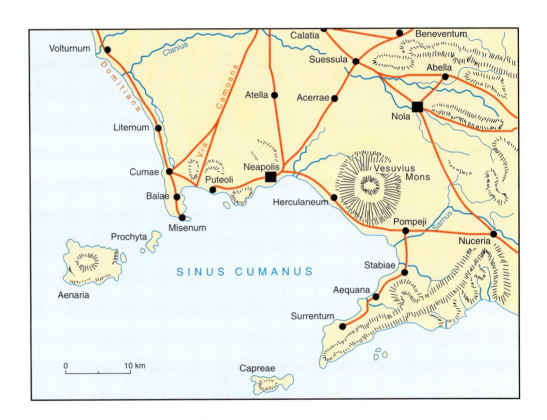

Per multos dies incolae Campaniae tremore terrae mediocri sollicitati erant. Sed a. d. IX. Kalendas Septembres[1] tremoribus valde auctis magnus timor incessit animos omnium: omnia non modo moveri, sed verti videbantur. Tectis iam quassatis metu ruinae oppido exire nobis placuit.

Vulgus attonitum nos in viis premit atque pellit. Nec multo post nubes atra descendit et cinis multus nobis incidit. Omnibus locis caligine densa absconditis ubique ululatus[2] feminarum, infantium quiritatus[3], clamores virorum audiebantur: alii parentes, alii liberos, alii coniuges quaerebant, vocibus cognoscebant; alii suorum casum deplorabant; alii manibus ad caelum sublatis deos implorabant, alii de sua salute desperantes nusquam deos ullos esse et novissimam noctem[4] venisse credebant. Nonnulli terroribus fictis vera pericula augebant.

[1] a(nte) d(iem) IX. Kalendas Septembres: am 24. August
[2] ululatus, us: Geheul, Geschrei
[3] quiritatus, us: Hilferuf, Angstschrei
[4] novissima nox hier: der Jüngste Tag

[5] *alioqui*: andernfalls
[6] *oblidere, lido, -lisi, -lisum*: zudrücken, erdrücken

Paulum reluxit; sed non dies videbatur, sed indicium ignis. Tum tenebrae rursus, rursus cinis. Iterum atque iterum cinerem excutiebamus; alioqui[5] pondere cineris oblisi[6] essemus. Tandem caligine paulatim in fumum tenuata ante oculos omnia alto cinere tamquam nive obducta erant. Sole denique viso tamen metus periculi novi praevalebat; nam tremor terrae perseverabat.

(nach Plinius, epistulae VI 20)

Impulse

I. *Verfahre bei der Texterschließung folgendermaßen:*
a) *Unterstreiche im Ablativ mit Partizip das Partizip und das Beziehungswort, löse den ganzen Wortblock aus dem Satz heraus und bilde daraus einen selbstständigen Satz;*
b) *übersetze die Kernaussage des Satzes;*
c) *stelle die Sinnrichtung der im Ablativ mit Partizip enthaltenen Aussage zum Kernsatz fest und verbinde die beiden Aussagen, indem du die verschiedenen Übersetzungsmöglichkeiten (Unterordnung, Beiordnung, Präpositionalausdruck) anwendest.*

II. *Welches Tempus herrscht im Lesetück vor? Was lässt sich daraus über die Art des Textes erkennen?*

III. *Erarbeitet in Gruppen:* a) *wie Plinius die Naturkatastrophe beschreibt und* b) *wie sie auf die Menschen wirkt.*

IV. *„Ululatus feminarum, infantium quiritatus, clamores virorum" (Z. 6–7)*
1. *Wenn du diese Worte laut liest, kannst du eine bestimmte Klangwirkung feststellen. Was wird dadurch gekennzeichnet?*
2. *Vergleiche die Anordnung der Substantive in den drei Wortgruppen. Was fällt dir dabei auf? Es handelt sich hier um ein Stilmittel, das vom griechischen Buchstaben χ = Chi her „Chiasmus" genannt wird.*

Gipsabdruck einer Leiche aus Pompeji

Lektion 32

Rom und Magna Graecia

In der Landschaft Kalabrien, die in der Antike Bruttium hieß, stößt man heute noch auf Reste der griechischen Sprache. Zweisprachige Straßenschilder in der „zona grecanica" erinnern daran, dass die Küste Süditaliens und Siziliens einst von Griechen besiedelt war.

Ex octavo saeculo a. Chr. n. multi incolae Graeciae fame et inopia laborantes patriam reliquerunt et in Siciliam, insulam fecundam, et Italiam inferiorem[1] navigaverunt. Itaque postea eae regiones multis Graecis ibi habitantibus Magna Graecia appellatae sunt.
Praeclara oppida velut Syracusae, Messana, Tarentum, Neapolis, Cumae a colonis Graecis condita sunt. Mercatoribus ad finitimas gentes commeantibus divitiae atque potentia oppidorum Magnae Graeciae creverunt.
Tertio saeculo a. Chr. n. ineunte Romani cum Tarentinis conflixerunt. Ii Pyrrhum, regem Epiri, auxilio arcessiverunt. Pyrrhus peritus belli et cupidus gloriae exercitum Romanorum vicit. Clade Romam nuntiata C. Fabricius consul a senatu ad Pyrrhum missus est, ut de captivis ageret. Cum Pyrrhus Fabricio persuadere studeret, ut ad se deficeret, consul id recusavit. Rege eius integritatem magni aestimante captivi sine pretio dimissi sunt.
Post complures menses bellum renovatum est. Pyrrho iterum victore discedente tamen victoria irrita fuit, quod copiae regis valde minutae erant. Itaque rex Cineam legatum Romam misit. Cinea cum Romanis de pace agente Appius Claudius Caecus, vir laude dignus, pacem dissuasit, dum hostis cum exercitu in Italia esset.
Denique Pyrrhus in Epirum rediit. Tarentum autem et cetera oppida Magnae Graeciae in potestatem populi Romani venerunt.

[1] *Italia inferior*: Unteritalien

Impulse

I. *Gliedere den Text und beachte dabei die adverbialen Bestimmungen der Zeit.*

II. *Worin bestand die „integritas" des Fabricius?*

III. *Was versteht man heute unter einem „Pyrrhus-Sieg"? Versuche die Bedeutung des Wortes auch aus den Zeilen 14–15 zu erschließen.*

IV. *Stelle aus dem Lesestück alle Ablative mit Partizip, die die Gleichzeitigkeit bezeichnen, zusammen und ordne sie nach ihrer Sinnrichtung (notiere bei zwei Möglichkeiten beide).*

V. *Suche die Genitive in den Zeilen 8–13 und bestimme ihre semantische Funktion.*

VI. *Suche den Störenfried in jeder Spalte.*

habenti	florentia	victis	gerente
renovanti	potentia	missis	cedente
ingenti	venientia	crescentis	dante
mittenti	redeuntia	relictis	gente

VII. *Verfahre bei der Texterschließung wie bei Lektion 31, Impuls I.*

1. Pyrrho Romanos potentes vidente oraculum Delphicum de bello consultum est. 2. Oraculum respondit: „Constat te Romanos vincere posse." 3. Pyrrhus Tarentinis auxilio veniens Romanis bellum intulit. 4. Rege elephantis aciem hostium perturbante exercitus Romanorum victus est. 5. Pyrrho victore proelio cedente tamen Romani subiecti non sunt. 6. Viribus militum paulatim deficientibus Pyrrhus in Graeciam rediit.

(nach dem Liber de viris illustribus urbis Romae 35)

VIII. *Bilde das richtige Partizip und übersetze.*

1. Exercitu Romanorum a Pyrrho rege ..... (vincere – Vorzeitigkeit) Cineas Romam missus est, ut de pace ageret. 2. Legato Pyrrhi Romanis pacem amicitiamque ..... (offerre – Gleichzeitigkeit) senatores inter se dissenserunt. 3. Senatoribus in contrarias sententias ..... (discedere – Gleichzeitigkeit) Appius Claudius Caecus in curiam venit. 4. Oratione ab eo ..... (habere – Vorzeitigkeit) senatores condiciones Pyrrhi recusaverunt. 5. Cinea aliquamdiu in urbe Roma ..... (manere – Gleichzeitigkeit) Romani copias conscripserunt[1]. 6. Denique Romanis pacem non ..... (accipere – Gleichzeitigkeit) Pyrrhus Magnam Graeciam reliquit.

[1] *copias conscribere*: Truppen ausheben

IX. 1. *Erschließe die Bedeutung der Vorsilbe* dis- (di-, dif-, dir-) *anhand von*: dimittere, discedere, dissuadere, distrahere, displicere

2. *Versuche von daher die folgenden Fremdwörter zu erklären:*

Differenz, Dissonanz, Dissens, Disposition, Disput, Dissident, Distanz, Disharmonie, diskreditieren, Diskontinuität, disqualifizieren

Paestum. Der jüngere Hera-Tempel (so genannter Poseidon-Tempel). Mitte 5. Jh. v. Chr.

Information: Rom und die Griechenstädte in Süditalien

Seit der Mitte des 8. Jahrhunderts v. Chr. verließen viele Griechen ihr Mutterland und siedelten an den Küsten des Mittelmeeres. Die erste Kolonie auf italischem Boden war Kyme (Cumae). In den nächsten Jahrzehnten waren die Gründungen in Unteritalien so zahlreich, dass im 6. Jahrhundert für diese Region die Bezeichnung „Großgriechenland" aufkam. In diesem Raum hat die griechische Kultur prägend gewirkt. Bis zum heutigen Tag hat sich in einigen Gebieten die griechische Mundart erhalten.

Im 5. Jahrhundert suchte Rom Kontakt zu den Griechen um sich Getreide aus Cumae oder von Sizilien zu besorgen. Die zunehmende Bedeutung der Griechen für die Römer wird auch darin deutlich, dass bereits in der ersten Hälfte des 4. Jahrhunderts eine Anzahl einflussreicher Römer die griechische Sprache beherrschte. Die weitere Ausdehnung der römischen Herrschaft nach Süden war begleitet von Kriegen gegen die Latiner und Samniten. Auch in Griechenstädten wie Capua, Cumae, Neapel konnten die Römer Fuß fassen; durch Verträge wurden sie ihre Bundesgenossen (*socii*).

Nach der Eroberung Mittelitaliens verschob sich der Schwerpunkt der römischen Expansion nach Süditalien. Ausgehend von einem Konflikt Roms mit der mächtigen Griechenstadt Tarent entstand ein Krieg zwischen den Römern und dem König Pyrrhus von Epirus, der erst nach verlustreichen Kämpfen im Jahr 275 geschlagen werden konnte. Tarent ergab sich drei Jahre später den Römern.

Mit dem Sieg über die Griechenstädte und mit der Eroberung Süditaliens war Rom in die Reihe der großen Mächte eingetreten. Die Berührung zwischen Griechen und Römern in Unteritalien war auch insofern folgenreich, als nun griechisch-hellenistisches Gedankengut in größerem Maße nach Rom einströmte.

- *Warum nannte man Unteritalien und Sizilien „Großgriechenland"?*
- *Nenne von Griechen gegründete Städte in „Magna Graecia".*

Heutige Straßenschilder im Süden von Kalabrien

- *Was erinnert heute noch auf den Straßenschildern in Kalabrien an die Besiedlung des Landes durch Griechen vor über 2500 Jahren?*
- *In welchen Sprachen werden die Besucher begrüßt?*

Lektion 33

Der Cereskult auf Sizilien

Auf Sizilien ist das erste Fahrtziel der Kinder der Ätna. Von dort geht es dann in westlicher Richtung weiter nach Enna, einer alten Bergstadt in der Mitte Siziliens, die in der Antike Henna hieß und Zentrum des Cereskultes war.

Sicilia insula antiquitus[1] Cereri et Proserpinae tota erat consecrata. Cum ceterae gentes tum Siculi putabant et natas esse deas in iis locis et fruges in ea terra primum repertas esse.
De Cerere filiaque eius apud scriptores antiquos legimus:
Aliquando Pluto ab Iove petivit, ut Proserpina sibi in coniugium daretur. Iuppiter autem ei dixit Cererem non permissuram esse, ut filia in Tartaro tenebroso esset. Itaque Pluto Iove auctore Proserpinam flores in monte Aetna legentem rapuit et cum ea non longe a Syracusis sub terras penetravit. Ceres Proserpinam investigatura omnem orbem terrarum peragravit semper sperans se filiam reperturam esse. Cum ab Apolline virginem in Tartaro coniugem Plutonis esse comperisset, Iovem adiit et ab eo petivit, ut filia matri redderetur. Iuppiter voluntati eius non cessit; sed ei promisit Proserpinam dimidia parte anni in caelo[2], dimidia in Tartaro fore.
Non solum Siculi, sed etiam ceterae gentes imprimis Cererem Hennensem colebant: Romani, cum Publio Mucio Lucio Calpurnio consulibus propter magnas rei publicae calamitates Cererem placaturi essent, sacerdotes Hennam quasi ad ipsam Cererem miserunt, quamquam in urbe maximum templum Cereris erat.
(nach Hygin, fabulae 146; Cicero, in Verrem II 4; Ovid, fasti, IV 419 ff.)

[1] *antiquitus*: von alters her
[2] *caelum, i* hier: Oberwelt (= Erde)

Impulse

I. *Warum galt Sizilien als Hauptsitz des Ceres-Kultes?*

II. *Was veranlasste die Römer den Versöhnungsritus mit der Göttin nicht in Rom, wo der größte Ceres-Tempel war, sondern in Henna zu vollziehen?*

III. *Welche bekannte Stilfigur kommt in Z. 2/3 vor? Welche Wörter werden dadurch besonders hervorgehoben?*

IV. *Suche aus dem Lesestück alle Infinitive und Partizipien heraus und ordne sie tabellarisch nach Vorzeitigkeit, Gleichzeitigkeit und Nachzeitigkeit.*

V. *Lege eine Tabelle für sämtliche Infinitive an und trage alle möglichen Infinitivformen folgender Verben ein (wo kein Infinitiv möglich ist, mache einen Strich):*

consecrare, permittere, legere, adesse, audire, investigare, colere, monere

VI. *Mache ebenso ein Raster für alle Partizipien und trage darin alle möglichen Formen von den unter I. genannten Verben ein.*

VII. *Bestimme in den beiden Sätzen die jeweilige Funktion des Partizips Futur Aktiv und übesetze die Sätze:*

Ceres filiam investigatura erat. – Ceres filiam investigatura orbem terrarum peragravit.

Proserpina flores in monte Aetna lectura erat. – Proserpina flores in monte Aetna lectura a Plutone rapta est.

VIII. *Übersetze:*

patre invito – Augusto imperatore – Caesare duce – nobis insciis – Romulo rege

Information: Ceres und ihr Kult

Ceres (griech.: Demeter) war eine altitalische Erdgöttin, die von verschiedenen Stämmen Mittel- und Süditaliens verehrt wurde. Ihr Wirken wurde in ihrem Namen ausgedrückt (Ceres < creare, crescere): Sie schenkte den Feldern Fruchtbarkeit, ließ die Feldfrüchte wachsen und reifen und schützte sie. Sie förderte auch die menschliche Fruchtbarkeit, weswegen sie besonders von den Frauen verehrt wurde. Schließlich sah man in ihr auch die Spenderin höherer Kultur und Gesittung.

Ihr Fest, die Cerealien, wurde in Rom am 19. April mit Spielen im Circus Maximus gefeiert. In späterer Zeit stellte man ihr in Gestalt der Proserpina (griech.: Persephone/Kore) eine Tochter zur Seite. Der bekannteste Mythos (Göttersage) über Ceres ist der vom Raub und Wiederfinden ihrer Tochter Proserpina. Durch diesen Mythos sollten die verschiedenen Vegetationsperioden im Jahresablauf erklärt werden.

Im Rom hatte man der Ceres und ihrer Tochter zusammen mit dem Gott Liber/Bacchus (griech.: Dionysos) in der Nähe des Circus Maximus einen Tempel erbaut, auf dessen Grundmauern heute die Kirche Santa Maria in Cosmedin steht.

Der Raub der Proserpina. Marmorgruppe von Bernini, 1621/22 (Rom, Museo Borghese)

- *Welche im Lesestück genannte Situation ist hier dargestellt?*
- *Deute das Verhalten der beiden Personen.*

Lektion 34
Plateaulektion

Amtsmissbrauch eines römischen Provinzialstatthalters

Als römische Provinz wurde Sizilien einst von Statthaltern verwaltet. Ein schlimmes Beispiel von Amtsmissbrauch gab der römische Prätor Verres. Neben vielen anderen Untaten an verschiedenen Orten Siziliens ist er auch in der Stadt Segesta nicht vor einem schweren religiösen Vergehen zurückgeschreckt.

Segesta, oppidum vetus Siciliae, ab Aenea fugiente a Troia atque in ea loca veniente condita est. Itaque Segestani se non solum perpetua amicitia, sed etiam cognatione cum populo Romano coniunctos esse putabant. Id oppidum, cum incolae eius cum Carthaginiensibus bellarent, vi captum et deletum est. Omnia ornamenta ex illo loco Carthaginem sunt ablata. Inter ea erat Dianae simulacrum ex aere singulari 5
arte perfectum.
Multis annis post Publius Scipio Carthagine capta curavit, ut Siculis omnia ornamenta restituerentur. Eo tempore etiam Diana Segestanis reddita et in suis sedibus magno cum gaudio civium posita est.
Verres, cum praetor in Sicilia esset et Segestam venisset, simulacrum Dianae videns 10
flagrare cupiditate coepit. Imperavit magistratibus Segestanorum, ut id sibi darent; nihil se tantopere desiderare, quantopere statuam Dianae ostendit. Segestani responderunt id sibi nefas esse seque et summa religione et summo metu legum teneri.
Cum Verres instaret, res acta est in Segestanorum senatu. Omnibus reclamantibus[1] res primo negata est. Tum Verres magistratibus evocatis se civitatem Segestanorum 15
funditus eversurum esse minabatur[2]. Segestani aliquando magno metu victi imperio praetoris parere decreverunt. Itaque statuam, quam[3] tum imperator populi Romani Segestanis urbe hostium capta reportaverat, nunc praetor Romanus ex urbe sociorum nefario scelere abstulit.

(nach Cicero, in Verrem II 4, 72 ff.)

[1] *reclamare*: widersprechen
[2] *minabatur*: er drohte
[3] *quam* (Relativpronomen: Akk. Sg. f.): die

Impulse

I. 1. *Durch welche sprachlichen Mittel wird zwischen den Sätzen in den Zeilen 1–9 ein Textzusammenhang hergestellt?*
2. *Was ist der Inhalt dieses Textabschnittes und welche Funktion hat er für den folgenden Abschnitt?*

II. 1. *Stelle den Aufbau des Textabschnittes von Z. 10 bis zum Ende fest, indem du aus den Hauptsätzen jeweils das Subjekt und das Prädikat herausschreibst und die Paare untereinander anordnest. Beschreibe den Ablauf der Handlung.*
2. *Durch welche Namen und Begriffe sind der erste und der zweite Teil des Textes miteinander verbunden?*

III. 1. *Ordne die vergleichenden Aussagen über Verres und Scipio (Z. 17–19) untereinander an.*
2. *Welche Stilfigur erkennst du?*
3. *Welche Absicht ist mit diesem Vergleich verbunden? (Achte genau auf die Wortwahl.)*

IV. *Nenne anhand des Lesestückes und der Information Gründe für den Machtmissbrauch durch Verres, die sowohl durch die Möglichkeiten des Amtes wie auch durch den Charakter des Verres gegeben waren.*

V. *Bestimme die Sinnrichtung aller im Text vorkommenden Participia coniuncta und Ablativi absoluti.*

Information: Römische Provinzialverwaltung

Die von den Römern unterworfenen außeritalischen Gebiete bekamen den Namen und den Status einer Provinz (*provincia*).

Die Oberherrschaft über das Provinzialgebiet wurde durch einen von Rom bestellten Statthalter ausgeübt. Nur die lokale Verwaltung und die niedere Gerichtsbarkeit blieb bei den Gemeinden.

Während die Römer keine Steuern zahlten, hatten die Provinzialen feste Abgaben (10%) in Geld (Steuern), Naturalien und Zöllen an Rom zu leisten. Die Aufgabe des Statthalters bestand in der Einziehung der Abgaben, der Durchführung der hohen Gerichtsbarkeit und dem Schutz römischer Bürger in den Provinzen. Die Einziehung von Steuern wurde oft privaten Pächtern übertragen, was zu Missbrauch und Erpressung führte.

Statthalter waren zunächst römische Prätoren. Als die Zahl der Provinzen wuchs, mußten Prätoren und Konsuln nach ihrem Amtsjahr in Rom als Proprätoren (*pro praetore*: anstelle eines Prätors) oder als Prokonsuln (*pro consule*: anstelle eines Konsuls) die Verwaltung übernehmen.

Das Imperium eines Statthalters war praktisch absolut, da er nicht wie in Rom durch einen Kollegen kontrolliert wurde. Das verlockte in vielen Fällen zum Missbrauch der Amtsgewalt. Vielen diente die Provinzialverwaltung der persönlichen Bereicherung oder dem Erwerb von Mitteln für die politische Karriere.

Ein besonders übles Beispiel lieferte der Prätor Verres, der von 73–71 v. Chr. Sizilien verwaltete. Seine Amtsführung war eine Katastrophe und eine Schreckensherrschaft für die Bevölkerung: Er raubte, erpresste, missachtete jegliches menschliche und göttliche Recht und machte sogar vor den Heiligtümern nicht Halt. Die Bevölkerung Siziliens bat daher im Jahr 70 v. Chr. Cicero, den sie als anständigen Quästor im Jahr 75 kennen gelernt hatte, Verres anzuklagen. Das Beweismaterial der Untaten des Verres, das Cicero vorlegte, war so umfangreich und erdrückend, dass Verres schon vor Ablauf der Verhandlung freiwillig ins Exil ging.

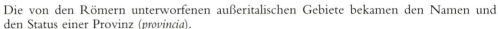

Artemis (Diana) als Jägerin. Römische Kopie eines griechischen Originals aus dem 4. Jh. v. Chr.

- *Welche Eigenschaften der Diana lassen die Attribute der Statue erkennen?*

Gesellschaftliche Ordnung und soziale Spannungen in der römischen Republik (35–38)

Von Messina kehren die Kinder nach Rom zurück. Sie haben viele Stätten kennen gelernt, die in der römischen Antike von Bedeutung waren. In den folgenden Lektionen rücken gesellschaftliche Ordnung und soziale Spannungen in den Vordergrund, wie sie in Rom besonders im 1. Jahrhundert v. Chr. hervortraten.

Lektion 35

Die ruhmvolle Ehrung der Verstorbenen

Das Standesbewusstsein des römischen Adels spiegelt sich auch in seinen Bestattungsriten wider.

Mos erat Romanorum, ut vir illustris post mortem a proximo familiari in foro Romano publice laudaretur. In hac laudatione funebri non solum mortuus, sed etiam gens illius viri praedicabatur. Nonnullae reliquiae illarum laudationum nobis traditae sunt.
L. Metellus, ut Plinius scriptor narrat, post mortem a filio his fere verbis publice laudatus est: „Ille vir, pater meus, pontifex atque bis[1] consul creatus, dictator dictus, magister equitum[2] declaratus est. Primo bello Punico ei uni – alter enim consul exercitum reliquerat – contigit, ut Hasdrubalem Carthaginiensem in Sicilia vinceret multosque elephantos praedas ageret[3]. Quis vestrum nescit illum virum has bestias in triumpho duxisse? Pater his rebus maximis optimisque studuit: voluit optimus orator esse, se fortem imperatorem praestare, magna sapientia esse, summus senator haberi, pecuniam magnam bono modo invenire, multos liberos relinquere et clarus in civitate esse.
Hoc contigit ei soli post Romam conditam."
(nach Plinius, naturalis historiae VII 139 f.)

[1] *bis*: zweimal
[2] *magister equitum*: Kommandeur der Reiterei
[3] *praedes agere*: als Beute wegführen

Impulse

I. *Welche Ämter verwaltete L. Metellus? Wodurch trat er sonst noch hervor? Suche nach dir bekannten lateinischen Substantiven und Adjektiven, die dieses Verhalten des Vaters charakterisieren.*

II. *Erkläre anhand des Lesestücks folgendes Sprichwort:* De mortuis nihil nisi bene.

III. *Bilde zu folgenden Formen von is, ea, id die entsprechenden Formen von hic und ille:*
id, eas, ea (3), ei (2), ii, iis, eo, eorum, eam

IV. *Ordne, wie an dem Beispiel gezeigt, die passenden Wörter einander zu:*

illi	corpora	vetus
hunc	imperatorem	firma
huius	magistratuum	fortibus
illa	legionibus	clarum
illa	oratione	prudenti
his	viro	pauperes
ille	aedificium	nobilis
horum	poetas	clarae
hos	consul	illustri
hoc	laudationis	nobilium

V. *Ordne die folgenden Ausdrücke in die Lücken ein und übersetze die Sätze:*

virum illustrem; imperator atque consul; imperatorem strenuum[1]; fortem

1. Romani L. Metellum _____ existimaverunt.
2. Nam hic in proeliis semper se _____ praestiterat.
3. Itaque primo bello Punico _____ creatus est.
4. Etiam filius eius, Q. Metellus, secundo bello Punico se _____ praestitit.

VI. *Das Suffix (die Nachsilbe) -tio/-sio drückt eine Tätigkeit oder Handlung bzw. ihr Ergebnis aus:*

laudatio: *die Lobrede (von* laudare*).*

Was heißt demnach:

defensio, legatio, quaestio, cognitio, actio, exspectatio, oppugnatio?

VII. *Überlege, von welchen lateinischen Wörtern die unterstrichenen Fremdwörter abstammen und welche Bedeutung sie demnach haben.*

1. In unserer Republik ist die Legislative eine der drei Gewalten.
2. Beim Zoll muss der Kaufmann seine Waren deklarieren.
3. In Trier sind viele Relikte römischer Bauwerke zu sehen.
4. Der Künstler zeichnet sich durch große Kreativität aus.

[1] *strenuus, a, um*: tatkräftig

Information: Ein feierlicher Leichenzug

„Denn wenn bei ihnen einer von den Nobiles stirbt, wird er im Leichenzug ganz feierlich zu den sogenannten ‚Schiffsschnäbeln' (rostra, Rednertribüne) aufs Forum gebracht, meist aufrecht sitzend und deutlich sichtbar, selten liegend. Während das ganze Volk ringsum steht, steigt jemand auf die Rostra […] und hält eine Rede (laudatio funebris) über die Tugenden des Verstorbenen und die Taten, die er während seines Lebens vollbracht hat. Dadurch erinnert sich die Menge wieder und stellt sich das Vergangene erneut vor Augen, und zwar nicht nur die, welche bei den Taten dabei waren, sondern auch die Nichtbeteiligten, und sie werden so sehr von Mitgefühl ergriffen, dass der Todesfall nicht nur als ein Verlust für die Leidtragenden, sondern für das ganze Volk erscheint. Wenn sie ihn dann beigesetzt und die Bestattungszeremonien vollzogen haben, stellen sie das Bild des Verstorbenen in einem tempelartigen Gehäuse aus Holz an dem Platz im Hause auf, wo man es am besten sehen kann. Das Bild ist eine Maske, die in ihrer Form und Farbe dem Antlitz des Toten in hohem Maße ähnlich ist. Bei Opferfesten, die der Staat veranstaltet, öffnen sie die Gehäuse und schmücken diese Bilder prächtig, und wenn ein angesehenes Glied der Familie gestorben ist, führen sie sie im Leichenzug mit und setzen sie denen auf, die ihrer Größe und Statur nach dem betreffenden Verstorbenen besonders ähnlich zu sein scheinen. […] Diese eben genannten Leute fahren nun auf Wagen; vorweg werden Rutenbündel (fasces), Beile und die übrigen Amtsinsignien getragen entsprechend dem Rang, den der Verstorbene im Staate eingenommen hat. Wenn sie zu den Rostra gekommen sind, nehmen alle nacheinander auf elfenbeinernen Sesseln Platz. … Wenn der Redner seine Rede über den, der beigesetzt werden soll, beendet hat, beginnt er, über die anderen, deren Masken da sind, zu sprechen, indem er mit den Ältesten anfängt, und erwähnt die Erfolge und Taten eines jeden. Während so der Ruhm, den die bedeutenden Männer durch ihre Vorzüge erlangt haben, immer wieder erneuert wird, wird der Ruhm derer, die etwas Bedeutendes geleistet haben, unsterblich gemacht, und das Ansehen derer, die dem Vaterland gute Dienste erwiesen haben, wird dem Volk bekannt und der Nachwelt weitergegeben. Vor allem werden die jungen Leute dazu angespornt, alles für das Gemeinwesen auf sich zu nehmen, um sich den Ruhm zu erwerben, der bedeutenden Männern folgt."

(Polybios, Historien VI 53, übersetzt von Karl Friedrich Eisen)

Ahnenschrein mit Bildnis eines Verstorbenen

Römischer Leichenzug

• *Welche Phase der von Polybios geschilderten Trauerfeierlichkeiten wird auf dem Bild dargestellt?*

Lektion 36

Soziale Spannungen in Rom

Als Rom nach dem Sieg über Karthago die Vormachtstellung im Mittelmeerraum erreicht hatte, kamen im Inneren große soziale Probleme zum Vorschein. Sie lösten Bürgerkriege aus, die bis in die Zeit des Augustus dauerten.

Res publica Romana primo labore atque iustitia crevit, reges magni bello domiti, populi ingentes vi subiecti sunt. Secundo autem a. Chr. n. saeculo, ubi Carthago, aemula[1] imperii Romani, interiit, fortuna saevire coepit.
Illo tempore[2] Tib. Gracchus, vir summa nobilitate et multis virtutibus, tribunus plebis[3] creatus est. Gracchus ipse id egit, ut opes plebeiorum augerentur. Ille vir animos civium his fere verbis incitavit: „Plebeis pro patria pugnantibus domus propria non est. Isti imperatores plebeios pro domibus suis pugnare affirmantes falsa dicunt. Immo vero plebei pro divitiis atque luxuria optimatium certant et pereunt."
Hac oratione Tib. Gracchus discordiam civitatis movit et rem publicam in magnum periculum adduxit. Tum optimates atque senatus Graccho ipsi atque sociis se opposuerunt. Denique non solum in amicos, sed etiam in Gracchum ipsum invaserunt: Gracchus fugiens fragmine subsellii[4] ictus vitam immatura morte XXIX annos natus finivit; plus quam CCC socii eius occisi sunt.
Mors istius viri in urbe Roma initium sanguinis civilis fuit. Inde per C annos discordiae civium ferro diiudicatae sunt.

(nach Sallust, coniuratio Catilinae 10 und Velleius, historia Romana II 2 f.)

[1] *aemula, ae*: Rivalin
[2] 133 v. Chr.
[3] *tribunus plebis*: Volkstribun (Beamter, der die Interessen der Plebejer gegenüber den Patriziern vertrat)
[4] *fragmen subsellii*: Stuhlbein

Impulse

I. *Erläutere, welche sozialen Veränderungen in der römischen Gesellschaft durch die lang andauernden Kriege verursacht wurden. Lies dazu auch die Information.*

II. *Suche im Lesestück die entsprechenden lateinischen Formulierungen, mit denen die damalige Situation der Popularen bzw. Optimaten beschrieben wird.*

III. *Diskutiert, wie damals eine beide Seiten zufrieden stellende Lösung hätte aussehen können.*

IV. *Bestimme folgende Pronominalformen nach Kasus, Numerus und Genus:*

huic, istud (2), ipsi (4), illud (2), eae, haec (3), ista (4), ipsius (3), illas, ei (4), hae, istam, ipsorum (2), illis (6), eo (2)

V. *In Chronogrammen sind diejenigen lateinischen Buchstaben, die zugleich als Zahlenzeichen verwendet werden, groß gedruckt, oft auch golden oder in roter Farbe. Diese Buchstaben ergeben zusammengezählt die Jahreszahl eines bestimmten historischen Ereignisses.*

Lateinische Chronogramme gibt es in Hülle und Fülle. Eines der bekanntesten ist die Kreuzesinschrift:

IesVs NazarenVs reX IVDaeorVM.

Übersetze die Inschrift. Zähle die römischen Zahlenzeichen zusammen. Du erhältst dann das Jahr des Nürnberger Religionsfriedens.
Gibt es in deiner Stadt ähnliche Chronogramme?

VI. *Kann das sein?*
Halbierst du die römische Zahl 12, so kommt 7 heraus.
Überprüfe mit den römischen Zahlenzeichen, ob diese Behauptung stimmt.

VII. *Wo werden heute noch römische Zahlenzeichen verwendet?*

VIII. *Römische Zahlen finden sich heute noch besonders auf Denkmälern und Grabsteinen.*

Grabstein, um 50 n. Chr.
(Bonn, Rheinisches Landesmuseum).
Die Inschrift lautet:

P CLODIO P F VOL
ALB MIL LEG I
AN XLIIX STIP XXV
H S E

[1] *Voltinia tribu*: aus dem Stimmbezirk Voltinia
[2] *Alba*: aus Alba Helvia in der Provinz Gallia Narbonensis (Südfrankreich)
[3] *stpendium, i*: Kriegsdienst

Publio Clodio Publii filio Voltinia tribu[1] Alba[2] militi legionis I annorum XLIIX stipendiorum[3] XXV. Hic situs est.

Welche Angaben enthält die Inschrift auf dem abgebildeten Grabstein?

IX. DCCLIII, LXXIX, DIX, CXXXIII – 509 v., 133 v., 79 n., 753 v. Chr.

Ordne die römischen Zahlen den arabischen zu.
Welche Ereignisse der römischen Geschichte verbinden sich mit diesen Jahreszahlen?

X. *Was versteht man unter der Redensart „jemandem ein X für ein U (V) vormachen"?*

XI. *In einer Wortfamilie werden alle mit der gleichen Wurzel gebildeten Wörter zusammengefasst (z. B. vita, vivere, ...). Suche zu den folgenden Wörtern jeweils mindestens zwei weitere lateinische Wörter, die derselben Wortfamilie angehören:*

rex, civis, pugnare, imperator, certare, crudelis.

XII. *Unterscheide:*

ferrum, ferus, fera, fere, ferre; vita, via, villa, vis, vir; crescere, credere, creare; ingens, gens, genus, gemitus, gemini.

Eine kleine Zahlenkunde

Die Römer haben ihr Zahlensystem in Zehnerpotenzen mit Zwischenstufen bei 5 aufgebaut. Dabei sind die römischen Zahlenzeichen für 5, 10, 50, 100, 500 und 1000 vermutlich aus griechischen Buchstaben entstanden.

Während man für einen Einer einen Zählstrich I machte, verwendete man für die Zahl 10 den griechischen Buchstaben X (chi). Durch Halbierung von X entstand dann V als Zahlenzeichen für 5. Das ursprüngliche Zeichen für 100 war wahrscheinlich der griechische Buchstabe Ψ (psi), der auch ↓ geschrieben wurde. Er wurde halbiert in ⊦, woraus sich durch Umformung L als Zahlenzeichen für 50 ergab. Seltener wurde für 100 der griechische Buchstabe Θ (theta) verwendet, der später über Ꜿ in C verschriftet wurde. Das ursprüngliche Zeichen für 1000 war der griechische Buchstabe Φ (phi), dessen Schreibweise sich über CIƆ in ⅭⅮ und schließlich zu M änderte. CIƆ wurde verzehnfacht zu CCIƆƆ (= 10000) bzw. zu CCCIƆƆƆ (= 100000). Größere Zahlen wurden als Vielfaches von 100000 ausgedrückt, z. B. 1000000 (decies centena milia: 10 × 100000) durch |M̄|.

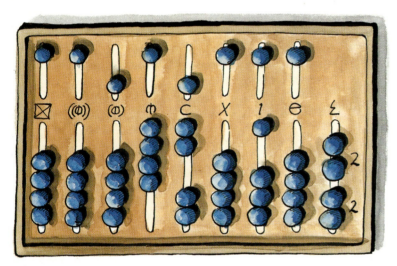

Römisches Rechenbrett, *abacus* genannt

Zum Rechnen verwendeten die Römer ein Rechenbrett (*abacus*), bei dem die Einer, Zehner, Hunderter ff. in Kolumnen eingeteilt waren. Man rechnete mit verschiedenen Marken (*calculi*), von denen 4 in der unteren Hälfte der Spalte Platz hatten, eine mit dem Wert 5 in der abgeteilten oberen Hälfte. Seitlich findet sich ein gesonderter Platz zur Notierung der Faktoren.

Auf einem *abacus* konnte addiert, subtrahiert, multipliziert und dividiert werden, sogar die Bruchrechnung war möglich. Die Benutzung eines *abacus* erlernte man bei eigenen Rechenlehrern.

Information: Wirtschaftliche und soziale Probleme einer antiken Weltmacht

„Sie heißen Herren der Welt und haben nicht eine Scholle Landes zu eigen" – mit diesen Worten beschreibt Tiberius Gracchus die Situation eines Großteils der Plebejer, der nichtadligen Bevölkerung Roms. Denn vor allem Bauern und einfache Bürger hatten die Last all der Kriege getragen, durch die sich Rom zur Herrin des Mittelmeerraums aufgeschwungen hatte. Durch die wiederholte lange Abwesenheit von zu Hause verwahrlosten deren Felder und ihre Handwerksbetriebe gingen Bankrott.

Die Patrizier, der alte Geburtsadel, dagegen konnten aus dieser Situation Vorteile ziehen. Sie stellten in der Regel die Offiziere und Militärbefehlshaber. Diese Leute häuften im Verlauf der Kriege gewaltige Reichtümer an. Auch im Senat waren die Patrizier sehr stark vertreten. Viele Senatoren erwarben damals von Plebejern deren Güter weit unter dem tatsächlichen Wert und ließen sie durch Sklaven bewirtschaften.

Dadurch verschärften sich die sozialen Gegensätze zwischen Patriziern und Plebejern erheblich.

Weil von offizieller Stelle Seite nichts zu deren Behebung unternommen wurde, versuchte schließlich Tiberius Gracchus, ein Patrizier, die Missständen zu beseitigen. Er machte sich zum Sprachrohr der Interessen der Plebejer. Damit war aus dem sozialen ein politischer Gegensatz geworden. Als Volkstribun versuchte Tiberius Gracchus populare Interessen gegen die Optimaten, die die Mehrheit im Senat hatten, durchzusetzen. Damit löste er einen sich über 100 Jahre hinziehenden inneren Konflikt zwischen Optimaten und Popularen aus.

Lektion 37

Ein homo novus rettet Rom

Nach dem Tod des Tiberius Gracchus setzte sich der Konflikt zwischen Optimaten und Popularen fort. Als germanische Stämme das römische Reich bedrohten und die senatorischen Feldherren weitgehend versagten, begann der Aufstieg des Marius, eines neuen Führers der Popularen.

C. Marius, equestri loco natus, erat homo novus, cui praeter vetustatem familiae alia omnia erant: industria, probitas, magna scientia militiae, summa virtus. Iam diu eum agitabat ingens cupiditas consulatus, quem appetere non audebat. Bello autem Iugurthino sacerdos ei deis immolanti praedixit omnia, quae cuperet, bene eventura esse.

His verbis commotus Marius Romam contendit, consulatum petivit. Senatoribus persuasit se paucis diebus finem bello, quod Metellus imperator iam diu cum Iugurtha gereret, facturum esse. Spe pacis adducti senatores homini novo consulatum mandaverunt eumque exercitui praefecerunt. Ac profecto Marius paulo post Iugurtham et Bocchum, qui Iugurthae auxilium tulerat, superavit.

Interea Cimbri Teutonesque, qui domiciliorum causa Galliam peragrabant, a senatu Romano postulaverunt, ut sibi sedes darentur, in quibus considerent. Senatoribus haec negantibus Germani armis petere coeperunt, quod precibus non impetraverant: prope flumen Rhodanum exercitum Romanum devicerunt.

Hac clade Romam nuntiata multi cives timuerunt, ne iterum Galli, quorum impetu urbs olim expugnata erat, Romam redirent, et sollicitati dictitabant: „Quae pericula nobis instant? Qui imperator urbem ab hostibus defendet?" In tanto discrimine rerum C. Marius, cuius virtuti senatores confidebant, iterum consul factus est. Ac profecto duobus proeliis Germanos devicit.

(nach Sallust, bellum Iugurthinum, und Eutrop, breviarium ab urbe condita)

Impulse

I. *Lies das Lesestück zunächst sorgfältig durch.*
1. *Was wird über Marius Z. 1–10 berichtet und wie wird er charakterisiert?*
2. *Welche Absichten verfolgen die germanischen Stämme? Nenne im Abschnitt Z. 11–19 jeweils die Kernaussage (Subjekt und Prädikat) und erschließe so den möglichen Textverlauf.*

II. *Welche Voraussetzungen musste man mitbringen, wenn man in Rom zu den höchsten Ämtern gelangen wollte?*
Warum ist Marius schließlich zum Konsul gewählt worden?

III. *Beantworte auf Deutsch die folgenden Fragen zum Lesestück:*
1. Quis finem bello Iugurthino fecit?
2. Quibus verbis Marius senatoribus persuasit, ut sibi consulatum mandarent?
3. Quae nationes Galliam peragraverunt? Quid a senatu Romano postulaverunt?
4. Quo timore cives affecti sunt, cum clades exercitus Romani nuntiata esset?
5. A quo urbs Roma servata est?

IV. *Füge in die folgenden Sätze den jeweils passenden Relativsatz ein und übersetze:*

1. Cimbri Teutonesque, ..., in Italiam transierunt. 2. In hoc discrimine rerum senatores Marium, ..., iterum consulem creaverunt. 3. Imperator hostes, ..., duobus proeliis devicit. 4. Post hanc victoriam, ..., Marius summis honoribus affectus est. 5. Senatores Mario, ..., triumphum decreverunt.

a) qua urbs ab hostibus servata erat
b) quorum multitudo ingens fuit
c) quem multi nobiles diu contempserant
d) qui sedes suas reliquerant
e) cui summa virtus erat

V. *Überlege, welche Form des Demonstrativpronomens jeweils im Hauptsatz ergänzt werden kann, und übersetze dann die folgenden Sprichwörter:*

1. Bis[1] dat, qui cito dat.
2. Quae nocent[2], docent.
3. Quod licet Iovi, non licet bovi.
4. Multos timere debet, quem multi timent.
5. Quae medicamenta non sanant, ferrum sanat[3]; quae ferrum non sanat, ignis sanat.
   (Lat. Übersetzung eines Spruches des griechischen Arztes Hippokrates)

[1] *bis*: zweimal
[2] *nocere*: schaden
[3] *sanare*: heilen

VI. *Achte auf die jeweils richtige Übersetzung des Verbums:*

Romam peto – consulatum peto – pacem ab imperatore petimus – armis petunt, quod precibus non impetraverunt

Marius in Galliam contendit – Marius contendit Romam redire – Marius cum Germanis contendit

amicum gaudio afficio – imperatorem summis honoribus affecerunt – dolore affectus sum

Information: Die römischen Ämter

Im Laufe der Zeit hatte sich in Rom unter den politischen Ämtern (*magistratus*) eine feste Reihenfolge (*cursus honorum*) herausgebildet. Die wichtigsten Magistrate waren die beiden *consules*, denen die Leitung der Staatsgeschäfte anvertraut war. Es folgten die *praetores*, die für die Gerichtsbarkeit in Rom zuständig waren, die *aediles*, die sich als Marktpolizei und Ausrichter der öffentlichen Feste betätigten, und schließlich die *quaestores*, die als Finanzbeamte die zentrale Kasse der Hauptstadt verwalteten.
Um ein eigenmächtiges Verhalten der einzelnen Amtsinhaber zu verhindern, gab es eine Reihe von Prinzipien, auf deren Einhaltung genau geachtet wurde. So durfte jeder römische Beamte nur ein Jahr lang amtieren (Prinzip der Annuität) und hatte dabei immer einen oder mehrere Kollegen (Prinzip der Kollegialität). Außerdem gab es strenge Vorschriften, ab welchem Lebensalter, wie oft und in welchem zeitlichen Abstand die einzelnen Ämter übernommen werden durften.

Etruskisches Rutenbündel mit Doppelaxt als Zeichen der Amtsgewalt eines Beamten (7. Jh. v. Chr.)

Ein Beamter mit seinem Gefolge (etruskischer Sarkophag, 2. Jh. v. Chr.)

Jedes römische Amt war ein Ehrenamt (*honos*); für die Ausgaben während der Amtszeit mussten die Amtsinhaber selbst aufkommen. Sie kamen zum überwiegenden Teil aus der Nobilität. Als *nobiles* bezeichneten die Römer die Angehörigen der führenden patrizischen und plebjischen Familien, die unter ihren Vorfahren einen oder mehrere Konsuln aufzuweisen hatten. Die Nobilität war eine Schicht von vornehmen Römern, die es den Plebejern, die außerhalb dieser Gruppe standen, schwer machten, in ihren Kreis aufgenommen zu werden. Denn obwohl es eigentlich keine Beschränkung für die Wahl zum Konsulat gab, erhielt man dieses höchste Amt in der Regel nur, wenn man bereits *nobilis* war. So gelang es in den 300 Jahren bis zur Zeit Ciceros nur insgesamt 15 Männern, die nicht aus dem Kreis der Nobilität stammten, Konsul zu werden. Diese Aufsteiger wurden *homines novi* genannt. Die bekanntesten unter ihnen sind Cato Censorius, Cicero und Marius.

Marius wurde aufgrund seiner herausragenden militärischen Fähigkeiten insgesamt sogar siebenmal zum Konsul gewählt. Aber auch er konnte es nicht verhindern, dass in Rom nach dem Sieg über die Kimbern und Teutonen die alten Gegensätze zwischen den Optimaten und den Popularen wieder aufbrachen. Dabei kam es zwischen Marius und Sulla, der die alten Rechte des Senates mit aller Macht wieder herstellen wollte, zu einem blutigen Bürgerkrieg.

Aus einer Inschrift für C. Marius:
C. Marius, C(ai) f(ilius), cos. VII, pr., tr. pl., qu., augur, tr. militum. Bellum cum Iugurtha, rege Numid(iae), cos. gessit. Eum cepit et triumphans[1] in secundo consulatu ante currum suum duci iussit. Tertium consul absens[2] creatus est. III cos. Teutonorum exercitum delevit. V cos. Cimbros fugavit.

[1] *triumphans*: im Triumphzug, als Triumphator
[2] *absens*: in Abwesenheit

- *Welche Ämter hat Marius bekleidet? Achte dabei auch auf die Reihenfolge der Ämter in dieser Inschrift.*
- *Welche Leistungen des Marius sind in der Inschrift besonders hervorgehoben?*

Lektion 38
Plateaulektion

Catilina, eine Gefahr für die libera res publica

L. Catilina, nobili genere natus, fuit magna vi et animi et corporis, sed ingenio malo. Huic erat consuetudo cum hominibus improbis; sed viris bonis se deditum esse simulabat. Erant enim apud illum non modo multae illecebrae[1] libidinum, sed etiam industriae stimuli ac laboris.

Catilina, cum frustra consulatum petivisset, Cicerone consule novis rebus studebat. Amicis convocatis, qui magna audacia erant, hanc fere orationem habuit: „Vos omnes non ignoratis, vos omnes iam antea audivistis, quae mente agitavi. Ceterum mihi animus in dies accenditur, cum considero, quae condicio vitae nobis futura sit, nisi nos ipsi a potentia paucorum nobilium liberamus. Omnis potentia, honor, divitiae apud illos sunt; nobis reliquerunt pericula, iudicia, egestatem. Quis hominum, cui virile ingenium est, tolerare potest illis divitias superesse, nobis res ad vitam necessarias deesse?" Tum Catilina promisit tabulas novas[2], proscriptionem divitum, magistratus, sacerdotia[3].

Interim Catilina Ciceroni insidias parabat: misit duos equites ad domum Ciceronis, ut consulem necarent. Illi autem ianua prohibiti sunt. Cicero, cum hanc rem ad senatum referret, Catilinam his verbis accusavit: „O tempora, o mores! Quam diu furor iste tuus nos illudet? In qua urbe vivimus? Hic, hic sunt in nostro numero, patres conscripti, in hoc sancto consilio, qui de nostro omnium interitu cogitent[4]. Exi ex urbe, Catilina, patent portae, exi!"

(nach Sallust, coniuratio Catilinae, und Cicero, in Catilinam I)

[1] *illecebra, ae*: Verlockung, Anreiz
[2] *tabulae novae*: „neue Schuldbücher", Schuldentilgung
[3] *sacerdotia, orum*: Priesterämter
[4] Übersetze den Konjunktiv hier wie einen Indikativ

Impulse

I. 1. *Welche Gründe für seine Umsturzpläne nennt Catilina in der Rede an seine Mitverschworenen?*
2. *Was ist das Ziel der geplanten Verschwörung?*

II. *Catilina versucht mit einer Rede seine Freunde von seinem Plan zu überzeugen, Cicero hingegen will die übrigen Senatoren auf die Gefährlichkeit Catilinas aufmerksam machen. Diese zwei Beispiele zeigen: Jede Rede verfolgt eine bestimmte Absicht. Dabei kommt es nicht nur darauf an, was man sagt, sondern auch wie man es sagt. Daher wurden bereits in der antiken Rhetorik zahlreiche stilistische Mittel verwendet, um die Hörer zu beeinflussen. Du hast bereits das Asyndeton (L7), die Anapher und den Parallelismus (L21), die Lautmalerei und den Chiasmus (L 31) kennengelernt. Die folgenden Definitionen bieten bekannte und neue Stilfiguren.*

Alliteration: Aufeinander folgende Wörter beginnen mit demselben Anlaut.
Anapher: Das Anfangswort bei Satzgliedern oder Sätzen wird wiederholt.
Asyndeton: Wortreihen oder Sätze folgen unverbunden aufeinander.
Chiasmus: Inhaltlich zusammengehörende Wörter oder Wortgruppen werden über Kreuz gestellt.
Hyperbaton: Syntaktisch zusammengehörende Wörter werden absichtlich getrennt.

Litotes: Die Aussage wird verstärkt, indem das Gegenteil verneint wird.
Parallelismus: Entsprechende Satzglieder werden in gleicher Reihenfolge angeordnet.
Rhetorische Frage: Eine Frage, auf die aber keine Antwort erwartet wird, da ihr Inhalt allen Zuhörern längst bekannt ist.

Ordne die Stilfiguren den folgenden Wendungen aus dem Lesestück richtig zu.

Omnis potentia, honor, divitiae apud illos sunt, nobis reliquerunt pericula, iudicia, egestas. – Vos omnes non ignoratis, quae mente agitavi. – Exi ex urbe, patent portae, exi! – Nemo tolerare potest nobis res ad vitam necessarias deesse. – Hic, hic sunt in nostro numero, in hoc sancto consilio, qui de nostro interitu cogitent. – Nemo tolerare potest illis divitias superesse, nobis res necessarias deesse. – Divitiae apud illos sunt, nobis reliquerunt egestatem. – In qua urbe vivimus?

Cicero klagt Catilina im Senat an. Fresko von C. Maccari, 19. Jh. (Rom, Palazzo Madama)

- *In welchen Zeilen des Lesestücks findest du die unten dargestellte Szene wieder?*
- *Achte auf die Körperhaltung Catilinas und die Sitzordnung der übrigen Senatoren: Was will der Maler damit wohl zum Ausdruck bringen?*

Das Ende der res publica und der Beginn der Kaiserzeit (39–42)

Die folgenden Lektionen lassen erkennen, wie nach den Spannungen und Auseinandersetzungen zwischen Popularen und Optimaten der Kampf um die Alleinherrschaft in Rom entschieden wurde. Erst Augustus beendete mit der Errichtung des Prinzipats das Zeitalter der Bürgerkriege und leitete eine lange Epoche des Friedens ein.

Lektion 39

Kampf um die Macht in Rom

Cum Pompeius a senatu legem pro veteranis suis postularet, senatus ad cedendum promptus non erat. Itaque Pompeius cum Caesare societatem potentiae iniit. Caesar eam societatem iniit, ut vires suas confirmaret.
Sed Pompeius, cum Caesar in Gallia novem annos bellando gloriam potentiamque auxisset, cum senatu societatem iniit. Senatores id egerunt, ut Pompeio adiuvante potentiam Caesaris minuerent. Pompeius autem, cum ipse principem locum in civitate peteret, ea societate sibi dari facultatem principatum comparandi putavit.
Bello Gallico confecto senatores decreverunt, ut Caesar exercitum ante tempus[1] dimitteret et privatus[2] Romam veniret. Caesare negante senatus in sententia perseveravit.
Quare Caesar consilium bellandi cepit. „Alea iacta est!" exclamans exercitum Rubiconem flumen traduxit Romam petiturus. Pompeius autem copiis Caesaris cessit et in Graeciam se contulit. Caesar, cum in senatu et in contione se armis adversariorum ad pugnandum coactum esse confirmavisset, exercitum in Graeciam traiecit et ad Pharsalum Pompeium devicit.
Velleius scribit illo proelio atroci duo rei publicae capita inter se collisa esse[3] et exstinctum alterum Romani imperii lumen.

(nach Sueton, de vita Caesarum, und Velleius, historia Romana II)

[1] *ante tempus*: vor Ablauf der gesetzlich festgelegten Amtszeit
[2] *privatus, a, um*: als Privatmann (ohne Heereskommando)
[3] *inter se collidere*: aufeinander prallen; aneinandergeraten

Impulse

I. Suche die Namen und Begriffe, die im Lesestück häufig vertreten sind, und bestimme so das Leitmotiv.

II. Im Text wird berichtet, dass im Lauf mehrerer Jahre 2 Bündnisse zustande kamen. Wer schloss mit wem (bzw. gegen wen) ein Bündnis und warum?

III. Im Text werden Caesars Handlungen immer im Aktiv wiedergegeben bis auf „coactum esse" in der Zeile 14. Warum steht hier deiner Meinung nach das Passiv?

IV. Führe alle Begriffe auf, die zum Thema „Politik" gehören.

V. Im letzten Satz wird Pompeius „lumen" genannt, Caesar und Pompeius „rei publicae capita". Es handelt sich dabei um ein Stilmittel, das man Metapher nennt. Wie sind die beiden Ausdrücke hier zu verstehen?

VI. Suche die -nd- Formen und die Partizipialformen heraus und ordne sie nach Gruppen:
circumdo, observando, condi, ornanti, defendo, deinde, afficientem, mittendi, genti, narrando, nolens, iucundum, tenente, intrandi, quondam, secundus, augendo

[1] *timorem inicere*: Furcht einflößen
[2] *dimicare*: um die Entscheidung kämpfen

VII. *Übersetze:*

1. Cum Pompeius opes auxisset, Caesar finem fecit diu cessandi. 2. Consilio urbem petendi capto Rubiconem flumen transiit. 3. Cito procedendo senatoribus timorem iniecit[1]. 4. Caesar ad dimicandum[2] paratus aciem ad Pharsalum constituit. 5. Exercitu Pompei victo Caesar eis, qui proelio effugerant, ignovit, quamquam sibi potestas eos multandi erat.

VIII. *Erschließe die Bedeutung der Vorsilbe trans- (tra-) anhand der dir bekannten lateinischen Wörter (a) und versuche dann die Fremdwörter zu erklären (b).*

a) transire, transportare, traducere, tradere
b) Transaktion, Transsilvanien, Transvestit, Transit, Transformator, Tradition, Transfer, translate (engl.)

IX. *Folgende Formulierungen hast du vielleicht schon einmal gehört:*

1. Für diesen Fall gibt es eine genau vorgeschriebene Prozedur.
2. Er instruierte seinen Stellvertreter über seine Aufgaben.
3. Sie richteten eine Petition an das Europa-Parlament.

Weißt du, woher diese Wörter stammen?

Information: Die clementia Caesaris

Als Caesar im Jahre 49 den Rubicon überschritt, fürchteten viele Römer, dass die politischen Gegner ermordet und ihr Vermögen beschlagnahmt würde (Proskriptionen). Doch Caesar überraschte alle dadurch, dass er seine besiegten Gegner schonte. Seine *clementia* beeindruckte Freund und Feind.
Caesar selbst schrieb dazu: „Versuchen wir auf diese Weise, wenn wir können, die Gunst aller wiederzugewinnen und einen dauerhaften Sieg zu erhalten. Denn andere konnten wegen ihrer Grausamkeit dem Hass nicht entgehen und auch ihre Vormachtstellung nicht länger behaupten …" (Cic. ad Att. IX 7, C). Nach seinem Tod wurde der *clementia Caesaris* sogar ein Tempel geweiht.
Was Caesar als politisches Mittel oder aus persönlicher Überzeugung praktizierte, galt später, besonders im Mittelalter, als eine der großen Tugenden eines Herrschers.

Münze mit einem Tropaion (Mal mit aufgehängten Waffenstücken aus der feindlichen Beute)

• *Welche Vorteile hatte Caesar selbst wohl von seiner „clementia"?*

• *Welche Prinzipien römischer Herrschaft, die du schon bei Vergil kennen gelernt hast, werden auf den Münzen deutlich?*

Münze mit dem Tempel der clementia Caesaris

111

Lektion 40

Der Friedensherrscher Augustus

Octavianus, ubi primum Caesarem occisum atque se heredem esse comperit, Romam venit, ut hereditatem adiret. Ab eo tempore cum Marco Antonio per duodecim annos rem publicam tenuit.
Quem virum regnandi cupidum, cum semper incerta mente esset et se a moribus Romanis abalienavisset, Octavianus hostem declaravit et eundem paulo post ad Actium vicit. Bellis civilibus eo proelio finitis Octavianus per XLIV annos solus rem publicam administravit et idem senatus consulto Augustus appellatus est.
Augustus pace terra marique parta templum Iani Quirini[1], ut ipse tradit, ter[2] clausit. Idem autem templum ab urbe condita ante memoriam Augusti bis[3] omnino clausum erat. Senatus consulto principi ara pacis Augustae consecrata est.
Eodem tempore Augustus urbem excolere coepit, cum censeret eam pro maiestate imperii parum ornatam esse. Quam tot operibus publicis ornavit, ut ipse iure diceret se urbem latericiam[4] accepisse eandemque marmoream relinquere.
Cuius principis merita tanta erant, ut Vergilius poeta eum his verbis celebraret: „Hic vir est Augustus Caesar, Divi genus[5], aurea condet saecula …" (Vergil, Aeneis VI 791 f.)

(nach Sueton, de vita Caesarum, und Augustus, res gestae)

[1] *Ianus Quirinus*: alter römischer Gott (Sein Tempel in Rom wurde nur in Friedenszeiten geschlossen.)
[2] *ter*: dreimal
[3] *bis*: zweimal
[4] *latericius, a, um*: aus Ziegeln
[5] *Divi genus*: der Nachkomme des Göttlichen (C. Iulius Caesar)

Impulse

I. *Mit welchen Worten werden im Lesestück die „aurea saecula" charakterisiert, die Augustus nach der Aussage Vergils eingeleitet hat?*

II. *Wie wird dagegen Antonius, der Widersacher Octavians, im Lesestück dargestellt?*

III. *Ordne die folgenden Pronominalformen nach Kasus und Numerus:*
illi (2), earundem, istos, ipsa (3), illius, ipsis (2), illorum, idem (2), hic, eiusdem, ipso, illis (2), istam, iisdem (2), ipsum (2), isti (2), eodem, ipsorum, istius, huic, has

IV. *Setze die Formen von idem in den folgenden Text ein und übersetze ihn:*
eodem, eundem, eosdem, eiusdem, eandem, eadem, easdem, eundem, eorundem

Zwillinge haben es manchmal schwer …

Sosicles ist auf den Markt gegangen, um Geschäfte zu erledigen. Dort trifft er zufällig seinen seit langer Zeit vermissten und schon längst totgeglaubten Zwillingsbruder Menaechmus. In einer Kneipe feiern sie ihr Wiedersehen. Da Sosicles bis zum Abend nicht nach Hause gekommen ist, macht sich seine Frau [uxor, oris] voll Zorn auf die Suche nach ihrem Mann. Plötzlich sieht sie die Zwillinge in der Kneipe …
UX: Per[1] deos immortales! Num heri tantum vini bibi, ut hodie virum meum et _eundem_ alterum videam? _eandem_ formam, _eosdem_ oculos, _easdem_ aures aspicio.
(Ad fratres:) Quis vestrum est vir meus?

[1] *per*: bei

ME: Mihi est nomen Menaechmus. Ego …
UX: Edepol[2]! Tibi _eadem_ lingua atque[3] viro meo est!
Nonne filii _eiusdem_ patris estis?
SO: Ita est! Filii _eorundem_ parentum sumus. Casu post multos annos _eodem_ tempore ad _eundem_ locum venimus.
ME: (Ad uxorem fratris:) Ne sis irata viro tuo! Una nobiscum poculum[4] vini bibas!

(nach Plautus Menaechmi)

[2] *edepol*: bei Gott
[3] *atque* hier: wie
[4] *poculum, i*: Becher

Spielt diese Geschichte mit verteilten Rollen.

V. *Übersetze den folgenden Text. Unterscheide dabei zwischen relativem Satzanschluss und Relativsatz:*

Wein-Brand?

Cauponem[1], *qui* magna vi corporis erat, noctu in cellam vinariam[2] magnam copiam aquae portantem hospes vidit. *Qui* ignem esse magna voce clamavit, ut homines auxilio vocaret. *Cui* caupo: „Cur ita clamas?" „Credebam", inquit ille, „ignem esse in cella. *Quem* a te opprimi putavi." Tum caupo: „*Quod* timuisti, id non evenit."

(nach Heinrich Bebel, 1472–1518, Facetiae)

[1] *caupo, cauponis*: Wirt
[2] *cella vinaria*: Weinkeller

VI. *Das Lateinische begegnet uns auch in vielen Firmen- und Produktnamen. So erhebt z. B. die Optima-Kamera den Anspruch „sehr gut" zu sein.*
Erkläre in entsprechender Weise:

Montana-Ferienwohnungen, Explorer-Reisen, Inlingua-Sprachinstitut, Premium-Bier, Alete-Babynahrung, Aquavital-Haarshampoo, Durodont-Zahncreme, Nivea-Creme, Rexona-Spray, Habitas-Möbel, Orbit-Kaugummi, Miracoli-Nudeln, Portas-Türen, Servus-Toilettenpapier, Credo-Deodorant.

Information: Das Augusteische Zeitalter

Schon die eigenen Zeitgenossen sahen in Augustus den Mann, der dem römischen Reich den lang ersehnten Frieden gebracht hat. Besonders Dichter wie Horaz und Vergil priesen die „Neue Zeit" und sahen in ihr den Beginn des Goldenen Zeitalters.
Im Jahr 1937 feierte man in Italien den 2000. Geburtstag des Augustus. Aus diesem Anlass gab die italienische Post eine umfangreiche Briefmarkenserie heraus. Auf den hier abgebildeten Marken erkennt man Augustus als Opfernden, den „Augustus von Primaporta" und die Ara Pacis Augustae. Ergänzt werden die Bildaussagen durch Zitate aus dem Tätigkeitsbericht des Augustus, dem sog. „Monumentum Ancyranum".

- *In welchen Funktionen wird Augustus auf diesen Briefmarken dargestellt? Welche Passagen des Lesestücks kann man diesen Darstellungen zuordnen?*

- *Vergleiche die Darstellung auf der mittleren Marke mit der Abbildung S. 70. Inwiefern spiegelt sich die politische Situation in Italien im Jahre 1937 auf dieser Briefmarke wider?*

Lektion 41

Augustus und die sprechenden Raben

Aliquando Augusto vir quidam[1] occurrit corvum tenens, quem instituerat haec dicere: „Ave, Caesar, victor imperator." Augustus autem stupuit et secum cogitavit: „Haec avis mira mihi emenda est." Ac profecto eam statim viginti milibus nummum[2] emit. Socius viri, cum id vidisset, invidia adductus Caesari affirmavit eundem virum alterum corvum habere. Statim Caesar illum corvum afferri iussit. Qui adlatus verba, quae didicerat, expressit: „Ave, victor imperator, Antoni." Quibus verbis Caesar iratus non fuit, sed ridens ei, cui corvi erant, dixit: „Nummi a me accepti tibi cum socio dividendi sunt."
Paulo post sutor[3] pauper studebat, ut corvum ad salutationem imperatoris institueret. Cum corvus verba non repeteret, sutor saepe dicebat: „Opera et impensa[4] periit." Aliquando tamen avis dictatam salutationem dicere coepit. Tum sutor sibi cessandum non esse putans ad Caesarem contendit.
Augustus autem, cum salutationem corvi audivisset, respondit: „Satis talium salutatorum[5] domi habeo." Tum corvus addidit: „Opera et impensa periit." Ad quod Caesar ridens: „Haec facultas corvi", inquit, „laudanda est" eumque maximo pretio emendum curavit.

(nach Macrobius, saturnalia II 29 f.)

[1] *quidam*: ein gewisser
[2] *viginti milia nummum*: 20 000 Sesterzen
[3] *sutor, oris*: Schuster
[4] *impensa*: Ausgaben, Kosten, Aufwand
[5] *salutator, oris* hier: Schmeichler

Impulse

I. *Stelle fest, welche Personen im Lesestück jeweils im Mittelpunkt stehen und mit welchen Verbformen ihr Verhalten bzw. ihr Handeln beschrieben wird. Welche bisher unbekannten Seiten des Augustus lernst du dabei kennen?*

II. *Vielleicht hast du schon bemerkt, dass es sich bei dem Lesestück um eine Anekdote handelt. Nenne typische Kennzeichen dieser Textsorte.*

III. *Übersetze die folgenden Sätze und ordne sie den Bildern auf Seite 115 zu:*

1. Dies est, quo mihi potio magica[1] bibenda est.
2. Periculum est, ne amplitudo[2] corporis mei augeatur. Cupiditas edendi mihi continenda est!
3. Noster Druida captus est a Romanis! Liberandus est!
4. Viri mulieresque Gallici! Semper mementote[3] nihil nobis timendum esse nisi hoc unum: ne caelum in capita nostra cadat!
5. Principibus velut Vercingetorigi arma ante pedes Caesaris ponenda sunt.

[1] *potio magica*: Zaubertrank
[2] *amplitudo*: Größe
[3] *mementote*: denkt daran!

IV. *Erkläre die folgenden Wörter, indem du sie von der jeweiligen Form des entsprechenden lateinischen Wortes herleitest:*

Crescendo, tolerant, ambulant, intelligent, Regent, Ignorant, Konfirmand, Korrespondent, Agent, Legende, Konfirmation, transzendent

V. *Substantive, die auf das Suffix -tor/-sor enden, bezeichnen eine Person, die regelmäßig, oft sogar berufsmäßig eine Handlung bzw. Arbeit ausführt z. B. sutor: der Schuster.*

1. *Erkläre die folgenden lateinischen Substantive, indem du sie von dem ihnen jeweils zugrunde liegenden lateinischen Wort herleitest* (scriptor: *der Schriftsteller, von* scribere: *schreiben*):

censor, rector, doctor, venator, accusator, venditor, emptor, aedificator, lusor, fautor, fabulator, bellator, conditor.

2. *Auch das deutsche Suffix* -tor *hat diese Bedeutung (vgl. Lektor, Autor, …). Manchmal wird daraus, vom Französischen beeinflusst,* -(t)eur *(vgl. Konstrukteur, Gouverneur, …). Suche weitere entsprechende Beispiele.*

Lektion 42
Plateaulektion

Kaiser Tiberius

Exemplo imperatoris Tiberii nobis data est facultas cognoscendi, quomodo mores hominum mutentur.
Tiberius, qui in locum Augusti principis successerat, initio vitam modicam vixit. Statuas et imagines, quas sibi senatores honorandi causa decrevissent, inter simulacra deorum poni prohibuit. Praenomen imperatoris et cognomen patris patriae recusavit.
Adversus convicia malosque rumores et carmina famosa[1] patiens fuit dixitque in civitate libera linguam mentemque liberas esse debere.
Senatui quondam postulanti, ut ii, qui illa carmina scripsissent, maiestatis accusarentur, Tiberius respondit: „Haec carmina nobis neglegenda sunt. Nam timeo, ne in hac re occupati tempus rem publicam regendi praetermittamus. Nobis autem rem publicam administrantibus diligentia adhibenda est." Imperator de omnibus negotiis publicis ad senatum rettulit; pristinam senatus maiestatem conservando speciem libertatis induxit.
At paulatim mores Tiberii mutati sunt: multi cives maiestatis accusati, multi nobiles cum liberis damnati sunt. Postremo consilium urbem relinquendi cepit et Capreas[2] se contulit. Cuius insulae solitudo imperatori placuit, cum se ibi ab insidiis tutum esse putaret. Quo loco duodecim villas aedificandas curavit, quae ab deis immortalibus nominatae sunt. In villa Iovis Tiberius luxuriae deditus cum paucis familiaribus vitam egit.

(nach Sueton, de vita Caesarum III)

[1] *carmina famosa*: Spottgedichte
[2] *Capreae, arum*: die Insel Capri

Impulse

I. Sueton, aus dessen Kaiserbiografien die Charakteristik des Tiberius stammt, gehörte selbst dem Ritterstand an und übernahm in vielen Punkten seines Werkes die Auffassung der römischen Senatoren.
Stelle aus den Z. 3–14 die verschiedenen Verhaltensweisen und Handlungen des Kaisers Tiberius zusammen und überlege, warum Sueton diese unter die positiven Eigenschaften rechnet.

II. „Wahrscheinlich haben zwei Gründe zusammengewirkt und die schicksalhafte Entscheidung, nach Capreae zu gehen, herbeigeführt. Erstens kam Tiberius so schlecht mit den Menschen und vor allem mit den Senatoren aus, dass er sich nur allzu gern an einen Ort begab, wo er sie nicht mehr zu sehen brauchte. Zweitens setzte ihm die Angst um seine Sicherheit immer stärker zu – und Capreae war ganz sicher und unzugänglich. Es hatte nur zwei Anlegeplätze. Kein Schiff konnte sich ungesehen der Insel nähern." (M. Grant, Roms Caesaren)
Welche Wendungen des Lesestückes scheinen diese Auffassung eines modernen Historikers zu stützen? Vergleiche das Verhalten des Kaisers Tiberius mit dem, was du in Lektion 23, 40 und 41 von seinem Vorgänger Augustus erfahren hast.

III. *Stelle aus dem Lesestück alle -nd-Formen zusammen und ordne sie nach Gerundium und Gerundivum.*

IV. *Die folgenden Lehn- und Fremdwörter sind entweder aus dem Infinitiv oder dem PPP lateinischer Verben entstanden. Ordne sie nach dem folgenden Beispiel in die Tabelle ein und versuche die heutige Bedeutung des Fremdwortes zu erschließen.*

Fremdwort	vom Infinitiv	vom Partizip	Bedeutung
zelebrieren	celebrare, feiern		etwas feierlich begehen
Institut			
honorieren			
Division			
akzeptieren			
konservativ			
nominieren			
Prozeß			
Kreation			
deklarieren			

Capri

Der Architekt Karl Friedrich Schinkel schrieb auf einer Italienreise 1824 anlässlich seines Besuches auf Capri seine Eindrücke nieder:
„Wir fanden in diesem reinlichen Örtchen (*Anacapri*) Trauben, Feigen, Brot, Wein und Käse und gingen gut erholt die Felskuppe hinab, wo uns Treiber mit Eseln erwarteten, die wir bestiegen um auf der entgegengesetzten Spitze der Insel zum Palast des Tiberius zu reiten. Die Lage der Palastruinen auf dem senkrechten Felsufer, vielleicht 1000 Fuß über dem Meer, ist von herrlichster Art.

Die Ruinen zeigen nur die terrassenförmigen Unterbaue, worauf jetzt ein Eremit wohnt. Der Palast wurde schon gleich nach Tiberius' Tod zerstört; man gräbt jetzt einige alte Fundamente aus, die indes nicht von großer Bedeutung sind."

Dichter und Künstler (43–46)

Beim Stöbern auf einem römischen Flohmarkt entdecken Julia und Cornelius eine alte Ausgabe des französischen Fabeldichters Jean de La Fontaine (1621–1695) mit vielen Abbildungen. In ihrem Kern finden sich diese Fabeln schon beim römischen Dichter Phädrus. Zunächst werden zwei Beispiele dieser Fabeln vorgestellt. Danach wird gezeigt, wie sich die gesellschaftlichen und politischen Umstände im Rom der Kaiserzeit auf die Künstler ausgewirkt haben.

Lektion 43

Fabeln des Phaedrus

De vulpe et corvo

Cum corvus caseum de fenestra raptum edere vellet alta arbore sedens, vulpes eum vidit et invidia adducta dixit: „Nulla avis, corve, pulchrioribus pennis ornata est quam tu. Nulli avi species formosior est quam tibi. Numquam avem splendidiorem vidi quam te. Si vocem haberes, clarissima avium esses." At ille stultus, dum vocem vult ostendere, ore caseum emisit. Dolosissima vulpes caseum avidis rapuit dentibus. Tum demum ingemuit corvus deceptus.
Qui verbis dolosis laudari gaudet, saepe poenas dat.
(nach Phaedrus I 13)

Fuchs und Rabe
(Stich von 1838)

De rana et bove

In prato quondam rana conspexit bovem et indivia tantae magnitudinis adducta rugosam[1] inflavit pellem. Tum filios suos interrogavit, num latior esset bove. Illi negaverunt. Rursus intendit pellem etiam vehementiore contentione, et simili modo quaesivit, quis grandior esset. Illi dixerunt bovem multo grandiorem esse. Rana, dum irata magis se inflare vult, rupto iacuit corpore.
Humilis, dum potenti par esse vult, perit.
(nach Phaedrus I 24)

[1] *rugosus, a, um*: runzlig

Impulse

I. *Zur 1. Fabel:*
Versuche dir beim ersten Durchlesen eine ungefähre Vorstellung der Eigenschaften der beiden Tiere zu verschaffen.

II. *Zur 2. Fabel:*
Gliedere die Fabel. Achte dabei auf Konnektoren der Zeit, auf das Subjekt und das Prädikat.

III. 1. *Sammle aus der Fabel „De vulpe et corvo" alle Wörter, die „schön" bedeuten. Versuche die Bedeutungsunterschiede zu bestimmen.*
2. *Sammle aus der Fabel „De rana et bove" alle Wörter zum Begriff „groß".*

IV. *Welche sprachlichen Mittel setzt der Fuchs bei seiner Rede ein und zu welchem Zweck?*

V. *Welchen lateinischen Satz könnte der Fuchs auf dem Bild gerade zum Raben sagen?*

VI. *Warum steht in beiden Fabeln der letzte Satz im Präsens?*

VII. *An wen richtete deiner Meinung nach Phaedrus seine Fabeln? Wie beurteilst du aus deiner heutigen Sicht die beiden Epimythia?*

VIII. *Bilde von dem Adjektiv die jeweils fehlenden Formen der Steigerungsreihe.*
Beispiel: vulpem callidissimam: vulpem callidam – vulpem callidiorem.
1. vulpe callidiore 2. puellae felicis 3. iter facile 4. pugnam atrocem 5. via breviore 6. imperator potens 7. verbis asperioribus

IX. liber clarissimus: ein (sehr berühmtes Buch =) hochberühmtes/weltberühmtes Buch, ein Bestseller
Übersetze entsprechend:
1. vinum dulcissimum 2. homo divitissimus 3. oculi acutissimi 4. corpus firmissimum 5. lapis gravissimus

X. *Übersetze:*
1. Corvus et vulpes casei avidissimi sunt, sed corvus stultior vulpe est. 2. Corvus dolum vulpis non intellegit, quia vanior est. 3. Itaque dulcissimis vulpis verbis adductus caseum ore emittit. 4. Vulpes, quam Phaedrus longe callidissimam omnium animalium putat, caseum capit et devorat.

XI. *Achte bei der Übersetzung auf die verschiedenen Ablative.*
1. Augusto imperatore Phaedrus, poeta clarus, e Macedonia Romam venit. 2. Eo tempore Roma potentior atque divitior aliis oppidis Italiae erat. 3. Romae[1] Phaedrus fabulas scripsit. 4. Quibus fabulis multi Romani gaudebant, cum a Phaedro non animalia, sed homines descriptos esse intellegerent. 5. Quia Phaedrus vitia hominum multis cum facetiis demonstraverat, fabulae eius non solum a Romanis lectae sunt, sed etiam temporibus nostris a multis hominibus magno cum gaudio leguntur.

XII. *Zeichne eine kleine Bildergeschichte zu einer der beiden Fabeln des Lesestückes.*

XIII. *Heute werden täglich zahllose Faxe verschickt. Das „Fax" ist eine Kurzform von „Facsimile". Erkläre die Bedeutung des Wortes.*

[1] *Romae*: in Rom

XIV. *Die Fabeln des Phaedrus sind in Versen geschrieben. Hier ist eine seiner Fabeln (IV 3) in der Originalfassung. Übersetze und gliedere sie.*

De vulpe et uva

1 Fame coacta vulpes alta in vinea
uvam appetebat summis saliens viribus;
quam tangere ut non potuit, discedens ait:
„Nondum matura est; nolo acerbam sumere."
5 Qui facere quae non possunt, verbis elevant,
ascribere hoc debebunt exemplum sibi.

1 uva, ae: *Traube*; 2 vinea, ae: *Weingarten*; 3 *quam = eam*; 4 tangere: *berühren*; ut: *als*; ait: *sagte er*; 5 maturus, a, um: *reif*; acerbus, a, um: *sauer*; 6 elevare: *herabsetzen*; 7 ascribere: *zuschreiben*.

Holzschnitt aus der Ulmer Äsop-Ausgabe 1476

• *Welche Redewendung ist aus dieser Fabel abgeleitet?*

Information: Die Fabel

Eine Fabel ist eine erfundene Geschichte, aus der eine Lehre für das Leben entnommen werden soll. In der Fabel treten meist Tiere auf, die sich jedoch wie Menschen verhalten. Zwei wichtige Merkmale der Fabel sind ihre Kürze und die Gegenüberstellung unterschiedlicher Verhaltensweisen. Die Lehre, welche die Fabel vermitteln will, steht am Anfang (Promythion) oder am Ende (Epimythion).
Seit dem 2. Jahrtausend v. Chr. gibt es Fabeln. Die älteste europäische Fabelsammlung stammt vom Griechen Aesop (6. Jahrhundert v. Chr.). Auf ihn griff Phaedrus, ein römischer Freigelassener (1. Jahrhundert n. Chr.), zurück, schuf aber eine neue literarische Gattung: die Fabel als einzelne, abgeschlossene Geschichte in Versen. Zweifach ist das Ziel seiner Fabeln: zum Lachen zu reizen und mit klugem Rat zur richtigen Lebensführung aufzufordern.
Die Fabeln des Phaedrus wurden von der Antike über das Mittelalter bis in die heutige Zeit von vielen Schriftstellern, z. B. von Luther, La Fontaine, Lessing, Kafka, Arntzen aufgegriffen. Dabei wurden die antiken Vorlagen den jeweiligen Zeitverhältnissen und Intentionen angepasst.

• *Benenne die Merkmale der Fabel anhand der Information und kläre, inwieweit sie in den beiden ersten Fabeln vorhanden sind.*

Lektion 44

Der Dichter Martial

Ein weiterer bekannter lateinischer Dichter des 1. Jahrhunderts n. Chr. ist Martial, der aus Spanien stammte. In Rom, wo er einen großen Teil seines Lebens verbracht hat, war er bald durch seine kleinen Gedichte stadtbekannt. Dennoch war Martial stets von der Gunst reicher Gönner abhängig.

Imperatore Domitiano carmina Martialis poetae Romanis nota erant et a multis laudabantur. Martialis, quamquam poeta celeberrimus fuit, tamen vitam pauperiorem egit; semper salus eius e beneficiis patroni pependit.
Martialis de fortuna sua haec scribit: „Sum semperque fui pauper. Est mihi parva sedes in urbe, est mihi rus minimum sub urbe, quod patronus mihi donavit. Sed hoc praedium[1] vix rus dicere possum: rus est mihi maius in fenestra[2]. Tamen vita rustica me iuvat; nam neque cogitandi neque quiescendi in urbe locus est mihi pauperi.
Ibi enim me mane patronum salutare, deinde cum maxima turba ceterorum clientium eum in forum deducere, hora decima cum patrono thermas petere, postremo eum domum reducere oportet. Dum haec molestissima munera praesto, quot versus poteram[3] componere! Quis potest ferre, quod numerus librorum meorum minor est, ut patrono meo numerus clientium maior sit. Iam triginta fere diebus non plus quam una pagina[4] a me peracta est!
Itaque saepe meam villam quamvis parvam desidero. Nihil enim melius est quam otium ruri, nihil peius quam negotia in urbe. Licet vita rustica asperior vita urbana sit, tamen in otio vitam iucundiorem agere possum."

(nach Martial, epigrammata)

[1] *praedium*: Grundstück
[2] Zur Zeit Martials war es in Rom Sitte, auf den Fensterbänken zahlreiche Blumentöpfe zu haben, sodass man geradezu von „Fenstergärten" sprechen konnte.
[3] *poteram*: Übersetze als Konjunktiv Plusquamperfekt
[4] *pagina*: (Buch)Seite

Impulse

I. Lies das Lesestück zunächst durch und versuche den Inhalt zu erfassen. Orientiere dich dabei an folgenden Leitfragen:
Z. 1–8: Welches Leben führt Martial? Welche Wendungen unterstreichen diesen Lebensstil? (Achte dabei sorgfältig auf die Konnektoren.)
Z. 9–14: Welche Verpflichtungen bestimmen den Tagesablauf des Dichters in Rom? (Achte auf die Zeitangaben.) Wie bezeichnet er selbst diese Verpflichtungen?
Z. 15–17: Welche Gegensatzpaare stellt Martial auf? Wie beurteilt er sie jeweils?

II. Informiere dich, wie in der Antike Gedichte und andere literarische Werke verbreitet wurden, welche Arten von Büchern und Formen des Buchhandels es gab, und berichte darüber in deiner Klasse.

III. Bestimme bei den folgenden Wörtern jeweils den Bedeutungsunterschied.

sedes – oppidum – urbs – caput; ager – rus – campus; villa – domus – insula; negotium – munus – officium; otium – quies

IV. *Ordne dem Positiv den richtigen Komparativ zu. Bilde dann den fehlenden Superlativ.*

1. magnorum 2. multas 3. malo 4. parvi 5. bonam 6. multum 7. parvis 8. mali
a) meliorem   b) peiori   c) minores   d) plus   e) minoribus   f) plures   h) peioris
g) maiorum

V. *Was bedeuten die folgenden Fremdwörter?*

Majorität, Minorität, Minimum, Maximum, Optimist, Pessimist, multikulturell, Plural

VI. *Erkläre den Sinn der folgenden Sprichwörter und Redewendungen:*

1. Usus[1] est magister maximus.
2. A bove maiore discit arare[2] minor.
3. Concordia parvae res crescunt, discordia maximae pereunt.
4. Bonus intra, melior exi! (Inschrift über einen Tempel)
5. Domus propria, domus optima.
6. Melius est diligi quam timeri.
7. Discipulus est prioris posterior dies.
8. Summum ius, summa iniuria.
9. Salus populi suprema lex esto[3]!

[1] *usus*: Gebrauch, Anwendung
[2] *arare*: pflügen
[3] *esto*: er, sie, es soll sein (Imperativ II)

VII. *Vergleiche die drei Personen und setze die entsprechenden Adjektivformen ein.*

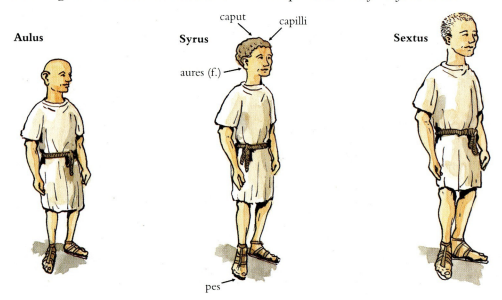

maior – maiores – maiores – maius – maximae – maximum – maximos – maximus – minor – nullos – parvum – plures – plurimos

1. Syrus … est quam Aulus; Aulus … Syro est. Sextus autem … est.
2. Videmus Syro pedes … esse quam Aulo, Sexto autem pedes … esse.
3. Caput Auli … est, caput Syri … est, caput Sexti … est.
4. Videmus Aulo … capillos[1], Syro … capillos, Sexto autem … capillos esse.
5. Aures Syri … sunt quam Sexti, Aulo … aures sunt.

[1] *capilli*: Haare

Information: Der Dichter als cliens

Martial (ca. 40–104 n. Chr.) gilt als Meister des *Epigramms*, des kleinen Gedichtes mit spöttischem oder satirischem Inhalt, das oft mit einer Schlusspointe die Leser verblüfft. Wie viele römische Dichter war Martial zunächst weitgehend von der Gunst eines Gönners abhängig. In zahlreichen Gedichten schildert er, wie er seinen Lebensunterhalt als *cliens* eines *patronus* bestreitet. Manchmal bittet Martial dabei seinen *patronus* sogar um eine Toga oder einen Mantel gegen die Kälte. Dank des Erfolges seiner Gedichte wurde Martial allerdings im Laufe der Zeit immer unabhängiger. Neben einem Haus in Rom besaß er jetzt sogar ein kleines Landgut, das ihm ein Gönner geschenkt hatte.

Dem Klientenwesen kam in Rom als Bestandteil der sozialen Absicherung eine besondere Bedeutung zu. Ein Armer, der sich als *cliens* der Obhut eines *patronus* anvertraute, musste uneingeschränkt die Interessen seines *patronus* vertreten, z.B. durch Unterstützung bei Wahlen oder durch Gefolgschaft im Krieg. Oft musste er seinen *patronus* am frühen Morgen in dessen Haus begrüßen (*salutatio*) und ihn auf den Straßen Roms begleiten. Je höher nämlich die Anzahl der Klienten bei den Auftritten in der Öffentlichkeit war, desto höher war auch das Ansehen und der Einfluss des jeweiligen *patronus*. Im Gegenzug unterstützte der *patronus* den *cliens* in Rechtsangelegenheiten und versorgte ihn durch Geschenke, Darlehen oder Einladungen zum Essen. Für manche Klienten stellten diese Gaben die einzige Möglichkeit dar ihren Lebensunterhalt zu sichern.

Zwei Epigramme Martials:

Semper pauper eris, si pauper es, Aemiliane.
    Dantur opes nullis nunc nisi divitibus. (carm. 5, 81)

Nubere¹ Paula cupit nobis. Ego ducere Paulam
    nolo: anus² est. Vellem, si magis esset anus. (carm. 10, 8)

¹ *nubere* (m. Dat.): heiraten
² *anus*: alte Frau, „altes Weib"

- *Nach Lessing besteht ein Epigramm aus der gespannten Erwartung des Lesers und dem überraschenden Aufschluss. Erkläre jeweils die Pointe der beiden Gedichte und beschreibe dabei, wie Martial mit „Erwartung und Aufschluss" spielt.*

Lektion 45

Exul poeta – Das Schicksal eines verbannten Dichters

Dass ein Dichter stark von der Gunst des jeweiligen Mäzens abhängig ist, zeigt sich besonders am Schicksal Ovids. Fast 30 Jahre lebte er als gefeierter Schriftsteller in Rom, dann wurde er plötzlich verbannt.

Augusto imperatore P. Ovidius Naso poeta carminibus et versibus floruit. Cui iam puero carmina componere placuerat. Tanto ingenio fuit, ut iure diceret:
„Sponte sua carmen numeros[1] veniebat ad aptos
et quod temptabam scribere versus erat".
Versibus faciendis Ovidius sibi maximam gloriam paravit.
Augustus autem, cum sibi persuasum esset his carminibus mores iuventutis corrumpi, Ovidium relegari[2] iussit. Qui, cum comperisset se Tomidem, in oppidum ad oram Ponti Euxini situm, relegatum esse, quasi fulmine ictus stupuit: fortunam non tolerandam deplorans navem conscendit.
Postquam Tomidem pervenit, putavit se tamquam in oras Stygias detrusum[3] esse: Nam caelum tam asperum erat, ut incolae, gens fera Getarum, frigus vix ferendum non nisi pellibus arcerent. Saepe hostes ad vicos diripiendos terram invadebant. Imprimis Ovidius doluit neminem Getarum linguam Latinam intellegere. Denique poetae, cum longa desuetudine[4] verba Latina eum deficerent, saepe impetus carminum faciendorum aberat.
Cum Ovidius iterum atque iterum Augustum rogavisset oravissetque, ut sibi facultas Romam redeundi daretur, tamen princeps durum se praebuit. Denique procul a Roma exul mortem obiit.

[1] *numerus* hier: Versmaß
[2] *relegare*: verbannen (Der Verbannte durfte sein Vermögen und das Bürgerrecht behalten.)
[3] *detrudere*: hinabstoßen
[4] *desuetudo, inis*: Entwöhnung

Impulse

I. *Worunter hat Ovid in der Verbannung am meisten gelitten?*

II. „Der Kaiser hat sich in seinem Zorn zu einem der Eingriffe gegen den Geist hinreißen lassen, wie sie aus anderen Gründen auch in Griechenland und Rom vorgekommen waren. Es ist kein Zweifel, dass der Geist Sieger geblieben ist" (Karl Büchner, Römische Literaturgeschichte, S. 373).
Erscheint dir der letzte Satz Büchners zutreffend? Berücksichtige bei deiner Antwort auch die in den Informationen abgedruckten Ovidverse und den letzten Absatz des Lesestücks.

III. *Nenne aus unserer Zeit Beispiele dafür, dass politische Machthaber gegen missliebige Künstler und Literaten vorgehen. Wie stehst du zu derartigen Aktionen der Regierenden?*

IV. *Suche aus dem Text alle -nd-Formen und unterscheide zwischen Gerundium und Gerundivum.*

V. *Übersetze die folgenden Sätze und ordne sie den jeweiligen Bildern zu:*

1. Praecepto miscendae potionis[1] mihi opus est! Auxilio huius potionis imperator ero! Gaius Caesar!
2. Salvete discipuli! Video vos industria laudanda linguae Latinae discendae studere.
3. Tu, Obelix, nullo modo potionem[1] accipies! Praestat te vasa[2] ad potionem portandam idonea afferre!
4. Mastodontix, mihi est potestas imperii in civitatem tuam tenendi, sed me clementem praesto!

[1] *potio, onis* hier: Zaubertrank
[2] *vasa, vasorum*: Gefäße

VI. *Auch viele Berufe enthalten lateinische Wortbestandteile. Suche diese in den folgenden Berufsbezeichnungen. Versuche dann zu erklären was man unter dem jeweiligen Beruf versteht.*

Dozent, Volontär, Administrator, Manager, Koordinator, Floristin, Multimedia-Entwickler.

VII. *Ein Buchstabe fehlt. Suche immer nach mehreren Möglichkeiten ihn zu ergänzen.*
e?o, h?c, honor?, d?ntis, coll?, ver?um, vi?, e?, du?, do?um.

VIII. 1. *Erschließe die Bedeutung der Vorsilbe re(d)- anhand von:*

relinquere, redire, repugnare, reddere, retinere, repellere, respicere, reclamare, referre

2. *Was versteht man demnach unter:*

renovieren, Reflektor, reduzieren, Rebell, rekultivieren, reagieren, Reklame, Reanimation, Reparatur, resistent, Rezession, Resümee, revidieren, Resonanz?

Information: Ein Leben fern von Rom

Tomi, der Verbannungsort Ovids, war eine unbedeutende Siedlung an der Küste des Schwarzen Meeres. Für die ca. 2000 km lange Seereise dorthin benötigte Ovid fast ein halbes Jahr. In diesem Gebiet der Schwarzmeerküste lebten Skythen, ein gefürchtetes iranisches Reitervolk, Geten und Nachkommen griechischer Einwanderer. Neben dem Getischen, das Ovid bald lernte, wurde ein barbarisiertes Griechisch gesprochen. Anders als in Rom trugen die Männer Hosen und dicke Felle. Sie waren stets bewaffnet, denn im Winter drangen oft räuberische Stämme über die gefrorene Donau bis an die Mauern von Tomi vor und überfielen die Einwohner. Dabei musste auch Ovid mithelfen, die Stadt zu verteidigen.
Der Dichter hatte kaum noch Kontakte zur Heimat, denn nur selten legten Schiffe im Hafen an und brachten neue Nachrichten aus Rom. Den kultivierten Römer Ovid hatte also eine außergewöhnlich harte Strafe getroffen.
Bis in unser Jahrhundert erlitten immer wieder Künstler dieses Schicksal. Für sie alle gelten folgende Verse Ovids:

„Sieh mich an, der die Heimat entbehrt, sein Haus und euch alle,
mich, dem man alles geraubt, was man zu nehmen vermocht;
dennoch geht meine Kunst mit mir, ich erfreue mich ihrer:
Da hat der Kaiser selbst keinerlei Recht oder Macht."
(Tristien 3, 7, 45 ff.; übersetzt von W. Willige)

Lektion 46
Plateaulektion

Kaiser Nero – ein wahrer Künstler?

Nero undecim annos natus ab imperatore Claudio adoptatus et Senecae philosopho traditus est, ut litteris institueretur. Liberales disciplinas omnes fere puer attigit, maiorem autem operam carminibus componendis dedit.

Ubi Claudio interfecto imperium accepit, Terpnum, clarissimum citharoedorum[1], arccessivit eumque plurimis diebus post cenam in multam noctem canere iussit. Paulatim etiam ipse hac arte difficillima exerceri coepit et nihil eorum omisit, quae eius generis artifices vel vocis conservandae causa vel augendae faciebant.

Nero, cum sibi vox exigua atque fusca[2] esset, tamen se huius artis peritissimum esse putans in scaenam prodire[3] decrevit. Primo Neapoli[4] prodiit ibique in theatro complures dies cantavit; ne repentino quidem et vehementiore motu terrae deterritus est, ne carmina cantaret. Non raro Nero multos adulescentes equestris ordinis delegit, ut formam vocemque principis summis laudibus celebrarent et divisi in factiones plauderent.

Cum plurimi aestimaret cantare etiam Romae, Neroniis[5] nomen suum in albo[6] citharoedorum ascribi iussit. Priusquam in theatro cantavit, ad iudices accessit et dixit: „Omnia, quae mihi facienda erant, feci, sed eventus est in manu Fortunae. Nolite anteponere me imperatorem aemulis, quia potentior sum! Iudicio vestro meritam laudem mihi parabo." Tum carmina cantavit et sententias iudicum ficto metu exspectavit, dum sibi corona daretur.

(nach Sueton, de vita Caesarum VI)

[1] *citharoedus*: Kitharöde (Sänger und Rezitator zur Kithara, einem der Leier ähnlichen Instrument)
[2] *fuscus, a, um*: rau
[3] *scaena*: Bühne; *in scaenam prodire*: öffentlich auftreten
[4] *Neapoli*: in Neapel
[5] *Neronia, orum*: Neronische Spiele (von Nero gestiftete musische und athletische Wettkämpfe in Rom)
[6] *album*: Liste, Verzeichnis der öffentlich auftretenden Kitharöden

Die Einrichtung der Neronischen Spiele (Semis aus der Zeit um 64 n. Chr.): Dargestellt ist ein Tisch mit Siegeskranz und einer Urne für die Stimmabgabe der Preisrichter. Die Legende lautet: CERTAM(en) QUINQ(uennale) ROM(ae) CO(nstitutum)

Kaiser Nero in Musikantentracht mit der Kithara (As aus der Zeit um 64 n. Chr.). Die Legende lautet: PONTIF(ex) MAX(imus) TR(ibunicia) POT(estate) IMP(erator) P(ater) P(atriae)

• *Übersetze die Legende der rechten Münze. Diese Umschrift enthält den offiziellen Titel des römischen Kaisers. Warum hat sich Kaiser Nero so darstellen lassen? Was hat wohl ein römischer Senator beim Anblick dieses Münzbildes empfunden?*

Impulse

I. *Diese Plateaulektion erzählt von Neros „Karriere als Künstler". Lies dir die einzelnen Abschnitte zunächst durch und versuche festzustellen, welche Stufe der Ausbildung oder Karriere Neros jeweils geschildert wird. Achte dabei sorgfältig auf Eigennamen, Zeitangaben oder Ortsangaben.*

II. *„Kaiser Nero – ein wahrer Künstler?" Wie beurteilst du das Verhalten Neros und der Schiedsrichter Z. 14–19?*

III. *Stelle aus Lektion 43–46 alle Wörter zusammen, die zum Sachfeld „Dichtung, Literatur und Kunst" gehören.*

Information: Kaiser Nero

Augustus hatte dem römischen Reich nach fast einem Jahrhundert blutiger Bürgerkriege den lang ersehnten Frieden gebracht, indem er den Prinzipat (*principatus*) begründete. Er war dabei so klug, daß er die Ämter und Institutionen der *libera res publica* beibehielt: Nach außen hin wurde das römische Reich wieder von den Konsuln und dem Senat geleitet, in Wirklichkeit aber hatte allein der *princeps* die Macht in den Händen. Augustus selbst war geschickt genug zum Wohl des Imperiums diesen Widerspruch in den Hintergrund treten zu lassen; problematisch wurde es erst, als seine Nachfolger ihre Machtfülle für ihre persönlichen Interessen offen ausnutzten.

In seinen ersten Regierungsjahren führte Nero, der schon mit 17 Jahren an die Macht gekommen war, unter der Anleitung seines Lehrers Seneca viele besonnene Maßnahmen zum Wohl der römischen Bürger durch. Doch schon bald zeigte er sich als ein unumschränkter Gewaltherrscher: Er verstieß seine Berater, versetzte die Senatoren durch zahlreiche Hochverratsprozesse in ständige Angst und schreckte nicht einmal davor zurück, seine eigene Mutter ermorden zu lassen.

Um die Regierungsgeschäfte kümmerte sich Nero kaum noch. Er war überzeugt davon, selbst ein großer Künstler zu sein, und trat immer häufiger als Kitharöde, Schauspieler und Wagenlenker auf. Er unternahm sogar eine große Griechenlandtournee, bei der er 1808 Siegerkränze gewann. Sueton berichtet, dass es bei Neros Auftritten den Zuhörern strikt untersagt war, das Theater zu verlassen. Viele Besucher seien daher heimlich von der Mauer herabgesprungen oder hätten sich tot gestellt, um wenigstens so aus dem Theater weggebracht zu werden.

Als es im Jahr 68 n. Chr. zu einem Aufstand der römischen Statthalter gegen Nero kam, gab er sich selbst den Tod. Einer seiner letzten Aussprüche war: „*Qualis artifex pereo* – Welch einen Künstler verliert die Welt mit mir!"

Die Ausbreitung der römischen Macht und die Begegnung mit anderen Völkern (47–51)

Julia und Cornelius betrachten die Trajansäule auf dem Kaiserforum. Sie dokumentiert den Sieg des Kaisers Trajan über die Daker, durch den das römische Reich seine größte Ausdehnung erreichte. Wie die römische Machtausbreitung nach Norden erfolgte, mit welchen Völkern die Römer dabei in Berührung kamen und wie die betroffenen Völker das Vorgehen der Römer beurteilten, schildern die folgenden Lektionen.

Lektion 47

Römische Machtausbreitung nach Gallien und Britannien

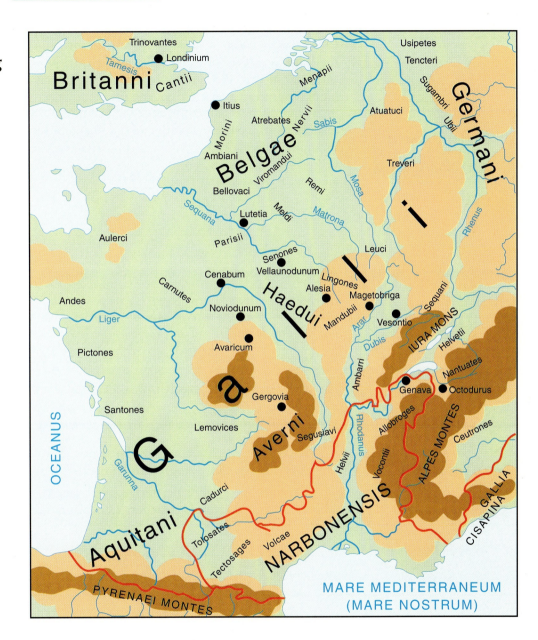

Gallien zur Zeit Caesars

[1] *provincia*: Gemeint ist an dieser Stelle die schon länger zu Rom gehörende Provinz Gallia Cisalpina.

Helvetii, quod erant homines bellicosissimi, se undique loci natura contineri moleste ferebant. Quare Orgetorix, unus e nobilibus, civitati facile persuasit, ut finibus suis exirent. Caesari cum nuntiatum esset Helvetios in animo habere iter per provinciam[1] facere, celeriter in Galliam contendit. Helvetii adventu eius audito legatos ad eum miserunt. Qui suppliciter rogaverunt, ut sibi iter per provinciam facere volun- 5 tate Caesaris liceret. Caesar multis de causis iis concedendum non esse putabat. Cum Helvetii in proposito pertinaciter perseverarent, Caesar eos itinere prohibuit et oppressit. Helvetiis subiectis Caesari contigit, ut ceteras quoque Galliae gentes aut armis subigeret aut amicitia populo Romano prudenter coniungeret.

Omni Gallia pacata Caesar exercitum in Britanniam traicere voluit, quod Gallis inde auxilia subministrata[2] esse cognoverat. Itaque naves circiter octoginta (LXXX) onerarias in eum locum, a quo erat brevissimus in Britanniam traiectus, contraxit. Cum tempestas ad secure navigandum idonea esset, tertia fere vigilia naves solvit et hora diei circiter quarta Britanniam primum attigit. Nonnullis proeliis in insula feliciter gestis naves incolumnes ad continentem reverterunt[3]. Caesari, cum primus omnium Romanorum exercitum in Britanniam traduxisset, a senatu supplicatio decreta est.

(nach Caesar, bellum Gallicum I und IV)

[2] *subministrare*: verschaffen, schicken
[3] *reverti (Perf.)*: ich kehrte zurück

Impulse

I. *Verschaffe dir einen vorläufigen Überblick über die Vorgänge, die im Lesestück in den Zeilen 1–9 geschildert werden. Wer ist jeweils Handlungsträger und wie handeln die Personen? (Achte dabei auch auf die Adverbien.)*

II. *Auf welche Information im ersten Satz nimmt der zweite Satz durch quare Bezug?*

III. *Adverbien sind freie Angaben, die für die syntaktische Vollständigkeit eines Satzes nicht notwendig sind. Dennoch sind sie für die Textaussage oft von großer Wichtigkeit. Mach die Probe, indem du im Lesestück die Adverbien ausklammerst. Wie verändert sich die Textaussage?*

IV. *Ordne die folgenden Formen nach Wortarten (Substantiv, Verb, Adjektiv, Adverb):*
domine, dure, bene, difficile, move, iuste, amate, iure, oratore, pete, pulchriore, arbore, mater, prudenter, atrociter, iter, pater, sapienter, fer, feliciter, ater, liber, sinister, pauper

V. *Adverb, Prädikatsnomen oder Prädikativum?*
Ergänze und übersetze:

1. Caesar Helvetios celer_____ oppressit. 2. Romani victoria de Helvetiis parta laet_____ fuerunt. 3. Caesar prim_____ omnium Romanorum Britanniam invasit. 4. Caesare duce exercitus Romanus prim_____ Britanniam intravit. 5. Romani in insula proelia nonnulla felic_____ gesserunt. 6. Post pugnam milites Romani felic_____ in castra redierunt.

VI. *Die Römer unterteilten die Nacht in vier Abschnitte von je drei Stunden, beginnend um 18.00 Uhr bis um 6.00 Uhr. Ein solcher Zeitabschnitt hieß* vigilia.
Berechne nach den Angaben im Lesestück die Fahrzeit der römischen Flotte.

Information: Romanisierung

Die Römer wandten bei ihren Eroberungen nicht nur militärische Gewalt an, sondern verfügten über ein Bündel differenzierter Maßnahmen. Der römische Schriftsteller Tacitus (54–ca. 120) beschreibt in der Biografie des Agricola, der von 77–84 Statthalter in Britannien war, ausführlich das System der Unterwerfung:

„Im Übrigen wusste Agricola über die Stimmung in der Provinz gut Bescheid und hatte zugleich durch die Erfahrung anderer gelernt, dass mit Waffengewalt nur wenig Erfolg erzielt wird, wenn ihr Unbill (ungerechtfertigte Härte) folgt. Darum beschloss er, die tieferen Ursachen der kriegerischen Auseinandersetzungen zu beseitigen …" (Kap. 19)

„Inzwischen ließ er die Feinde nicht zur Ruhe kommen, indem er ihre Gebiete durch überraschende Vorstöße verwüstete. Wenn er sie genug in Schrecken versetzt hatte, machte er ihnen andererseits durch schonende Behandlung deutlich, was ihnen der Friede zu bieten hatte. Daher stellten viele Stämme, die bis dahin mit den Römern auf gleicher Stufe gestanden hatten, Geiseln und gaben ihre feindselige Haltung auf …" (Kap. 20)

„Der folgende Winter verging mit vorteilhaften Planungen. Weil nämlich die einzeln wohnenden und unkultivierten Menschen leicht zum Kriege neigten, wollte er sie durch genussbietende Einrichtungen an Ruhe und Muße gewöhnen. Darum ermunterte er sie persönlich, Tempel, Marktplätze und feste Häuser zu errichten, und unterstützte sie dabei aus öffentlichen Mitteln. Dabei zollte er denen, die mit Eifer bei der Sache waren, seine Anerkennung, während er diejenigen, die weniger Einsatz erkennen ließen, tadelte. Anstatt sich zwingen zu lassen, wetteiferte man nunmehr um die Ehre. Agricola ließ sogar die Söhne der Häuptlinge in den Künsten eines freien Mannes unterrichten und er hielt mehr von der Begabung der Britannier als von dem Lerneifer der Gallier. So kam es, dass diejenigen, die eben noch von der Sprache der Römer nichts wissen wollten, nun nach römischer Beredsamkeit verlangten. Von da ab galt es als vornehm, sich römisch zu geben, und die Toga wurde Mode. Allmählich ließ man sich auch zum Luxus verlocken, zu Säulenhallen, Bädern und Gastmählern von raffiniertem Geschmack. Und das wurde bei denen, die Agricolas Absicht nicht durchschauten, ‚Kultur' genannt, während es doch in Wirklichkeit ein Teil der Fremdbestimmung war." (Kap. 21)

Der römische Statthalter Agricola zeigt den Britanniern die Vorzüge der Romanisierung (Karikatur aus dem „Punch", 1912).

- *Welche Arten von Unterwerfungsmaßnahmen lassen sich insgesamt erkennen? In welchen Stufen vollzieht sich die Unterwerfung?*

  Welche Maßnahmen waren für die „Romanisierung" besonders geeignet?
  Wie beurteilt Tacitus selbst die „Befriedungsaktionen"?

- *Im Lesestück heißt es in Z. 10 ‚Omni Gallia pacata'. Ist „pacare" (von pax = Friede) das angemessene Wort für das, was du aus dem Lesestück und der Information erfahren hast? Wie sahen es die Unterworfenen? Wie könnte man den Wortgebrauch vonseiten der Römer erklären?*

- *Schau dir die Karikatur genau an und überlege, wie Agricola bei der Darstellung der Vorzüge verfährt. Wie urteilst du darüber?*

Lektion 48

Die Niederlage des Quintilius Varus

Quintilius Varus, qui in Germania exercitui praefuit, Germanos, qui gladiis domari non poterant, posse facilius legibus pacari putavit. Itaque celerrime mediam in Germaniam contendit, ut conventus ageret. At Germani saepissime lites simulaverunt et ei gratias egerunt, quod discordiae suae iustitia Romana finirentur. Quo modo Varum in tantam socordiam perduxerunt, ut potius se praetorem urbanum in foro ius dicere quam in mediis Germaniae finibus exercitui praeesse crederet. 5

Nihilo minus Arminius, dux Cheruscorum, neminem celerius opprimi quam eum, qui nihil timeret, cognovit. Igitur primo paucos, deinde plures convocavit: servitutem non diutius tolerandam esse docet, securitate Vari multo facilius opprimi posse Romanos dicit, tempus insidiarum constituit. 10

Quae res cum Varo per Segestem, virum fidelem, saepius indictae essent, tamen non credidit – tanta fuit ei pacis fiducia! Itaque die constituta Germani Arminio duce Varum nihil metuentem oppresserunt: undique vehementissime invadunt, acerrime proelio decertatur, tres legiones Romanae cum duce miserrime pereunt. Suetonius scriptor tradit Augustum hac clade Romam nuntiata exclamavisse: 15 „Quintili Vare, legiones redde!" Hac clade evenit, ut imperium, quod in litore Oceani non steterat, in ripa Rheni fluminis staret.

(nach Velleius, historia Romana, und Florus, epitomae)

Impulse

I. *Versuche einen Überblick über den Handlungsverlauf zu bekommen, indem du zunächst für jeden Abschnitt feststellst, wer in den einzelnen Sätzen jeweils Subjekt ist und was er tut.*

II. *Eine gute Hilfe den Überblick über einen längeren Satz zu bekommen, bietet die **Satzanalyse** durch das **Einrückverfahren**: Die einzelnen Sätze oder ihre Teilstücke werden untereinander geschrieben. Der Hauptsatz steht ganz links, die Gliedsätze werden entsprechend ihrer Abhängigkeit nach rechts eingerückt. Gliedsätze gleichen Grades stehen an derselben Einrückstelle. Achte darauf, dass jede Satzart erst dann vollständig ist, wenn sie Subjekt und Prädikat hat.*
Der erste Satz des Lesestückes kann demnach so aufgelöst werden:

Quintilius Varus
          qui … exercitui praefuit,
Germanos,
          qui … domari non poterant,
posse facilius legibus pacari **putavit**.

Analysiere entsprechend die Sätze im ersten und zweiten Abschnitt des Lesestückes.

III. *Worauf ist die Niederlage des Varus zurückzuführen? Sammle zur Begründung deiner Antwort aus dem Lesestück alle Wendungen, die die Einstellung des Varus wiedergeben.*

IV. *Arminius (Hermann) der Cherusker galt als germanischer Freiheitsheld. Informiere dich, wo man bisher die Varusschlacht lokalisiert hat und wo Arminius im 19. Jahrhundert sogar durch ein Denkmal geehrt wurde.*

V. *Suche aus den folgenden Formen die Adverbien heraus und ordne sie nach Positiv, Komparativ und Superlativ:*

fratre, fortissime, ante, tene, bene, monente, miserrime, malle, male, adversarius, altius, matris, magis, cuius, clarius, frater, breviter, plurimum, plenum

VI. *Stelle die richtige Steigerungsreihe zusammen.*

1. bene   facilius   pessime
2. fortiter   minus   plurimum
3. male   magis   minime
4. facile   plus   fortissime
5. magnopere   peius   optime
6. multum   fortius   facillime
7. paulum   melius   maxime

VII. *Übersetze:*

1. Arminius, fortissimus dux Cheruscorum, id maxime egit, ut patriam a Romanis liberaret. 2. Quintilius Varus securiorem se praebuit, cum Germanos feros facillime pacari posse putaret. 3. Quo securius Varus conventus agebat, eo saepius Arminius socios convocabat, ut Romanis insidias pararet. 4. Cum copiae Romanorum numero superiores essent, Germani tamen celerius opinione legiones Vari oppresserunt. 5. Augustus, cum hanc cladem molestissime ferret, Tiberium in Germaniam misit, ut fines imperii ab hostibus defenderet.

VIII. *Das Suffix -tas bezeichnet bei Substantiven das Abstraktum zu verschiedensten Adjektiven, z. B.:* securus, a, um – securitas. *Erschließe entsprechend die folgenden Substantive:*

amoenitas, asperitas, brevitas, caritas, dignitas, familiaritas, gravitas, necessitas, paupertas, severitas, varietas

Information: Römische Eroberungsversuche in Germanien

Die Eroberung Galliens durch Iulius Caesar hatte auch das gesamte Gebiet bis zum Rhein unter römische Herrschaft gebracht. Nachdem unter Kaiser Augustus der Machtbereich über das Alpenvorland bis zur Donau erweitert worden war, versuchten die Römer sogar bis zur Elbe vorzudringen. Die katastrophale Niederlage des Varus leitete jedoch eine allmähliche Änderung der römischen Expansion nach Norden ein.

Varus befand sich im Jahre 9 n. Chr. mit seinen Soldaten auf dem Rückweg in das Winterlager am Rhein, als er von Germanenführern in einen Hinterhalt gelockt und die Legionen während eines dreitägigen Marsches vernichtet wurden. Viele Jahrhunderte lang war der genaue Ort dieser Schlacht nicht bekannt. In jüngster Zeit haben jedoch Ausgrabungen

nordöstlich von Osnabrück mit zahlreichen Fundstücken den Nachweis erbracht, dass hier ein Kampf zwischen Germanen und Römern stattgefunden hat, der in unmittelbarem Zusammenhang mit der Varusschlacht steht.
Obwohl Germanicus, der Neffe des Tiberius, in den folgenden Jahren noch zahlreiche Expeditionen nach Germanien unternahm und dabei bis zur Weser vordrang, verzichtete Kaiser Tiberius im Jahre 16 n. Chr. auf weitere Eroberungen des rechtsrheinischen Gebietes. Von nun an bildeten Rhein und Donau für die kommenden Jahrhunderte die natürliche Nordgrenze des römischen Reiches, zusätzlich geschützt durch die Anlage eines großen Grenzwalles, des Limes.

• *Versuche mithilfe einer modernen Karte herauszufinden, welche heutigen Städte sich hinter den Namen der römischen Legionslager verbergen.*

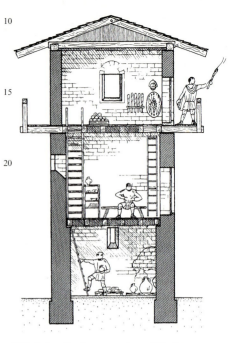

Blick in das Innere eines Wachturmes am Limes

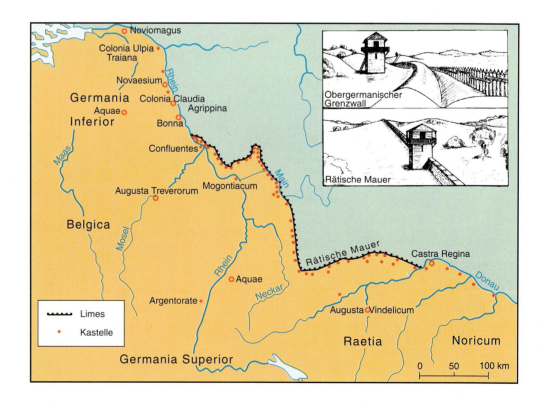

Lektion 49

Bräuche und Sitten der Germanen

In Germania latae silvae paludesque sunt, caelum asperum est. Germani fero animo magnoque corpore sunt; caelo soloque consueti aequo animo ferunt, quidquid inopiae frigorisque est.
Gentes Germanorum non in oppidis, sed discretae ac diversae[1] habitant, ubicumque fons aut campus eis placuit.
Nemo agros proprios habet, sed magistratus ac principes gentibus singulis tantum agri tribuunt, quantum cuique necessarium est. Maior pars victus in lacte, caseo, carne consistit.
Uxor quoquo modo socia viri est et in pace et in proelio. In omni domo liberi nudi ac sordidi in corpora firma crescunt. Sua quemque mater uberibus alit[2] nec nutricibus delegat[3].
Viri saepe in convivia veniunt; dies noctesque potare nemini crimini datur. Inter ea convivia etiam de pace ac bello consulunt. Ebrii aperte dicunt, quidquid sentiunt, postea consilium capiunt sobrii: Deliberant, dum fingere nesciunt, constituunt, dum errare non possunt.
Hospites violare nefas esse Germani putant; quicumque ad eos venerunt, hospites habentur et tuti a periculis sunt. Quibus domus omnium patent victusque cum eis communicatur. Nulla alia gens hospitiis effusius indulget[4].

(nach Tacitus, Germania, und Caesar, bellum Gallicum VI)

[1] *discretus ac diversus*: abgesondert und verstreut
[2] *uberibus alere*: stillen
[3] *delegare*: überlassen, anvertrauen
[4] *effusius indulgere* (m. Dat.): (etwas) ausgiebiger pflegen

Impulse

I. Schreibe aus jedem Absatz die Substantive heraus und bestimme die verschiedenen Themen des Textes.

II. Beschreibe, mit welchen sprachlichen Mitteln die Beratung der Germanen dargestellt wird.

III. Sammle weitere Informationen über die angesprochenen Lebensbereiche der Germanen. Erweitere den Text um Bildmaterial.

IV. Wo gibt es in deiner Umgebung Zeugnisse der germanischen Kultur?

V. Vergleiche qui (welcher) und quicumque (welcher auch immer). Übersetze entsprechend:
quocumque; undecumque; qualiscumque; utcumque; quotcumque

VI. Führe die Pronomina auf ihre Grundform zurück und nenne deren Bedeutung.
quem; cuique; quaecumque; cuiusque; quidquid; quos; quemcumque; quoque; quisquis

VII. *Übersetze die folgenden Sprichwörter und erkläre sie:*

1. Quemcumque quaerit calamitas, facile invenit.
2. Suae quisque fortunae faber[1] est.
3. Iustitia suum cuique tribuit.
4. Quicumque fraude semel[2] innotuit[3], etiam si verum dicit, amittit fidem.
5. Optimum quidque rarissimum est.
6. Patria est, ubicumque est bene.
7. Quidquid agis, prudenter agas et respice finem!

VIII. *Erschließe die Bedeutung der Vorsilbe com-/con-/co- anhand von:*

convenire, continere, conscius, conducere

Erkläre nun:

Konsens, Konzert, Konzept, Kommilitone, Koedukation, Co-Produzent, konform, kooperieren, Komposition, Konvent

[1] *faber, fabri* hier: Schmied
[2] *semel*: einmal
[3] *innotescere*: bekannt werden

Justitia am Rathaus in Lüneburg

Information: Das Zusammentreffen zweier Kulturen

Germanische Schriftquellen existieren erst seit dem 3. Jahrhundert n. Chr., und zwar als Runeninschriften auf Waffen oder auf Schmuck. Erst im 6. Jahrhundert gibt es eine Art germanische Geschichtsschreibung. Die Römer dagegen berichteten schon seit Caesars Eroberungen über die Germanen. Ihre Darstellungen sind aber nicht als völkerkundliche Berichte in modernem Sinn anzusehen.
Bei der Darstellung fremder Länder und Lebensweisen verwenden römische Schriftsteller oft den Vergleich. Sie nehmen bei ihrer Beschreibung der fremden kulturellen und sozialen Erscheinungen Bezug auf römische Bräuche und Begriffe.
Wenn Römer die Gottheit eines anderen Volkes kennen lernten, bezeichneten sie diese je nach ihren Wesenszügen und ihrer Verehrungsweise mit dem Namen einer entsprechenden römischen Gottheit. Dieses Vorgehen heißt schon bei Tacitus *interpretatio Romana*. So nennt Tacitus seinen Lesern nicht die germanischen Namen der Götter, sondern bezeichnet sie mit den römischen Namen, z. B. Wodan als Merkur, Donar als Zeus.
Auch in anderen Bereichen werden römische Begriffe für die Wiedergabe germanischer Verhältnisse benutzt. So werden z. B. die germanischen Stammeshäuptlinge als *principes* und die Stammesgemeinschaft als *civitas* bezeichnet.
Diese Gleichsetzungen erleichterten den Römern das Verständnis für fremde Völker und die Tolerierung eigentlich unrömischer Sitten und Gebräuche.

• *Suche aus einem Lexikon die Eigenschaften der zwei „Götterpaare" heraus und benenne die Übereinstimmungen und Unterschiede.*

Germanisches Gehöft

Römischer Gutshof (Aufnahme aus dem Zinnfigurendiorama im Limesmuseum Aalen)

Wenn sich Römer in Germanien ansiedelten – wie das oft bei ausgedienten Soldaten der Fall war –, bauten sie sich meist eine sog. „villa rustica". Dieser Gutshof bestand in der Regel aus einem Wohnhaus mit Badehaus und verfügte zusätzlich über Ställe und Wirtschaftsräume.
Ein germanischer Gutshof dagegen bestand aus einem großen Gebäude für Mensch und Tier und einigen kleinen Nebengebäuden.

- *Vergleiche die Unterschiede in den Gebäuden und in der Lebensweise.*

Lektion 50

Kritik an den römischen Eroberungen

Ein bekanntes Beispiel für die Kritik an der Weltmacht Rom ist die Rede, die der britannische Anführer Calgacus vor der entscheidenden Schlacht gegen die Truppen des römischen Statthalters Agricola gehalten hat.

Agricola proconsul, cum per sex annos aliquas gentes Britanniae proeliis domuisset, expedito exercitu ad quendam montem pervenit, ut Britannos devinceret. Ante proelium dux Britannorum nomine Calgacus apud multitudinem proelium poscentem haec fere dixisse traditur:

„Romani, postquam ceteras terras orbis vastaverunt, in Britanniam invaserunt. Raptores orbis non Oriens, non Occidens satiavit. Auferre, trucidare, rapere falsis nominibus imperium appellant, atque ubi quandam solitudinem faciunt, pacem nominant.

Liberi ac propinqui sui cuique carissimi sunt. Qui per dilectus auferuntur alibi servituri. Bona nostra in tributum, corpora ipsa silvis ac paludibus emuniendis[1] inter verbera et contumelias conteruntur.

Exercitus Romanorum ex aliquibus gentibus contractus rebus secundis contineri, rebus adversis autem dissolvi[2] dicitur. Omnia victoriae incitamenta pro nobis sunt: nullae coniuges Romanos ad pugnandum accendent, nulli parentes eis fugam exprobrabunt[3]: plerisque enim aut nulla aut alia patria est.

Ne quisquam terreatur ullo fulgore auri atque argenti[4], quod neque tegit neque vulnerat! Hic dux, hic exercitus, ibi tributa, ibi servitus! Proinde in aciem ituri et maiores vestros et posteros cogitate!"

(nach Tacitus, Agricola 30–32)

[1] *emunire*: (durch den Bau von Straßen) gangbar machen
[2] *dissolvere*: auflösen
[3] *exprobrare*: vorwerfen
[4] Gemeint ist der Glanz der römischen Feldzeichen und der Ausrüstung der Soldaten.

Impulse

I. *Gliedere die Rede des Calgacus und gib den Abschnitten eine kurze Überschrift.*

II. *Mit welchen sprachlichen und stilistischen Mitteln ermuntert Calgacus seine Soldaten zum Kampf gegen die Römer?*

III. *Überlege, wie ein Römer auf die Rede des Calgacus reagiert hätte.*

IV. *Bildet in der Klasse eine „Römer"- und eine „Britannier"-Gruppe und diskutiert über Pro und Contra der römischen Herrschaft.*

V. *Trenne die Adverbien und Pronomina und bestimme die Formen der Pronomina.*

quidem, quidam, quiddam, idem, cuidam, quae, quaedam, quodam, quoddam, quondam, quorundam, quendam, quoque, eundem, aliquo, aliquot, aliquod, aliquando, aliquamdiu.

VI. *Der Geschichtsschreiber Tacitus (annales II 9–10) berichtet von einer Unterhaltung zwischen dem Cheruskerfürsten Arminius und dessen Bruder Flavus, der im römischen Heer diente. Beide standen sich an der Weser gegenüber:*

[1] *deformitas, atis*: Entstellung
[2] *vilis, e*: billig, wertlos
[3] *irridere, irrideo, irrisi*: verspotten
[4] *commilito, onis*: Kriegsgefährte
[5] *manus conserere*: in ein Handgemenge geraten

Arminius fratrem interrogavisse traditur, unde quaedam deformitas[1] oris esset. Nam paucis ante annis hic per vulnus oculum amiserat. Flavo quendam locum pugnae referente Arminius interrogavit, quae praemia accepisset. Cum ille quaedam militaria dona commemoraret, Arminius vilia[2] servitii praemia irrisisse[3] et dixisse fertur: „Si quis in exercitu Romanorum militabit, patriam prodet. Neque quisquam libertatem pristinam, deos Germaniae, propinquos suos deserat!" Tum Flavus valde iratus fuisse videbatur. Vix ullus commilito[4] fratres manus conserere[5] prohibuisset, nisi flumine disiuncti essent.

- *Warum verlacht Arminius die »praemia« der Römer? Welche Werte stellt er ihnen gegenüber?*

Gemma Augustea, um 10 n. Chr.

Karte rechts: Britannien zur Zeit des Agricola

In der oberen Bildhälfte thront Augustus als Jupiter, mit dem Augurstab in der rechten Hand als Zeichen der militärischen Obergewalt, neben Roma, die bewundernd auf den Kaiser schaut. Dessen Blick ist auf seinen späteren Nachfolger Tiberius gerichtet, der gerade von dem von Victoria gelenkten Wagen steigt. Rechts neben Roma steht in Waffen der junge Germanicus. Hinter dem Thron des Augustus befinden sich Personifikationen der befriedeten Erde.
In der unteren Bildhälfte sind links römische Soldaten dargestellt, die ein Siegeszeichen aufrichten. Rechts werden zwei unterworfene, wahrscheinlich germanische Barbaren zum Siegesmal gezogen.

- *Auf welche Personen in der oberen Bildhälfte sind die Blicke gerichtet? Was soll dadurch zum Ausdruck gebracht werden?*
- *Warum sind auch „Barbaren" auf diesem Bildprogramm dargestellt?*
- *Nimm Stellung zur Art der Darstellung; berücksichtige dabei auch die Ereignisse in Germanien im Jahr 9 n. Chr.*

Lektion 51
Plateaulektion

Roma caput mundi   Was dazu beigetragen hat, dass Rom zum *caput mundi* aufstieg, erläuterte der römische Kaiser Claudius (41–54) in einer Rede vor dem Senat.

Claudio imperatore de supplendo senatu agitatum est. Cum nobilissimi viri Galliae[1], qui iam pridem in civitatem recepti essent, honores peterent, vehementer varieque de ea re disputabatur. Affirmabant quidam non adeo aegram esse Italiam, ut senatum urbi suae suppeditare[2] non posset. Commemorabant satis esse Italicos in senatum lectos esse, cum optimus quisque Romanorum saepe frustra honores petivisset.   5
His atque talibus sententiis minime motus princeps statim contra disseruit et senatu convocato haec fere dixit: „Memores este maiorum meorum, quorum antiquissimus Clausus[3] origine Sabina in civitatem Romanam et postea in senatum acceptus est! Illi me monent, ut, quodcumque usquam egregium fuerit, huc transferam. Neque enim ignoro Iulios Alba, Porcios Tusculo, alios viros illustres ex omni Italia[4] in   10
senatum acceptos esse. Num quem paenitet Balbos ex Hispania nec minus insignes viros e Gallia Narbonensi in Italiam transisse? Etiam Romulus, si quis vestrum meminit, tantum sapientia valuit, ut plurimos populos, qui modo hostes fuissent, cives haberet. Nonne maiores nostri bene fecerunt, quod viros clarissimos gentium superatarum sine ulla mora in civitatem receperunt? Quaecumque nunc veterrima   15
creduntur, patres conscripti, tum nova fuerunt. Itaque, quaecumque hodie decernimus, exemplo erunt posteris."

(nach Tacitus, annales XI 23 f.)

[1] Gemeint ist das jenseits der Alpen gelegene Gallien
[2] *suppeditare*: verschaffen, zur Verfügung stellen
[3] Attus Clausus war der Überlieferung nach 504 v. Chr. aus der Sabinerstadt Regillum nach Rom eingewandert.
[4] Als Folge des Bundesgenossenkrieges (90–88) erhielten die Bewohner ganz Italiens bis zum Po das römische Bürgerrecht.

Impulse

I. *Erschließe dir den Text folgendermaßen:*
1. *Übersetze zuerst die Kernaussage des Hauptsatzes (HS).*
2. *Bestimme dann die Art des Gliedsatzes (GS), indem du die ihn einleitende Konjunktion und das dazugehörige Verb übersetzt. Achte dabei auch darauf, ob der jeweilige GS vom HS oder von einem anderen GS abhängig ist.*
3. *Suche dann alle die Verben, von denen ein aci abhängig ist und bestimme die entsprechenden Subjektsakkusative bzw. Prädikatsinfinitive.*
4. *Integriere jetzt die bisher noch nicht übersetzten Satzstücke und achte dabei besonders auf die verstärkende Funktion der verwendeten Adverbien.*

II. *Schreibe die Pronomina heraus und ordne sie nach Gruppen.*

III. *Erkläre mit eigenen Worten, welche Bedeutung der* mos maiorum *für die Argumentation des Claudius hat.*

IV. *Suche aus dem Lesestück Wörter, die dem Sachfeld „Erinnerung und Tradition" zugeordnet werden können. Achte dabei auch auf deren Stellung innerhalb der Rede des Claudius.*

V. *Das Problem der Integration ist auch in unserer Zeit aktuell. Welche Gründe sprechen heutzutage für die Eingliederung ausländischer Mitbürger in unsere Gesellschaft?*

VI. *Auch der englische Historiker Edward Gibbon (1737–1794) beschäftigt sich in seinem Werk „The Decline and Fall of the Roman Empire" mit dem teilweise erbärmlichen Anblick, den Rom am Ende des Mittelalters bot. Er analysiert vier Ursachen für die Zerstörungen:*

"After a diligent inquiry I can discern four principal causes of the ruin of Rome, which continued to operate in a period of more than a thousand years. I. The injuries of time and nature. II. The hostile attacks of the barbarians and Christians. III. The use and abuse of the materials. And, IV. The domestic quarrels of the Romans."

1. *Benenne aus dem Text alle englischen Wörter, die auf das Lateinische zurückgeführt werden können. Versuche ausgehend von der deutschen Bedeutung der zugrunde liegenden lateinischen Wörter die entsprechenden englischen Wörter zu übersetzen und den Inhalt des Gesamttextes zu erschließen.*

2. *Welche in der Information genannten Ursachen für die Zerstörungen in Rom tauchen auch bei Gibbon auf? Welchen die Information ergänzenden Grund führt Gibbon an?*

Information: Roma aeterna

Zur Zeit des Kaisers Augustus hatte Rom 750 000 bis 1,5 Mio. Einwohner. Nachdem aber 330 Konstantinopel Hauptstadt geworden war, verlor Rom nach und nach seine politische Bedeutung. Während der Völkerwanderungszeit im 4. und 5. Jh. n. Chr. wurde die Stadt mehrfach erobert und ausgeplündert. Auch Brände und Erdbeben führten dazu, dass viele historische Gebäude zerstört wurden und die Einwohnerzahl stark sank: Im 14. Jh. betrug sie weniger als 20 000.

Beim Wiederaufbau Roms durch die Päpste verwendete man häufig Teile der antiken Bauwerke, sodass nur diejenigen Tempel, die zu christlichen Kirchen umgewandelt wurden, diese Zeit einigermaßen unversehrt überstanden. Besonders stark waren die Veränderungen durch das römische Adelsgeschlecht der Barberini. Deren bekanntester Vertreter, Maffeo Barberini, ließ als Papst Urban VIII. (1623–1644) das Erzdach des Pantheon abdecken und daraus den Baldachin in der Peterskirche und Kanonen für die Engelsburg gießen. Da in dieser Zeit durch die Bautätigkeit der Barberini viel Antikes unwiederbringlich zerstört wurde, kam folgendes Sprichwort auf: *Quod non fecerunt Barbari, fecerunt Barberini.*

Bald darauf begann aber die Ausgrabung und wissenschaftliche Erforschung des antiken Roms.

Heute besuchen Jahr für Jahr unzählige Touristen die Ewige Stadt und sind fasziniert von dem Nebeneinander von Antike, Mittelalter und Moderne. Ebenso erging es Goethe, der auf seiner Reise nach Italien am 7. November 1786 schrieb: „Man trifft Spuren einer Herrlichkeit und Zerstörung, die beide über unsere Begriffe gehen. Was die Barbaren stehen ließen, haben die Baumeister des neuen Roms verwüstet. Wenn man so eine Existenz ansieht, die zweitausend Jahre und darüber alt ist, … so wird es dem Betrachter von Anfang schwer zu entwickeln, wie Rom auf Rom folgt, und nicht allein das neue auf das alte, sondern die verschiedenen Epochen des alten und neuen selbst aufeinander."

Das Forum Romanum im 18. Jahrhundert. Stich von Giovanni Battista Piranesi (1720–1778)

Siegel Ludwigs des Bayern von 1328.
Die Rückseite zeigte eine stilisierte Darstellung der Stadt Rom mit der Umschrift:
Roma caput mundi regit orbis frena rotundi (*frenum, i*: Zaum, Zügel).

- Vergleiche diesen Stich mit den Abbildungen des Forum Romanum zur Kaiserzeit (S. 26) bzw. heute (S. 27). Welche Bauwerke kannst du erkennen?
- Beschreibe, wie sich das Forum vom 18. Jahrhundert bis in unsere Zeit verändert hat.

- Übersetze die Umschrift des Siegels.
- Woran erkennst du, dass hier Rom abgebildet ist?
- Überlege, warum ein deutscher König und Kaiser diese Bauwerke auf seinem Siegel abbilden ließ.

Das Christentum im römischen Reich (52–55)

Bei einem Besuch der Domitilla-Katakomben in Rom kommen die Kinder mit Zeugnissen des frühen christlichen Lebens im römischen Reich in Berührung. Unsere Texte berichten von ersten Verfolgungen und den Maßnahmen der römischen Staatsmacht bis zur Anerkennung des Christentums.

Lektion 52

Der Brand Roms und seine Folgen

Zum ersten Mal gerieten die Christen in Rom in schwere Bedrängnis, als unter Kaiser Nero im Jahr 64 n. Chr. ein mehrtägiger Brand den größten Teil der Stadt zerstörte.

Hoc igne gravissimo maxima pars urbis deleta est. Qua de causa princeps campum Martis et hortos suos patefecit, ut ibi multitudo inops moraretur. Sed Nero, cum plebi magnam copiam frumenti largitus esset, tamen non effecit, ut non incendium a se iussum esse crederetur. Multi cives enim suspicati sunt principem gloriam condendae urbis novae quaerere.

Itaque Nero, quia verebatur, ne hic rumor vulgaretur[1], pollicitus est se huius incendii auctores ulturum esse: Christianos, quorum tum non pauci in urbe versabantur, incendii insimulavit. Vulgus enim iam diu Christianis irascebatur, cum eos legibus non obsequi, societatem hominum aspernari, simulacra deorum non venerari putaret.

Primum ii comprehensi sunt, qui fatebantur se Christianos esse, deinde indicio eorum multitudo ingens. Qui miserrimam sortem nacti sunt: Multi bestiarum tergis tecti laniatu[2] canum mortui sunt, plerique crucibus affixi in usum nocturni luminis[3] usti sunt.

Dum ea in hortis principis geruntur, Nero etiam ludos circenses edidit, inter quos ipse habitu aurigae[4] curru vectus est. His rebus cognitis multi Romani, quamquam Christianis odium humani generis crimini dederunt, eorum miserebantur et querebantur, quod ii non utilitate publica[5], sed saevitia principis absumpti essent.

(nach Tacitus, annales XV)

[1] *vulgare*: verbreiten
[2] *laniatus, us*: das Zerfleischen, Zerreißen
[3] *in usum nocturni luminis*: als nächtliche Beleuchtung
[4] *habitu aurigae*: in der Tracht eines Wagenlenkers
[5] *utilitas publica*: das öffentliche Interesse

Impulse

I. *Erstelle für die längeren Sätze der ersten beiden Absätze eine Satzanalyse nach dem Einrückverfahren (Lektion 48, Imp. II).*

II. admirari – admiratio, contendere – contentio. *Erschließe ausgehend vom Verbum die Bedeutung der folgenden Substantive:*

affirmatio, disputatio, dubitatio, largitio, munitio, petitio, quaestio, veneratio

III. *Beantworte auf Deutsch die folgenden Fragen zum Lesestück:*

1. Cur Neroni post incendium urbis non contigit, ut plebem magnis donis placaret?
2. Cur imperator Christianos incendii insimulavit?
3. Quomodo Nero Christianos ultus est?

IV. *Ersetze die folgenden Formen durch die bedeutungsgleichen Deponentien* aspernari, obsequi, polliceri, vereri:

timemus, contemnet, paruit, promittant, contempseritis, parebis, timeret, promisissem, pares, timebunt, contemnat

V. *Übersetze:*

1. Nero summa saevitia in Christianos usus est. 2. Nam veritus non est Christianos crudelissimis poenis necare. 3. Multi Romani facinorum imperatoris obliti non sunt. 4. Nonnulli senatores autem inter se locuti sunt: „Nerone imperatore libertate frui non possumus. Ulciscamur iniurias imperatoris!" 5. Nerone mortuo Vespasianus imperio potitus est.

VI. *Ordne die passende Verbform zu und übersetze.*

1. Imperator Nero a pueritia ludis   a) obsequebatur.
2. Saepe in circo curru   b) admirabantur.
3. Multi homines eum etiam in theatro carmina cantantem   c) fruebatur.
4. Cum cantabat, praeceptis citharoedorum[1] magna cum diligentia   d) adipisci.
5. Sed numquam sinebat alium citharoedum[1] victoriam   e) vehebatur.

VII. *Erkläre den Sinn der folgenden lateinischen Sprichwörter:*

1. De mortuis nihil nisi bene (loquamur)!
2. Rem tene, verba sequentur!

[1] *citharoedus:* der Kitharaspieler

Information: Rom und die ersten Christen

„Odium humani generis" – eine Übersetzung des griechischen Begriffs „misanthropía", d.h. „Menschenfeindlichkeit" – so lautete der Vorwurf, den viele Römer den Christen in Rom zur Last legten.

Aus römischer Sicht war dieser Vorwurf verständlich: Die Christen sonderten sich aufgrund ihrer Religion und Gemeindeorganisation von vielen Veranstaltungen des öffentlichen Lebens ab, vor allem da, wo sie dem heidnischen Kult begegneten. Dadurch aber erweckten sie den Anschein einer gemeinschaftsfeindlichen Gesinnung. Hinzu kam, dass die Römer aufgrund ihrer Unkenntnis der christlichen Religion von den Christen, die sie zudem noch als jüdische Sekte ansahen, völlig falsche Vorstellungen hatten. Man hielt sie für eine Art Geheimbund, dem man alle möglichen Verbrechen zutrauen konnte, sogar politischen Aufruhr und Umsturz. Dass Christus durch den römischen Statthalter Pontius Pilatus zum Tode verurteilt worden war, stempelte in den Augen der Römer nicht nur den Stifter dieser Religion, sondern auch alle seine Anhänger zu Verbrechern.

Als Nero daher nach dem Brand die Bürger beruhigen und ihnen Schuldige präsentieren wollte, machte er sich die weit verbreitete christenfeindliche Stimmung im Volk zunutze. Wie erfolgreich dieses Ablenkungsmanöver des Kaisers war, zeigt eine Notiz des Biografen Sueton, der Nero keineswegs gewogen war: Die Hinrichtung der Christen rechnet er zu den nützlichen Maßnahmen des Kaisers.

• *Informiere dich, seit wann es in Rom Christen gab und wie sie dort ihre Religion ausübten.*

Lektion 53

Der Christenbrief des Plinius

Ein Brief des Schriftstellers Plinius an Kaiser Trajan zeigt die große Unsicherheit der Römer im Umgang mit der neuen Religion.

Rom, Domitilla-Katakombe: Christus im Kreis der Apostel (Mitte 4. Jh.)

Plinius scriptor, cum Bithyniae provinciae praeesset, imperatorem Traianum quaerere solebat, quomodo sibi provincia administranda esset. Etiam de Christianis hanc epistulam ad imperatorem scripsit:

„Cognitionibus[1] de Christianis interfui numquam; itaque nescio, quomodo iudices adhuc Christianos punire soliti sint. Interea in iis, qui ad me tamquam Christiani deferebantur, hunc modum secutus sum: Interrogavi ipsos, an essent Christiani. Confitentes iterum interrogavi supplicium minatus. Hoc modo conatus sum, si[2] eos impellere possem, ut a superstitione[3] prava deficerent.

Qui in hac sententia perseveraverunt, supplicio affici iussi. Qui autem negabant se Christianos esse aut fuisse, eos, cum simulacra deorum et imaginem imperatoris ture[3] ac vino venerati essent, ulciscendos non esse putavi.

Nonnulli autem capitis damnati affirmare ausi sunt se nullius culpae sibi conscios esse. Profitebantur se solitos esse certo die ante lucem congredi carmenque Christo dicere. Deinde sibi morem esse discedendi rursusque revertendi, ut cibum caperent, confirmabant.

Veritus autem, ne propter magnum numerum Christianorum multi homines omnis aetatis, omnis ordinis ista superstitione[3] imbuerentur, te, imperator, consului et ex te quaesivi, num iudiciis meis assentireris."

(nach Plinius, epistulae X 96)

[1] cognitio, onis hier: der Prozeß
[2] si hier: ob
[3] superstitio, onis: der Aberglaube
[4] tus, turis: der Weihrauch

Impulse

I. *Stelle aus dem Lesestück Z. 4–11 genau die einzelnen Maßnahmen zusammen, mit denen Plinius gegen die Angeklagten vorgeht.*

II. *In Z. 17 bezeichnet Plinius den christlichen Glauben als* superstitio, *der die Provinzbewohner „anstecke". Eigentlich waren die Römer fremden Religionen gegenüber sehr tolerant (vgl. Information Lektion 49). Warum aber hält Plinius den christlichen Glauben für einen gefährlichen Aberglauben?*

III. *Stelle aus dem Lesestück alle Wörter zusammen, die zum Sachfeld „Gericht (Verhör, Prozess, Urteil)" gehören. Kennst du noch weitere lateinische Wörter aus diesem Sachfeld?*

IV. *Welches Wort tanzt aus der Reihe?*

1. vereris – veriti – verteris – veretur
2. audent – audeamus – audebit – audies
3. moriantur – moramini – moreris – moraris
4. querebatur – quaeruntur – querere – quereremur

V. *Übersetze die folgenden Imperative. Bilde dann die entsprechende Verneinung.*

Amicos sequere! Domum revertimi! Romam proficiscimini! Inimicos verere! Hoc loco morare! Consuli assentimini! Iniuriarum obliviscere! Multa aude!

VI. *Gehe bei der Übersetzung des Textes in folgenden Schritten vor:*
Kennzeichne das Partizip und sein Beziehungswort.
Stelle das Zeitverhältnis zum übergeordneten Prädikat fest (achte dabei auf die Besonderheiten einiger Deponentien).
Überlege, welche Sinnrichtung das Partizip hat.
Übersetze dann den Satz nach einer der in Lektion 34 genannten Möglichkeiten.

1. Plinius Roma profectus multos dies iter in provinciam fecit. Vento secundo usus primo Ephesum navigavit, deinde in Bithyniam pervenit. 2. Incolae provinciae magnis beneficiis a Plinio affecti eum diligebant. 3. Plinius imperatorem multis de rebus consulere solitus plurimas litteras ad Traianum misit. 4. Veritus, ne multi cives a cultu deorum deficerent et ad religionem novam transirent, etiam de quibusdam incolis Christianis accusatis imperatorem consuluit. 5. Qui iudiciis Plinii assensus Christianos conquirendos[1] non esse respondit.

VII. *Verwandle die folgenden Formen in die entsprechende Form des Präsensstammes:*

secuti sunt – gavisus erat – ultus es – profecti sitis – soliti sumus – ausus eram – usi sunt – admiratus esset – confisi estis

VIII. *Ein berühmtes Werk des hl. Augustinus, in dem er sein Leben bis zu seiner Bekehrung schildert, heißt „Confessiones". Erkläre den Titel.*
Was verstehen wir heute unter „Konfession"?

---

[1] *conquirere*: aufspüren

Information: Der Briefwechsel zwischen Plinius und Kaiser Trajan

Der Schriftsteller Plinius ist vor allem durch seine neun Bücher kunstvoll gestalteter Briefe bekannt. Obwohl sie zunächst nur an Verwandte und Freunde gerichtet waren und einen weitgehend privaten Inhalt haben, waren diese Briefe von Anfang an auch zur Veröffentlichung und damit für einen größeren Leserkreis bestimmt. Als Vertreter der römischen Oberschicht vermittelt Plinius in seinen Briefen ein anschauliches Bild der gesellschaftlichen und politischen Verhältnisse während der Kaiserzeit.

Im Jahr 111 n. Chr. wurde Plinius von Kaiser Trajan mit der Verwaltung der Provinzen Bithynien und Pontus beauftragt. Der vollständig erhaltene Briefwechsel zwischen dem Statthalter und dem Kaiser zeigt, mit welchen vielfältigen Problemen Plinius dort beschäftigt war: Er musste sich um die Wiederherstellung einer Wasserleitung, den Bau von Theatern, Thermen, Tempeln und Gymnasien ebenso kümmern wie um das Eintreiben von Steuergeldern oder komplizierte Rechtsfragen vor Gericht.

In diesem Zusammenhang erbat Plinius auch ein klärendes Wort des Kaisers zur Behandlung der Christen. Die Antwort, die Trajan erteilte, wurde für das ganze 2. Jahrhundert zur gängigen Rechtspraxis im römischen Reich: Christen sollten nicht von Staats wegen verfolgt werden. Wenn jemand aber als Christ angezeigt wurde, sollte er deswegen verhört werden und durch ein Opfer an die Götter beweisen, dass er ein loyaler römischer Staatsbürger war. Nur wer das Opfer verweigerte, wurde bestraft.

- *Erkundige dich, inwieweit sich die römischen Kaiser des 2. und 3. Jahrhunderts an die Regelung Trajans gehalten haben.*

Rom, Callixtus-Katakombe, Lucina-Krypta: Fisch und Brote als Symbole der Eucharistie (um 220)

Lektion 54

Konstantins Sieg über Maxentius

Beim Kolosseum bewundert die Familie den Konstantinsbogen. Dieser Triumphbogen erinnert an die Schlacht an der Milvischen Brücke. Im Jahr 312 kam es hier zwischen Konstantin und seinem Gegner Maxentius zum Kampf.

Constantinus et Maxentius de principatu contendebant. Denique factum est, ut arma civilia moverentur. Et quamvis se Maxentius Romae contineret, quod a sacerdotibus responsum acceperat se periturum esse, si extra portas exisset, tamen bellum per idoneos duces gerebatur. Milites Maxentii praevalebant, donec Constantinus omnes copias ad urbem propius admovit et in regione pontis Mulvii consedit. 5
Imminebat dies, quo quinquennalia[1] Maxentii imperatoris conficiebantur. Admonitus est per somnium Constantinus, ut caeleste signum dei fieret in scutis militum. Fecit ut iussus est, et transversa[2] littera „X"[3], summo capite[4] circumflexo, Christum in scutis notat[5]. Quo signo armatus exercitus capit ferrum.
Procedit hostis obviam sine imperatore et pontem transgreditur. Acies concurrunt, 10 summa vi utrimque pugnatur, neque ab his fuga fiebat neque ab illis. Subito in urbe fit seditio: dum circenses die natali Maxentii fiunt, populus clamat fieri non posse, ut Constantinus vinceretur. Maxentius, cum fiduciam populi labefieri sensit, libros Sibyllinos inspici iubet, in quibus repertum est illo die hostem Romanorum esse periturum. Quo responso in spem victoriae inductus Maxentius in aciem venit. 15
Eo viso pugna fit crudelior. Exercitus Maxentii funditur, Maxentius ipse in fugam versus properat ad pontem Mulviam ac multitudine fugientium pressus in Tiberim deturbatur[6].

(nach Lactanz, de morte persecutorum 44)

[1] *quinquennalia, ium*: Feiern zum fünfjährigen Regierungsjubiläum
[2] *transvertere*: (um)drehen
[3] *littera X*: Gemeint ist der (griechische) Buchstabe Chi.
[4] *summum caput*: oberste Spitze
[5] *Christum notare*: das Christuszeichen anbringen
[6] *deturbare*: herabreißen

Impulse

I. *Suche aus dem Text die Wörter und Wendungen heraus, die die militärische Auseinandersetzung zwischen Konstantin und Maxentius zum Ausdruck bringen. Beschreibe, wie diese Verben und Ausdrücke den Handlungsablauf wiedergeben; achte dabei auch auf das Tempus.*

II. *Über Konstantins Vision vor der Schlacht an der Milvischen Brücke wird von Jacobus de Voragine (um 1230 bis 1298) in seiner lateinisch verfassten* Legenda aurea *Folgendes erzählt:*

„Als Konstantin besorgt war und oft die Augen zum Himmel hob, sah er schließlich im Schlaf am Himmel ein Kreuzeszeichen in feurigem Glanz strahlen und Engel dabeistehen, die ihm sagten: ‚Konstantin, in diesem Zeichen wirst du siegen.'"

Und während Konstantin sich wunderte, was dies bedeute, erschien ihm in der folgenden Nacht im Traum Christus mit diesem Zeichen, das er am Himmel gesehen hatte, und befahl, ein Abbild jenes Zeichens herzustellen. Das werde ihm in der Schlacht helfen. Froh und seines Sieges schon sicher, zeichnete Konstantin auf seine Stirn das Kreuz, das er am Himmel gesehen hatte, verwandelte die Heeresfahnen in Kreuzesbanner und trug selbst in seiner Rechten ein goldenes Kreuz."

Arbeite die Übereinstimmungen und Unterschiede beider Überlieferungen heraus.

III. *Ergänze die richtige Form:*

1. Maxentio (interficitur/interfecto/interficeret) senatores portas urbis (patefiunt/patefecit/patefecerunt).
2. Constantinus sciebat fiduciam senatorum saepe (labefacere/labefieri); itaque multa dona (fecit/fit/fiat).
3. Senatus arcum¹ (facere/fieri) iussit.
4. Arcum¹ Constantini ex reliquiis aliorum monumentorum (factum esse/faciunt/fecerunt) constat.
5. Quo arcu¹ omnes homines victoriae Constantini (commonefacit²/commonefit/commonefiunt).

¹ *arcus, us:* (Triumph-)Bogen
² *commonefacere* (m. Gen.): erinnern (an)

IV. *Bilde die entsprechenden Aktivformen:*

conficitur, patefiebat, interficereris, fiatis, perficimur, satisfieri, efficientur, afficior, fio, perfici, labefiet, patefiant, praeficimur, perficiebamur

V. *Schreibe einen kurzen Lexikonartikel über die Schlacht an der Milvischen Brücke.*

Information: Konstantin der Große

Nach Konstantins Sieg an der Milvischen Brücke ehrte ihn der römische Senat durch die Errichtung eines Triumphbogens und erkannte ihn als alleinigen Herrscher an.

Eine seiner ersten Maßnahmen war im Jahr 313 das Toleranzedikt von Mailand. Darin wurde das Christentum ausdrücklich als gleichberechtigt neben den bestehenden Religionen anerkannt. Bis zu diesem Zeitpunkt waren die Christen wiederholt Verfolgungen ausgesetzt. Konstantin förderte das Christentum z. B. durch die Rückgabe konfiszierten Besitzes und durch die Berufung von Christen in hohe Staatsämter. Im Jahr 391 wurde das Christentum schließlich zur Staatsreligion erklärt.

Eine weitere folgenreiche Entscheidung Konstantins war es, im Jahr 330 den Regierungssitz von Rom nach Konstantinopel (Istanbul) zu verlegen. Damit begünstigte er die spätere Teilung des römischen Imperiums in ein ost- und weströmisches Reich.

Blick von Süden auf den Konstantinsbogen

Auf dem Triumphbogen steht, der Senat habe diesen für Konstantin errichtet:

QUODINSTINCTUDIVINITATISMENTIS
MAGNITUDINECUMEXERCITUSUO
TAMDETYRANNOQUAMDEOMNIEIUS
FACTIONEUNOTEMPOREIUSTIS
REMPUBLICAMULTUSESTARMIS

instinctus, us: Eingebung
divinitas, atis: göttliche Weisheit
tyrannus: Gemeint ist Maxentius.

- *Trenne die einzelnen Wörter und versuche dann eine Übersetzung.*
- *Vergleiche die Inschrift mit dem Inhalt des Lesestücks.*

Lektion 55
Plateaulektion

Gewissenskonflikt eines christlichen Soldaten

Cum in civitate Tingitana[1] die natali imperatoris convivium fieret, Marcellus centurio profana convivia aspernans abiecto cingulo militari[2] clara voce testatus est: „Iesu Christo, regi aeterno, milito; imperatoribus vestris militare desisto et deos vestros ligneos atque lapideos aspernor, quia sunt idola[3] surda et muta." Omnibus haec verba indignantibus milites comprehensum Marcellum in vincula coniecerunt. Inducto Marcello Fortunatus praes[4] dixit: „Quid tibi visum est contra disciplinam militarem balteum[5] et vitem[6] proicere?" Marcellus respondit. „Iam antea publice confessus sum me Christianum esse et sacramento militare non posse nisi Iesu Christo, filio Dei omnipotentis." Fortunatus hanc temeritatem ulciscendam esse arbitratus Marcellum ad Agricolanum praefectum misit.
Agricolanus Marcellum induci iussit ingressumque interrogavit: „Singula haec locutus es, quae actis[7] continentur?" Marcellus dixit: „Locutus sum." Agricolanus: „Quo furore accensus es, ut proiceres sacramentum et talia loquereris?" Marcellus respondit: „Furor nullus est in eis, qui Deum verentur." Agricolanus dixit: „Proiecisti arma?" Marcellus: „Proieci; mihi enim persuasum est Christianum non decere militiis saecularibus militare, qui Christo domino militat." Agricolanus dixit: „Ita se habent facta Marcelli, ut disciplina militari debeant vindicari: Quia publice sacramentum abiecit et insuper verba plena furoris addidit, gladio in eum vindicari placet."
Marcellus autem, cum ad supplicium duceretur, dixit: „Agricolane, Deus tibi bene faciat."

(nach den lateinischen Märtyrerakten: Die Akten des Marcellus)

[1] *civitas Tingitana*: (die nordafrikanische Stadt) Tingitana, heute: Tanger
[2] *cingulum militare*: Gürtel (aus Leder, an dem Schwert und Dolch hingen; er galt als Symbol des Soldatenstandes.)
[3] *idolum*: Götterbild
[4] *praeses, idis*: Statthalter
[5] *balteus*: Schulterriemen (an dem das Schwert des Centurio hing)
[6] *vitis, is*: Stock (aus Rebenholz; Symbol der Befehlsgewalt des Centurio)
[7] *acta, orum*: Protokolle (die beim Verhör vor dem Statthalter angefertigt waren)

Impulse

I. 1. *Was fällt dir am Stil (Wortwahl und Satzbau) des Textes ab Z. 6 auf?*
2. *Um welche Textsorte handelt es sich?*

II. *Was kannst du über den (unbekannten) Verfasser und die Abfassungszeit erschließen? (Vergleiche hierzu auch die Information.)*

III. *Vergleiche das Verhalten der jeweiligen Richter in den beiden Verhören gegenüber Marcellus. Wie beurteilen sie sein Vergehen?*

IV. *Stelle die Antworten des Marcellus zusammen, in denen Christus erwähnt wird. Wie könnte man die Antworten zusammengefasst bezeichnen?*

V. *Was verstehen wir heute unter einem „Sakrament" und welcher Zusammenhang könnte zwischen dieser Bedeutung und dem lat. „sacramentum" bestehen?*

VI. *Schreibe alle passiven Formen aus dem Text heraus und unterscheide sie nach Deponentien und Verben mit Aktiv/Passiv-Gebrauch.*

Information: Christen im römischen Heer

Die Haltung der jungen christlichen Gemeinden gegenüber dem Militärdienst war zunächst uneinheitlich. Auf der einen Seite bestand die Ansicht, christliches Leben und Militärdienst ließen sich nicht miteinander vereinbaren, da der Soldat im Ernstfall gegen das biblische Tötungsverbot verstoßen müsse. Auf der anderen Seite hatte der Apostel Paulus in einem Brief an die Gemeinde von Rom die Christen dazu aufgerufen, den Staat zu bejahen und dem Kaiser als einem von Gott eingesetzten Herrscher Gehorsam zu leisten (Röm. 13, 1 f.).

Zur Erfüllung der staatsbürgerlichen Pflichten gehörte für viele Christen auch die Bereitschaft im Heer des Kaisers zu dienen. Diese Auffassung setzte sich im Verlauf der Zeit immer mehr durch.

Die Staatsmacht nahm lange Zeit keinen Anstoß an der religiösen Überzeugung ihrer christlichen Soldaten, besonders da diese sich durch Disziplin und Tapferkeit auszeichneten. Die christlichen Soldaten stellten sogar eine Reihe von tüchtigen Offizieren bis in hohe Ränge: So war z. B. der Hl. Sebastian unter Kaiser Diokletian Hauptmann der Palastwache.

Zu ernstlichen Spannungen zwischen dem Eid auf den Kaiser und ihrer christlichen Überzeugung kam es für die Soldaten im römischen Heer erst, als Kaiser Decius (249–251) im Jahre 249 ein Edikt erließ, das alle Reichsbewohner verpflichtete, ihre Staatstreue durch ein öffentliches Opfer für den Kaiser zu bekunden. Dieses Kaiseropfer wurde für alle Soldaten zur Dienstpflicht. Nunmehr gerieten viele christliche Soldaten in Gewissensnot und kamen zur Überzeugung, sie könnten als Christen nicht mehr länger Soldaten sein: Sie verweigerten den Befehl oder legten ihren Dienst nieder.

Die meisten von denen, die sich für die *militia Christi* und gegen die *militia saeculi* entschieden, starben als Märtyrer. Einige davon werden von der kath. Kirche als Heilige verehrt. Zu ihnen gehören: Florian, Sebastian, Theodor und Viktor. An die Grabstätte des Hl. Viktors und seiner drei Gefährten, die den Namen „apud sanctos" trug, erinnert noch heute der Name der niederrheinischen Stadt Xanten.

- Inwiefern war das Kaiseropfer für christliche Soldaten ein Grund die Treuepflicht zu brechen? Ziehe zur Beantwortung der Frage noch einmal die Worte heran, die Marcellus zu seiner Verteidigung gebrauchte.

- Welche im Text benannten Ausrüstungsgegenstände erkennst du auf der Darstellung?

Der Hl. Theodor als römischer Soldat (Ikone des 13. Jh. aus dem Johannes-Kloster auf Patmos)

Das Fortwirken der lateinischen Sprache und des römischen Erbes bis in die Gegenwart (56–60)

Die Reise der Kinder neigt sich ihrem Ende zu. Schon bald heißt es Abschied nehmen von der Ewigen Stadt. Die folgenden Texte aus verschiedenen Epochen zeigen, dass das Lateinische auch nach dem Untergang des Imperium Romanum bis in unsere Tage lebendig geblieben ist.

Lektion 56

„Ciceronianus es, non Christianus"

Seit der Spätantike beschäftigten sich viele Mönche mit Cicero um durch seine Schriften die antike Philosophie kennen zu lernen. Andere jedoch lehnten Cicero als heidnischen Schriftsteller grundsätzlich ab. Dieser innere Konflikt tritt auch in einem Brief des Kirchenvaters Hieronymus (347–420) zutage: Er berichtet darin von einem Erlebnis, das ihm kurz vor seiner Reise von Rom nach Jerusalem (*Hierosolyma, ae*) widerfuhr:

Cum Roma Hierosolymam profecturus essem, Cicerone, qui arte dicendi ceteris scriptoribus praestaret, carere non poteram. Cum enim libros prophetarum[1] legebam, sermonem horrebam incultum.
Quo tempore tanta febris invasit corpus meum, quod ossibus vix haereret[2]. Mortuo similis iacebam, cum subito somno ad tribunal iudicis[3] trahor, ubi vidi lumen, quo nihil clarius cogitari potest. Cuius luminis fulgor tantus erat, quem in terram proiectus aspicere non auderem. Interrogatus, num Christianus essem, Christianum me esse respondi. Et iudex: „Mentiris", inquit, „Ciceronianus es, non Christianus. Ubi thesaurus tuus, ibi etiam cor tuum." Tum inter verbera – nam iudex caedi me iusserat – clamare coepi: „Miserere mei, domine, miserere mei! Si umquam libros saeculares legero, te negavi." Inter haec verba in vitam revertor et oculos lacrimis fusos aperio.
Nec illa fuerunt vana somnia, quibus saepe homines illudi constat: tergum livens[4] habui, verbera sensi.
Quo ex tempore tanto studio libros divinos legi, quanto saeculares ante non legeram.

(nach Hieronymus, epistulae 22, 30)

[1] *propheta, ae*: Prophet (gemeint ist eine von einem Propheten berichtende Schrift des Alten Testaments im Gegensatz zum heidnischen Schriftsteller Cicero).
[2] *ossibus vix haerere*: nur noch Haut und Knochen sein
[3] Gemeint ist Christus, der Weltenrichter.
[4] *livere*: bläulich sein

Impulse

I. *Erstelle vor der Übersetzung des Impulstextes II für die Zeilen 3–6 eine Satzanalyse nach der Einrückmethode (Lektion 48, Imp. II).*

II. *Die Eroberung Roms durch die Westgoten im Jahre 410 n. Chr. stellte für alle Menschen, die an die* Roma aeterna *als* caput mundi *glaubten, ein schwer fassbares Unheil dar. In seinem 417 n. Chr. verfassten Geschichtswerk mit dem Titel* Historiae adversus paganos *schildert der christliche Schriftsteller Orosius diese Ereignisse folgendermaßen:*

Post augmenta blasphemiarum[1] poena urbem consequitur[2]. Adest Alaricus; Romam, quae muris firmis munita sit, obsidet, terret, invadit.
Urbe capta Alaricus Gothis imperavit, ut Romanos, qui in sancta loca praecipueque in sanctorum apostolorum Petri et Pauli basilicas confugissent, incolumes esse sinerent; eis concessit quidem, ut tantum praedae, quantum possent, corriperent, sed imperavit, ut a sanguine temperarent.

[1] *augmenta blasphemiarum*: Zunahme an Gotteslästerungen
[2] *consequi*: heimsuchen

Plurimi Romani fuerunt, qui in abditis³ locis laterent; tamen a barbaris per urbem discurrentibus reperti sunt. A quibus Gothi aurum argentumque poscebant, quod ad apostolorum basilicam apportari Alaricus iusserat.
Barbari tertio die, postquam ingressi sunt, urbem, quam exspoliavissent⁴, reliquerunt.

(nach Orosius, historiae adversus paganos VII 39 f.)

³ *locus abditus*: Versteck
⁴ *exspoliare*: völlig ausplündern

1. *Welche Begründung gibt Orosius für die Eroberung Roms durch Alarich?*
2. *Wie wird Alarich von Orosius dargestellt?*

III. *Im Impulstext II findest du zu den folgenden Wörtern den jeweils entgegengesetzten Begriff. Suche ihn:*

placare, profanus, ante, abesse, exire, pauci, relinquere.

IV. *Übersetze den Text und achte dabei auf den Nebensinn der konjunktivischen Relativsätze.*

1. Hieronymus vir tanta doctrina¹ fuit, qui libros divinos in linguam Latinam transferre a Damaso, pontifice² Romano, iuberetur.
2. Ei translationi³, qua errores eorum, qui libros divinos antea Latine reddiderant, emendarentur⁴, Hieronymus multum temporis tribuit.
3. Qua de causa ea res, quae difficillima esset, Hieronymo tamen prospere successit.
4. Editio⁵ Hieronymi, quae vulgo magni aestimata sit, „Vulgata" nominata est.

¹ *doctrina, ae*: Gelehrsamkeit
² *pontifex* hier: Papst
³ *translatio, onis*: Übersetzung
⁴ *emendare*: berichtigen
⁵ *editio, onis*: Ausgabe

V. *Das Suffix -ellus/-ulus bezeichnet im Lateinischen eine Verkleinerung, die wir im Deutschen mit -lein/-chen wiedergeben (z. B. hortus – der Garten; hort-ulus – das Gärt-chen/-lein). Was heißt demnach:*

castellum, parvulus, puerulus, homunculus, adulescentulus, agellus, puellula, filiolus, navicula, matercula, libellus?

Information: Untergang Roms – Weiterleben des römischen Erbes

Als im Jahre 410 n. Chr. die Westgoten unter Alarich die Stadt Rom erstürmten und ausplünderten, erschütterte dieses Ereignis die antike Welt in ihren Grundfesten. Zum ersten Mal, seitdem der keltische Fürst Brennus 387 v. Chr. Rom eingenommen hatte, war die Stadt wieder in feindlichen Händen. Das Ende der (antiken) Welt schien nahe zu sein. Mit den Worten *orbis terrarum ruit* kommentierte der Kirchenvater Hieronymus dieses Ereignis. Die Einnahme der Stadt machte allen klar, wie wenig Roms Armeen in der Lage waren das *imperium Romanum* vor den immer heftigeren Angriffen der Germanen zu schützen. Als schließlich im Jahre 476 der weströmische Kaiser Romulus Augustulus von dem germanischen Heerführer Odoaker gestürzt wurde, bedeutete dies das Ende des weströmischen Reichs. In dieser Zeit brach die einst so straffe staatliche Organisation teilweise völlig zusammen. Die Aufgaben des Staates wurden in manchen Bereichen vom Christentum übernommen: So versuchten die Bischöfe vielerorts die schlimmsten Nöte der Menschen zu lindern, die Verwaltung in ihren Bistümern zu organisieren und durch ihre vorbildliche Glaubensstärke den Bedrängten Trost und Hoffnung zu geben.

Das Christentum war somit in dieser Zeit 15
des Wandels eine wichtige bewahrende
Kraft. Durch die Tatkraft seiner Bischöfe
und Kirchenväter trug es wesentlich dazu
bei, dass die lateinische Sprache und entscheidende Elemente der römischen Kultur, 20
z. B. in den Bereichen Rechtswesen, politisches Denken, Literatur und Architektur, ins
Mittelalter gelangten und bis heute die
Grundlage der europäischen Kultur bilden.

Cicero und Hieronymus am Schönen Brunnen in Nürnberg. Dieser Brunnen ist mit 40 in vier Reihen übereinander angebrachten Steinfiguren geschmückt. Dabei sind die jeweils acht Figuren der beiden ersten Reihen einander paarweise zugeordnet.

- *Überlege, warum gerade Cicero und Hieronymus ein Paar bilden.*

- *Woran erkennt man, dass in diesem Bild Albrecht Dürers Hieronymus als Büßer dargestellt ist?*

- *Sowohl am Schönen Brunnen in Nürnberg als auch auf diesem Dürer-Bild ist bei Hieronymus ein Löwe zu sehen. Informiere dich in einem Lexikon, warum dieser Mann zusammen mit einem Löwen dargestellt wird.*

Der heilige Hieronymus

Lektion 57

Karl der Große – der Frankenkönig als Nachfolger der römischen Kaiser

In der Tradition des römischen Biografen Sueton verfasste der Mönch Einhard eine Vita Karls des Großen.
Karl nahm über 300 Jahre nach dem Untergang des weströmischen Reiches den Gedanken der *renovatio Romani imperii* auf und wurde als kaiserlicher Herrscher zum Vorbild für seine Nachfolger in den folgenden Jahrhunderten.

Karolus erat, ut Einhardus scriptor tradit, corpore amplo et robusto, statura eminenti. Etiam facie laeta et hilari erat. Formae auctoritas et dignitas[1] Karoli tam stantis quam sedentis animos omnium movebant.
Einhardus etiam laudibus effert, quod Karolus eloquentia tam copiosus erat, ut, quicquid vellet, apertissime exprimere posset. Quod patrio tantum sermone contentus non erat, etiam peregrinis linguis discendis operam impendit. In quibus Latinam ita didicit, ut illa aeque ac patria lingua orare sit solitus; Graecam vero melius intellegere quam pronuntiare[2] poterat.
Temptabat etiam scribere tabulasque et codicellos[3] ad hoc in lecto sub cervicalibus[4] ponere solebat, ut, cum tempus vacuum esset, manum litteris effigiandis[5] assuesceret; sed parum successit labor sero inceptus.
Religionem Christianam Karolus cum summa pietate coluit, ac propter hoc Aquisgrani[6] basilicam plurimae pulchritudinis extruxit et auro argentoque ornavit. Cum ad eam exstruendam columnas et marmora[7] aliunde habere non posset, lapides Roma atque Ravenna devehendos curavit.
Colebat prae ceteris sacris et venerabilibus locis ecclesiam beati[8] Petri apostoli apud Romam. Nec quicquam ille toto regni sui tempore pluris aestimavit, quam ut urbs Roma sua opera suoque labore valeret auctoritate vetere.

(nach Einhard, Vita Karoli Magni 22–27)

[1] *formae auctoritas et dignitas*: stattliche Gestalt und würdevolle Erscheinung
[2] *pronuntiare* hier: sprechen
[3] *codicellus, i*: Büchlein, Heft
[4] *cervical, alis*: Kopfkissen
[5] *effigiare*: nachzeichnen; schreiben
[6] *Aquisgrani*: in Aachen
[7] *marmor, oris* n.: Marmor
[8] *beatus, a, um* hier: heilig

Impulse

I. *Gliedere den Text und gib den einzelnen Teilen eine Überschrift.*

II. *Warum ließ Karl der Große Marmor aus Rom und Ravenna nach Aachen bringen? Erkundige dich nach der Bedeutung der Stadt Ravenna in der Spätantike.*

III. *Übersetze:*

1. Karolus cum Saxonibus[1] bellum gessit. Quod a ceteris bellis hoc differebat, quod maxima utrimque animositate gereretur. 2. Rex tanta constantia erat, ut vinci non posset. 3. Decem milia Saxonum per Galliam et Germaniam distribuit, ne sibi resisterent. 4 Postremo Karolus ea condicione bellum finivit, ut Saxones abiecto daemonum[2] cultu Christianae fidei sacramenta[3] susciperent et cum Francis unus populus fierent.

(nach Einhard, Kap. 7)

[1] *Saxones, um*: die Sachsen
[2] *daemones, um*: Götzen (Gemeint sind die germanischen Götter.)
[3] *sacramentum, i*: Verpflichtung

IV. Stelle aus dem Lesestück und Impuls III die quod-Sätze zusammen und bestimme ihre syntaktische Funktion.

V. Sammle aus dem Lesestück und Impuls III die ut-Sätze; bestimme ihren Bedeutungsinhalt und ihre syntaktische Funktion.

VI. Den Kaiserbiografien Suetons entnahm Einhard für den Aufbau seines Werkes und für einzelne Charakterisierungen Karls des Großen zahlreiche Anregungen, z. B.:

Augustus (Kap. 86):	Praecipuam curam duxit sensum animi quam apertissime exprimere.
Tiberius (Kap. 68):	Corpore fuit amplo atque robusto.
Caligula (Kap. 50):	Statura fuit eminenti.
Claudius (Kap. 30):	Auctoritas dignitasque formae non defuit vel sedenti ac praecipue quiescenti.

Suche zu den Originalzitaten aus Sueton die entsprechenden Stellen im Lesestück. Welche Schlüsse kannst du aus der Übereinstimmung für die Arbeitsweise Einhards ziehen?

VII. In der Dichtung De Karolo rege et Leone papa *(‚Aachener Karlsepos'), die vermutlich von Einhard verfasst worden ist, wird Karl der Große nach seiner Kaiserkrönung im Jahr 800 mit folgenden Worten gerühmt:*

Exsuperatque meum ingenium iustissimus actis
Rex Karolus, caput orbis, amor populique decusque,
Europae venerandus apex, pater optimus, heros,
Augustus: sed et urbe potens, ubi Roma secunda
5 Flore novo ingenti magna consurgit ad alta
Mole, tholis muro praecelsis sidera tangens.

Es übersteigt meinen Verstand aufgrund seiner Taten der äußerst gerechte
König Karl, das Haupt der Welt, der Liebling und die Zier seines Volkes,
Europas verehrungswürdiger Gipfel, der gnädigste Vater und Held,
der Erhabene: aber auch Herrscher über die Stadt, wo ein zweites Rom
5 in neuer Blüte sich zum Himmel erhebt mit gewaltiger, großer
Stärke und mit sehr hohen Kuppelbauten die Sterne berührt.

1. *In welche Nachfolge werden der fränkische König und das Frankenreich gestellt?*
2. *Was ist mit* Roma secunda *(V. 4) gemeint?*

Information: Die Karolingische Renaissance

Aurea Roma iterum renovata renascitur orbi – das goldene Rom wird, wiederum erneuert, für den Erdkreis wieder geboren. Mit diesen Worten pries man schon zu Lebzeiten Karls des Großen die neue Kaiserstadt Aachen als Nachfolgerin des antiken Rom. Ausgehend vom Wort *renasci* prägte man im 19. Jahrhundert den Begriff der „Karolingischen Renaissance"; damit meinte man die Reformen im Bereich der Bildung, die Karl der Große neben anderen innenpolitischen Maßnahmen in seinem Reich durchführte. Als Helfer bei der Reform holte Karl der Große Gelehrte aus verschiedenen Teilen Europas, unter denen der Angelsachse Alkuin, mehrere Jahre Leiter der Hofschule, herausragte.

Metallsiegel Kaiser Karls des Großen (Zeichnung nach einem Stich aus dem Jahr 1689). Die Umschrift um den Kopf lautet:
D(OMINUS) N(OSTER) KAR(OLUS) IMP(ERATOR) P(IUS) F(ELIX) P(ER)P(ETUUS) AUG(USTUS).
Auf der Rückseite steht: RENOVATIO ROMAN(I) IMP(ERII)

Als Ergebnis der Bildungsreform entstand zum einen eine neue einheitliche Schrift, die karolingische Minuskel, welche die weitere Schriftentwicklung in Europa über Jahrhunderte bestimmt hat; zum anderen erfolgte eine Reform der lateinischen Sprache, die damit im ganzen Reich wieder einheitlich, aber mit dem klassischen Latein nicht identisch war. So entstand das Mittellatein, das im Mittelalter die Bildungssprache des europäischen Abendlandes war.

Die Reform von Schrift und Sprache diente vor allem dazu, die verkümmerte Bildung wieder zu heben. Die wichtigsten Träger der Bildung wurden die Klöster, in denen die Mönche die Werke der Antike abschrieben und somit vor dem Vergessen bewahrten.

Kaiser Karl wurde schon von seinen Zeitgenossen *Karolus Magnus* genannt und als *pater Europae* gerühmt. Seine Wirkung bis in unsere Gegenwart spiegelt sich auch darin, dass der Preis, den die Stadt Aachen seit 1950 jährlich an eine Persönlichkeit verleiht, die sich um die Einigung Europas verdient gemacht hat, seinen Namen trägt: der Karlspreis.

- *Übersetze die lateinische Umschrift.*
- *Warum hat Karl Rom abbilden lassen? Mit welchen Symbolen ist die Stadt dargestellt?*

Faksimile aus dem Codex Vindobonensis (9. Jh.) f 9v

- *Versuche den Text der Handschrift zu lesen und die abgebildete Textstelle im Lesestück zu finden. Prüfe sie auf Abweichungen.*

Lektion 58

Die Klage eines geplagten Lehrers

Während der letzten Ferientage in Rom denken Julia und Cornelius schon wieder an ihren Schulalltag in Deutschland. Dass aber nicht nur Schüler über die Schule stöhnen, zeigt ein Ausschnitt aus einer Rede des Humanisten Philipp Melanchthon (1497–1560). Darin klagt ein Lehrer über seinen Schulalltag:

In Aesopi fabulis queritur apud Iovem asinus se laboribus cottidianis confici; sed est querela paedagogorum de suis miseriis profecto iustior quam asini. Quis enim asinus in ullo pistrino[1] tantum mali pertulit, quantum paedagogus in discipulis docendis?
Cum traditur paedagogo puer docendus et ad humanitatem educandus, intellegi potest, quantos labores magister suscipiat. Tum enim puer in ludum litterarium[2] mittitur, cum domestica indulgentia corruptus est et vitia gustavit[3]. Is non modo nullum amorem litterarum aut admirationem, sed acerrimum erga illas odium et contemptum[4] praeceptorum domo affert. Cum eius modi monstro praeceptori decertandum est.
Dum doces, peregrinatur[5] animus pueri et iterum atque iterum idem inculcandum[6] est, dum illi invito haereat in animo. Cum primum autem paulum a docendo destitisti, rursus puero illa omnia totiens repetita ex animo effluunt.
Si reddere cogas, quae didicit, tum vero videas plane ludibrio haberi praeceptorem. Nam puer, cum dicit aliquid, quod urat et exerceat praeceptorem, aperte contumaciam declarat.
Si quis cogatur docere camelum saltare aut asinum fidibus[7] ludere, nonne illum miserum dicas, cum frustra maximum laborem sumat? At id tolerabilius est quam nostros pueros docere. Nam cum nihil promoveas in camelo aut asino exercendo, tamen illi certe nulla iniuria molestiam augent. At isti pueri, cum defatigaverunt praeceptores, insuper sunt contumeliosi.

(nach Ph. Melanchthon, de miseriis paedagogorum)

[1] *pistrinum*: Mühle
[2] *ludus litterarius*: Elementarschule
[3] *gustare*: kosten, genießen
[4] *contemptus, us*: Substantiv zu contemnere
[5] *peregrinari*: in die Ferne schweifen, abschweifen
[6] *inculcare*: fest einprägen, einbläuen
[7] *fides, ium*: Leier, Lyra

Impulse

I. Bestimme im Lesestück die jeweilige semantische Funktion der Konjunktion „cum".

II. Verfasst als Gegenstück die „Klage eines geplagten Schülers" und tragt sie in der Klasse vor.
Wie könnte ein Unterricht aussehen, der Lehrern und Schülern Spaß macht?

III. Stelle aus den Lektionen 57 und 58 alle Wörter zusammen, die zum Sachfeld „Lehren und Lernen" gehören, und ordne sie nach Wortarten.

IV. *Achte bei der Übersetzung der folgenden „geflügelten Worte" auf die jeweilige Bedeutung von „cum":*

1. Fortuna vitrea¹ est: tum, cum splendet, frangitur.
2. Citius venit periculum, cum contemnitur.
3. Aliter cum amico, aliter cum tyranno vivitur.
4. Duo cum faciunt idem, non est idem.
5. Cum tacent, clamant.
6. Tum tua res agitur, paries² cum proximus ardet³.
7. Vincere cum possis, interdum cede sodali⁴!

¹ *vitreus, a, um*: gläsern, aus Glas
² *paries, etis* m.: Hauswand
³ *ardere*: brennen
⁴ *sodalis, is*: Gefährte, Freund

V. *Der Humanist Heinrich Bebel (1472–1516), ein Freund des Erasmus von Rotterdam und des Johannes Reuchlin, hat in seinen* Facetiae *folgende Anekdote überliefert:*

Cum Fredericus Tertius Romanorum Imperator¹ conventum principum haberet, venit quidam mendicus² ad aulam petens intromitti, cum frater Caesaris esset. Et cum saepius instaret, tandem res pervenit ad Caesarem, qui mendicum intrare iussit atque interrogavit, unde frater suus esset.
Respondit mendicus omnes mortales esse inter se fratres a primo parente Adamo atque petivit, ut se pro ista fraternitate donaret. Caesar, cum sibi procacitas³ illius hominis parum grata esset, homini tantum cruciferum⁴ dedit.
Cui mendicus: „Non decet, invictissime Caesar, ut fratri tuo tam parvum munus des, cum tu tam dives sis." „Abi", inquit imperator, „et si quilibet⁵ fratrum tuorum tantum tibi dederit, eris me ipso ditior."

¹ Kaiser Friedrich III. (1440–1493)
² *mendicus*: Bettler
³ *procacitas, atis* f.: Frechheit, Dreistigkeit
⁴ *cruciferum*: Kreuzer (alte Münze von sehr geringem Wert)
⁵ *quilibet*: jeder (Beliebige)

Information: Die Wiederentdeckung der Antike

Maßgeblich beeinflusst von Francesco Petrarca (1304–1374) setzte seit dem Ende des 14. Jahrhunderts in Italien eine Rückbesinnung auf die literarischen und kulturellen Leistungen des antiken Rom ein. Zahlreiche Gelehrte wetteiferten miteinander darin, in Klosterbibliotheken bisher verloren geglaubte Handschriften der lateinischen Schriftsteller wieder zu entdecken und durch Abschriften einem größeren Kreis zugänglich zu machen. Besonders die Werke Ciceros wurden zum bewunderten Vorbild vieler Gelehrter. Dabei ging es ihnen nicht nur um die literarischen Leistungen der antiken Schriftsteller; man sah in den römischen Werken auch Vorbilder einer Lebensweise, in der umfassende Bildung und Menschlichkeit miteinander verbunden sind. Daher nannten sich diese Gelehrten auch *Humanisten* (von *humanus*: auf den Menschen hin ausgerichtet). Da die Wiederentdeckung der antiken Literatur und Kunst damit auch zu einem völlig veränderten Welt- und Menschenbild führte, bezeichnete man diese Epoche auch als *Renaissance* (= Wiedergeburt).
Als nach der Eroberung Konstantinopels durch die Türken im Jahr 1453 griechische Gelehrte, die nach Italien geflohen waren, zahlreiche antike Schriften aus dem Bereich der Philosophie, der Mathematik und den Naturwissenschaften mitbrachten, war die Ausbreitung des Humanismus von Italien auf ganz Europa nicht mehr aufzuhalten. Die bedeutendsten Humanisten waren in Deutschland neben Erasmus von Rotterdam vor allem Konrad Celtis, Willibald Pirckheimer, Johannes Reuchlin und Philipp Melanchthon.

Nun erschienen erstmalig wissenschaftliche Ausgaben der antiken Schriftsteller im Druck und fanden große Verbreitung. In vielen Städten, wie z. B. in Freiburg, Basel, Trier, Mainz und Tübingen, wurden neue Universitäten und Bibliotheken gegründet. Auch die mittelalterlichen Lateinschulen wurden nach den Vorstellungen der Humanisten reformiert: In vielen Städten entstanden Schulen, in denen man den ersten Wortschatz in Latein und Griechisch lernte, anhand von ausgewählten Lesestücken die Grundregeln der lateinischen Grammatik vermittelt bekam und sich dann der Originallektüre von Cicero, Ovid oder Vergil widmete.

Schulszene um 1510 (Holzschnitt Albrecht Dürers)

- *Beschreibe die Szene, die hier dargestellt ist. Stimmt sie mit den Zuständen, wie sie der Lehrer im Lesestück schildert, überein?*
- *Vergleiche diese Schulszene mit dem römischen Schulalltag, wie du ihn in Lektion 10 kennengelernt hast.*

Lektion 59

Trauer um den besten Freund

Auch nach dem Zusammenbruch Roms blieb Latein bis ca. 800 n. Chr. die Muttersprache der Bewohner des ehemaligen weströmischen Reichs. Obwohl sich ab dem 9. Jahrhundert allmählich die einzelnen Nationalsprachen herausbildeten, behielt das Lateinische das ganze Mittelalter hindurch in weiten Teilen Europas seine Bedeutung. Es war „lebende", d. h. gesprochene Sprache in fast allen Bereichen von Kirche, Verwaltung, Politik und im Bildungswesen (das „Englisch des Mittelalters"). Zur Zeit des Humanismus sprachen viele Gelehrte fließend Latein und verständigten sich in dieser Sprache. Dies zeigt deutlich der folgende Brief, den der Nürnberger Humanist Willibald Pirckheimer anlässlich des Todes von Albrecht Dürer im Jahr 1528 an seinen Freund Ulrich von Hutten schrieb:

Etsi, mi[1] Udalrice, longior aetas inter vota hominum numeretur, vix tamen quicquam perniciosius excogitari potest quam vita diuturnior. Quod ego quidem nunc experior cottidie. Nam ut reliqua incommoda senectutis omittam, quid molestius homini accidere potest quam quod assidue deplorare cogitur funera non solum propinquorum, sed etiam amicorum? Sane etsi iam saepius dolorem, qui ex morte necessariorum subire solet, expertus fuerim[2], tamen nescio, an cuiusquam obitus

[1] *mi*: Vokativform von *meus*
[2] *expertus fuerim* = *expertus sim*

Das Grab Dürers auf dem Nürnberger Johannisfriedhof mit der von Willibald Pirckheimer verfassten Grabinschrift:

ME. AL. DV[1]
QVIDQVID ALBERTI DVRERI MORTALE
FVIT, SVB HOC CONDITVR TVMVLO[2]
EMIGRAVIT[3] VIII. IDVS APRILIS[4]
M. D. XXVIII

[1] ME. AL. DV.: MEmoriae ALberti DVreri
[2] *tumulus* hier: Grabstein
[3] *emigrare*: wörtl.: auswandern
[4] VIII. IDVS APRILIS: ante diem VIII. IDVS APRILIS (d. h. am 6. April)

talem mihi umquam luctum attulerit, qualem nunc optimi ac amicissimi nostri Alberti Dureri obitus repentinus concitat. Nam neminem ex omnibus amicis magis dilexi ac ob innumerabiles eius virtutes probitatemque singularem pluris aestimavi. Proinde, mi Udalrice, cum sciam hanc calamitatem communem mihi tecum esse, potissimum apud te dolori meo habenas laxare³ ausus fui⁴.

Obiit Albertus noster, Udalrice optime! Proh⁵ fatorum ordo inexorabilis⁶! Proh misera condicio humana! Proh dura inclementia⁷ mortis! Vir talis tantusque nobis ereptus est, cum interim tot inutiles ac nullius frugis homines⁸ fortuna prospera perpetuaque vita fruantur.

³ *habenas laxare*: freien Lauf lassen
⁴ *ausus fui = ausus sum*
⁵ *proh* (mit Nom.): wehe, ach
⁶ *inexorabilis, e*: unerbittlich
⁷ *inclementia*: Strenge
⁸ *nullius frugis homines*: wertlose Menschen

Impulse

I. 1. *Suche aus dem Lesestück alle lateinischen Vokabeln, die den beiden Sachfeldern „Leid/ Trauer" bzw. „Sterben/Tod" zugeordnet werden können.*
2. *Nenne weitere lateinische Wörter, die ebenfalls den beiden obigen Sachfeldern angehören.*

II. *Durch welche sprachlichen und stilistischen Mittel bringt Pirckheimer seine Trauer zum Ausdruck?*

III. *Als im Zeitalter des Humanismus und der Renaissance die Antike wieder in den Blickpunkt des öffentlichen Interesses rückte, bedeutete dies auch eine Aufwertung der lateinischen Sprache. So beschäftigte sich der italienische Humanist und Rhetorikprofessor Lorenzo Valla (ca. 1405–1457) in seinem Werk* Elegantiae linguae Latinae *mit der Bedeutung der lateinischen Sprache.*

Cum saepe mecum nostrorum maiorum res gestas considero, videntur mihi Romani non solum imperii, sed etiam linguae propagatione¹ ceteris populis praestitisse. Quorum enim nulli ita linguam suam amplificaverunt², ut Romani fecerunt. Qui per totum paene occidentem³, per septentriones⁴, per Africae non exiguam partem brevi spatio linguam Latinam celebrem et quasi reginam effecerunt: opus nimirum praeclarum atque magnificum.

Qui enim imperium augent, magno honore affici solent, qui autem beneficia aliqua hominibus praestiterunt, ii non humana, sed divina laude celebrantur. Nam non suae tantum urbis magnitudini ac gloriae consulunt, sed publicae quoque hominum utilitati ac saluti.

Itaque nostri maiores rebus bellicosis ceteros homines superaverunt, linguae vero suae amplificatione⁵ sibi ipsis superiores fuerunt. Qui linguam Latinam, optimam frugem et divinam, nec corporis sed animi cibum nationibus distribuerunt.

¹ *propagatio, onis*: Erweiterung, Verlängerung, Ausdehnung
² *amplificare*: erweitern, vergrößern, vermehren
³ *occidens, dentis*: Westen
⁴ *septentriones, um*: Norden
⁵ *amplificatio, onis*: Vermehrung, Vergrößerung, Ausdehnung

Welche res gestae *der Römer werden im Text genannt? Wie werden sie von Lorenzo Valla gewichtet? Welche Bedeutung misst er der lateinischen Sprache bei?*

IV. 1. *Vergleiche:* mortalis – immortalis; cadere – incidere

2. *Erschließe die Bedeutung der folgenden lateinischen Wörter in entsprechender Weise:*

insolitus, indignus, inscribere, importare, incredibilis, infinitus, imponere, irreligiosus, iniquus

V. *Dass Latein keine „tote Sprache" ist, sieht man auch daran, dass eine eigene Kommission damit beschäftigt ist, alle modernen Begriffe lateinisch zu formulieren. Dadurch wird die lateinische Sprache auch heute noch in ihrem Wortschatz ständig erweitert: z. B.* exitus necessitatis *(abzuleiten von* exire *und* necessarius*): der Notausgang.*
Erschließe in entsprechender Weise die den folgenden neulateinischen Begriffen zugrunde liegenden lateinischen Wörter. Ordne dann den neulateinischen Begriffen ihre jeweilige deutsche Bedeutung zu:

praevenditio, unius cursus via, area stativa, apparatus frigorificus, cella telephonica, ferrivia, ferrivia subterranea, transitus zebrinus, signa viaria, operistitium, telephonice colloqui, saltatorium, televisio, commeatus urbanus, publica vehicula, decidiculum, signum monitorium.

Notbremse, Streik, Zebrastreifen, Fernseher, Parkplatz, Vorverkauf, Fallschirm, Telefonzelle, Tanzlokal, U-Bahn, Stadtverkehr, Einbahnstraße, Kühlschrank, Verkehrszeichen, telefonieren, öffentliche Verkehrsmittel, Eisenbahn.

Willibald Pirckheimer, gemalt von Albrecht Dürer

Hinweis zur Bildinschrift:
effigies: Bildnis, Bild
caetera = cetera

• *Übersetze den Text der Schrifttafel. Welche Bedeutung wird dem Tod hier zugemessen?*

Lektion 60

Latein im 20. Jahrhundert

Laudatio
aus Anlass der Verleihung der Ehrendoktorwürde der Universität Oxford an den damaligen Bundespräsidenten der Bundesrepublik Deutschland, Dr. Richard von Weizsäcker, am 22. 6. 1988 (gekürzte Fassung)

CANCELLARIUS MAGISTRI SCHOLARES
UNIVERSITATIS OXONIENSIS
OMNIBUS AD QUOS PRAESENTES
LITTERAE PERVENERINT
SALUTEM IN DOMINO SEMPITERNAM 5

CUM diu ex more nobis fuerit civitatum externarum Praesides honorare, eosque praesertim qui ob mores spectatos inclaruerint quique populis societate Europaea et foedere Atlantico nobiscum coniunctis praefecti sint:
CUMque Vir Excellentissimus RICARDUS VON WEIZSÄCKER, Rei Publicae Germanicae Foederatae Praeses, in re publica capessenda temperantiae et modestiae 10 exemplum praeclarum proposuerit, qui urbis Berolinensis Praetor electus Praesesque deinde Germaniae creatus strenue laboraverit, ut partes diversas in concordiam adducat, quam ob rem ab omnibus collaudatus sit:
...
CUMque apud senatores Germanicos annum quadragesimum post belli ultimi finem celebrantes orationem humanitatis nobilitatis candoris plenam pronuntiaverit, neque 15 dubitaverit de rebus nefandis aperte verba facere, de dominatione scilicet ista iniustissima et crudelissima ducum priorum saevis cum fascibus grassantium; cumque

Vokabeln

1 *cancellarius*: Kanzler; 2 *Oxoniensis, e*: von Oxford; 3 *praesens*: persönlich; 4 *litterae* hier: Urkunde, Diplom, Ernennungsschreiben; 5 *pervenire ad*: zuteil werden, bekommen; 6 *externus, a, um*: auswärtig; *praeses, idis*: Präsident, *praesertim*: zumal, besonders; 7 *spectatus, a, um*: ansehnlich, beachtenswert, *inclarescere, o, ui*: bekannt werden; 9 *excellens*: hervorragend, ausgezeichnet; 10 *rem publicam capessere*: sich politisch betätigen; *temperantia, ae*: Maßhalten, Zurückhaltung; *modestia, ae*: Bescheidenheit, maßvolle Haltung; *proponere*: vorführen, an den Tag legen; 11 *Berolinensis, e*: aus/von Berlin; *praetor* hier: Bürgermeister; 12 *strenuus, a, um*: tüchtig, entschlossen; 14 *quadragesimus, a, um*: vierzigste(r); 15 *candor, oris*: Klarheit, Aufrichtigkeit; 16 *nefandus, a, um*: gottlos, verbrecherisch; *dominatio, onis*: Gewaltherrschaft; *scilicet*: nämlich; das heißt; 17 *fasces, ium*: Rutenbündel (das R. mit dem Beil in der Mitte wurde in Rom den höchsten Magistratsbeamten als Zeichen ihrer Amtsgewalt vorangetragen; von den Faschisten Italiens wurde das R. zum Abzeichen ihrer Bewegung gewählt); *grassari*: mit (Gewalt) vorgehen, wüten; *duces priores saevis cum fascibus grassantes*: übersetze mit: ehemalige Führer des Naziregimes;

165

talia etiam in civitate Iudaeorum … locutus plausu maximo plurimorum salutatus sit:

CUMque civium suorum animos paci consulendi, gentes alias adiuvandi studiosorum confirmaverit:

CUMque orationes permultas prudentissime fecerit de patriae amore, de Germania in partes duas divisa, de muro isto Berolinensi, quae Germanis ultra fines iam exclusis solacium quoddam et confirmationem praebuerint:

…

NOS ERGO … in frequenti Congregationis Domo praedictum Praesidem DOCTOREM in Iure Civili renuntiamus eumque vi ac virtute huius Diplomatis omnibus iuribus ac privilegiis adficimus quae ad hunc gradum spectant.

IN CUIUS REI TESTIMONIUM sigillum Universitatis quo hac in parte utimur adponendum curavimus.

Datum in Domo nostra Congregationis die XXII° mensis Iunii A. S. MCML XXXVIII.

Vokabeln

23 *ultra* (m. Akk.): jenseits; *excludere, o, si, sum*: ausschließen, trennen, *solacium*: Trost; 25 *frequens, ntis*: zahlreich, in großer Zahl versammelt; *congregatio, onis*: Gemeinschaft, Kongregation; 26 *renuntiare*: proklamieren; *diploma, atis*: Diplom, (Ernennungs)urkunde; 27 *gradus, us* hier: akademischer Grad; *spectare* hier: sich beziehen; 28 *testimonium*: Zeugnis, Beweis; *sigillum*: Siegel; 29 *adponere*: mitgeben, hinzufügen; 30 *A. S.* = Anno Salutis

Impulse

I. *Verschaffe dir einen Überblick über die syntaktische Struktur des Textes. Durch welche Mittel wird die Satzperiode überschaubar gemacht?*

II. *Welche Eigenschaften und Verdienste des Ehrendoktors werden in der Urkunde hervorgehoben?*

III. *Welcher allgemeine Maßstab gilt also für die Verleihung?*

IV. *Lässt sich an der Würdigung des Politikers etwas über das Verhältnis Politik und Geist erkennen?*

V. *Der Text erwähnt die Verleihung an Staatsmänner „ob mores spectatos".
Die englische Übersetzung des lateinischen Textes gibt den Ausdruck mit „fine character" wieder. Ist der Bedeutungsgehalt deiner Meinung nach im Wesentlichen identisch oder gibt es Differenzierungen?*

VI. *Die nationalsozialistische Herrschaft wird mit folgenden Worten erwähnt: „dominatione iniustissima et crudelissima ducum priorum saevis cum fascibus grassantium".
In der englischen Übersetzung lautet dieser Passus: „of the cruelty and injustice of the former Nazi regime and its leaders".
Vergleiche die beiden Versionen miteinander. Welches allgemeine Übersetzungsproblem zeigt sich hier?*

Pax in terris – Eine Friedensbotschaft in unserer Zeit

Der folgende Text ist dem päpstlichen Rundschreiben (Enzyklika) „Pacem in terris" vom 11. April 1963 entnommen. Darin setzt sich der Papst Johannes XXIII. mit Möglichkeiten und Formen gewaltfreier Konfliktlösungen zwischen Völkern und Staaten auseinander.

Magis magisque nostris temporibus hominum animos persuasio pervasit controversias, quae forte inter populos oriantur, non armis, sed pactis et conventis dirimendas esse. Persuasio haec, fatemur quidem, plerumque a terrifica delendi vi, quae cum hodiernis bellicis instrumentis coniuncta est, atque a timore calamitatum et horrendarum ruinarum, quas arma id genus ederent, initium ducit. Quare aetate hac 5 nostra, quae vi atomica gloriatur, alienum est a ratione bellum iam aptum esse ad violata iura sarcienda.

Attamen saepe pro dolor populos videmus timori, tamquam supremae legi, esse obnoxios atque idcirco in rem militarem pecuniam impendere amplissimam. Quod se facere affirmant – nec est cur iisdem fidem non adiungamus – consilio ductos 10 non opprimendi, sed deterrendi alios ab impetu faciendo.

Nihilo secius fore sperandum est, ut populi ... melius agnoscant humanae naturae vincula, quibus invicem consocientur, intellegantque pulchrius in praecipuis communis naturae officiis hoc esse collocandum, ut singulorum hominum populorumque consuetudines amori obtemperent, non timori; nam imprimis amoris est homi- 15 nes adducere ad sinceram ac multiformem rerum animorumque coniunctionem, unde tot bona in ipsos manare possunt.

Vokabeln

1 *persuasio, onis f.*: Überzeugung; *pervadere, vado, vasi*: durchdringen; *controversia, ae*: Streitigkeit; 2 *oriri, orior, ortum*: entstehen; *pactum, i*: Vertrag; *conventum, i*: Abmachung; *dirimere*: aufheben, (auf)lösen; 3 *terrificus, a, um*: Schrecken erregend; 4 *horrendus, a, um*: schaudervoll, schrecklich; 5 *ruina, ae*: Untergang, Verwüstung; *arma id genus*: derartige Waffen; *initium ducere a*: Anfang nehmen bei; 6 *vis atomica*: Atomkraft; *gloriari*: sich rühmen; *alienum esse a ratione*: der Vernunft widersprechen (zu glauben, dass); *iam* hier: vollends, wirklich; 7 *sarcire*: wieder gutmachen; 8 *pro dolor*: leider; *obnoxius, a, um*: verfallen, unterworfen; 9 *idcirco*: daher, deswegen; 10 *non est cur*: es gibt keinen Grund dafür, dass; *fidem adiungere*: Glauben schenken; 12 *nihilo secius*: nichtsdestoweniger; *agnoscere*: (an)erkennen; 13 *invicem*: gegenseitig, untereinander; *consociare*: verbinden, vereinigen; 15 *consuetudo* hier: Umgang, Lebensweise; *obtemperare*: gehorchen; 16 *sincerus, a, um*: ehrlich, aufrichtig; *coniunctio, onis f.*: Verbindung; 17 *manare*: fließen, sich ergießen

Impulse

I. *Worin liegt nach Meinung des Papstes der Grund für die atomare Rüstung?*

II. *Das Argument für (pro) Atomwaffen wird vom Papst ernst genommen. Worin sieht er eine mögliche Lösung für das Problem der atomaren Bedrohung?*

III. *Welche Voraussetzungen sind nach dem Text notwendig, um eine friedliche Lösung zu erreichen?*

IV. *Hat der Text von 1963 heute noch seine Gültigkeit? Gibt es Ansätze, dass sich die Menschheit im Sinne der Vorstellungen Johannes XXIII. ändert?*

Aut AUDI aut nihil – Latein in der modernen Werbung

Novus Audi in officina venit iam septem milibus Germanicarum marcarum et sescentis nonaginta. Audi. Hoc est sermone Latino: Aures tuas praebeas. Ergo audi. Audi est currus novissimus, quem Automobilium Unio construere est ausa.

Nomen eius sit vetus, et ipse rotas per anteriores propellitur: Quae res autem adhuc est nova. Duodetriginta anni sunt, ex quibus hodie primum in Unitis Civitatibus Americanis constructum esse tale vehiculum audimus, rotas per anteriores propulsum.

Qua in raeda autem non cuncta sunt vetera, quae nova sunt: Multa videbis, quae nova esse negare non audebis: Nova est forma, interiorum partium ornamenta, novus est motor.

Compressorius medii ordinis motor quaternis ictibus vehiculum propellit. Deductus est ex Mercede Benz, in officina Popularium Vehiculorum approbatus: Construxit eum Automobilium Unio.

Duorum et septuaginta vi equorum impulsus centena milia passuum – vel CXLVIII chiliometra – singulis horis pervolare potest. Atqui olei non nisi octo litra per centum chiliometra consumenda sunt et quattuor partes: Quem plus praestare, consumere minus ergo invenies.

Haec cuncta secundis auribus audis, etiamsi voce tam summissa ipse susurrat, ut vix audiri possit.

Si me bene audias, Audi vehi audeas.

(aus einem Werbeprospekt von 1965)

Vokabeln

1 *officina, ae*: Werkstatt, Fabrik; *venire*: verkauft werden; 2 *sermo, onis* m hier: Sprache; *auris, is*: Ohr; 4 *rota, ae*: Rad; *rota anterior*: Vorderrad; *propellere*: antreiben; 6 *vehiculum, i*: Fahrzeug; 8 *raeda, ae*: Wagen; 9 *interior*: innere(r); *ornamentum, i*: Ausstattung; 11 *compressorius medii ordinis motor*: Mitteldruckmotor; *quaterni, ae, a*: je vier; *ictus, us*: Takt, Taktschlag; 12 *popularis, e*: Volks–; *approbare*: gutheißen, billigen, anerkennen; 14 *centeni, ae, a*: je hundert; 15 *atqui*: dagegen; 16 *consumere*: verbrauchen; *partes* hier: Zehntel; *secundus, a, um* hier: geneigt, gewogen; *summissus, a, um*: gesenkt; *susurrare*: flüstern, summen

Impulse

I. *Woran lässt sich der Text als Werbetext erkennen?*

II. *Wie beurteilst du den Stil?*

III. *Wie steht es mit der Schlüssigkeit in Sprache und Inhalt?*

IV. *Welche Übersetzungsprobleme im technischen Bereich werden hier deutlich?*

V. *Wie beurteilst du diesen Versuch?*

Grammatik und Vokabeln zu den Lektionen

Die Nummerierung im Vokabelverzeichnis entspricht der Zeilenzählung in den Lektionen. „Imp" verweist auf die Impulse.

Lektion 2

F

Die Konjugation des Verbs

Die Beugung des Verbs heißt Konjugation. Im Lateinischen wird ein Verb dadurch konjugiert, dass an den Verbstamm eine Endung gesetzt wird. Diese Endung gibt Auskunft über die Person und den Numerus (Zahl). Ein eigenes Personalpronomen entfällt in der Regel:

vola-**t** **er, sie, es** fliegt
vola-**nt** **sie** fliegen

	Stamm	3. Pers. Singular	3. Pers. Plural	Infinitiv
a-Konjugation	volā-	vola**t**	vola**nt**	volā**re**
e-Konjugation	vidē-	vide**t**	vide**nt**	vidē**re**
i-Konjugation	audī-	audi**t**	audiu**nt**	audī**re**
kons. Konjugation	dilig-	dilig**it**	dilig**unt**	diligg**re**

Bei der i-Konjugation ist in der 3. P. Pl. zwischen Stamm und Personalendung der Aussprechvokal **-u-** eingeschoben, bei der konsonantischen Konjugation im Infinitiv **-e-**, in der 3. P. Sg. **-i-** und in der 3. P. Pl. **-u-**.

Die Deklination des Substantivs

Die Beugung des Substantivs heißt Deklination. Im Lateinischen wird ein Substantiv dadurch dekliniert, dass an den Wortstock ein Wortausgang gesetzt wird. Dieser Ausgang gibt Auskunft über den Kasus (Fall) und den Numerus. Einen Artikel gibt es in der lateinischen Sprache nicht: *avia* die Großmutter, eine Großmutter, Großmutter

	a-Deklination		o-Deklination	
	Singular	Plural	Singular	Plural
Nominativ	avi**a**	avi**ae**	av**us**	av**ī**
Akkusativ	avi**am**	avi**ās**	av**um**	av**ōs**

Die Substantive der a-Deklination haben in der Regel das Genus femininum, die Substantive der o-Deklination das Genus masculinum.

S

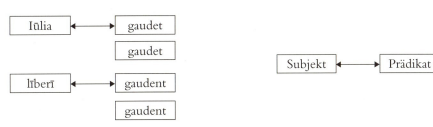

Das **Subjekt** eines Satzes steht im Nominativ und wird nur durch die Endung ausgedrückt. Es antwortet auf die Frage: Wer oder was (freut sich)?
Das **Prädikat** des Satzes richtet sich nach dem Subjekt. Es antwortet auf die Frage: Was wird (über Julia) ausgesagt?

Das **Objekt** des Satzes steht im **Akkusativ**. Es antwortet auf die Frage: Wen oder was (erwarten die Großeltern)?

Vokabeln

1	hodiē (Adv.)	heute
	et	und, auch
	*in Italiam	nach Italien
	volāre	fliegen, eilen
	nam	denn, nämlich
	avus m.	Großvater
	āvia f.	Großmutter
	*in Italiā	in Italien
	habitāre	wohnen, bewohnen	E inhabitant
2	valdē (Adv.)	sehr
	dīligere	hochschätzen, schätzen, lieben
	itaque	daher, deshalb
	ibī (Adv.)	dort, da
	vīsitāre	besuchen	Visite; E to visit
3	*volunt	sie wollen
4	mox (Adv.)	bald
	līberī m.	Kinder
	vidēre	sehen	Video; E view
	tum	da, dann, darauf, damals
	gaudēre	sich freuen	Gaudi
	autem (nachgest.)	aber, ferner
	*tremere	zittern, beben	E to tremble
5	etiam	auch, sogar
	campus m.	Feld, Ebene, freier Platz	Camping; E camp
	silva f.	Wald
6	ecce!	sieh da!
	exspectāre	warten, erwarten	E to expect
	sed	aber, sondern, jedoch
7	nōn	nicht
	audīre	hören	Audio; E auditory
	reperīre	(er)finden, erfahren
	ubī?	wo?
	sunt	sie sind
	Roma	Rom

Lektion 3

F Der Imperativ

	Singular	Plural
a-Konjugation	portā!	portā**te**!
e-Konjugation	vidē!	vidē**te**!
i-Konjugation	venī!	venī**te**!
kons. Konjugation	contende!	contend**ite**!

Das *-e* im Imp. Sg. der kons. Konjugation ist ein Aussprechvokal.

Die a-Deklination

	Singular	Plural
Nominativ	fēmina	fēmin**ae**
Dativ	fēmin**ae**	fēmin**īs**
Akkusativ	fēminam	fēminās
Vokativ	fēmin**a**	fēmin**ae**

Die o-Deklination

	Singular		Plural	
Nominativ	avus	vir	avī	virī
Dativ	av**ō**	vir**ō**	av**īs**	vir**īs**
Akkusativ	avum	virum	avōs	virōs
Vokativ	av**e**	vir	av**ī**	vir**ī**

Bei der o-Deklination haben die Substantive auf *-er* und *vir* im Nominativ und Vokativ Singular den Wortausgang verloren.

S Das Objekt

1. Auch der **Infinitiv** kann die syntaktische Funktion eines **Akkusativ-Objekts** haben: *līberī volāre volunt*.

2. Der **Dativ** kann ebenfalls die syntaktische Funktion eines **Objekts** einnehmen: *puer līberīs aquam apportat*.
   Der Dativ antwortet auf die Frage: Wem (bringt der Junge Wasser)?

Der **Vokativ** ist der Kasus der Anrede.

Vokabeln

1	**tandem** (Adv.)	endlich	
	invenīre	finden, erfinden, entdecken	E to invent
	salūtāre	grüßen, begrüßen	salutieren; E to salute
2	★salvēte!	seid gegrüßt!	
4	**dare**	geben	Datum; E date
	est	(er, sie, es) ist	
	taberna f.	Bude, Laden, Wirtshaus	Taverne
	rogāre	fragen, bitten	
5	**aqua** f.	Wasser	Aquarium
	vel	oder	
6	**iam** (Adv.)	schon, nun, bereits	
	intrāre	eintreten, betreten	E to enter
	fēmina f.	Frau	Femininum
	vir m.	Mann	
	ubīque (Adv.)	überall	
	stāre	stehen, zum Halten kommen	Statist
	aut	oder	
	sedēre	sitzen	E to sit
7	**puer** m.	Junge, Kind	
	vocāre	rufen, nennen	Vokal
	clāmāre	schreien, (laut) rufen	Klamauk; E to clamour
	dubitāre	zögern, zweifeln, bezweifeln	E to doubt
8	**portāre**	tragen, bringen	Porto
	vīnum n.	Wein	E wine
	statim (Adv.)	sofort, sogleich	
	venīre	kommen	
	contendere	sich anstrengen, eilen, kämpfen, behaupten	E to contend
9	**dēsistere**	abstehen, aufhören	E to desist
	respondēre	antworten, erwidern, entsprechen	E to respond
11	**neque … neque**	weder … noch	
12	**-que** (angehängt)	und	
	vel … vel	entweder … oder	
	apportāre	herbeibringen	apportieren
	★diūtius (Adv.)	länger	
	manēre	dauern, andauern, erwarten, bleiben	immanent

Lektion 4

F

Die a-Deklination

	Singular	Plural
Nom.	fēmina	fēminae
Gen.	fēmin**ae**	fēmin**ārum**
Dat.	fēminae	fēminīs
Akk.	fēminam	fēminās
Vok.	fēmina	fēminae

Die o-Deklination masculinum

	Singular		Plural	
Nom.	avus	vir	avī	virī
Gen.	avī	virī	av**ōrum**	vir**ōrum**
Dat.	avō	virō	avīs	virīs
Akk.	avum	virum	avōs	virōs
Vok.	ave	vir	avī	virī

Die o-Deklination neutrum

	Singular	Plural
Nom.	moment**um** *(monument**um**)*	monument**a**
Gen.	monumentī	monument**ōrum**
Dat.	monumentō	monumentīs
Akk.	moment**um** *(monument**um**)*	monument**a**

S

Der **Genitiv** hat die syntaktische Funktion eines **Attributs** und ist eine nähere Bestimmung zu einem Nomen.

Dea somnum līberōrum custōdit. Er antwortet auf die Frage: Wessen (Schlaf bewacht die Göttin)?

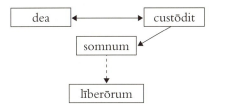
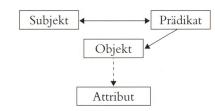

Vokabeln

1	**forum, ī** n.	Forum, Marktplatz	
	appārēre	erscheinen, sich zeigen	
2	**spectāre**	schauen, betrachten, sehen	
3	**cēna, ae** f.	Essen, Mahlzeit	
	parāre	bereiten, vorbereiten	E to prepare
4	**dormīre**	schlafen	E dormitory
	dea, ae f.	Göttin	
	somnus, ī m.	Schlaf	
	cūstōdīre	bewachen, schützen	
	monumentum, ī n.	**Denkmal, Grabmal**	Monument; E monument

	templum, ī n.	Tempel	E temple
5	animus, ī m.	Herz, Seele, Sinn, Geist	animieren
	incitāre	antreiben, erregen	E to incite
	vīta, ae f.	Leben	Vitamin
	puella, ae f.	Mädchen	
6	movēre	antreiben, bewegen, beeinflussen	E to move
7	★ citō (Adv.)	schnell	
	surgere	sich erheben, aufstehen	
8	ut	wie	
	★ cāseus, ī m.	Käse	E cheese
	★ olīva, ae f.	Olive	E olive
	★ pōmum, ī n.	Apfel, Obstfrucht; Pl.: Obst	
9	iterum (Adv.)	wiederum, zum zweiten Mal	
	atque	und, und auch	
	iterum atque iterum	immer wieder	
	quid?	was?	
10	ēvenit	es ereignet sich, geschieht	
	unde?	woher?	
	bēstia, ae f.	Tier	Bestie; E beast
	quis?	wer?	
	occīdere	niederhauen, töten	
11	equus, ī m.	Pferd	
	agere	treiben, betreiben, (ver)handeln	agieren
	nārrāre	erzählen	E to narrate
Imp	nōn iam	nicht mehr	
	quem?	wen?	
	dēmōnstrāre	zeigen, beweisen, darlegen	demonstrieren
	Colossēum, ī n.	Kolosseum	
	Lūna, ae f.	Luna (Göttin des Mondes)	
	Rōmānī, ōrum m.	Römer	
	Capitōlium, ī n.	Kapitol	
	Circus Maximus m.	Zirkus Maximus	

Lektion 5

F Das Imperfekt

	3. P. Sg.	3. P. Pl.
a-Konjugation	vocā**bat**	vocā**bant**
e-Konjugation	vidē**bat**	vidē**bant**
i-Konjugation	exaudiē**bat**	exaudiē**bant**
kons. Konjugation	dēsistē**bat**	dēsistē**bant**

In der i-Konjugation und in der konsonantischen Konjugation wird zwischen Stamm und Tempuszeichen *-ba-* der Aussprechvokal **-e-** eingeschoben.
Das lateinische Imperfekt wird im Deutschen durch das Präteritum wiedergegeben.

Die a-Deklination

	Singular	Plural
Nom.	fēmina	fēminae
Gen.	fēminae	fēminārum
Dat.	fēminae	fēminīs
Akk.	fēminam	fēminās
Abl.	fēminā	feminīs
Vok.	fēmina	fēminae

Die o-Deklination

	Singular			Plural		
Nom.	avus	vir	monumentum	avī	virī	monumenta
Gen.	avī	virī	monumentī	avōrum	virōrum	monumentōrum
Dat.	avō	virō	monumentō	avīs	virīs	monumentīs
Akk.	avum	virum	monumentum	avōs	virōs	monumtenta
Abl.	avō	virō	monumentō	avīs	virīs	monumentīs
Vok.	ave	vir		avī	virī	

S

1. Das **Adverbiale** ist ein Satzglied, das als freie Angabe die besonderen Umstände eines Geschehens (z. B. Ort, Zeit, Mittel, Art und Weise) erläutert.
2. Der **ablativus instrumentalis** (Ablativ des Mittels) hat die syntaktische Funktion eines **Adverbiale**. Er steht ohne Präposition: *Avus līberōs fābulīs dēlectat*. Der ablativus instrumentalis antwortet auf die Frage: Womit/wodurch (erfreut der Großvater die Kinder)?

3. Nach den Präpositionen *in* (auf die Frage: wo?), *cum*, *ex* und *dē* steht der **Ablativ**. Nach den Präpositionen *ad*, *ūsque ad*, *contrā*, *inter*, *per* und *in* (auf die Frage: wohin?) steht der **Akkusativ**.

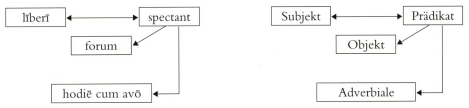

4. Unterscheide: Avus cum līberīs ambulat. Avus fābulīs līberōs dēlectat.
5. Auch **Präpositionalausdrücke** können die syntaktische Funktion eines **Objektes** übernehmen:

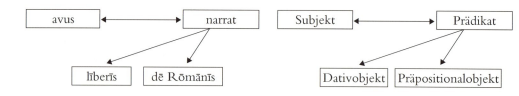

Vokabeln

1	tunc (Adv.)	dann, damals	
	cum (m. Abl.)	mit, zusammen mit	
	relinquere	zurücklassen, verlassen	Relikt
2	admonēre	mahnen, ermahnen, erinnern	E to admonish
	★animum attendere	Acht geben	E attention
	libenter (Adv.)	gern	
	fābula, ae f.	Fabel, Geschichte, Erzählung	
	sollicitāre	beunruhigen, aufwiegeln	E to solicit
3	nōnnumquam (Adv.)	bisweilen, manchmal	
	dē (m. Abl.)	von … herab, von, über	
	scientia, ae f.	Wissen, Kenntnis, Wissenschaft	E science
4	temptāre	versuchen, erproben, angreifen	E attempt
5	per (m. Akk.)	durch, hindurch, über … hin	
	ad (m. Akk.)	zu, bei, an	E at
	postulāre	fordern, verlangen	E to postulate
	nunc (Adv.)	nun, jetzt	
6	dōnum, ī n.	Geschenk, Gabe	
	deus, ī m.	Gott	dea
7	plācāre	versöhnen, beruhigen	E to placate
	immolāre	opfern	E to immolate
	semper (Adv.)	**immer**	
8	populus, ī m.	**Volk**	Pöbel; E people
	vincere	siegen, besiegen	
	imperium, ī n.	**Reich, Befehl, Herrschaft**	E empire
	★imperium Rōmānum	das römische Reich	
	bellum, ī n.	**Krieg, Kampf**	
	★amplificāre	vergrößern, vermehren	
	contrā (m. Akk.)	**gegen**	kontra
9	adversārius, ī m.	Gegner	
	dēfendere	**abwehren, verteidigen**	defensiv; E to defend
	postrēmō (Adv.)	zuletzt, schließlich	
	ūsque ad (m. Akk.)	bis zu, bis nach	
10	pertinēre	sich erstrecken	

11	**deinde** (Adv.)	dann, danach, darauf	
	patēre	offen stehen, sich erstrecken	
	inter (m. Akk.)	zwischen, während	Intercity
12	**invītāre**	einladen	E to invite
	ambulāre	spazieren gehen	ambulant
	★mēcum	mit mir	
	ruīna, ae f.	Sturz, Untergang; Pl.: Ruinen, Überreste	Ruin
	glōria, ae f.	**Ruhm, Ehre**	E glory
13	**potentia, ae f.**	**Macht, Gewalt**	Potenz; E potency
	adhūc (Adv.)	**bis jetzt, immer noch**	
	★indicāre	anzeigen, verraten	E to indicate
	★basilica, ae f.	Basilika, Halle	
	★columna, ae f.	Säule	Kolumne; E column
	curia, ae f.	**Kurie**	
15	**in** (m. Abl.)	**in, an, auf**	
Imp	reliquiae, ārum f.	Überreste, Rest	
	aedificium, ī n.	**Gebäude**	
	lectus, ī m.	**Bett, Liege**	
	ē/ex (m. Abl.)	**aus, von … aus**	
	iacēre	**liegen**	
	velut (Adv.)	**wie, wie zum Beispiel**	
	stupēre	staunen, stutzen	E stupid
	Minerva, ae f.	Minerva	
	Āfrica, ae f.	Afrika	
	Asia, ae f.	Asien	
	Britannia, ae f.	Britannien	
	Palātium, ī n.	Palatin	

Lektion 6

F Die Konjugation von esse

	Präsens	Imperfekt
3. P. Sg.	est	erat
3. P. Pl.	sunt	erant

Das Adjektiv

a-Deklination

	Singular		Plural	
Nom.	via	lāta	viae	lātae
Gen.	viae	lātae	viārum	lātārum
Dat.	viae	lātae	viīs	lātīs
Akk.	viam	lātam	viās	lātās
Abl.	viā	lātā	viīs	lātīs

o-Deklination

	Singular		Plural	
Nom.	mūrus	altus	mūrī	altī
Gen.	mūrī	altī	mūrōrum	altōrum
Dat.	mūrō	altō	mūrīs	altīs
Akk.	mūrum	altum	mūrōs	altōs
Abl.	mūrō	altō	mūrīs	altīs

S

1. Das **Adjektiv** kann gebraucht werden als
   a) Attribut: columnae altae in forō stant.

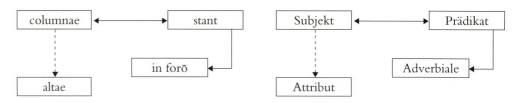

   b) Prädikatsnomen: columnae altae sunt.

   Das Prädikatsnomen bildet zusammen mit dem Hilfsverb (Kopula) *esse* das Prädikat. Zwischen dem Adjektiv und seinem Beziehungswort herrscht Kongruenz in: **K**asus, **N**umerus, **G**enus

2. Adjektive können auch substantivisch gebraucht werden:
   bonī, ōrum: die Guten
   bona, ōrum: die Güter, das Hab und Gut
   malī, ōrum: die Schlechten, die Bösen
   mala, ōrum: die Übel, das Böse

3. Der **Infinitiv** hat nach unpersönlichen Ausdrücken die syntaktische Funktion eines **Subjekts**:

Vokabeln

1	*librārius, a, um	Buch-	
	liber, librī m.	**Buch**	E library
	emere	**kaufen, nehmen**	
	*domī	zu Hause	Domizil
	māgnus, a, um	**groß, bedeutend, wichtig**	
	gaudium, ī n.	**Freude**	*gaudere*
	legere	**sammeln, lesen, auslesen**	Legende
2	**multī, ae, a**	**viele**	Multiplikation
	antīquus, a, um	**alt, altertümlich**	antik; E antique
	ōrnāre	**schmücken, ausstatten**	Ornament
	maximus, a, um	**der Größte, sehr groß**	Maximum
3	**alius, alia, aliud**	**ein anderer**	
5	**māne** (Adv.)	in der Frühe, morgens	
	servus, ī m.	**Sklave**	Servolenkung; E servant
	frequentāre	zahlreich, häufig besuchen	frequentieren

	cōpia, ae f.	Menge, Vorrat, Möglichkeit; Pl.: Truppen	Kopie; E copy
6	**frūmentum, ī n.**	Getreide	
	varius, a, um	bunt, mannigfaltig, wankelmütig	variabel; E various
7	★tabernārius, ī m.	Budeninhaber, Budenbesitzer	*taberna*
	saepe (Adv.)	oft	
	peregrīnus, a, um	fremd, ausländisch; subst.: Ausländer, Nichtbürger	
	cūnctī, ae, a	alle	
	necessārius, a, um	notwendig; subst.: Verwandter, Freund	E necessary
8	**vendere**	verkaufen	
	★reclāmāre	zurückrufen, laut rufen	*clamare*
9	cēnāre	speisen, essen	*cena*
	iūcundus, a, um	erfreulich, angenehm	
	locus, ī m.; Pl.: loca, ōrum n.	Ort, Platz, Rang; Pl.: Plätze, Gegend	Lokal; E local
	cibus, ī m.	Speise, Nahrung	
	bonus, a, um	gut, tüchtig	Bonbon
	★botulus, ī m.	Wurst	
11	**malus, a, um**	schlecht, böse, schlimm	
	improbus, a, um	schlecht, dreist, verbrecherisch	
	pecūnia, ae f.	Geld	pekuniär
12	imperītus, a, um (m. Gen.)	unerfahren (in)	
	negōtium, ī n.	Geschäft, Aufgabe, Tätigkeit	
	fallere	betrügen, täuschen	
	rārō (Adv.)	selten, nur selten	
	★damnum, ī n.	Verlust, Schaden	E damage
Imp	**altus, a, um**	hoch, tief	Altstimme
	laetus, a, um	froh, fröhlich	
	via, ae f.	Weg, Straße	Viadukt
	lātus, a, um	breit, ausgedehnt	E large
	summus, a, um	der Oberste, der Höchste	Summe
	clārus, a, um	hell, klar, berühmt	E clear
	nōtus, a, um	bekannt	notorisch
	quando?	wann?	
	Rōmanūs, ī m.	Römer	
	Rōmānus, a, um	römisch	
	Graecus, ī m.	Grieche	
	Syrus, ī m.	Syrer	

Lektion 7

Vokabeln

1 ★	medium, ī n.	Mitte	E middle
	māgnificus, a, um	großartig, prächtig	magnus; E magnificent
2	praeclārus, a, um	glänzend, herrlich, vortrefflich	clarus
	continēre	zusammenhalten, festhalten, umfassen	Kontinent
	sē (Akk.)	sich	
★	exstāre	vorhanden sein, herausstehen	stare
4	quondam (Adv.)	einst, einmal	
	cōnsulere (m. Akk.) (m. Dat.)	beraten, um Rat fragen sorgen für	konsultieren; E to consult
5 ★	aerārium, ī n.	Schatzkammer, Staatskasse	
	administrāre	verwalten, verrichten	Administration
★	rotundus, a, um	rund	Rotunde; E round
6	flamma, ae f.	Flamme, Feuer, Glut	E flame
	sānctus, a, um	heilig	
	servāre	bewahren, retten, bewachen	
	ātrium, ī n.	Atrium, Halle	
	situs, a, um	gelegen	E situated
7	nōn modo ... sed etiam	nicht nur ... sondern auch	
8	imprīmīs (Adv.)	vor allem, besonders	
9	tēctum, ī n.	Dach, Haus	Architekt
	sustinēre	stützen, (er)tragen	continere
10	ante (m. Akk.)	vor	
★	comitium, ī n.	Komitium, Versammlungsplatz (für die Volksversammlung)	
	rōstra, ōrum n.	Rednerbühne	
11	causa, ae f.	Grund, Ursache, Angelegenheit, Prozess	kausal
13 ★	nōtissimus, a, um	sehr bekannt, der Bekannteste	notus
	turba, ae f.	Verwirrung, Trubel, Menge	Trubel; E trouble
14	amīcus, a, um	freundlich, befreundet; subst.: Freund	
	consistere	sich hinstellen, stehen bleiben, Halt machen	E to consist
	colloquium, ī n.	Unterredung, Gespräch	Kolloquium
	dēlectāre	erfreuen, Freude machen	delikat; E delight
15	iuvat	es erfreut, es macht Spaß	
	Sāturnus, ī m.	Saturn	
	Vesta, ae f.	Vesta	
	Concordia, ae f.	Concordia	
	Iūlius, a, um	julisch	
	basilica Iūlia	Basilica Julia	
	Catō m.	Cato	
	Cicerō m.	Cicero	
	Via Sacra f.	Via Sacra	

Lektion 8

F — Die Konjugation des Verbs im Präsens

	a-Konjugation	e-Konjugation	i-Konjugation	kons. Konjugation
Sg. 1. P.	laudō	videō	audiō	agō
2. P.	laudās	vidēs	audīs	agis
3. P.	laudat	videt	audit	agit
Pl. 1. P.	laudāmus	vidēmus	audīmus	agimus
2. P.	laudātis	vidētis	audītis	agitis
3. P.	laudant	vident	audiunt	agunt

	esse	posse
Sg. 1. P.	sum	possum
2. P.	es	potes
3. P.	est	potest
Pl. 1. P.	sumus	possumus
2. P.	estis	potestis
3. P.	sunt	possunt

Sg. Imp. es!
Pl. este!

possum ist entstanden aus *pot(e) sum*: „Ich bin mächtig, bin imstande".

S — Der Interrogativsatz (Fragesatz)

a) Ein Fragesatz, der durch ein **Fragewort** (z. B. *quis*, *ubi*) eingeleitet wird, heißt **Wortfrage**.

b) Ein Fragesatz, der mit *-ne*, *nōnne*, *num* eingeleitet wird, heißt **Satzfrage**. Die Antwort erwartet man im Lateinischen in Form eines Satzes, im Deutschen genügt bei *-ne*: ja oder nein, bei *nōnne*: ja, bei *num*: nein.

Frage	Antwort
a) **Quis** Capitōlium videt?	**Marcus** Capitōlium videt.
Ubī domus Augusti est?	Domus Augusti **in Palātio** est.
b) Videt**ne** Marcus Capitōlium?	Marcus Capitōlium **videt**/**non videt**.
	oder: **Ita est**/**Ita non est**. (So ist es./So ist es nicht. – Ja/Nein.)

Die Apposition

Ein Nomen kann durch ein Substantiv im gleichen Kasus ergänzt werden. Diese Beifügung heißt **Apposition**.

Iulia templum Minerv**ae**, de**ae** clār**ae**, videt. — Julia sieht den Tempel **Minervas, einer** berühmten Göttin.

Vokabeln

2	**habēre**	**haben, halten, halten für**	E habit
	★ in animō habēre	im Sinn haben, vorhaben	
3	★ nōbīs (Dat.)	uns	
	dēmōnstrāre	**zeigen, beweisen, darlegen**	demonstrieren
5	**properāre**	**eilen, sich beeilen**	
	fessus, a, um	**ermüdet, müde, erschöpft**	
	arduus, a, um	**steil, beschwerlich**	
7	★ attentus, a, um	gespannt, aufmerksam	animum attendere
8	**fāma, ae f.**	**Sage, Gerücht; guter, schlechter Ruf**	famos
	prīmus, a, um	**der Erste, der Vorderste**	prima
	incola, ae m.	Einwohner, Bewohner	
	hīc (Adv.)	**hier**	
	casa, ae f.	Hütte	
9	**posse**	**können, vermögen**	E possible
10	domicilium, ī n.	Wohnsitz	Domizil
	collocāre	**aufstellen, errichten, unterbringen**	*locus*; E collocation
	placēre	**gefallen**	E please
	-ne (Fragepartikel)	etwa?	
	★ vōbīs (Dat.)	euch	
	explōrāre	**erkunden, auskundschaften, erforschen**	E to explore
11	**num (Fragepartikel)**	**etwa?, etwa gar?**	
	cessāre	zögern, säumen	
	simulācrum, ī n.	**Bild(nis), Abbild, Götterbild**	
13	**sōlus, a, um**	**allein, einsam**	Solist
	altum, ī n.	Höhe, hohe See	*altus*
15	**ōlim (Adv.)**	**einst**	
	lūdus, ī m.	**Spiel, Schule, Schauspiel**	
16	★ dēsertus, a, um	verlassen	desertieren; E desert
	vāstus, a, um	**weit, wüst, unermesslich**	E vast
17	**vesper, vesperī m.**	**Abend, Westen**	Vesper; E vesper
	adesse	anwesend sein, da sein, helfen	
Imp	**nōnne (Fragepartikel)**	**nicht?, denn nicht?, etwa nicht?**	
	Rōmulus, ī m.	Romulus	
	Augustus, ī m.	Augustus	
	Līvia, ae f.	Livia	
	M. Antōnius, ī m.	Marcus Antonius	

Lektion 9

F

1. **Das substantivische Interrogativpronomen**

Nom.	quis? quid?	wer? was?
Gen.	cuius?	wessen?
Dat.	cui?	wem?
Akk.	quem? quid?	wen? was?
Abl.	a quō?	von wem?
	quōcum?	mit wem?

2. **Adjektive der o-Deklination auf -(e)r**

Wie bei den Substantiven gibt es auch bei den Adjektiven der o-Deklination solche, die im Nom. Sg. den Wortausgang **-us** verloren haben und auf **-(e)r** enden:

asper, aspera, asperum — dexter, dextra, dextrum
(vgl. puer, puerī — liber, librī)

S

1. Der **Akkusativ** steht als Präpositionalobjekt bei **Richtungsangaben**: *Līberī in silvam properant.*
Er antwortet auf die Frage: Wohin (eilen die Kinder)? und kann mit oder ohne Präposition auftreten: *in silvam – ad forum – domum.*

2. Der **Akkusativ** steht auch bei **Ausrufen**: *Nōs miserōs!* Wir Armen!

3. Weitere Funktionen des **Ablativs**

semantische Funktion	syntaktische Funktion	Frage
Trennung, Ausgangspunkt (abl. separationis)	Adverbiale/Objekt	woher? wovon?
Art und Weise (abl. modi)	Adverbiale	wie? in welcher Weise?

Der **ablativus separationis** kann mit oder ohne Präposition stehen: *Avus et avia (ā) magnā cūrā līberī sunt.*

Der **ablativus modi** wird mit der Präposition *cum* verbunden, wenn das Substantiv ohne adjektivisches Attribut auftritt; bei Substantiven mit Attribut kann die Präposition fehlen: *Avus et avia līberōs cum gaudiō / magnō (cum) gaudiō excipiunt.*

Vokabeln

1	vesperī	am Abend, abends	
	īgnōtus, a, um	unbekannt	*notus*
	errāre	irren, sich verirren, sich täuschen	E to err
	asper, aspera, asperum	rau, schroff, mühsam	
	nōnnullī, ae, a	einige	
2	rēctus, a, um	gerade, recht, richtig	
	quaerere	suchen, fragen	

183

	★viam quaerere (ex amīco)	(den Freund) nach dem Weg fragen	
	studēre (m. Dat.)	**sich bemühen um, studieren**	E to study
	dīversus, a, um	**nach verschiedenen Seiten, verschieden**	E divers
	★respōnsum, i n.	Antwort	*respondere*; E response
3	★mihi	mir	
	interrogāre	**fragen, bitten**	*rogare*; E to interrogate
	dexter, dextra, dextrum	**rechts**	
	★ad dextram	rechts, nach rechts	
	★īte!	geht!	
4	**inde (Adv.)**	**von da, dann, daher**	
	★viam flectere	einen Weg einschlagen, einen Weg nehmen	
	sinister, sinistra, sinistrum	**links**	E sinister
	★ad sinistram	links, nach links	
5	**cōnsilium, ī n.**	**Rat, Absicht, Plan, Entschluss**	*consulere*; E counsel
	egēre (m. Abl.)	**bedürfen, nötig haben**	
	dēficere	**abfallen, ausgehen, fehlen**	Defizit
	★animō dēficere	den Mut verlieren	
	nōs (Nom.)	**wir**	
	nōs (Akk.)	**uns**	
	miser, misera, miserum	**elend, unglücklich, armselig**	miserabel
	vērus, a, um	**wahr, richtig**	
6	**certus, a, um**	**sicher, gewiss, zuverlässig**	E certain
	comperīre	**erfahren**	
7	**praetereā (Adv.)**	**außerdem, sonst noch**	
	fortasse (Adv.)	**vielleicht**	
	auxilium, ī n.	**Hilfe**	E auxiliaries
	praebēre	**darreichen, gewähren**	
9	**implōrāre**	**anflehen, erflehen**	E to implore
10	**ostendere**	**entgegenstrecken, zeigen, darlegen**	ostentativ
12	**dīligentia, ae f.**	**Sorgfalt, Umsicht**	E diligence
	medius, a, um	**der Mittlere, mitten**	*medium*
13	**pervenīre**	**hinkommen, ans Ziel gelangen, gelangen**	*venire*
	excipere	**ausnehmen, aufnehmen**	E except
	dēmum (Adv.)	**erst, endlich**	
14	**cūra, ae f.**	**Sorge, Sorgfalt**	Kur
	līber, lībera, līberum	**frei, ungebunden**	Libero
	grātia, ae f.	**Gunst, Dank**	E grace
Imp	**aeger, aegra, aegrum**	**verdrießlich, mühselig, krank**	
	grātus, a, um	**angenehm, dankbar**	*gratia*; E grateful
	hortus, ī m.	**Garten**	Hort
	statua, ae f.	**Statue, Standbild**	E statue
	sērō (Adv.)	**spät, zu spät (Adv.)**	
	Mercurius, ī m.	Merkur	

Lektion 10

F Die Konjugation des Verbs im Imperfekt

		a-Konjugation	e-Konjugation	i-Konjugation	kons. Konjugation
Sg.	1. P.	laudābam	habēbam	audiēbam	agēbam
	2. P.	laudābās	habēbās	audiēbās	agēbās
	3. P.	laudābat	habēbat	audiēbat	agēbat
Pl.	1. P.	laudābāmus	habēbāmus	audiēbāmus	agēbāmus
	2. P.	laudābātis	habēbātis	audiēbātis	agēbātis
	3. P.	laudābant	habēbant	audiēbant	agēbant

Einige Verben der konsonantischen Konjugation haben im Präsensstamm[1] eine Erweiterung mit **-i-**, wie z. B. *dēficere* und *excipere*. Im Präsens werden nur die **1. P. Sg.** und die **3. P. Pl.** erweitert (*dēficiō, dēficiunt*), im Imperfekt alle Formen (*dēficiēbam, dēficiēbās, dēficiēbat* usw.)

		esse	posse
Sg.	1. P.	eram	poteram
	2. P.	erās	poterās
	3. P.	erat	poterat
Pl.	1. P.	erāmus	poterāmus
	2. P.	erātis	poterātis
	3. P.	erant	poterant

Die Konjugation des Verbs im Perfekt

		a-Konjugation	e-Konjugation	i-Konjugation	kons. Konjugation
Sg.	1. P.	laudāvī	habuī	audīvī	ēgī
	2. P.	laudāvistī	habuistī	audīvistī	ēgistī
	3. P.	laudāvit	habuit	audīvit	ēgit
Pl.	1. P.	laudāvimus	habuimus	audīvimus	ēgimus
	2. P.	laudāvistis	habuistis	audīvistis	ēgistis
	3. P.	laudāvērunt	habuērunt	audīvērunt	ēgērunt

		esse	posse
Sg.	1. P.	fuī	potuī
	2. P.	fuistī	potuistī
	3. P.	fuit	potuit
Pl.	1. P.	fuimus	potuimus
	2. P.	fuistis	potuistis
	3. P.	fuērunt	potuērunt

---

[1] Zum Präsensstamm gehören die Formen des Präsens, Imperfekt und Futur I.

Der Perfektstamm ist gegenüber dem Präsensstamm[1] durch Anfügungen (Suffixe) oder lautliche Umbildungen verändert, z. B.:

a) Anfügung von **-v**: *laudāre – laudāvī*; *audīre – audīvī*
   -u: *habēre – habuī*

b) Zusatz von **-s**: *manēre – mānsī*; *mittere – mīsī*; *dīcere – dīxī* (< *dīc-sī*)

c) Ablaut mit **Dehnung** des Stammvokals: *vidēre – vīdī*; *venīre – vēnī*; *agere – ēgī*

d) **Reduplikation** (Verdoppelung) des Wortanfangs: *dare – dedī*; *currere – cucurrī*

---

[1] Zum Präsensstamm gehören Präsens, Imperfekt, Futur I, zum Perfektstamm Perfekt, Plusquamperfekt, Futur II.

S

1. Der **Gebrauch von Imperfekt und Perfekt**

   Das **Imperfekt** bezeichnet
   a) Bräuche und Gewohnheiten sowie Vorgänge in der Vergangenheit, die noch nicht abgeschlossen sind (durativ),
   b) Handlungen in der Vergangenheit, die sich oft wiederholen (iterativ),
   c) Handlungen, die sich oft wiederholen oder ein Versuch bleiben (imperfectum dē cōnātū).

   a) Iam diū Titus Iūlius Cornēliam amābat.
   b) Iterum atque iterum Titus Iūlius in theātrō puellam vidēbat.

   Das **Perfekt** dient
   a) als erzählendes Tempus zur Bezeichnung einmaliger abgeschlossener Handlungen in der Vergangenheit (historisches Perfekt); im Deutschen wird das Präteritum verwendet,
   b) zur Bezeichnung abgeschlossener Handlungen, die festgestellt und/oder beurteilt werden; im Deutschen steht ebenfalls das Perfekt.

   a) Titus Iūlius deīs immolāvit.
   b) „Bene dormīvī."

2. Der **ablativus temporis** (Ablativ der Zeit) steht als adverbiale Bestimmung ohne Präposition auf die Frage: wann?

   | Titus Iūlius prīmā hōrā ē lectō surgit. | Titus Julius erhebt sich in der ersten Stunde von seinem Bett. |

Vokabeln

1	cottīdiē (Adv.)	täglich	
	hōra, ae f.	Stunde	E hour
	• surgere	sich erheben, aufstehen	
	surgō, surrēxī		
2	• dormīre	schlafen	
	dormiō, dormīvī		
	bene (Adv.)	gut	
	dominus, ī m.	Herr	dominieren
5	interim (Adv.)	unterdessen	
	★avē!	sei gegrüßt!	

6	★resalūtāre	wiedergrüßen, zurückgrüßen	salutare
	★dextra, ae f.	die rechte Hand, Rechte	
	• dare	geben	
	dō, dedī		
7	diū (Adv.)	lange Zeit, lange	diutius
	filia, ae f.	Tochter	Filiale
	pulcher, pulchra, pulchrum	schön	
8	amāre	lieben	
	theātrum, ī n.	Schauplatz, Theater	E theatre
	★circus, ī m.	Zirkus	E circus
	• vidēre	sehen	
	videō, vīdī		
9	• habēre	haben, halten (für)	
	habeō, habuī		
	convenīre	zusammenkommen;	venire; Konvention
	conveniō, convēnī	b. Akk.: sich treffen mit	
	★grammaticus, i m.	Grammatiklehrer, Literaturlehrer	
10	appropinquāre	nahen, sich nähern	E to approach
	★sēdulus, a, um	fleißig	
	littera, ae f.	Buchstabe; Pl.: Wissenschaften, Brief, Literatur	E literature
11	• studēre (m. Dat.)	sich bemühen um, studieren	
	studeō, studuī		
12	• legere	sammeln, lesen, auslesen	
	legō, lēgī		
	cōgnōscere	erfahren, erkennen, kennen lernen	kognitiv
	cōgnōscō, cōgnōvī		
	herī (Adv.)	gestern	
14	magister, magistrī m.	Lehrer	Meister; E master
	★vituperāre	tadeln	E to vituperate
	verbum, ī n.	Wort	Verb
	neglegere	vernachlässigen, unbeachtet lassen	E to neglect
	neglegō, neglēxī		
15	nōnus, a, um	neunter, der Neunte	
	quattuor	vier	Quadrat
	in (m. Akk.)	in, gegen … hin, zu, nach	
	balneum, ī n.	Bad, Badezimmer; Pl.: Badeanstalt	
16	thermae, ārum f.	warme Bäder, Thermen	Therme
	• vendere	verkaufen	
	vendō, vendidī		
17	★advolāre	herbeieilen	volare
	at	jedoch, dagegen, aber	
	★paedagōgus, ī m.	Lehrer, Erzieher	Pädagoge E pedagogue
	sevērus, a, um	streng, ernst	E severe
	dīcere	sagen, behaupten, (er)nennen	
	dīcō, dīxī		
18	decimus, a, um	zehnter, der Zehnte	dezimieren
	conviva, ae m.	Gast	
	★festīnāre	sich beeilen	
	oportet	es ist nötig, es gehört sich	
	oportuit		

Titus Iūlius Candidus Capitō m.	Titus Julius Candidus Capito
Traniō m.	Tranio
Etychus, ī m.	Eutychus
Graecus, a, um	griechisch
Latīnus, a, um	lateinisch
Homērus, i m.	Homer
Vergilius, i m.	Vergil
Fortūna, ae f.	Fortuna

Lektion 11

F Die Konjugation im Plusquamperfekt

		a-Konjugation	e-Konjugation	i-Konjugation	kons. Konjugation
Sg.	1. P.	laudāveram	habueram	audīveram	ēgeram
	2. P.	laudāverās	habuerās	audīverās	ēgerās
	3. P.	laudāverat	habuerat	audīverat	ēgerat
Pl.	1. P.	laudāverāmus	habuerāmus	audīverāmus	ēgerāmus
	2. P.	laudāverātis	habuerātis	audīverātis	ēgerātis
	3. P.	laudāverant	habuerant	audīverant	ēgerant

		esse	posse
Sg.	1. P.	fueram	potueram
	2. P.	fuerās	potuerās
	3. P.	fuerat	potuerat
Pl.	1. P.	fuerāmus	potuerāmus
	2. P.	fuerātis	potuerātis
	3. P.	fuerant	potuerant

Die Substantive der 3. Deklination

	Singular		Plural	
Nom.	rēx	corpus	rēgēs	corpora
Gen.	rēgis	corporis	rēgum	corporum
Dat.	rēgī	corporī	rēgibus	corporibus
Akk.	rēgem	corpus	rēgēs	corpora
Abl.	rēge	corpore	rēgibus	corporibus

Die 3. Deklination umfasst Maskulina, Feminina und Neutra. Der Nominativ Singular weist verschiedene Endungen auf, z. B.: *pāstor, virgō, flūmen, urbs, rēx, corpus*.
Den **Stamm** des Substantivs erkennt man jeweils am **Genitiv Singular**: *virgō – virginis, urbs – urbis, rēx – rēgis, corpus – corporis*.
Der **Genitiv Plural** hat bei manchen Substantiven nicht den Ausgang *-um*, sondern *-ium*, z. B.: *vīrēs – vīrium, urbēs – urbium*.

Vokabeln

1 rēx, rēgis m.	König	
duo, duae, duo	zwei	Duett
fīlius, ī m.	Sohn	*filia*
quia	weil	
2 rēgnum, ī n.	Königsherrschaft, Königreich	*rēx*; E reign
nefārius, a, um	verbrecherisch, ruchlos	
frāter, frātris m.	Bruder	
prīvāre (m. Abl.)	berauben, befreien von	
3 urbs, urbis f.	Stadt	urban
expellere	hinausstoßen, vertreiben, verbannen	
expellō, expulī		
quamquam	obwohl, obgleich	
virgō, virginis f.	Mädchen, junge Frau	Virginia; E virgin
★virgō Vestālis	Vestapriesterin	
4 facere	machen, tun, machen zu	Faktum
faciō, fēcī		
adimere	wegnehmen, rauben, entreißen	*emere*
adimō, adēmī		
saevus, a, um	wild, wütend	
5 ★geminī, ōrum m.	Zwillinge	
gignere	erzeugen, hervorbringen	
gignō, genuī		
postquam (m. Perf.)	nachdem	
cūstōdia, ae f.	Wache, Haft, Gewahrsam	*cūstodīre*; E custody
6 rīpa, ae f.	Ufer	
flūmen, flūminis n.	Fluss, Strömung	
expōnere	aussetzen, auseinander setzen, darlegen	Exponat
expōnō, exposuī		
★lupa, ae f.	Wölfin	
alere	(er)nähren, fördern	Alimente
alō, aluī		
7 paulō post	wenig später, bald darauf	
pāstor, pāstōris m.	Hirte	Pastor
• invenīre	finden, erfinden, entdecken	*venīre*; E to invent
inveniō, invēnī		
8 ēducāre	erziehen	Koedukation; E educate
9 adolēscere	heranwachsen	
adolēscō, adolēvī		
vīrēs, vīrium f.	Kräfte, Streitkräfte	
corpus, corporis n.	Körper	corpus delicti
cēterī, ae, a	die übrigen	
iuvenis, iuvenis m.	junger Mann	
praestāre (m. Dat.)	(jemanden) übertreffen	
praestō, praestitī		
10 ferus, a, um	wild, ungezähmt	
★fera (bēstia) f.	wildes Tier	
ā/ab (m. Abl.)	von, von … her, von … an	
grex, gregis m.	Herde	Kongregation
arcēre	abhalten, abwehren	
arceō, arcuī		
★latrō, latrōnis m.	Räuber	
11 superāre	überwinden, übertreffen, besiegen	

	posteā (Adv.)	später, nachher, darauf	
	iniūstus, a, um	ungerecht	E unjust
	necāre	töten	
12	reddere	zurückgeben, machen zu	*dare*
	reddō, reddidī		
13	novus, a, um	neu, neuartig	Novum
	condere	gründen, bergen	
	condō, condidī		
	cōnstituere	festsetzen, beschließen, errichten	Konstitution
	cōnstituō, cōnstituī		
14	quod	weil	
	rēgnāre	herrschen	*regnum*
	cupere	begehren, wünschen	
	cupiō, cupīvī		
	★foedus, a, um	hässlich, schändlich	
	certāmen, certāminis n.	Wettkampf, Kampf	
15	• venīre	kommen	
	veniō, vēnī		
	altitūdō, altitūdinis f.	Höhe, Tiefe	*altus*; E altitude
	moenia, moenium n.	Stadtmauer (n)	
16	mūrus, ī m.	Mauer	
	trānsilīre	überspringen, hinüberspringen	
	trānsiliō, trānsiluī		
	interficere	töten, niedermachen	*facere*
	interficiō, interfēcī		
Imp	cur?	warum?	
	quōmodo?	wie, auf welche Weise?	
	īnsidiae, ārum f.	Hinterhalt, Überfall, Anschlag	
	Procās, ae m.	Prokas	
	Alba Longa f.	Alba Longa	
	Numitor, Numitōris m.	Numitor	
	Amūlius, ī m.	Amulius	
	Rhēa Silvia f.	Rhea Silvia	
	Mars, Martis m.	Mars	
	Faustulus, ī m.	Faustulus	
	Remus, ī m.	Remus	

Lektion 12

Vokabeln			
	1 annus, ī m.	Jahr	Annalen
	trādere	übergeben, überliefern	*dare*; tradieren; E tradition
	trādō, trādidī		
	2 collis, collis m.	Hügel	
	incolere	bewohnen, siedeln	*incola*
	incolō, incoluī		
	3 spēlunca, ae f.	Höhle	Spelunke

	parvus, a, um	**klein, gering**	
	vīvere	**leben**	Konvikt
	vīvō, vīxī		
4	**saeculum, ī n.**	**Zeitalter, Jahrhundert**	
	sextus, a, um	**sechster, der Sechste**	Sextett
	occupāre	**einnehmen, besetzen, beschäftigen**	E to occupy
	palūs, palūdis f.	**Sumpf**	
5	**fossa, ae f.**	**Graben**	
	★ siccāre	trocknen, trocken legen	
	exstruere	aufschichten, errichten	
	exstruō, exstrūxī		
6	circumdare	umgeben, herumlegen	*dare*
	circumdō, circumdedī		
7	**sacer, sacra, sacrum**	**heilig, geweiht**	sakral; E sacred
	aedificāre	**bauen, erbauen**	*aedificium*
8	**ultimus, a, um**	**der Äußerste, der Letzte**	**Ultimatum**
9	★ **socer, socerī m.**	Schwiegervater	
10	**fugāre**	**vertreiben, in die Flucht schlagen**	
	licentia, ae f.	**Willkür, Freiheit, Zügellosigkeit**	Lizenz; E license
	★ crūdēlitās, crūdēlitātis f.	Rohheit, Grausamkeit	E cruelty
	inimīcus, ī m.	**Feind**	*amicus*; E enemy
11	**timēre**	**(sich) fürchten, besorgt sein um**	
	timeō, timuī		
	cūstōs, cūstōdis m.	**Wächter, Hüter**	*custodire*; Küster
	circum (m. Akk.)	**um, um … herum**	
12	**integer, integra, integrum**	**rein, untadelig, unversehrt**	
	iniūria, ae f.	**Unrecht, Ungerechtigkeit, Beleidigung**	E injury
	mulier, mulieris f.	**Frau**	
	★ pudīcus, a, um	schamhaft, ehrbar	
	ob (m. Akk.)	**gegen … hin, wegen**	
	mors, mortis f.	**Tod**	
	★ multāre	bestrafen	
13	• **admonēre**	**mahnen, ermahnen, erinnern**	E to admonish
	admoneō, admonuī		
	tyrannus, ī m.	**Alleinherrscher, Gewaltherrscher**	Tyrann
14	**tōtus, a, um**	**ganz**	total
	gēns, gentis f.	**Geschlecht, Gattung, (Volks)stamm**	
	līberāre	**befreien, freisprechen**	*liber*; liberal
	superbus, a, um	**hochmütig, stolz, erhaben**	E superb
15	**tamen**	**trotzdem, dennoch**	
16	**īnstitūtum, ī n.**	**Einrichtung, Vorhaben**	Institut
	retinēre	**festhalten, beibehalten**	*continere*
	retineō, retinuī		
	officium, ī n.	**Dienst, Amt, Pflicht**	Offizier; E office
	★ haruspex, haruspicis m.	Opferbeschauer, Zeichendeuter	
	★ augur, auguris m.	Vogelschauer, Weissager	
	triumphus, ī m.	**Triumph, Triumphzug**	

17 **toga, ae** f.	Toga, Gewand	
★ triumphātor, triumphatōris m.	Triumphator	*triumphus*
★ gladiātōrius, a, um	Gladiatoren-	Gladiator
Livius, ī m.	Livius	
Etrūscus, a, um	etruskisch	
Etrūscī, ōrum m.	Etrusker	
Tarquinius Prīscus m.	Tarquinius Priskus	
Servius Tullius m.	Servius Tullius	
Tarquinius Superbus m.	Tarquinius Superbus	
Tarquiniī, ōrum m.	Tarquinier	
Lucrētia, ae f.	Lukretia	
Lūcius Iūnius Brūtus m.	Lucius Iunius Brutus	

Lektion 13

F **Der Infinitiv Perfekt**

a-Konjugation	e-Konjugation	i-Konjugation	kons. Konjugation
laudāv**isse**	habu**isse**	audīv**isse**	ēg**isse**

S **Der Akkusativ mit Infinitiv (a c i)**

1. Der a c i ist ein satzwertiger abhängiger Aussagesatz, der aus einem Subjekt in Form eines Akkusativs (**Subjektsakkusativ**) und aus einem Prädikat in Form eines Infinitivs (**Prädikatsinfinitiv**) besteht:

Rōmānī **legiōnem appropinquāre** audiunt: Die Römer hören, **dass sich die Legion nähert**.

2. Der a c i steht
    a) nach den Ausdrücken des Sagens und Meinens: *dīcere, narrāre, negāre, putāre, fāma est* usw.: Cīvēs narrant M. Fūrium urbem hostium expūgnāvisse.
    b) nach den Ausdrücken der Wahrnehmung und des Wissens: *audīre, vidēre, scīre, īgnōrāre, cōnstat* usw.: Audīvimus incolās Vēiōrum cōpiīs Rōmānōrum diū restitisse;
    c) nach den Ausdrücken der Gefühlsäußerung: *gaudēre* usw.: Gaudēmus M. Fūrium hostēs superāvisse.

3. Der a c i hat die syntaktische Funktion
    a) eines **Objekts** nach Verben:

b) eines **Subjekts** nach unpersönlichen Ausdrücken:

4. Der Prädikatsinfinitiv im a c i kann durch adverbiale Bestimmungen und durch Objekte erweitert werden:

   Vidēmus servōs praedam portāre. Quis īgnōrat mīlitēs Rōmānōs semper summā virtūte pūgnāre?

5. Der Infinitiv im a c i bezeichnet stets ein Zeitverhältnis.
   a) Der Infinitiv Präsens bezeichnet die mit der übergeordneten Handlung gleichzeitig andauernde Handlung (**Infinitiv der Gleichzeitigkeit**):
   Vident senatōrēs ante āgmen incēdere.

   b) Der Infinitiv Perfekt bezeichnet die im Verhältnis zur übergeordneten Handlung bereits abgeschlossene Handlung (**Infinitiv der Vorzeitigkeit**):
   Gaudēmus M. Fūrium hostēs superāvisse.

Vokabeln

2	**nātiō, nātiōnis** f.	Volksstamm, Volk	Nation
	finitimus, a, um	angrenzend, benachbart, nahe stehend	
	gerere	tragen, führen, ausführen	
	gerō, gessī		
3	**certāre**	streiten, wetteifern	*certamen*
*	opulentus, a, um	reich, mächtig	*opulent*
4	**resistere**	widerstehen, Widerstand leisten	E to resist
	resistō, restitī		
5	decem	zehn	*decimus*
	dēfendere	abwehren, verteidigen	**defensiv**
	dēfendō dēfendī		
	imperātor, imperātōris m.	Feldherr, Kaiser, Herrscher	*imperium*; E emperor
6	**expūgnāre**	erobern, bezwingen	*pugnare*
	dēlēre	zerstören, vernichten	E to delete
	dēleō, dēlēvī		
	senātor, senātōris m.	Senator	
7	**dēcernere**	entscheiden, beschließen	*cernere*; Dekret
	dēcernō, dēcrēvī		
8	**cīvis, cīvis** m.	Bürger, Mitbürger	zivil; E citizen
	mīles, militis m.	Soldat	Militär
	legiō, legiōnis f.	Legion	
9	• **audīre**	hören	
	audiō, audīvī		
	agmen, agminis n.	Heereszug, Schar, Marsch	
	incēdere	einherschreiten, eintreten, befallen	
	incēdō, incessī		
	sub (m. Akk.)	unter(wohin?)	
	(m. Abl.)	unter (wo?); am Fuß von	

	sīgnum, ī n.	Zeichen, Feldzeichen	Signal; E sign
10	praeda, ae f.	Beute	
	hostis, hostis m.	Feind, Landesfeind	
12	īgnōrāre	nicht kennen, nicht wissen	*ignotus*; ignorieren
13	virtūs, virtūtis f.	Tüchtigkeit, Tapferkeit, Tugend	virtuos; E virtue
	pūgnāre	kämpfen	
14	intereā (Adv.)	unterdessen, inzwischen	
	• pervenīre perveniō, pervēnī	ankommen, (ans Ziel) gelangen	
	★ taurus, ī m.	Stier	Torero
	★ albus, a, um	weiß	Album
15	sacerdōs, sacerdōtis m/f.	**Priester, Priesterin**	*sacer*
	grātiās agere	danken, Dank sagen	
	inquit	**er sagt, er sagte**	
	nōn sōlum ... sed etiam	**nicht nur ... sondern auch**	
	fortitūdō, fortitūdinis f.	**Tapferkeit**	
16	**cōnstat**	**es steht fest, es ist bekannt**	
Imp	**salvus, a, um**	**wohlbehalten, unverletzt**	
	carmen, carminis n.	**Lied, Gesang, Gedicht**	
	illūdere illūdō, illūsī	verspotten	*ludus*; Illusion
	quoque (nachgestellt)	auch	
	★ īnflammāre	anzünden, anfeuern	*flamma*; E to inflame
	artificium, ī n.	**Kunstwerk**	E art
	rapere rapiō, rapuī	**raffen, wegschleppen, rauben**	E to rape
	Tarquinius, ī m.	Tarquinius	
	Sabīnus, a, um	sabinisch	
	Sabīnī, ōrum m.	Sabiner	
	Volscī, ōrum m.	Volsker	
	Aequī, ōrum m.	Äquer	
	Italia, ae f.	Italien	
	Vēiī, ōrum m.	Veji	
	M. Fūrius Camillus m.	Markus Furius Camillus	
	Titus, ī m.	Titus	
	Vespasiānus, ī m.	Vespasian	

Lektion 14

S Kasusfunktionen

Kasus und semantische Funktion	syntaktische Funktion	Beispiel
Genitiv		
genitivus subiectivus (bezeichnet das Subjekt einer Handlung oder Empfindung)	Attribut	gaudium spectātōrum die Freude der Zuschauer
genitivus obiectivus (bezeichnet das Objekt einer Handlung oder Empfindung)	Attribut	cupiditās pecūniae die Gier nach Geld/Geldgier
genitivus partitivus (bezeichnet das Ganze, von dem ein Teil angegeben ist)	Attribut	cōpia elephantōrum eine Menge (von) Elefanten
genitivus qualitatis (bezeichnet die Eigenschaft)	Attribut	Gladiātōrēs magnae fortitūdinis in arēnā pūgnant. Gladiatoren von großer Tapferkeit kämpfen in der Arena.
	Prädikatsnomen	Gladiātōrēs sunt virī magnae audāciae. Gladiatoren sind Männer von großem Wagemut.
genitivus possessivus (bezeichnet die Zugehörigkeit)	Prädikatsnomen	rēgis est es ist die Aufgabe, Pflicht des Königs fortitūdinis est es ist ein Zeichen von, zeugt von Mut
Dativ		
dativus finalis (bezeichnet den Zweck)	Prädikatsnomen	Lūdī nōbīs gaudiō sunt. (Die Spiele sind uns zur Freude.) Die Spiele machen uns Freude.
Ablativ		
ablativus causae (bezeichnet den Grund)	Adverbiale	Lūdīs gaudēmus. Wir freuen uns über die Spiele.
ablativus qualitatis (bezeichnet die Eigenschaft)	Attribut	Vir magnō ingeniō ōrātiōnem habet. Ein Mann von großer Begabung hält eine Rede.
	Prädikatsnomen	Lūdī gladiātōriī magnā crūdēlitāte sunt. Die Gladiatorenspiele sind sehr grausam.

Vokabeln

	Latein	Deutsch	Hinweis
1	tempus, temporis n.	Zeit, Lage	temporär
	voluptās, voluptātis f.	**Vergnügen, Lust, Genuss**	
	causā (m. Gen.)	wegen, um … wegen, um … willen	
2	★scaenicus, a, um	theatralisch, Bühnen-	
	mūnus, mūneris n.	**Aufgabe, Amt, Gladiatorenspiel, Geschenk**	
	★circēnsēs, circēnsium m.	Zirkusspiele	
	homō, hominis m.	**Mensch**	
3	★mīmus, ī m.	Schauspieler, Posse	Mime
5	flāgitāre	fordern, dringend fordern	
	pānis, pānis m.	**Brot**	paniert
6	★amphitheātrum, ī n.	Amphitheater	E theatre
	★vēnātiō, vēnātiōnis f.	Jagd	
	arēna, ae f.	**Sand, Kampfplatz, Arena**	
7	scīre	wissen, verstehen	
	sciō, scīvī		
	★bēstiārius, ī m.	Tierkämpfer	*bestia*
	elephantus, i m.	Elefant	Elefant; E elephant
	★bēlua, ae f.	Tier, Untier	
	★lacerāre	zerreißen, zerfleischen	
8	**scelestus, a, um**	**frevelhaft, verbrecherisch**	
	★spectātor, spectātōris m.	Zuschauer	*spectare*; E spectator
10	**cum (m. Ind.)**	**wenn, immer wenn, als, als plötzlich**	
	★tuba, ae f.	Trompete	
	★concinere	ertönen	
	concinō, concinuī		
	incipere	**anfangen, beginnen**	
	incipiō, coepī		
	gladiātor, gladiātōris m.	Gladiator	
11	**ūnus, a, um**	**einer**	
	★humī	auf dem Boden	
	aut … aut	**entweder … oder**	
12	★pollex, pollicis m.	Daumen	
	vertere	**wenden, drehen**	
	vertō, vertī		
	interdum (Adv.)	manchmal	
	sine (m. Abl.)	ohne	
13	**victor, victōris m.**	**Sieger**	*vincere*
	lībertās, lībertātis f.	**Freiheit**	*liberare*; E liberty
14	**poēta, ae m.**	**Dichter, Poet**	E poet
15	**trahere**	**ziehen, schleppen**	Traktor
	trahō, trāxī		
	clāmor, clāmōris m.	Lärm, Geschrei	*clamare*
	fīnis, fīnis m.	**Ende, Grenze, Ziel; Pl.: Gebiet**	Finale
	petere	erstreben, erbitten; eilen, angreifen	Petition
	petō, petīvī		
16	iubēre	beauftragen, befehlen	
	iubeō, iussī		
	et … et	sowohl … als auch	

17	**mittere**	schicken, entsenden, gehen lassen	Mission
	mittō, mīsī		
Imp	**timor, timōris** m.	**Furcht, Besorgnis**	*timere*
	cupiditās, cupiditātis f.	**Verlangen, Gier, Leidenschaft**	*cupere*
	Mārtiālis, is m.	Martial	
	Prīscus, ī m.	Priskus	
	Vērus, ī m.	Verus	

Lektion 15

F Das Personalpronomen

	Singular		Plural	
	1. Person	2. Person	1. Person	2. Person
Nom.	ego (ich)	tū (du)	nōs (wir)	vōs (ihr)
Gen.	meī	tuī	nostrī/nostrum	vestrī/vestrum
Dat.	mihi	tibi	nōbīs	vōbīs
Akk.	mē	tē	nōs	vōs
Abl.	ā mē	ā tē	ā nōbīs	ā vōbīs
	mēcum	tēcum	nōbīscum	vōbīscum

Die Genitivformen des Personalpronomens werden vom Possessivpronomen gebildet.

Komposita von esse

abesse	absum	āfuī	abwesend sein, fehlen
adesse	adsum	affuī	anwesend sein, beistehen
dēesse	dēsum	dēfuī	fehlen
interesse	intersum	interfuī	dazwischen sein, teilnehmen
obesse	obsum	obfui	hinderlich sein, schaden
praeesse	praesum	praefuī	vorstehen, leiten
prōdesse	prōsum	prōfuī	nützen
superesse	supersum	superfuī	übrig sein

Bei *prōdesse* bleibt das *d* vor einem Vokal bestehen, sonst fällt es weg.

Vokabeln

1	**cōnsīdere**	sich setzen, sich niederlassen	
	cōnsīdō, cōnsēdī		
2	pūgna, ae f.	Kampf	*pugnare*
	interesse (m. Dat.)	**teilnehmen**	E interest in
	intersum, interfui		
	tam	**so, in solchem Grade**	
	animōsus, a, um	mutig, beherzt	*animus*

3	dēesse	fehlen, mangeln	
	dēsum, dēfuī		
4	exīstimāre	urteilen, meinen, halten für	E to estimate
5	praedō, praedōnis m.	Räuber, Seeräuber	*praeda*
	ager, agrī m.	Acker, Feld, Gebiet	E acre
	invādere	eindringen, angreifen	Invasion; E to invade
	invādō, invāsī		
6	paucī, ae, a	wenige	
	superesse	übrig sein, überbleiben	
	supersum, superfuī		
7	longē (Adv.)	weit, weitaus, bei weitem	
	patria, ae f.	Vaterstadt, Vaterland, Heimat	Patriot
	abesse	abwesend sein, entfernt sein, fehlen	
	absum, āfuī		
8	prīnceps, prīncipis m.	der Erste, der Fürst, der Princeps	Prinz; E prince
	praeesse	vorstehen, leiten	
	praesum, praefuī		
9	bellāre	Krieg führen	*bellum*
	servitūs, servitūtis f.	Knechtschaft, Sklaverei	*servus*; E servitude
★	abdūcere	wegführen, abbringen	E to abduct
	abdūcō, abdūxī		
10	calamitās, calamitātis f.	Unglück, Schaden, Niederlage	Kalamität; E calamity
11	prōdesse	nützlich sein, nützen	Prosit
	prōsum, prōfuī		
13	rūsticus, a, um	ländlich, bäuerlich; subst.: Bauer	rustikal
	terrēre	(er)schrecken	terrorisieren
	terreō, terruī		
14 ★	perīculōsus, a, um	gefährlich	
15	longus, a, um	lang, ausgedehnt, weit	E long
17	audācia, ae f.	Kühnheit, Wagemut	
18	accipere	annehmen, empfangen, vernehmen	akzeptieren; E to accept
	accipiō, accēpī		
19	studium, ī n.	Eifer, Beschäftigung, Studium, Interesse	*studere*; E study
20	• appārēre	erscheinen, sich zeigen	
	appāreō, appāruī		
22	• vincere	siegen, besiegen	
	vincō, vīcī		
	perdere	verderben, zugrunde richten, verlieren	E perdition
	perdō, perdidī		
Imp	aliquandō (Adv.)	irgendwann, einst, einmal	
	vīcus, ī m.	Wohngebiet, Dorf, Gasse	
	vincula, ōrum n.	Gefängnis, Fesseln	
	conicere	zusammen(werfen), vermuten	
	coniciō, coniēcī		
	obesse	hinderlich sein, schaden	
	obsum, obfuī		
	fugere	fliehen, meiden	Zentrifuge
	fugiō, fūgī		

excitāre	aufwecken, erregen, ermuntern, begeistern	E to excite
molestus, a, um	lästig, beschwerlich	E to molest
dissentīre	abweichen, nicht übereinstimmen	Dissenz
dissentiō, dissēnsī		
timidus, a, um	furchtsam, ängstlich	*timere*; E timid
mortuus, a, um	gestorben, tot	*mors*
adiuvāre (m. Akk.)	unterstützen, helfen	**Adjutant**
adiuvō, adiūvī		
propter (m. Akk.)	wegen	
solvere	lösen, befreien, (be)zahlen	E to solve
solvō, solvī		
Flāvus, ī m.	Flavus	
Lȳdus, ī m.	Lydus	
Lȳdia, ae f.	Lydien	
Gallia, ae f.	Gallien	
Gallus, a, um	gallisch; subst.: der Gallier	

Lektion 16

F Die Konjugation von ferre

Ind. Akt.	Präsens	Imperfekt	Perfekt	Plusquamperfekt
	ferō	ferēbam	tulī	tuleram
	fers	ferēbas	tulistī	tuleras
	fert	*usw.*	*usw.*	*usw.*
	ferimus			
	fertis			
	ferunt			

Imperativ: **fer**! **ferte**!

Die Adjektive der 3. Deklination

Sie sind dreiendig: celeber (m), celebris (f), celebre (n)
           zweiendig: illustris (m, f), illustre (n)
           einendig: fēlīx (m, f, n)

Die meisten Adjektive der 3. Deklination gehören zu den i-Stämmen.

Sie haben **-ī**   im Ablativ Singular
        -ia im Nominativ und Akkusativ Neutrum Plural
        -ium im Genitiv Plural

-e, -a, -um haben wenige einendige Adjektive, z.B. *vetus, pauper, dīves*; sie gehören zu den Konsonantenstämmen.

	Singular						
	m	f	n	m/f	n	m/f	n
Nom.	celeber	celebris	celebre	illūstris	illūstre	fēlīx	fēlīx
Gen.		celebris		illūstris		fēlīcis	
Dat.		celebrī		illūstrī		fēlīcī	
Akk.	celebrem		celebre	illūstrem	illūstre	fēlīcem	fēlīx
Abl.		celebrī		illūstrī		fēlīcī	

	Plural					
Nom.	celebrēs	celebria	illūstrēs	illūstria	fēlīcēs	fēlīcia
Gen.		celebrium		illūstrium		fēlīcium
Dat.		celebribus		illūstribus		fēlīcibus
Akk.	celebrēs	celebria	illūstrēs	illūstria	fēlīcēs	fēlīcia
Abl.		celebribus		illūstribus		fēlīcibus

Vokabeln

1 **prīmō (Adv.)** — anfangs, zuerst — *primus*
　★ triclīnium, ī n. — Speisezimmer
　omnis, omne — jeder, ganz; Pl.: alle — Omnibus
2 ★ discumbere — sich zu Tische legen, sich lagern
　　discumbō, discubuī
　pēs, pedis m. — Fuß — Pedal
　ingēns, ingentis — ungeheuer, gewaltig, riesig
　★ lavāre — waschen
　　lavō, lāvī
3 **nōndum** — noch nicht
4 **nōbilis, nōbile** — berühmt, vornehm, adelig — nobel; E noble
　★ lectīca, ae f. — Sänfte, Tragbett
　ferre — (er)tragen, bringen, berichten
　　ferō, tulī
　afferre — herbeitragen, hinzufügen
　　afferō, attulī
5 **pōnere** — legen, setzen, stellen — posieren; E to position
　　pōnō, posuī
　rīdēre — lachen, verlachen — E to deride
　　rīdeō, rīsī
　★ nihil nisī — nichts wenn nicht, nichts außer, nur
　caput, capitis n. — Kopf, Haupt(stadt), Hauptsache — E capital
6 **ēminēre** — herausragen, hervorragen — Eminenz; E eminence
　　ēmineō, ēminuī
7 **mōs, mōris m.** — Sitte, Brauch; Pl.: Charakter — Moral
　māiōrēs, māiōrum m. — Vorfahren
　★ lepus, leporis m. — Hase
8 **ānser, ānseris m.** — Gans
　★ aper, aprī m. — Wildschwein, Keiler

	avis, avis f.	Vogel	
	quīn etiam	ja sogar	
9	pater, patris m.	Vater	*patria*; E father
	meus, a, um	mein	
	pauper, pauperis	arm	E poor
	dīves, dīvitis	reich	
	nōmen, nōminis n.	Name	
10	illūstris, illūstre	hell, klar, berühmt, bedeutend, bekannt	Illustrierte
	tālis, tāle	so beschaffen, solch	
	iactāre	(hin und her) werfen, schleudern	
	★ sē iactāre	prahlen, sich brüsten	
11	circulī ārdentēes	brennende Reifen	
	dēns, dentis m.	Zahn	Dentist
12★	amphora, ae f.	Krug, Amphore	
	tollere	aufheben, beseitigen, wegtragen	
	tollō, sustulī		
	★ spectāculum, ī n.	Schauspiel	*spectare*; Spektakel
	admīrātiō, admīrātiōnis f.	Bewunderung, Erstaunen, Verwunderung	E admiration
14	trēs, trēs, tria	drei	Trio; E three
	★ sūs, suis m/f.	Schwein, Sau	
	addūcere	hinführen, veranlassen	
	addūcō, addūxī		
15	★ coquus, ī m.	Koch	
16	vōx, vōcis f.	Stimme, Wort	*vocare*; Vokal
18	brevī (Adv.)	in Kürze, in kurzer Zeit, bald	
	★ porcus, ī m.	Schwein	E pork
	• occīdere	niederhauen, töten	
	occīdō, occīdī		
	īnferre	hineintragen, (einem etw.) zufügen	
	īnferō, intulī		
19	putāre	glauben, meinen, halten für	
20	īrātus, a, um	zornig, erzürnt	E irate
22	★ venter, ventris m.	Bauch	
	secāre, secō, secuī	schneiden, abschneiden	Sekte
23	★ excidere	herausfallen	
	excidō, excidī		
Imp	fēlīx, fēlīcis	glücklich, erfolgreich	
	dulcis, dulce	süß, angenehm, lieblich	
	nātus, a, um	geboren, alt	E native
	vetus, veteris	alt	Veteran
	Trimalchiō, Trimalchiōnis m.	Trimalchio	

Lektion 17

Vokabeln

1	quartus, a, um	vierter, der Vierte	Quartett
	⋆ a. Chr. n.	vor Christi Geburt	
4	iuventūs, iuventūtis f.	Jugend	*iuvenis*; E youth
	mīlitāris, mīlitāre	soldatisch, wehrfähig	*miles*; militärisch
	coniūnx, coniugis f.	Gattin	
	ac	und, und auch, wie, als	
	arx, arcis f.	Burg	*arcere*; E arch
	cēdere	gehen, weichen, nachgeben	E to cede
	cēdō, cessī		
5	sē cōnferre	sich begeben	
	cōnferō, contulī		
6	porta, ae f.	Tor, Tür	Pforte
	apertus, a, um	offen, offenkundig, klar	
7	ferrum, ī n.	Eisen, Schwert, Waffe	
	īgnis, īgnis m.	Feuer, Brand	
	nox, noctis f.	Nacht	
	⋆ praeruptus, a, um	abschüssig, steil	
	saxum, ī n.	Stein, Steinblock, Fels	
8	canis, canis m.	Hund	
	• fallere	betrügen, täuschen	
	fallō, fefellī		
	⋆ vigil, vigilis	wachsam	
9	ēgregius, a, um	hervorragend, ausgezeichnet	*grex*
	arma, ōrum n.	Waffen	Armee; E arms
	arripere	an sich reißen	
	arripiō, arripuī		
10	concurrere	zusammenlaufen, zusammenstoßen	*currere*; Konkurrenz
	concurrō, concurrī		
	tēlum, ī n.	Geschoss	
11	dēicere	herabwerfen, niederwerfen	
	dēiciō, dēiēcī		
12	dux, ducis m.	Führer	E Duke
	pāx, pācis f.	Friede	E peace
13	⋆ mīlle; Pl.: milia	tausend	Meile
	pondus, ponderis n.	Gewicht, Pfund	E pound
	aurum, ī n.	Gold	
	pretium, ī n.	Preis, Wert	E price
	dum (m. Ind. Präs.)	während	
	⋆ pendere	wägen, abwägen, zahlen	
	pendō, pependī		
14	gladius, ī m.	Schwert	*gladiator*; Gladiole
	⋆ lībra, ae f.	Waage, Gewicht	
	addere	hinzufügen	*dare*; Addition; E to add
	addō, addidī		
	⋆ vae	wehe, ach	
	⋆ victus, a, um	besiegt	*vincere*
15	tertius, a, um	dritter, der Dritte	Terzett; E the third
	singulāris, singulāre	einzeln, einzigartig	singulär

16 mōns, montis m.	Berg	E mount
• cōnsistere cōnsistō, cōnstitī	sich hinstellen, stehen bleiben, halt machen	E to consist
• ostendere ostendō, ostendī	entgegenstrecken, zeigen, darlegen	
17 ★ trānscendere trānscendō, trānscendī	hinübersteigen, überschreiten	transzendent; E to transcend
18 proelium, ī n.	Gefecht, Schlacht	
complūrēs, complūrium	mehrere	
cōnsul, cōnsulis m.	Konsul	*consulere*
19 atrōx, atrōcis	schrecklich, abscheulich, wild	E atrocious
dēvincere dēvincō, dēvīcī	besiegen, völlig besiegen	*vincere*
immortālis, immortāle	unsterblich	*mors*; E immortal
sibi (Dat.)	sich	
comparāre	beschaffen, erwerben, vergleichen	*parare*; E to compare
20 praesidium, ī n.	Schutz, Besatzung, Stützpunkt	
exclāmāre	ausrufen	*clamare*; E to exclaim
22 peragrāre	durchwandern, durchziehen, durchstreifen	*ager*
23 ★ praefectus, ī m.	Befehlshaber, Präfekt	
eques, equitis m.	Reiter, Ritter	*equus*
victoria, ae f.	Sieg	*victor*; E victory
nescire nesciō, nescīvī	nicht wissen, nicht kennen	*scire*
Allia, ae f.	Allia	
porta Collīna	Porta Collina	
Manlius, ī m.	Manlius	
Q. Sulpicius m.	Quintus Sulpicius	
Brennus, ī m.	Brennus	
Hannibal, Hannibalis m.	Hannibal	
Alpēs, Alpium m.	Alpen	
Poenī, ōrum m.	Punier	
Cannae, ārum f.	Cannae	
Campānia, ae f.	Kampanien	
Maharbal, Maharbalis m.	Maharbal	

Lektion 18

F Die Konjugation im Futur

Futur I

	a-Konjugation	e-Konjugation	i-Konjugation	kons. Konjugation
Sg. 1. P.	laudābō	habēbō	audiam	agam
2. P.	laudābis	habēbis	audiēs	agēs
3. P.	laudābit	habēbit	audiet	aget
Pl. 1. P.	laudābimus	habēbimus	audiēmus	agēmus
2. P.	laudābitis	habēbitis	audiētis	agētis
3. P.	laudābunt	habēbunt	audient	agent

Futur II

	a-Konjugation	e-Konjugation	i-Konjugation	kons. Konjugation
Sg. 1. P.	laudāverō	habuerō	audīverō	ēgerō
2. P.	laudāveris	habueris	audīveris	ēgeris
3. P.	laudāverit	habuerit	audīverit	ēgerit
Pl. 1. P.	laudāverimus	habuerimus	audīverimus	ēgerimus
2. P.	laudāveritis	habueritis	audīveritis	ēgeritis
3. P.	laudāverint	habuerint	audīverint	ēgerint

Das **Tempuszeichen** für das **Futur I** ist bei der a- und e-Konjugation **–b–**, bei der i- und bei der konsonantischen Konjugation **–a–** für die 1. P. Sg. und **–e–** für alle weiteren Personen.

In der a- und e-Konjugation tritt von der 2. P. Sg. an noch ein **Aussprechvokal** zwischen Tempuszeichen und Personalendung.
Bei den mit **-i-** erweiterten Verben der konsonantischen Konjugation lautet das Futur I: *capiam, capiēs, capiet* usw.

Im **Futur II** ist das **Tempuszeichen** in allen Konjugationen **–er–**. Auch hier tritt von der 2. P. Sg. an ein Aussprechvokal zwischen Tempuszeichen und Personalendung.

Das Futur von esse, posse prodesse

	Futur I			Futur II		
Sg. 1. P.	erō	poterō	proderō	fuerō	potuerō	profuerō
2. P.	eris	poteris	proderis	fueris	potueris	profueris
3. P.	erit	*usw.*	*usw.*	*usw.*	*usw.*	*usw.*
Pl. 1. P.	erimus					
2. P.	eritis					
3. P.	erunt					

Das Possessivpronomen

Singular		Plural	
1. P.	2. P.	1. P.	2. P.
meus, a, um mein	tuus, a, um dein	noster, tra, trum unser	vester, tra, trum euer

S Der Gebrauch des Futur II

Das im Deutschen weithin ungebräuchliche Futur II wird im Lateinischen regelmäßig verwendet, um das Zeitverhältnis zwischen dem futurischen Hauptsatz und einem Gliedsatz auszudrücken. Es wird im Gliedsatz dann gesetzt, wenn die in ihm beschriebene Handlung zeitlich oder logisch vor der Handlung des Hauptsatzes liegt.

Amīcī nōbis invidēbunt, cum nōs Ōstiae fuisse audīverint.
Sī fessī fuerimus, nōs cibō recreābimus.

Die Wiedergabe im Deutschen erfolgt in der Regel durch das Präsens oder das Perfekt. Also: Die Freunde werden uns beneiden, wenn sie hören (gehört haben), dass wir in Ostia waren.
Wenn wir müde (geworden) sind, werden wir uns mit Essen stärken.

Der Unterschied zwischen si und cum

Die Konjunktion **wenn** wird im Deutschen gleichermaßen für Konditionalsätze (Bedingungssätze) wie für Temporalsätze (Zeitsätze) gebraucht:
Wenn es regnet, komme ich nicht (konditional).
Wenn wir gegessen haben, brechen wir auf (temporal).

Im Lateinischen wird – wie auch im Englischen (vgl. if und when) – die konditionale von der temporalen Beziehung durch den Gebrauch verschiedener Konjunktionen unterschieden:
konditional: si = wenn, falls
temporal: cum = (dann,) wenn.

Amīcī nōbis invidēbunt, cum nōs Ōstiae fuisse audīverint.
Sī fessī fuerimus, nōs cibō recrābimus.

Vokabeln

1
crās (Adv.)	morgen	
sī	wenn, falls	
caelum, ī n.	Himmel, Witterung, Klima	
*serēnus, a, um	heiter	Serenade
praeter (m. Akk.)	an … vorbei, außer	
lītus, litoris n.	Küste, Strand	Lido

2
mare, maris n.	Meer	Maar
certē (Adv.)	sicherlich, gewiss	*certus*
aura, ae f.	Luft, Hauch	Aura
*salūber, salūbris, salūbre	heilsam, gesund	

noster, nostra, nostrum	unser	
★ cūrātiō, cūrātiōnis f.	Behandlung, Kur	*cura*
3 **nisī**	**wenn nicht, außer**	
prōpositum, ī n.	Plan, Vorsatz	E purpose
displicēre	missfallen, nicht behagen	*placere*
displiceō, displicuī		
4 • **relinquere**	**zurücklassen, verlassen**	
relinquō, relīquī		
6 **īnsula, ae f.**	**Insel; Wohnblock**	E isle
mercātor, mercātōris m.	Kaufmann	E merchant
★ excelsus, a, um	aufragend, erhaben	
7 • **placēre**	**gefallen**	
placeō, placuī		
scaena, ae f.	Bühne, Theater, Szene	Szene
8 **recitāre**	**vorlesen, vortragen**	rezitieren
persōna, ae f.	Person, Maske	
★ cavea, ae f.	Höhlung, Käfig, Zuschauerraum	E cave
• **sedēre**	**sitzen**	
sedeō, sēdī		
tuus, a, um	dein	
9 ★ dēclāmāre	aufsagen, vortragen	*clamare*
canere	**singen, spielen, blasen**	
canō, cecinī		
ōra, ae f.	Küste	
10 **fātum, ī n.**	**Schicksal, Verhängnis**	fatal; E fate
★ profugus, ī m.	Flüchtling, Verbannter	*fugere*
11 ★ recreāre	erfrischen	E recreation
12 ★ cubāre	liegen	Inkubation
cubō, cubuī		
membrum, ī n.	Glied	E member
unda, ae f.	Welle, Woge	
★ refrīgerāre	abkühlen	
13 **invidēre (m. Dat.)**	**missgönnen, beneiden**	*videre*
invideō, invīdī		
amoenus, a, um	lieblich, hübsch	
14 **optimus, a, um**	**der Beste, sehr gut**	optimal, Optimist
crēdere	glauben, vertrauen, anvertrauen	Credo, Kredit
crēdō, crēdidī		
15 ★ facētiae, ārum f.	Witz, Scherz, witzige Einfälle	
★ ineptus, a, um	unpassend, albern	
aliquamdiū (Adv.)	eine Zeit lang	
vītāre	**meiden, vermeiden**	
Imp **hūc (Adv.)**	**hierher**	
capere	**fangen, fassen, nehmen**	E capacity
capiō, cēpī		
Trōia, ae f.	Troja	
Lāvīnius, a, um	lavinisch	
Encolpius, ī m.	Encolpius	
Ascyltus, ī m.	Ascyltus	
Ōstia, ae f.	Ostia	

Lektion 19

F Das Pronomen is, ea, id

	Singular			Plural		
Nom.	is	ea	id	iī (eī)	eae	ea
Gen.		eius		eōrum	eārum	eōrum
Dat.		eī			iīs (eīs)	
Akk.	eum	eam	id	eōs	eās	ea
Abl.	eō	eā	eō		iīs (eīs)	

Das Reflexivpronomen der 3. Person Singular und Plural

	Personalpronomen	Possessivpronomen
Nom.		suus, a, um
Gen.	suī	
Dat.	sibi	
Akk.	sē	
	sē	
Abl.	ā sē	
	sēcum	

S Der Gebrauch des Pronomens is, ea, id

Das Pronomen kann als Attribut zu einem Substantiv hinzutreten, auf das es nachdrücklich hinweist. Es hat dann die Funktion eines **Demonstrativpronomens**:
Amīcī laudant **eam** nāvem. Die Freunde loben **dieses** Schiff.

Ohne Verbindung mit einem Substantiv übernimmt das Pronomen in abgeschwächter Betonung die Funktion eines **Personalpronomens** der 3. P. Sg. und Pl.:
Pomptīno nāvis pulchra est. Amīcīs **eam** mōnstrat.   Pomptinus hat ein schönes Schiff. Er zeigt **es** seinen Freunden.

Als Genitivattribut bei einem Substantiv hat das Pronomen schließlich die Funktion eines **Possessivpronomens** der 3. P. Sg. und Pl.:
Pomptīnus amīcīs nāvem suam dēmōnstrat.   Pomptinus zeigt den Freunden sein Schiff.
Amīcī nāvem **eius** valdē laudant.   Die Freunde loben dessen (= sein) Schiff sehr.

Der Gebrauch des Reflexivpronomens

Wenn zwischen dem Subjekt des Satzes und dem Personal- oder Possessivpronomen im Satz Identität, d. h. inhaltliche Übereinstimmung besteht, werden die reflexiven Formen gebraucht.

In portū multae nāvēs sunt. — Im Hafen liegen viele Schiffe.
Pomptīnus nāvem suam ostendit. — Pomptinus zeigt sein Schiff.
Amīcī nāvem eius laudant. — Die Freunde loben sein Schiff.

Pomptīnus amīcīs sē saepe in terrās ultimās nāvigavisse narrat.
Pomptinus erzählt den Freunden, er sei schon oft in weit entfernte Länder gefahren.

Pomptinus, cum amīcōs nāvigāre in animō habēre comperisset, eōs invītāvit.
Als Pomptinus erfuhr, daß die Freunde eine Seereise planten, lud er sie ein.

Vokabeln

	Latein	Deutsch	Weitere
2	incidere / incidō, incidī	hineingeraten, vorfallen, stoßen auf	E incident
	is, ea, id	dieser, diese, dieses; er, sie, es	
	dūcere / dūcō, dūxī	führen, ziehen, glauben, halten für	*dux*
	angustus, a, um	eng, knapp, misslich	Angina
	regio, regiōnis f.	Richtung, Gegend	E region
3	*horreum, ī n.	Scheune	
	inclūdere / inclūdō, inclūsī	einschließen	inklusiv; E to include
4	• stāre / stō, stetī	stehen	
	merx, mercis f.	Ware	*mercator*
	• emere / emō, ēmī	kaufen	
6	suus, a, um	sein, ihr	
	*resonāre	widerhallen, ertönen	Resonanz; E resonance
7	*angulus, ī m.	Ecke	
	*caupōna, ae f.	Kneipe, Wirtshaus	
	terra, ae f.	Erde, Land	Parterre
	lingua, ae f.	Zunge, Sprache	bilingual; E language
8	intellegere / intellegō, intellēxī	einsehen, verstehen	*legere*; intelligent
9	docēre / doceō, docuī	lehren, unterrichten	dozieren, Dozent
	*iocōsus, a, um	lustig, spaßig, scherzhaft	Jokus; E joke
10	nāvis, nāvis f.	Schiff	E navy
	*onustus, a, um	beladen, voll	
11	prōvincia, ae f.	Provinz, Amt, Amtsbereich	Provinz; E province
	oleum, ī n.	Olivenöl, Öl	E oil
	oculus, ī m.	Auge	Monokel
12	convertere / convertō, convertī	wenden, hinwenden, verwandeln	*vertere*; konvertieren; E convert
13	nāvigāre	zu Schiff fahren, segeln	*navis*; Navigation
	ventus, ī m.	Wind	Ventilator
	umquam (Adv.)	jemals	

★ afflīgere	niederschlagen, beschädigen	E to afflict
afflīgō, afflīxī		
14 **affirmāre**	bekräftigen, behaupten	E to affirm
laudāre	loben	
laus, laudis f.	Lob, Ruhm	Laudatio
Imp **potestās, potestātis f.**	Macht, Amtsgewalt, Gewalt	*posse*
aliēnus, a, um	fremd, abgeneigt, unpassend	E alien
contentus, a, um (m. Abl.)	zufrieden	E content
Pomptīnus, ī m.	Pomptinus	
Aegyptinus, ī m.	Ägypter	

Lektion 20

F Der Konjunktiv

Den Konjunktiv erkennt man an bestimmten **Moduszeichen**, die zwischen den Stamm des Verbs und die Personalendung treten. Sie sind nach den Tempora verschieden.

Der Konjunktiv Imperfekt

a-Konj.	e-Konj.	i-Konj.	kons. Konj.	esse	posse
laudā**rem**	dēlē**rem**	audī**rem**	age**rem**	es**sem**	pos**sem**
laudā**rēs**	dēlē**rēs**	audī**rēs**	age**rēs**	es**sēs**	pos**sēs**
usw.	*usw.*	*usw.*	*usw.*	*usw.*	*usw.*

Der Konjunktiv Plusquamperfekt

a-Konj.	e-Konj.	i-Konj.	kons. Konj.	esse	posse
laudāv**issem**	dēlēv**issem**	audīv**issem**	ēg**issem**	fu**issem**	potu**issem**
laudāv**issēs**	dēlēv**issēs**	audīv**issēs**	ēg**issēs**	fu**issēs**	potu**issēs**
usw.	*usw.*	*usw.*	*usw.*	*usw.*	*usw.*

S Der Konjunktiv als **Irrealis** steht
a) in Hauptsätzen, die einen **unerfüllbaren** Wunsch für die Gegenwart (Konjunktiv Imperfekt) oder die Vergangenheit (Konjunktiv Plusquamperfekt) enthalten; die Verneinung ist **ne**.

Utinam inceptum irritum facere possem!	Könnte ich das Vorhaben doch ungeschehen machen!
Utinam nē semper tam timidus fuissēs!	Wärest du doch bloß nicht immer so ängstlich gewesen!

b) in konditionalen Gliedsätzen, wenn die Bedingung für die Gegenwart (Konjunktiv Imperfekt) oder die Vergangenheit (Konjunktiv Plusquamperfekt) als nicht wirklich angesehen wird.

Nisī nautae in altum nāvigārent, Rōmānīs multa ad vitam necessāria dēessent.
Wenn die Seeleute nicht aufs Meer hinausführen, fehlte den Römern vieles, was zum Leben notwendig ist.

Sī maiōrēs nostrī tam timidī fuissent, Rōmānī nōn dominī terrārum essent.
Wenn unsere Vorfahren so furchtsam gewesen wären, wären die Römer nicht Herren der Welt.

Vokabeln

1 perīculum, ī n.	Gefahr	*periculosus*
∗reputāre	überdenken	*putare*
∗aliquantum	ziemlich viel, beträchtlich	
2 tempestās, tempestātis f.	(Un)wetter, Sturm, Zeit	*tempus*
adversus, a, um	von vorn, feindlich, ungünstig	E adverse
pīrāta, ae m.	Seeräuber	Pirat
imminēre immineō, imminuī	hineinragen, drohen	*eminere*; E imminent
3 utinam (m. Konj.)	wenn doch!, hoffentlich!	
cōnsīderāre	betrachten, überlegen, erwägen	E to consider
4 temere (Adv.)	unüberlegt, leichtfertig, blindlings	
∗inceptum, ī n.	Vorhaben, Unternehmung	*incipere*
irritus, a, um	ungültig, erfolglos, vergeblich	
7 dēterrēre dēterreō, dēterruī	abschrecken	*terrere*; E to deter
numquam (Adv.)	nie, niemals	
9 ∗agricola, ae m.	Bauer	
omnīnō (Adv.)	überhaupt, gänzlich	
10 quam	als, wie	
cōnscius, a, um (m. Gen.)	eingeweiht, mitwissend, (sich) bewusst	*scire*; E conscious
necesse est	es ist unausweichlich, es ist nötig	
salūs, salūtis f.	Gesundheit, Wohlergehen, Rettung	*saluber*; Salut
12 recipere recipiō, recēpī	zurücknehmen, aufnehmen	*capere*; Rezeption
∗animum recipere	wieder Mut fassen, sich erholen	
bracchium, ī n.	Arm	
13 favēre (m. Dat.) faveō, fāvī	gewogen sein, begünstigen	favorisieren; E to favour
14 ∗renāvigāre	zurücksegeln	*navigare*
15 cōnscendere cōnscendō, cōnscendī	besteigen	

Imp	anteā (Adv.)	vorher, früher	
	incommodum, ī n.	Nachteil, Niederlage, Schaden	
	manēre maneō, mānsī	bleiben, zurückbleiben	*manere*; E *to remain*
	Neptūnus, ī m.	Neptun	

Lektion 21

S   Abhängige Begehr-, Final- und Konsekutivsätze

sind mit dem **Konjunktiv** verbunden.
Eingeleitet werden
  a) **Begehrsätze** mit **ut** (dass; zu m. Inf.)
                    nē (dass nicht; nicht zu m. Inf.)
     Caesar ā comitibus postulāverat, ut pecūniās expedīrent.
     Cäsar hatte von den Gefährten verlangt, Geld zu besorgen.
  b) **Finalsätze** mit **ut** (daß, damit; um zu m. Inf.)
                  nē (daß nicht; damit nicht, um nicht zu m. Inf.)
     Senatōrēs Pompēium mīsērunt, ut orbem terrārum līberāret.
     Die Senatoren schickten Pompeius los, damit er den Erdkreis befreie.

     Caesar statim classem contrāxit, nē praedōnēs effugerent.
     Cäsar zog schnell eine Flotte zusammen, damit die Seeräuber nicht entkommen konnten.
  c) **Konsekutivsätze** mit **ut** (dass)
                       ut non (dass nicht)
     Caesar praedōnēs tantā celeritāte petīvit, ut sē occultāre nōn possent.
     Cäsar stürzte sich mit solcher Geschwindigkeit auf die Seeräuber, dass sie sich nicht verstecken konnten.

Zur Gruppe der Begehrsätze gehören auch solche Gliedsätze, die von Verben des **Fürchtens** und des **Hinderns** abhängig sind.
Eingeleitet werden die Gliedsätze nach den Verben
  a) des Fürchtens (*timēre*; *metuere*, *periculum est*) mit **nē** (dass)
                                  ut (daß nicht; nicht zu m. Inf.)
     Captīvī timuērunt, nē poenās penderent.
     Die Gefangenen fürchteten, dass sie bestraft würden.

     Incolae oppidī obsessī metuēbant, ut ab hostibus diūtius sē dēfendere possent.
     Die Einwohner der belagerten Stadt fürchteten, sich gegen die Feinde nicht länger verteidigen zu können.
  b) des Hinderns (*prohibēre*, *recūsāre*) mit **nē** (dass; zu m. Inf.)
     Prōcōnsul recūsāvit, nē captīvōs crucī affīgeret.
     Der Prokonsul weigerte sich die Gefangenen kreuzigen zu lassen.

Die Begehrsätze haben die syntaktische Funktion eines Objekts.

Die Final- und Konsekutivsätze haben die syntaktische Funktion eines Adverbiale.

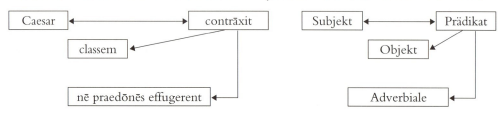

Vokabeln

1 ★ sēcēdere	beiseite gehen, weggehen	*cedere*
sēcēdō, sēcessī		
ut (m. Konj.)	**dass, damit, sodass**	
★ clārissimus, a, um	sehr berühmt	*clarus*
2 **circā (m. Akk.)**	**ringsum, ungefähr, um … herum**	*circum*; zirka
opprimere	**unterdrücken, überfallen**	E to oppress
opprimō, oppressī		
3 **comes, comitis m.**	**Gefährte, Begleiter**	
emittere, emittō, emīsī	(her)ausschicken, laufen lassen, fallen lassen	
prō (m. Abl.)	**für, anstelle von, vor**	Pro und Contra
4 redēmptiō, redēmptiōnis f.	Loskauf, Rückkauf, Freikauf	*emere*
cīvitās, cīvitātis f.	**Staat, Bürgerschaft, Bürgerrecht**	*civis*
expedīre	bereitmachen, besorgen	
expediō, expedīvī		
7 **classis, classis f.**	**Flotte, Klasse, Stand**	E class
contrahere	zusammenziehen	*trahere*; Kontrakt
contrahō, contrāxī		
nē (m. Konj.)	**dass nicht, damit nicht**	
effugere	entfliehen, entkommen	*fugere*
effugiō, effūgī		
tantus, a, um	so groß, so viel	
celeritās, celeritātis f.	Schnelligkeit	
8 **sedes, sedis f.**	**Wohnsitz, Sitz**	*sedere*
★ occultāre	verbergen	Okkultismus
pars, partis f.	**Teil, Seite**	Partei; E part
9 ★ mergere	eintauchen, untertauchen, versenken	
mergō, mersī		
captīvus, ī m.	**Gefangener**	*capere*; E captive
iūre (Adv.)	mit Recht	
★ **poena, ae f.**	**Strafe, Buße**	Pein
poenās dare (m. Gen.)	büßen (für etw.)	
facinus, facinoris n.	**Tat, Untat, Verbrechen**	*facere*

10	profectō (Adv.)	wirklich, in der Tat	
11	supplicium, ī n.	Folter, Todesstrafe, Hinrichtung, Flehen, Gebet	consul
	sūmere sūmō, sūmpsī	nehmen, auf sich nehmen	Konsum(ent)
	★ supplicium sūmere (dē) recūsāre	die Todesstrafe vollziehen (an) ablehnen, sich weigern	
12	crux, crucis f.	Kreuz, Marter	Kreuz
	affīgere affīgō, affīxī	anheften, festmachen	E to affix
13	post (m. Akk.)	hinter, nach	
	orbis, is m.	Kreis, Erdkreis	
	★ orbis terrārum	Erdkreis	
14	brevis, breve	kurz	Brief E; brief
	contingere contingō, contigī	berühren, gelingen, zuteil werden	Kontakt
	tūtus, a, um (a)	geschützt (vor), sicher (vor)	
	★ mare tūtum reddere	das Meer sicher machen	
15	★ diffūsus, a, um	ausgedehnt, ausgebreitet	diffus
	cōnficere cōnficiō, cōnfēcī	anfertigen, aufreiben, vollenden	facere; Konfektion
16	oppidum, ī n.	Landstadt, Stadt, Festung	
	removēre removeō, remōvī	entfernen, wegschaffen	movere; E to remove
	rapīna, ae f.	Raub, Raubzug	rapere; E rape
	prohibēre prohibeō, prohibuī	abhalten, hindern, verhindern	habere; E to prohibit
Imp	tantopere (Adv)	so sehr, in solchem Grad	tantus
	tenēre teneō, tenuī	halten, festhalten, innehalten	
	dīripere dīripiō, dīripuī	plündern	rapere
	dēferre dēferō, dētulī	hinabtragen, herabtragen, berichten, anzeigen	E to defer
	spatium, ī n.	Zwischenraum, Entfernung, Strecke, Zeitraum	spazieren
	Caesar, Caesaris m.	Cäsar	
	Rhodus, ī f.	Rhodus	
	Pharmacūssa, ae f.	Pharmacussa	
	Pompēius, ī m.	Pompejus	

Lektion 22

F Der Konjunktiv Präsens

a-Konjugation	e-Konjugation	i-Konjugation	kons. Konjugation
laudem	habeam	audiam	agam
laudēs	habeās	audiās	agās
usw.	*usw.*	*usw.*	*usw.*

esse	posse
sim	possim
sīs	possīs
usw.	*usw.*

Bei den mit **-i-** erweiterten Verben der konsonantischen Konjugation lautet der Konjunktiv Präsens: *capiam, capiās, cpiat* usw.

Der Konjunktiv Perfekt

a-Konjugation	e-Konjugation	i-Konjugation	kons. Konjugation
laudāverim	habuerim	audīverim	ēgerim
laudāveris	habueris	audīveris	ēgeris
usw.	*usw.*	*usw.*	*usw.*

esse	posse
fuerim	potuerim
fueris	potueris
usw.	*usw.*

S

1. Der Konjunktiv Präsens im Hauptsatz bezeichnet in der Regel:

a) einen (erfüllbar gedachten) Wunsch in der Gegenwart (*optativus*)
   (Utinam) dominus iūstus sit!   Möge der Herr gerecht sein!
                                      Hoffentlich ist der Herr gerecht!

b) eine Aufforderung (an die 1. Person Plural) (*adhortativus*)
   Fugiāmus!   Laßt uns fliehen!

c) eine Aufforderung (meistens an die 3. Person) (*iussivus*)
   Nē dominī servōs vexent!   Die Herren sollen die Sklaven nicht plagen!
   Iūstus sīs!   Du sollst gerecht sein!

d) eine Aussage, die in der Gegenwart als möglich gedacht oder angenommen ist (*potentialis*)
   (nōn) dīcam   ich könnte, möchte wohl (nicht) sagen

2. Der Konjunktiv Perfekt im Hauptsatz kann bezeichnen:
a) einen (erfüllbar gedachten) Wunsch in der Vergangenheit (*optativus*)

| (Utinam) domina iūsta fuerit! | Möge die Herrin doch gerecht gewesen sein! |

b) eine Aussage, die in der Gegenwart als möglich gedacht oder angenommen ist (*potentialis*)

| (nōn) dīxerim | ich könnte, möchte wohl (nicht) sagen |

Der *potentialis* wird durch *nōn* verneint, in den anderen Fällen steht *nē*.

3. Der Konjunktiv im indirekten Fragesatz

Im indirekten (abhängigen) Fragesatz steht im Lateinischen der Konjunktiv, im Deutschen meist der Indikativ.

a) Tē interrogō, unde veniās. — Ich frage dich, woher du kommst.
b) Legimus, quālis vīta servōrum fuerit. — Wir lesen, wie das Leben der Sklaven gewesen ist.

Der Konjunktiv Präsens drückt die Gleichzeitigkeit aus (a), der Konjunktiv Perfekt die Vorzeitigkeit (b).

4. Die Consecutio temporum (Zeitenfolge) im konjunktivischen Gliedsatz

Für das zeitliche Verhältnis zwischen dem übergeordneten Satz und dem untergeordneten konjunktivischen Gliedsatz gelten im Lateinischen folgende feste Regeln:

Tempus des über- geordneten Satzes	Tempus des konjunktivischen Gliedsatzes bei	
	Vorzeitigkeit	Gleichzeitigkeit
Präsens Futur I	Perfekt	Präsens
Imperfekt Perfekt Plusquamperfekt	Plusquamperfekt	Imperfekt

Vokabeln

1	quālis, quāle	wie (beschaffen), was für ein, welch	Qualität
4 ★	venditiō, venditiōnis f.	Verkauf	vendere
	eō (Adv.)	dorthin	
5	optāre	wünschen	Option
	iūstus, a, um	gerecht, richtig	*iniustus*; E just
	dūrus, a, um	hart, hartherzig	Dur
	nēve	und nicht, oder nicht	
	vexāre	quälen, heimsuchen	
6 ★	dēlīberāre	erwägen, überlegen	E to deliberate
7	nēmō	niemand	
	hūmānus, a, um	menschlich, gebildet	*homo*; human
8	vītam agere	ein Leben führe, sein Leben verbringen	

	sēditiō, sēditiōnis f.	Aufstand	
	dēbēre	müssen, schulden	
	dēbeō, dēbuī		
10	exercēre	üben, betreiben, sich quälen	Exerzitien; E to exercise
	exerceō, exercuī		
11	hūmānitās, hūmānitātis f.	Menschlichkeit, Bildung	homo; E humanity
	• comperīre	erfahren	
	comperiō, comperī		
	quantopere (Adv.)	wie sehr	
12	scrīptor, scrīptōris m.	Schriftsteller	
	• cōnsulere (m. Akk./ m. Dat.)	beraten, um Rat fragen, sorgen für	consul
	cōnsulō, cōnsuluī		
	★ministerium, ī n.	Dienst, Amt	Ministerium; E ministry
13	precēs, precum f.	Bitten	
	permittere	überlassen, erlauben	mittere; E to permit
	permittō, permīsī		
	quasi (Adv.)	(gleich)wie	
	★testāmentum, ī n.	Testament	
14	pārēre	gehorchen	parieren
	pāreō, pāruī		
15	★philosophus, ī m.	Philosoph	E philosopher
	discipulus, ī m.	Schüler	
	suādēre	raten, anraten, zureden	
	suadeō, suāsī		
	sīc (Adv.)	so, auf diese Weise	
	Plīnius, ī m.	Plinius	
	Seneca, ae m.	Seneca	
	Lūcīlius, ī m.	Lucilius	

Lektion 23

Vokabeln

1	★iūxtā (m. Akk.)	nahe bei, dicht neben	
	aedēs, aedium f.	Haus	
	modicus, a, um	mäßig, besonnen, bescheiden	
3	★parcus, a, um (m. Gen.)	sparsam (mit)	
	convīvium, ī n.	Gastmahl, Gelage	conviva
4	ōrdō, ōrdinis m.	Reihe, Ordnung, Stand	Ordnung; E order
	★ēlēctiō, ēlēctionis f.	Wahl, Auswahl	legere
	lībertus, ī m.	Freigelassener	liber
	adhibēre	anwenden, hinzuziehen	habere
	adhibeō, adhibuī		
5	★ālea, ae f.	Würfel, Würfelspiel	
	lūdere	spielen, scherzen	ludus
	lūdō, lūsī		
	epistula, ae f.	Brief	Epistel
	scrībere	schreiben	scriptor
	scrībō, scrīpsī		
6	līberālis, līberāle	edel, gütig, freigebig	liberal

7	★ plērumque	meistens	
	solēre, soleō	**gewohnt sein, pflegen**	
8	**continentia, ae f.**	**Mäßigung, Enthaltsamkeit**	*continere*
9	**cōgnōmen, cōgnōminis n.**	**Beiname**	
	★ pueritiam agere	seine Kindheit verbringen	
10	**adulēscēns, adulēscentis m.**	**junger Mann**	*adolescere*
	★ minimum (Adv.)	sehr wenig	
	ēloquentia, ae f.	**Beredsamkeit**	Eloquenz
11	★ plūrimum (Adv.)	am meisten, sehr viel	
12	★ sumptuōsus, a, um	teuer, verschwenderisch	E sumptuous
	★ luxuriōsus, a, um	prächtig, herrlich, luxuriös	
	genus, generis n.	**Geschlecht, Gattung, Art**	*gens*
13	**fingere**	**gestalten, bilden, sich ausdenken**	fingieren
	fingō, fīnxī		
	★ appōnere	hinstellen, vorsetzen	*ponere*
	appōnō, apposuī		
14	**nātūra, ae f.**	**Natur, Wesen**	E nature
	crūdēlis, crūdēle	**roh, grausam**	E cruel
15	★ cruentus, a, um	blutig, blutbefleckt	
16	★ tribūnus, i m.	Tribun, Offizier	
	★ cohors praetōria	Leibwache (des Kaisers)	
	persuādēre (m. Dat.)	**überreden (ut), überzeugen (AcI)**	*suadere*; E to persuade
	persuādeō, persuāsī		
18	**opus, operis n.**	**Werk, Bauwerk, Befestigungsanlage**	Opus
19	★ aliter ac	anders als	
20	**amplus, a, um**	**weit, groß, großartig**	Amplitude
	agitāre	**treiben, betreiben, veranstalten**	*agere*; agitieren
	simul (Adv.)	**gleichzeitig, zugleich**	simultan
21	★ neglegentia, ae f.	Nachlässigkeit, Leichtfertigkeit	*neglegere*
	animadvertere	**wahrnehmen, bemerken, vorgehen gegen**	*animus, vertere*
	animadvertō, animadvertī		
	cum (m. Konj.)	**als, nachdem, da, weil, obwohl, während (hingegen)**	
22	**centuriō, centuriōnis m.**	**Hauptmann**	
	nex, necis f.	**(gewaltsamer) Tod, Mord**	*necare*
	nūntiāre	**melden, verkünden**	annoncieren; E to announce
	negāre	**verneinen, leugnen, sich weigern**	negieren; E to negate
	imperāre	**befehlen, beherrschen**	*imperium*; Imperativ
	cēterum (Adv.)	übrigens, im Übrigen, doch	*ceteri*
23	★ magnā ex parte	zum großen Teil	
	arbitrium, ī n.	**Urteil, Entscheidung, Willkür**	E arbitrary
	uxor, uxōris f.	**Ehefrau, Gattin**	
25	**venēnum, ī n.**	**Gift**	
	succēdere	**nachfolgen, nachrücken, gelingen**	*cedere*; sukzessiv; E to succeed
	succēdō, successī		
	Suētōnius, ī m.	Sueton	

Gāius Caesar m.	Gajus Cäsar
Germānicus, ī m.	Germanikus
Cassius Chaerea m.	Cassius Chaerea
Claudius, ī m.	Claudius
Agrippīna, ae f.	Agrippina
Nerō, Nerōnis m.	Nero

Lektion 24

F **Die Konjugation von ire**

		Präsens		Imperfekt		Futur I
		Indikativ	Konjunktiv	Indikativ	Konjunktiv	
Sg.	1. P.	eō	eam	ībam	īrem	ībō
	2. P.	īs	eās	ībās	īrēs	ībis
	3. P.	it	*usw.*	*usw.*	*usw.*	*usw.*
Pl.	1. P.	īmus				
	2. P.	ītis				
	3. P.	eunt				

Imperativ: ī! īte!
Vor Vokalen wird *i* zu **e**.

		Perfekt		Plusquamperfekt		Futur II
		Indikativ	Konjunktiv	Indikativ	Konjunktiv	
Sg.	1. P.	iī	ierim	ieram	īssem	ierō
	2. P.	īstī	ieris	ierās	īssēs	ieris
	3. P.	iit	*usw.*	*usw.*	*usw.*	*usw.*
Pl.	1. P.	iimus				
	2. P.	īstis				
	3. P.	iērunt				

Infinitiv Perfekt: īsse
ii wird vor s zu **ī** zusammengezogen.

S **cum als Konjunktion**

Steht in Gliedsätzen **cum** mit dem **Konjunktiv**, hat es folgende Sinnrichtungen:
1. **temporale Sinnrichtung:** als, nachdem
   Graecī cum Trōiam cēpissent, ferrō ignīque dēlēvērunt.
   Als/nachdem die Griechen Troja eingenommen hatten, zerstörten sie es mit Feuer und Schwert.
2. **kausale Sinnrichtung:** da, weil
   Cum Graecī diū frūstrā pūgnāvissent, Agamemnōn in animō habuit in patriam redīre.
   Da/weil die Griechen lange vergeblich gekämpft hatten, hatte Agamemnon im Sinn in die Heimat zurückzukehren.

3. **konzessive Sinnrichtung:** obwohl
   Cum dea Minerva Graecōs adiuvāret, eī tamen diū Trōiānōs vincere nōn potuerunt.
   Obwohl die Göttin Minerva die Griechen unterstützte, konnten diese dennoch lange die Trojaner nicht besiegen.
4. **adversative Sinnrichtung:** während (dagegen)
   Cum Ulixēs cēterīs Graecīs calliditāte praestāret, Achillēs eōs virtūte superābat.
   Während Odysseus den übrigen Griechen an Schlauheit überlegen war, übertraf Achill sie an Tapferkeit.

Im Deutschen steht in allen Fällen statt des Konjunktivs der Indikativ.

Beachte: **cum** mit dem **Indikativ** hat die Bedeutungen:
sooft; (jedesmal) wenn; (dann,) wenn.

Vokabeln

	Latein	Deutsch	Verwandt
2	**redūcere** / redūcō, redūxī	zurückführen	*ducere*; reduziert
	convocāre	zusammenrufen	*vocare*
3	**īre** / eō, iī	gehen	
	trānsīre / trānseō, trānsiī	hinübergehen, überschreiten	Transit
5	**castra, ōrum** n.	Lager	
6	oppūgnāre	bekämpfen, angreifen	*pugnare*
7	**subīre** / subeō, subiī	herangehen, auf sich nehmen	
8	**repellere** / repellō, reppulī	zurückstoßen, abweisen	E to repel
9	**fortis, forte**	kräftig, tapfer	*fortitudo*
10	**perīre** / pereō, periī	zugrunde gehen, umkommen	E to perish
	callidus, a, um	klug, schlau, verschlagen	
	inīre / ineō, iniī	betreten, beginnen	*initium*; Initiative
	★ cōnsilium inīre	einen Plan fassen	
11	**modus, ī** m.	Maß, Art, Weise	*modicus*; Modalitäten
12	**dolus, ī** m.	List, Täuschung	
13	implēre / impleō, implēvī	anfüllen, erfüllen	
14	**audāx, audācis**	verwegen, kühn	*audacia*; E audacious
17	**exīre** / exeō, exiī	herausgehen, hinausgehen, ausrücken, auswandern	Exitus; E exit
18	**aperīre** / aperiō, aperuī	öffnen, aufdecken	*apertus*
20	**ratiō, ratiōnis** f.	Berechnung, Vernunft, Grund	rational; E reason
21	funditus (Adv.)	von Grund aus, völlig, gänzlich	

	ēvertere	umstürzen, zerstören	*vertere*
	ēvertō, ēvertī		
Imp	abīre	weggehen, abtreten	Abitur
	abeō, abiī		
	adīre	herangehen, aufsuchen, angreifen	
	adeō, adiī		
	interīre	zugrunde gehen, umkommen, untergehen	
	intereō, interiī		
	obīre	entgegengehen, besuchen, sterben, auf sich nehmen	
	obeō, obiī		
	redīre	zurückgehen, zurückkehren	
	redeō, rediī		
	fidēs, fideī f.	Treue, Vertrauen, Schutz	E faith
★	fidem habēre	Glauben schenken	
	monēre	mahnen, ermahnen, erinnern	monieren
	moneō, monuī		
	error, errōris m.	Irrtum, Irrfahrt	*errare*

Paris, Paridis m.	Paris
Priamus, ī m.	Priamus
Helena, ae f.	Helena
Menelāus, ī m.	Menelaus
Ulixēs, Ulixis m.	Odysseus
Trōiānus, ī m.	Trojaner
Agamemnōn, Agamemnonis m.	Agamemnon
Achillēs, Achillis m.	Achill, Achilles
Lāocoōn, Lāocoontis m.	Laokoon
Cyclōpes, Cyclōpum m.	Kyklopen, Zyklopen

Lektion 25

F Das Passiv im Perfekt, Plusquamperfekt und Futur II

Wird eine Handlung geschildert, von der das Subjekt betroffen wird, so steht das Prädikat im Passiv.
Die Passivformen des Perfekts, Plusquamperfekts und des Futur II werden gebildet aus dem Partizip Perfekt Passiv (PPP) und Formen von esse.

Die Bildung des Partizips Perfekt Passiv

aedificāre	aedificā**tus, ta, tum**	gebaut
implēre	implē**tus, ta, tum**	angefüllt
audīre	audī**tus, ta, tum**	gehört

Manche Verben haben eine abweichende Bildung des PPP:

monēre	monitus, ta, tum	gemahnt, ermahnt
aspicere	aspectus, ta, tum	erblickt
claudere	clausus, a, um	verschlossen, geschlossen
appellere	appulsus, a, um	herangetrieben

Das PPP wird wie ein Adjektiv der a- und o-Deklination dekliniert.

Das Perfekt Passiv

		Indikativ	Konjunktiv
Sg.	1. P.	laudātus, a, um sum	laudātus, a, um sim
	2. P.	laudātus, a, um es	laudātus, a, um sīs
	3. P.	laudātus, a, um est	laudātus, a, um sit
Pl.	1. P.	laudātī, ae, a sumus	laudātī, ae, a sīmus
	2. P.	laudātī, ae, a estis	laudātī, ae, a sītis
	3. P.	laudātī, ae, a sunt	laudātī, ae, a sint

Das Plusquamperfekt Passiv

Indikativ	Konjunktiv
laudātus, a, um eram	laudātus, a, um essem
laudātus, a, um erās	laudātus, a, um essēs
usw.	*usw.*

Das Futur II Passiv

laudātus, a, um erō
laudātus, a, um eris
usw.

Der Infinitiv Perfekt Passiv

laudātum, am, um, ōs, ās, a esse

S

Bei der Übersetzung unterscheidet man zwischen Zustand und Handlung.
Porta clausa est. Die Türe ist verschlossen. (**Zustandsperfekt**)
                 Die Türe ist verschlossen worden/wurde verschlossen. (**Handlungsperfekt**)

Vokabeln

1 • habēre — haben, halten, halten für
   habeō, habuī, habitum
2 iter, itineris n. — Reise, Marsch, Weg   *ire*

	appellere appellō, appulī, appulsum	herantreiben, landen	
3	**frōns, frontis f.**	**Stirn, Gesicht, Vorderseite**	Front
4 ★	ovis, ovis f.	Schaf	
★	pāscere pāscō, pāvī, pāstum	füttern, weiden	*pastor*
	socius, ī m.	**Gefährte, Bundesgenosse**	sozial
5 ★	pecus, pecudis f.	Vieh, Kleinvieh, Schaf	*pecunia*
	iānua, ae f.	Türe, Zugang	Januar
	claudere **claudō, clausī, clausum**	**schließen, einschließen, versperren**	Klausur; E to close
6	monstrum, ī n.	Wunderzeichen, Ungeheuer	Monstrum; E monster
	immānis, immāne	**ungeheuerlich, entsetzlich, riesig**	
	aspicere **aspiciō, aspexī, aspectum**	**erblicken, ansehen**	Aspekt

	comprehendere
	  -prehendō, -prehendī,
	  -prehēnsum
		erfassen, ergreifen,
		verhaften
			E to comprehend

7 ★	dĕvorāre	verschlingen	
10 ●	**praebēre** **praebeō, praebuī, praebitum**	**darreichen, gewähren**	
●	**facere** **faciō, fēcī, factum**	**machen, tun, machen zu**	
11 ●	implēre impleō, implēvī, implētum	anfüllen, erfüllen	
★	acūtus, a, um	spitz, scharf, scharfsinnig	akut
★	effodere effodiō, effōdī, effossum	ausgraben, umgraben	*fossa*
13	**proximus, a, um**	**der Nächste, der Letzte**	
	fuga, ae f.	Flucht	*fugare, fugere*
●	prohibēre prohibeō, prohibuī, prohibitum	abhalten, hindern	*habere*; E to prohibit
14 ●	**agere** **agō, ēgī, actum**	**treiben, betreiben, (ver)handeln**	
	digitus, ī m.	Finger, Zehe	digital
15 ★	alligāre	anbinden	Allianz
Imp	**dēnique (Adv.)**	**endlich, schließlich**	
	transportāre	hinüberbringen; übersetzen	*portare*; Transporter
	pūnīre **pūniō, pūnīvī, pūnītum**	**bestrafen**	*poena*; peinigen; E to punish
●	adiuvāre adiuvō, adiūvī, adiūtum	unterstützen, helfen	
	lapis, lapidis m.	Stein	lapidar
	mūtāre	ändern, wechseln, tauschen	Mutation; E mutual
	Polyphēmus, ī m.	Polyphem	
	Phaeāces, um m.	Phäaken	
	Alcinous, ī m.	Alkinoos	

Lektion 26

F — Die e-Deklination

	Singular	Plural
Nom.	rēs	rēs
Gen.	reī	rērum
Dat.	reī	rēbus
Akk.	rem	rēs
Abl.	rē	rēbus

Die Substantive der e-Deklination sind Feminina.
Ausnahme: *diēs, diēī* (Tag) und *merīdiēs, ēī* (Mittag) sind Maskulina.

S — Das Partizip Perfekt Passiv: Partizip der Vorzeitigkeit

Das Partizip bezieht sich wie das Adjektiv nach Kasus, Numerus und Genus auf ein bestimmtes Satzglied.
Es wird gebraucht:

1. **attributiv**:

   equus ā Graecīs aedificātus

   Das Partizip wird übersetzt
   a) wörtlich: das von den Griechen gebaute Pferd
   b) durch einen Relativsatz: das Pferd, das von den Griechen gebaut wurde/worden ist/worden war

   Ist das Partizip durch zusätzliche Angaben (z. B. *ā Graecīs*) näher bestimmt, so stehen diese meist zwischen Substantiv und Partizip (sog. geschlossene Wortstellung).

   Partizip als Attribut:

   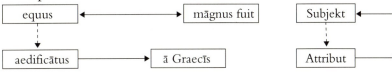

2. **adverbial**:

   In dieser Funktion wird es **participium coniunctum** genannt. Im Deutschen wird dieses Partizip durch einen adverbialen Gliedsatz wiedergegeben.
   Folgende Sinnrichtungen sind möglich:
   a) temporaler Sinn: als, nachdem
   b) kausaler Sinn: da, weil
   c) konzessiver Sinn: obwohl

   Aenēās ā deā Venere monitus pūgnae nōn interfuit.
   Als/nachdem/da/weil Äneas von der Göttin Venus ermahnt worden war, nahm er am Kampf nicht teil.

Aenēās ab hostibus circumventus tamen auxiliō Veneris ex urbe Trōiā ēvāsit.
Obwohl Äneas von Feinden umgeben war, entkam er dennoch mit Hilfe der
Venus aus der Stadt Troja.

Partizip als Adverbiale:

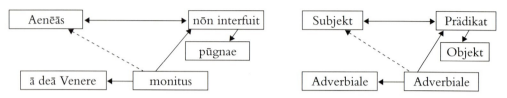

3. Das Zeitverhältnis

Das **Partizip Perfekt Passiv** drückt die **Vorzeitigkeit** aus, d. h. die Handlung des Partizips findet zeitlich vor der Handlung des übergeordneten Verbs statt.

Vokabeln

1	*aequor, aequoris n.	Meeresfläche, Meer	
2	**perniciēs, perniciēī f.**	**Verderben, Untergang**	
3	**subitō (Adv.)**	**plötzlich, unerwartet**	
4	**maestus, a, um**	**betrübt, traurig**	
	ēdere ēdō, ēdidī, ēditum	herausgeben, hervorbringen, veröffentlichen	*dare*; edieren; E edition
	*heu	weh!, o weh!	
5	**spēs, speī f.**	**Hoffnung**	
	rēs, reī f.	**Sache, Ding, Besitz**	real
	penātēs, penātium m.	**Hausgötter, Haus**	
	commendāre	**anvertrauen**	*mandare*
6	• quaerere quaerō, quaesīvī, quaesītum	suchen, fragen	
7	dēspērāre (dē)	verzweifeln (an), die Hoffnung aufgeben (auf)	E to despair
8	**nihil**	**nichts, in keiner Weise**	Nihilist; E nihilism
	• arripere arripiō, arripuī, arreptum	reißen, an sich reißen	
	reliquus, a, um	**übrig, restlich**	*reliquiae*
	māter, mātris f.	**Mutter**	E mother
9	**rēs adversae f.**	**ungünstige Dinge, Unglück**	*adversarius*
	dēserere dēserō, dēseruī, dēsertum	**verlassen, im Stich lassen**	desertieren; E to desert
10	• monēre moneō, monuī, monitum	mahnen, ermahnen, erinnern	
	cōnfīrmāre	**stärken, befestigen, bekräftigen**	Konfirmation; E to confirm
11	**aetās, aetātis f.**	**Lebensalter, Zeitalter, Zeit**	
	• cōnficere cōnficiō, cōnfēcī, cōnfectum	anfertigen, vollenden, aufreiben	

12	• persuādēre persuādeō, persuāsī, persuāsum	überreden, überzeugen	
	• relinquere relinquō, relīquī, relictum	zurücklassen, verlassen	
13	★ umerus, ī m.	Schulter	
14	incendere incendō, incendī, incēnsum	anzünden, entflammen	
	ēvādere ēvādō, ēvāsī, ēvāsūrus	ausgehen, hinausgehen, entkommen	E to evade
	enim (nachgest.)	denn, nämlich	
15	• repellere repellō, reppulī, repulsum	zurückstoßen, abweisen	
	• perīre pereō, periī, peritum	zugrunde gehen, umkommen	
Imp	rēs secundae f.	günstige Dinge, Glück	
	rēs pūblica f.	Staat, öffentliche Angelegenheit	Republik
	lēx, lēgis f.	Gesetz, Gebot, Bestimmung	legal
	diēs, diēī m./f.	Tag, Termin	E day
	aciēs, aciēī f.	Schärfe, Schlacht(ordnung)	*acutus*
	cārus, a, um	lieb, teuer, wertvoll	E care
	prope (m. Akk.)	nahe bei	
	arbor, arboris f.	Baum	
	quō?	wohin?	
	ōrāculum, ī n.	Götterspruch, Orakel	E oracle
	• constituere -stātuō, -stātuī, - stātūtum	festsetzen, beschließen, errichten	Statut
	prōmittere prōmittō, prōmīsī, prōmissum	versprechen	*mittere*; E to promise
	Aeneas, Aenēae m.	Aeneas	
	Hector, Hectoris m.	Hektor	
	Venus, Veneris f.	Venus	
	Creūsa, ae f.	Creusa	
	Iūlus, ī m.	Julus	
	Anchīsēs, Anchīsae m.	Anchises	
	Īda, ae f.	Ida	
	Apollō, Appollinis m.	Apoll	

Lektion 27

F Die u-Deklination

	Singular	Plural
Nom.	port**us**	port**ūs**
Gen.	port**ūs**	port**uum**
Dat.	port**uī**	port**ibus**
Akk.	port**um**	port**ūs**
Abl.	port**ū**	port**ibus**

Die Substantive der u-Deklination sind in der Regel Maskulina.
Feminina sind: *domus* und *manus*.

domus bildet drei Formen nach der o-Deklination:

Abl. Sg.   dom**ō**
Gen. Pl.   dom**ōrum**
Akk. Pl.   dom**ōs**

Die Konjugation von velle, nolle, malle

Präsens							
		Indikativ			Konjunktiv		
Sg.	1. P.	volō	nōlō	mālō	velim	nōlim	mālim
	2. P.	vīs	nōn vīs	māvīs	velis	nōlis	mālis
	3. P.	vult	nōn vult	māvult	*usw.*	*usw.*	*usw.*
Pl.	1. P.	volumus	nōlumus	mālumus			
	2. P.	vultis	nōn vultis	māvultis			
	3. P.	volunt	nōlunt	mālunt			

Imperfekt							
		Indikativ			Konjunktiv		
Sg.	1. P.	volēbam	nōlēbam	mālēbam	vellem	nōllem	māllem
	2. P.	volēbās	nōlēbās	mālēbās	vellēs	nōllēs	māllēs
	3. P.	*usw.*	*usw.*	*usw.*	*usw.*	*usw.*	*usw.*

Futur I					
Sg.	1. P.	volam	nōlam	mālam
	2. P.	volēs	nōlēs	mālēs
	3. P.	*usw.*	*usw.*	*usw.*

Imperativ:	
Sg. 2. P.	nōlī!
Pl. 2. P.	nōlīte!

S — Der verneinte Imperativ

Er wird gebildet durch
a) *nōlī! / nōlīte!* mit Infinitiv:
   nōlī / nōlīte me relinquere!   Verlass(t) mich nicht!
b) *nē* mit Konjunktiv Perfekt (*prohibitivus*):
   nē mē relīqueris / relīqueritis!   Verlass(t) mich nicht!

Vokabeln

1	domus, ūs f.	Haus	
	• recipere	aufnehmen, zurücknehmen	
	recipiō, recēpī, receptum		
	velle	wollen	
	volō, voluī		
2	voluntās, voluntātis f.	Wille, Wunsch, Absicht	Volontär
	amor, amōris m.	Liebe	*amare*; Amateur
	coniungere	verbinden, vereinigen	*coniunx*; Konjunktion
	coniungō, coniūnxī, coniūnctum		
3	nōlle	nicht wollen	
	nōlō, nōluī		
	• exstruere	aufschichten, errichten	
	exstruō, exstrūxī, exstrūctum		
	manēre	dauern, andauern, bleiben	
	maneō, mānsī, mānsūrus		
4	• dīcere	sagen, behaupten, nennen	
	dīcō, dīxī, dictum		
	mālle	lieber wollen	
	mālō, māluī		
5	cursus, ūs m.	Lauf, Kurs, Fahrt	*currere*; E course
	pergere	fortfahren, weiterziehen	
	pergō, perrēxī, perrēctum		
	• neglegere	vernachlässigen, unbeachtet lassen	
	neglegō, neglēxī, neglēctum		
6	• iubēre	auftragen, befehlen	
	iubeō, iussī, iussum		
	clam (Adv.)	heimlich	klammheimlich
	★aptāre	instand setzen, bereitmachen	
7	mōtus, ūs m.	Bewegung, Erregung, Aufruhr	*movere*; Motor; E movement
	• animadvertere	bemerken, vorgehen gegen, wahrnehmen	
	animadvertō, animadvertī, animadversum		
	perfidus, a, um	treulos, wortbrüchig	*fides*
8	manus, ūs f.	Schar, Hand(voll)	manuell
	• dare	geben	Datum
	dō, dedī, datum		

	★benīgnus, a, um	freigebig, wohlwollend	E benign
	vultus, ūs m.	**Miene, Gesichtsausdruck**	
9	• excipere	ausnehmen, aufnehmen	E to except
	excipiō, excēpī, exceptum		
	exstinguere	auslöschen, vernichten	E to extinguish
	exstinguō, exstīnxī, exstīnctum		
10	• īnferre	hineintragen, zufügen	
	īnferō, intulī, illātum		
11	meritum, ī n.	Verdienst, Lohn, Wohltat	Meriten; E merits
12	• vīvere	**leben**	
	vīvō, vīxī, vīctūrus		
	iussū	**auf Befehl**	*iubere*
	lūx, lūcis f.	**Licht, Tageslicht**	Luzifer
	portus, ūs m.	**Hafen**	E port
	★īnfēlīx, īnfēlīcis	unglücklich	*felix*
	flūctus, ūs m.	**Flut, Woge**	*flumen*; Fluktuation
	• vidēre,	sehen	
	videō, vīdī, vīsum		
13	lūctus, ūs m.	Trauer	
14	★dīrus, a, um	unheilvoll, grässlich	
	• emittere	herausschicken, fallen lassen	
	emittō, emīsī, emissūm		
15	**nūllus, a, um**	**kein, keiner**	Null
	neque, nec	**und nicht, auch nicht, aber nicht, nicht einmal**	
	foedus, foederis n.	**Bündnis, Vertrag**	Föderation; E federation
	plēnus, a, um	**voll**	Plenum; E plenty
	cruciatūs, ūs m.	Marter, Qual	*crux*
16	★trānsfīgere	durchbohren	E to transfix
	trānsfīgō, -fīxī, -fīxum		
Imp	rēgīna, ae f.	Königin	*rex*
	dolor, dolōris m.	**Schmerz, Kummer**	kondolieren
	Dīdō, Dīdōnis f.	Dido	
	Iuppiter, Iovis m.	Jupiter	
	Carthāgō, Carthāginis f.	Karthago	

Lektion 28

F — Das Passiv im Präsensstamm

a-Konjugation	e-Konjugation	i-Konjugation	kons. Konjugation	
Infinitiv Präsens				
laudārī	monērī	audīrī	dūcī	capī
Indikativ Präsens				
laudor	moneor	audior	dūcor	capior
laudāris	monēris	audīris	dūceris	caperis
laudātur	monētur	audītur	dūcitur	capitur
laudāmur	monēmur	audīmur	dūcimur	capimur
laudāminī	monēminī	audīminī	dūciminī	capiminī
laudantur	monentur	audiuntur	dūcuntur	capiuntur
Konjunktiv Präsens				
lauder	monear	audiar	dūcar	capiar
laudēris	moneāris	audiāris	dūcāris	capiāris
laudētur	moneātur	audiātur	dūcātur	capiātur
usw.	usw.	usw.	usw.	
Indikativ Imperfekt				
laudābar	monēbar	audiēbar	dūcēbar	capiēbar
laudābāris	monēbāris	audiēbāris	dūcēbāris	capiēbāris
laudābātur	monēbātur	audiēbātur	dūcēbātur	capiēbātur
usw.	usw.	usw.	usw.	
Konjunktiv Imperfekt				
laudārer	monērer	audīrer	dūcerer	caperer
laudārēris	monērēris	audīrēris	dūcerēris	caperēris
laudārētur	monērētur	audīrētur	dūcerētur	caperētur
usw.	usw.	usw.	usw.	usw.
Futur I				
laudābor	monēbor	audiar	dūcar	capiar
laudāberis	monēberis	audiēris	dūcēris	capiēris
laudābitur	monēbitur	audiētur	dūcētur	capiētur
usw.	usw.	usw.	usw.	

Bei der 2. P. Sg. tritt im Indikativ Präsens der konsonantischen und im Futur der a- und e-Konjugation **e** statt **i** als Aussprechvokal auf.

unus, duo, tres

	m	f	n	m	f	n	m, f	n
Nom.	ūnus	ūna	ūnum	duo	duae	duo	trēs	tria
Gen.		ūnīus		duōrum	duārum	duōrum		trium
Dat.		ūnī		duōbus	duābus	duōbus		tribus
Akk.	ūnum	ūnam	ūnum	duōs	duās	duo	trēs	tria
Abl.	ūnō	ūnā	ūnō	duōbus	duābus	duōbus		tribus

Grundzahlen

I	ūnus, a, um	eins	VI	sex	sechs
II	duo, duae, duo	zwei	VII	septem	sieben
III	trēs, tria	drei	VIII	octō	acht
IV	quattuor	vier	IX	novem	neun
V	quīnque	fünf	X	decem	zehn

Ūnus, duo und *trēs* werden dekliniert. Die Zahlwörter von IV bis X werden nicht dekliniert.

S — Das Passiv in medialer Bedeutung

Das Geschehen im Passiv kann von außen verursacht werden (eigentliches Passiv), es kann aber auch von der betroffenen Person selbst ausgehen (Medium). Entsprechend dieser Unterscheidung ist auch die Übersetzung unterschiedlich:

1. Turnus ab Aeneā necātur.   Turnus wird von Aeneas getötet.
2. Nōs Latīnī appellāmur.   (Wir werden Latiner genannt =)
       Wir nennen uns Latiner. Man nennt uns Latiner. Wir heißen Latiner.

Vokabeln

1 **regere**	**lenken, leiten, regieren**	*rex*
regō, rēxī, rēctum		
lēgātus, ī m.	**Gesandter, Unterfeldherr**	Legat
★benīgnitās, benīgnitātis f.	Güte, Freundlichkeit	*benignus*
2 • **venīre**	**kommen**	
veniō, vēnī, ventum		
• **respondēre**	**antworten, erwidern, entsprechen**	
respondeō, respondī, respōnsum		
3 ★*fugitīvus, ī m.*	Flüchtling	*fugere*; E fugitive
4 **appellāre**	**ansprechen, nennen, ernennen (zu)**	appellieren; E to appeal
5 **dēdūcere**	**hinabführen, wegführen, zurückführen**	*ducere*; deduktiv
dēdūcō, dēdūxī, dēductum		
vester, vestra, vestrum	**euer**	
6 **amicītia, ae f.**	**Freundschaft**	*amicus*

	• accipere accipiō, accēpī, acceptum	annehmen, empfangen, vernehmen	
8	★ adamāre	lieb gewinnen	*amare*
	• petere, petō, petīvī, petītum	erstreben, (er)bitten, verlangen, eilen, angreifen	Petition
9	**mātrimōnium, ī** n.	Ehe	*mater*; E matrimony
	• addūcere addūcō, addūxī, adductum	hinführen, veranlassen	
10	• cōnstituere cōnstituō, cōnstituī, cōnstitūtum	festsetzen, beschließen, errichten	
11	**īra, ae** f.	Zorn, Wut	*iratus*
	★ āmēns, āmentis	von Sinnen, wahnsinnig	
12	• dūcere dūcō, dūxī, ductum	**führen, ziehen, glauben, halten für**	
13	• expellere expellō, expulī, expulsum	hinausstoßen, vertreiben, verbannen	
14	• condere condō, condidī, conditum	gründen, bergen	
15	• dēbēre dēbeō, dēbuī, dēbitum	schulden, müssen	
	minae, ārum f.	Drohung, Drohungen	
	• terrēre terreō, terruī, territum	schrecken, erschrecken	
17	lacessere lacessō, lacessīvī, lacessītum	reizen, herausfordern	
	Latium, ī n.	Latium	
	Latīnus, ī m.	(König) Latinus	
	Īlioneus, ī m.	Ilioneus	
	Lāvīnia, ae f.	Lavinia	
	Turnus, ī m.	Turnus	

Lektion 29

Vokabeln	1	★ horribilis, horribile	schrecklich	E horrible
	2	★ profundus, a, um	tief, unermesslich	
		• circumdare circumdō, -dedī, -datum	umgeben, herumlegen	
	3	**vestis, vestis** f.	**Kleid, Kleidung**	Weste
		★ induere induō, induī, indūtum	anziehen, anlegen	

	gemitus, ūs m.	Stöhnen, Seufzen	
	verbera, um n.	Prügel, Schläge	
4 ★	strepitus, ūs m.	Geräusch, Lärm, Getöse	
★	catēna, ae f.	Kette	E chain
•	**trahere**	**ziehen, schleppen**	
	trahō, trāxī, tractum		
•	inclūdere	einschließen	
	inclūdō, inclūsī, inclūsum		
5 •	**solvere**	**lösen, befreien, (be)zahlen**	
	solvō, solvī, solūtum		
6 •	**pervenīre**	**hinkommen, gelangen**	
	perveniō, pervēnī, perventum		
	ubī	**wo**	
	sōl, sōlis m.	**Sonne**	Solarium
	sīdus, sīderis n.	**Sternbild, Gestirn**	
	lūmen, lūminis n.	**Licht**	*lux*; Illumination
7	**anima, ae f.**	**Atem, Seele, Leben**	*animus*; Reanimation
8	**cōnspicere**	**erblicken, ansehen**	*aspicere*; E to conspire
	cōnspiciō, cōnspexī, cōnspectum		
9 ★	collum, ī n.	Hals	Collier
	imāgō, imāginis f.	**Bild, Abbild**	imaginär; E image
10 •	**docēre**	**lehren, unterrichten**	Dozent
	doceō, docuī, doctum		
★	ēnumerāre	aufzählen	E to enumerate
	futūrus, a, um	**(zu)künftig**	Futur; E future
14	perniciōsus, a, um	verderblich	*pernicies*; E pernicious
•	**gerere**	**tragen, führen, ausführen**	
	gerō, gessī, gestum		
15 ★	distrahere	auseinander ziehen	*trahere*
	distrahō, distrāxī, distractum		
	sanguis, sanguinis m.	**Blut, Blutvergießen**	
★	clēmēns, clēmentis	gütig, sanft, mild	
16	**adventus, ūs m.**	**Ankunft**	*venire*; Advent
	horrēre (m. Akk.)	**schaudern, zurückschaudern vor**	*horribilis*; Horror; E to horrify
	horreō, horruī		
	cīvīlis, cīvīle	**bürgerlich, öffentlich**	*civis*; zivil
	fīnīre	**begrenzen, beendigen**	*finis*; Finale; E to finish
	fīniō, fīnīvī, fīnītum		
17	aureus, a, um	golden, aus Gold	*aurum*
★	prōferre	vorantragen, hervorbringen, ausdehnen	
	prōferō, prōtulī, prōlātum		
18 •	**parcere (m. Dat.)**	**sparen, Schonung gewähren, schonen**	
	parcō, pepercī		
	subicere	**unterwerfen**	
	subiciō, subiēcī, subiectum		
19 ★	dēbellāre	niederkämpfen	
20 •	**commovēre**	**erregen, bewegen, veranlassen**	*movere*; E commotion
	commoveō, commōvī, commōtum		

Sibylla, ae f.	Sibylle
Styx, Stygis f.	Styx
Charōn, Charōnis m.	Charon
Tartarus, ī m.	Tartarus
Ēlysium, ī n.	Elysium
Orcus, ī m.	Orkus

Lektion 30

F Das Partizip Präsens Aktiv: Partizip der Gleichzeitigkeit

a-Konjugation			
Singular		Plural	
m./f.	n.	m./f.	n.
Nom. laudāns	laudāns	laudantēs	laudantia
Gen. laudantis		laudantium	
Dat. laudantī		laudantibus	
Akk. laudantem	laudāns	laudantēs	laudantia
Abl. laudante		laudantibus	

e-Konj.	i-Konj.	kons. Konj.	īre
vidēns	audiēns	agēns capiēns	iēns
videntis	audientis	agentis capientis	euntis
usw.	*usw.*	*usw.*	*usw.*

Das Partizip Präsens Aktiv wird gebildet aus: Präsensstamm, Suffix **-nt-** und den Kasusendungen der 3. Deklination. Im Ablativ Singular hat es jedoch den Ausgang **-e**.

S Das Partizip der Gleichzeitigkeit

1. Das Partizip Präsens Aktiv bezeichnet im Verhältnis zum übergeordneten Prädikat die **Gleichzeitigkeit** der Handlung.
2. Es hat wie das Partizip der Vorzeitigkeit folgende **syntaktischen Funktionen**:

   a) **Attribut**

Oppida florentia in Campāniā erant.	In Campanien gab es blühende Städte.

   b) **Adverbiale**

Philosophus suprā balnea habitāns turbam hominum dēscrīpsit.	Als/Während der Philosoph über der Badeanstalt wohnte, beschrieb er das Getümmel der Menschen.

c) Gelegentlich wird das Partizip auch **prädikativ** gebraucht:
Līberī clāmantēs in aquam saliunt. Die Kinder springen schreiend ins Wasser.

3. Als Adverbiale kann das Participium coniunctum nicht nur durch einen Gliedsatz, sondern auch durch Beiordnung (a) oder einen präpositionalen Ausdruck (b) wiedergegeben werden.
Seneca suprā balnea habitāns turbam hominum dēscrīpsit.
a) Seneca wohnte über der Badeanstalt und beschrieb währenddessen das Getümmel der Menschen.
b) Während seines Aufenthalts über der Badeanstalt beschrieb Seneca das Getümmel der Menschen.

Vokabeln

1	aestās, aestātis f.	Sommer	
	★frūgifer, frūgifera, frūgiferum	fruchttragend, fruchtbar	
2	flōrēre	blühen	florieren; E to flourish
	flōreō, flōruī		
4	ōtium, ī n.	Muße, freie Zeit	*negotium*
5	celeber, celebris, celebre	belebt, viel besucht, gefeiert	
7	luxuria, ae f.	Üppigkeit, Genusssucht	*luxuriosus*; E luxury
8	suprā (m. Akk.)	oberhalb, über, über ... hinaus	supranational
	★dēscrībere	beschreiben	*scribere*; to describe
	dēscrībō, dēscrīpsī, dēscrīptum		
9	undique (Adv.)	von allen Seiten, überall	
	★circumsonāre	umtönen	
10	frūctus, ūs m.	Frucht, Ertrag	E fruit
	offerre	entgegenbringen, anbieten, darbieten	Offerte; E to offer
	offerō, obtulī, oblātum		
11	gravis, grave	schwer, gewichtig, ernst	gravierend
	labōrāre	arbeiten, sich anstrengen, leiden	laborieren; E to labour
	labor, laboris m.	Arbeit, Anstrengung, Mühe	E labour
	simulāre	vorgeben, heucheln, nachbilden	simulieren
12	★salīre	springen	*transilire*
	saliō, saluī		
13	ōrnāmentum, ī n.	Ausrüstung, Schmuck	*ornare*; Ornament; E ornament
	rapere	raffen, rauben,	
	rapiō, rapuī, raptum		
14	innocēns, innocentis	unschuldig, unschädlich, unbescholten	E innocent
15	★ōdisse (Perf.)	hassen	
	ōdī		
	tacēre	schweigen, verschweigen	
	taceō, tacuī, tacitum		
16	★exclāmātiō, exclāmātiōnis f.	Ausruf	*exclamare*
	mercēs, mercēdis f.	Lohn, Sold	E mercy

• **vendere** 　**vendō, vendidī,** 　**venditum**	**verkaufen**	
auris, auris f.	**Ohr**	E ear
Capua, ae f.	Kapua	
Baiae, ārum f.	Bajae	
Cūmae, ārum f.	Kyme, Cumae	
Pompēiī, ōrum m.	Pompeji	
Horātius, ī m.	Horaz	

Lektion 31

S Der Ablativ mit Partizip (Ablativus absolutus)

1. Der Ablativ mit Partizip ist ein Wortblock mit einem Nomen im Ablativ und einem Partizip, das mit ihm in KNG-Kongruenz verbunden ist.

2. Seine **syntaktische Funktion** ist die eines **Adverbiale**.
   Der Ablativ mit Partizip ist eine satzwertige Konstruktion, d.h. er vertritt einen adverbialen Gliedsatz, wobei das Nomen die Funktion des Subjekts und das Partizip die des Prädikates übernimmt:

   Caesar praesidiō confirmātō　　Nachdem/weil die Truppe verstärkt (worden)
   locum tenēre potuit.　　　　　　war, konnte Cäsar die Stellung halten.
   　　　　　　　　　　　　　　= Nachdem/weil Cäsar die Truppe verstärkt
   　　　　　　　　　　　　　　　hatte, konnte er die Stellung halten.

3. Die **semantische Funktion** des Ablativ mit Partizip, d.h. seine Sinnrichtung auf die Aussage des Kernsatzes, ist wie beim Participium coniunctum verschieden:
   a) temporal
   b) kausal
   c) konzessiv
   d) modal

4. Für die **Übersetzung** empfiehlt es sich, den Ablativ mit Partizip aus dem Satz herauszulösen und ihn als selbständige Aussage der Aussage des Kernsatzes gegenüberzustellen.

   Praesidium confirmātum　　　　Die Truppe (war) verstärkt (worden).
   (erat).
   Caesar locum tenēre potuit.　　Cäsar konnte die Stellung halten.

   Die Aussage des Ablativ mit Partizip ist dann in geeigneter Weise mit der Aussage des Kernsatzes zu verbinden.
   Das kann geschehen
   a) durch einen konjunktionalen Gliedsatz: Nachdem/weil die Truppe verstärkt worden war, konnte Cäsar die Stellung halten.

b) durch Beiordnung: Die Truppe war verstärkt worden. Danach/darum konnte Cäsar die Stellung halten.

c) durch einen Präpositionalausdruck: Nach/wegen der Verstärkung der Truppe konnte Cäsar die Stellung halten.

Die Wiedergabe eines Ablativ mit Partizip durch einen Relativsatz ist nicht möglich.

5. Hinsichtlich des **Zeitverhältnisses** gelten für den Ablativ mit Partizip dieselben Regeln wie für das Participium coniunctum.

Der Ablativ mit Partizip ist aus einem instrumentalen oder temporalen Ablativ mit Partizip entstanden. Er hat sich dann als praktische Kurzformel auch in solchen Ausdrücken durchgesetzt, in denen der Ablativ nicht mehr auf eine seiner bisherigen Satzgliedfunktionen zurückzuführen war. Von daher hat man den Ablativ mit Partizip als Ablativus absolutus (absolutus = herausgelöst) bezeichnet.

Das narrative Präsens (Erzählpräsens)

Vergangene Ereignisse werden wie im Deutschen gelegentlich in der Präsensform berichtet. Dadurch wird die Schilderung für den Leser unmittelbarer.

Die Wiedergabe im Deutschen kann durch das Präsens oder das Präteritum erfolgen. Für die Zeitenfolge eines von einem narrativen Präsens innerlich abhängigen Gliedsatzes wirkt das narrative Präsens sowohl als Präsens wie auch als Vergangenheitstempus:

Avunculus cum comitibus dēlīberat, quid faciant.
Avunculus cum comitibus dēlīberat, quid facerent.
} Der Onkel überlegt mit seinen Begleitern, was sie tun sollen.

Vokabeln

1 ★ tremor, tremōris m.	Beben, Zittern	*tremere*
★ mediocris, mediocre	mittelmäßig	*medius*
2 **augēre**	**vermehren, vergrößern, fördern**	
augeō, auxi, auctum		
• **incēdere**	**einherschreiten, eintreten, befallen**	*cedere*
incēdō, incessī, incessum		
3 • **movēre**	**bewegen, beeinflussen, verursachen**	
moveō, mōvī, mōtum		
vidērī	scheinen	*videre*
• **vertere**	**wenden, drehen**	
vertō, vertī, versum		
★ quassāre	heftig schütteln, wackeln	
metus, ūs m.	**Furcht**	
5 **vulgus, ī n.**	Menge, Masse, Volk	*vulgär*
★ attonitus, a, um	betäubt, erstarrt	
premere	**drücken, bedrängen**	*opprimere*; Presse
premō, pressī, pressum		

pellere	treiben, schlagen, stoßen	
pellō, pepulī, pulsum		
multo (b. Komp.)	viel	
post (Adv.)	später, nachher, darauf	
nūbēs, nūbis f.	Wolke	
āter, ātra, ātrum	schwarz	
dēscendere	herabsteigen, hinabgehen	*ascendere, conscendere*; E to descend
dēscendō, dēscendī, dēscēnsum		
6 ★ cinis, cineris m.	Asche	
★ cālīgō, cālīginis f.	Rauch, Dunkel, Finsternis	
★ dēnsus, a, um	dicht	E dense
★ abscondere	verbergen, verhüllen	
abscondō, abscondī, absconditum		
7 īnfāns, īnfantis m/f.	**Kind**	infantil
aliī … aliī	die einen … die anderen	
parentēs, parentum m.	Eltern	
8 • cōgnōscere	**erfahren, erkennen, kennen lernen**	
cōgnōscō, cōgnōvī, cōgnitum		
cāsus, ūs m.	**Fall, Zufall, Untergang**	Kasus, Kaskade; E case
9 dēplōrāre	bejammern	*implorare*; E to deplore
• tollere	**aufheben, beseitigen, wegtragen**	
tollō, sustulī, sublātum		
10 ★ nusquam (Adv.)	nirgends	
ūllus, a, um	**irgendein, irgendeiner**	*nullus*
• crēdere	**glauben, vertrauen, anvertrauen**	
crēdō, crēdidī, crēditum		
11 terror, terrōris m.	**Schrecken**	*terrere*
• fingere	**gestalten, bilden, sich ausdenken**	
fingō, fīnxī, fictum		
paulum (Adv.)	**ein wenig**	
★ relūcēre	zurückleuchten, wiedererstrahlen	*lux*
relūceō, relūxī		
indicium, ī n.	**Anzeige, Kennzeichen**	*indicare*; Indiz
★ tenebrae, ārum f.	Finsternis, Dunkelheit	
rūrsus (Adv.)	**wieder**	
★ excutere	abschütteln	
excutiō, excussī, excussum		
12 paulātim (Adv.)	**nach und nach, allmählich**	
14 ★ fūmus, ī m.	Rauch	
★ tenuāre	dünn machen, auflösen, schwächen	
15 **tamquam**	**wie, gleich wie, gleich als ob**	
nix, nivis f.	**Schnee**	
★ obdūcere	vor etwas ziehen, überziehen, bedecken	*ducere*
obdūcō, obdūxī, obductum		
16 praevalēre	sehr stark sein, die Oberhand behalten	*validus*
persevērāre	fortfahren (etwas zu tun), beharren auf	

Lektion 32

S

1. Hinsichtlich des **Zeitverhältnisses** und der **Sinnrichtung** entspricht der Gebrauch des Partizip Präsens Aktiv im Ablativ mit Partizip dem des Participium coniunctum.

2. Der **genitivus pretii** (Genitiv des Wertes) bezeichnet den Wert einer Person oder Sache; seine syntaktische Funktion kann sein:
   a) Prädikatsnomen
   Liber magnī (parvī) est.   Das Buch ist viel (wenig) wert.
   b) Adverbiale
   Pyrrhus Fabriciī integritātem magnī   Pyrrhus schätzte die Redlichkeit des
   aestimāvit (putāvit, dūxit, fēcit).   Fabricius sehr/hoch.

3. Der Genitiv steht bei den Adjektiven mit der Bedeutung: begierig, kundig, eingedenk, teilhaftig, mächtig, voll (und deren Gegenteil), z.B.:
   cupidus glōriae   begierig auf Ruhm, ruhmsüchtig
   cōnscius iniūriae   sich eines Unrechts bewusst
   imperītus omnium rērum   aller Dinge unkundig (= ohne Lebenserfahrung)
   plēnus vīnī   voll Wein

Vokabeln

1 octāvus, a, um	achter, der Achte	octo
famēs, famis f.	Hunger	E famine
inopia, ae f.	Not, Mangel	ops
2 ★ fēcundus, a, um	fruchtbar	
4 colōnus, ī m.	Bauer, Siedler	incola
5 ★ commeāre	verkehren, fahren	
dīvitiae, ārum f.	Reichtum	dives
6 crēscere	wachsen, zunehmen	crescendo
crēscō, crēvī		
7 • inīre	betreten, beginnen	
ineō, iniī, initum		
cōnflīgere	unterwerfen, kämpfen	Konflikt
cōnflīgō, cōnflīxī, cōnflīctum		
8 arcessere	holen, herbeiholen, herbeirufen	
arcessō, arcessīvī, arcessītum		
perītus, a, um (m. Gen.)	erfahren, kundig	
cupidus, a, um (m. Gen.)	begierig, verlangend	cupere
exercitus, ūs m.	Heer	exercere
9 • vincere	siegen, besiegen	
vincō, vīcī, victum		
clādēs, clādis f.	Niederlage, Schaden	
senātus, ūs m.	Senat	
10 • mittere	schicken, gehen lassen	
mittō, mīsī, missum		

11	• dēficere dēficiō, dēfēcī, dēfectum	abfallen, ausgehen, fehlen	
	*integritās, integritātis f.	Redlichkeit, Lauterkeit	*integer*
	aestimāre	schätzen	
12	dīmittere dīmittō, dīmīsī, dīmissum	entsenden, entlassen, aufgeben	
13	mēnsis, mēnsis m.	Monat	
	*renovāre	erneuern	*novus*; renovieren
	discēdere discēdō, discessī, discessum	weggehen, auseinander gehen, scheiden	*cedere*
14	minuere minuō, minuī, minūtum	verringern, vermindern	*minus*
16	dīgnus, a, um (m. Abl.)	würdig, wert	
	dissuādēre dissuādeō, dissuāsī, dissuāsum	abraten	
Imp	ōrātiō, ōrātiōnis f.	Rede, Vortrag	
	Māgna Graecia f.	Großgriechenland	
	Graecia, ae f.	Griechenland	
	Sicilia, ae f.	Sizilien	
	Syrācūsae, ārum f.	Syrakus	
	Messīna, ae f.	Messina	
	Tarentum, ī n.	Tarent	
	Neāpolis, Neāpolis f.	Neapel	
	Tarentīnī, ōrum m.	Tarentiner	
	Pyrrhus, ī m.	Pyrrhus	
	Ēpīrus, ī f.	Epirus	
	C. Fabricius m.	C. Fabricius	
	Cinēās, Cinnēae m.	Kineas	
	Appius Claudius Caecus m.	Appius Claudius Caecus	

Lektion 33

F Das Partizip Futur Aktiv

a-Konjugation	e-Konjugation	i-Konjugation	kons. Konjugation	esse
laudāt**ūrus, a, um**	dēlēt**ūrus, a, um**	audīt**ūrus, a, um**	act**ūrus, a, um**	fut**ūrus, a, um**

Der Infinitiv Futur Aktiv

laudātūrum, am, um, ōs, ās, a esse: loben werden

Die Formen *futūrum, am, um, ōs, ās, a esse* können auch ersetzt werden durch *fore*.

239

S

1. Das **Partizip Futur Aktiv** bezeichnet die **Nachzeitigkeit** der Nebenhandlung zur Haupthandlung.
Es wird gebraucht als
   a) **Participium coniunctum**, das in der Regel eine finale Sinnrichtung hat.

Cerēs filiam investīgātūra orbem terrārum peragrāvit.	Um die Tochter zu suchen durchwanderte Ceres die ganze Welt.

   b) **Prädikatsnomen** in Verbindung mit Formen von *esse* und beschreibt eine unmittelbar bevorstehende Handlung.

Sacerdōtēs Cererem plācātūrī erant.	Die Priester wollten Ceres versöhnen (waren im Begriff Ceres zu versöhnen).

2. Der **Infinitiv Futur Aktiv** kommt vornehmlich im a c i vor und drückt die **Nachzeitigkeit** gegenüber der Haupthandlung aus.

Cerēs sē filiam repertūram esse spērāvit.	Ceres hoffte, dass sie ihre Tochter finden werde (finde).

3. **Der nominale Ablativus absolutus**
Beim Ablativ mit Partizip kann an die Stelle des Partizips ein Nomen (Substantiv/Adjektiv) treten.
Bei den Substantiven handelt es sich meist um Amts- oder Berufsbezeichnungen, z. B. *consule, duce, auctore*.

Carthāginiēnsēs Hannibale duce Alpēs superāvērunt.	Unter (Hannibal als Führer =) Hannibals Führung überwanden die Karthager die Alpen.

Vokabeln

1	cōnsecrāre	weihen	konsekrieren
	cum ... tum	**sowohl ... als auch besonders**	
2 ★	frūgēs, frūgum f.	Feldfrüchte	*frugifer*
	prīmum (Adv.)	**zum ersten Mal**	*primus*
3	• reperīre	(er)finden, erfahren	
	reperiō, repperī, repertum		
4	apud (m. Akk.)	bei	
	• legere	sammeln, lesen, auslesen	
	legō, lēgī, lēctum		
5	coniugium, ī n.	Ehe	*coniungere, coniunx*
6	• permittere	überlassen, erlauben	E to permit
	permittō, permīsī, permissum		
	★tenebrōsus, a, um	finster, dunkel	*tenebrae*
7	auctor, auctōris m.	**Urheber, Anstifter**	Autor; E author
	flōs, flōris m.	**Blüte, Blume**	*florere*; E flower
8 ★	penetrāre	eindringen, durchdringen	*intrare*; penetrant
	investīgāre	**aufspüren, erkunden**	E to investigate
9	**spērāre**	**hoffen, erwarten**	*spes, desperare*

10 •	comperīre comperiō, comperī, compertum	erfahren	
11 •	reddere reddō, reddidī, redditum	zurückgeben, machen zu	
•	cēdere cēdō, cessī, cessurus	gehen, weichen, nachgeben	
12 ★	dīmidius, a, um	halb, zur Hälfte	*medius*
13	colere colō, coluī, cultum	**bebauen, pflegen, ehren, verehren**	*incolere, incola*; kultiviert
Imp	invītus, a, um	wider Willen, unwillig	
	inscius, a, um	unwissend, ohne Wissen	*scire, scientia*

Cerēs, Cereris f.	Ceres
Prōserpina, ae f.	Proserpina
Siculī, ōrum m.	Siculer
Plūtō, Plūtōnis m.	Pluto
Aetna, ae f.	Ätna
Hennēnsis, Hennēnse	aus Henna
Pūblius Mūcius m.	Publius Mucius
Lūcius Calpurnius m.	Lucius Calpurnius
Henna, ae f.	Henna

Lektion 34

S   **Zusammenfassende Übersicht: Übersetzungsmöglichkeiten der Partizipialkonstruktionen (Part. coni./AmP)**

semant. Funktion	Unterordnung	Beiordnung	Präpos. Ausdruck
1. temporal	vorzeitig: als, nachdem gleichzeitig: als, während, wenn	und (danach) und (währenddessen)	nach bei, während
2. kausal	weil, da	und daher und deshalb	wegen, infolge aus
3. konzessiv	obwohl, obgleich	trotzdem, dennoch	trotz
4. modal	indem, dadurch (dass) verneint: ohne zu, ohne dass	 und so, und dabei	mit bei ohne
5. final	damit, um zu	–	um … willen

Vokabeln

2	perpetuus, a, um	durchgehend, ununterbrochen	*in perpetuum*
	★ cōgnātiō, cōgnātiōnis f.	Verwandtschaft	*natio*
4	vīs, vim, vī f.	Kraft, Gewalt, Menge	
	• capere	fangen, fassen, nehmen, einnehmen	
	capiō, cēpī, captum		
	• dēlēre	zerstören, vernichten	
	dēleō, dēlēvī, dēlētum		
5	auferre	wegtragen, wegnehmen	
	auferō, abstulī, ablātum		
	aes, aeris n.	Erz, Geld, Kupfergeld	
6	ars, artis f.	Kunst, Geschicklichkeit, Eigenschaft	E art
	perficere	durchsetzen, vollenden	*facere*; perfekt
	perficiō, perfēcī, perfectum		
7	cūrāre	(be)sorgen, pflegen	*cura*; kurieren
8	restituere	wiederherstellen	*statuere*
	restituō, restituī, restitūtum		
10	praetor, praetōris m.	Prätor	
11	• incipere	anfangen, beginnen	
	incipiō, coepī, inceptum		
	★ flagrāre	brennen, lodern	in flagranti
	magistrātus, ūs m.	Beamter, Amt, Behörde	Magistrat
12	dēsīderāre	ersehnen, vermissen	Desiderat; E to desire
	• ostendere	entgegenstrecken, zeigen, darlegen	
	ostendō, ostendī, ostentum		
13	nefās n.	Unrecht, Frevel	
	religiō, religōnis f.	Religion, religiöse Bedenken, Achtung vor dem göttlichen Gesetz	
14	īnstāre	bevorstehen, drohen, zusetzen, bestehen auf	*stare*
	īnstō, īnstitī		
15	ēvocāre	herausrufen, herbeirufen, vorladen	*vocare*
16	• ēvertere	umstürzen, zerstören	
	ēvertō, ēvertī, ēversum		
17	• dēcernere	entscheiden, beschließen	
	dēcernō, dēcrēvī, dēcrētum		
18	★ reportāre	zurückbringen, überbringen	*portare*; Reporter
19	scelus, sceleris n.	**Verbrechen, Frevel**	*scelestus*
	Segesta, ae f.	Segesta	
	Segestānī, ōrum n.	Segestaner	
	Carthāginiēnsis, Carthāginiēnsis m.	Karthager	
	Diāna, ae f.	Diana	
	Pūblius Scīpiō m.	Publius Scipio	
	Verrēs, Verris m.	Verres	

Lektion 35

F — Die Demonstrativpronomina hic, haec, hoc und ille, illa, illud

	Singular	Plural		Singular	Plural
Nom.	hic haec hoc	hi hae haec	ille	illa illud	illī illae illa
Gen.	huius	hōrum hārum hōrum		illīus	illōrum illārum illōrum
Dat.	huic	hīs		illī	illīs
Akk.	hunc hanc hoc	hōs hās haec	illum illam illud	illōs illās illa
Abl.	hōc hāc hōc	hīs	illō illā illō	illīs

hic, haec, hoc bezeichnet die räumliche und zeitliche Nähe,
ille, illa, illud die räumliche und zeitliche Ferne:

Hunc librum legō.	Ich lese dieses (vor mir liegende) Buch.
Avus hanc fābulam nārrāvit.	Der Großvater erzählte diese/folgende Geschichte.
Haec domus patris, illa avī est.	Dieses Haus gehört dem Vater, jenes dem Großvater.

Ferner bezeichnet *ille, illa, illud* manchmal etwas Bekanntes oder Berühmtes:

| Illud (verbum) Cicerōnis nōtum est. | Jener (berühmte) Ausspruch Ciceros ist bekannt. |

Wie diese Pronomina bilden die Adjektive *ūnus, sōlus, tōtus, nūllus* und *alter* den Gen. Sg. auf *-īus* und den Dat. Sg. auf *-ī*.

S — Doppelter Akkusativ des Objekts und Prädikatsnomens

| Rōmānī L. Metellum cōnsulem creāvērunt. | Die Römer wählten L. Metellus als/zum Konsul. |

Das Prädikatsnomen *cōnsulem* bezieht sich hier auf das Akkusativobjekt *L. Metellum*. Bei der Übersetzung werden meist Partikel (als, zum, …) eingefügt.

Von folgenden Verben kann **der doppelte Akkusativ** abhängen:

putāre, exīstimāre, iūdicāre	halten für
creāre, dēligere	wählen zu
facere	machen zu
dīcere, nōmināre, appellāre	(er)nennen (zu), bezeichnen als
dēclārāre	erklären zu
sē praebēre, sē praestāre	sich zeigen als, sich erweisen als

Im **Passiv** wird aus dem doppelten Akkusativ ein **doppelter Nominativ**:

| L. Metellus cōnsul creātus est. | L. Metellus wurde zum Konsul gewählt. |

Vokabeln

1	familiāris, familiāris m/f.	Vertrauter, Freund, Freundin	*familia*
2	pūblicē (Adv.)	öffentlich, im Namen des Staates	*res publica*
	hic, haec, hoc	dieser, diese, dieses	
	laudātiō, laudātiōnis f.	Lobrede	*laudare, laus*
	★laudātiō fūnebris f.	Leichenrede	
3	ille, illa, illud	jener, jene, jenes	
	★praedicāre	ausrufen, rühmen	predigen
4	• trādere trādō, trādīdī, trāditum	übergeben, überliefern	
5	ferē (Adv.)	etwa, fast, meist	
6	pontifex, pontificis m.	Priester, Oberpriester	Pontifikat
	creāre	verursachen, erschaffen, wählen	kreativ; E to create
	dictātor, dictātōris m.	Diktator	
7	dēclārāre	erklären, verkündigen, aufzeigen	deklarieren; E to declare
	alter, altera, alterum	der eine von zweien, der eine, der andere	Alternative
11	ōrātor, ōrātōris m.	Redner	*oratio*
	sē praestāre	sich zeigen (als), sich erweisen (als)	
	sapientia, ae f.	Weisheit, Einsicht	
12	• invenīre inveniō, invēnī, inventum	finden, erfinden, entdecken	
Imp	prūdēns, prūdentis	klug, erfahren	
	firmus, a, um	fest, stark, standhaft	*confirmare*; Firmung, Konfirmation
	L. Metellus m.	Lucius Metellus	
	Pūnicus, a, um	punisch, karthagisch	
	Hasdrubal, Hasdrubalis m.	Hasdrubal	
	Q. Metellus m.	Quintus Metellus	

Lektion 36

F — Die Demonstrativpronomina iste, ista, istud und ipse, ipsa, ipsum

	Singular			Plural		
Nom.	iste	ista	istud	istī	istae	ista
Gen.		istīus		istōrum	istārum	istōrum
Dat.		istī			istīs	
Akk.	istum	istam	istud	istōs	istās	ista
Abl.	istō	istā	istō		istīs	
Nom.	ipse	ipsa	ipsum	ipsī	ipsae	ipsa
Gen.		ipsīus		ipsōrum	ipsārum	ipsōrum
Dat.		ipsī			ipsīs	
Akk.	ipsum	ipsam	ipsum	ipsōs	ipsās	ipsa
Abl.	ipsō	ipsā	ipsō		ipsīs	

1. *iste, ista, istud* ist eine Verstärkung von *is, ea, id* und enthält häufig ein negatives Urteil:

   Servī istīus praetōris sīgnum clam sustulērunt. — Die Sklaven dieses (schlimmen) Prätors (da) schafften die Statue heimlich fort.

2. *ipse, ipsa, ipsum* hebt eine Sache oder Person besonders hervor:

   Nōn sōlum amīcīs, sed etiam Gracchō ipsī perīculum imminēbat. — Nicht nur seinen Freunden, sondern auch Gracchus selbst drohte Gefahr.

Grund- und Ordnungszahlen (Erweiterung und Zusammenfassung)

Ziffer		Grundzahl	Ordnungszahl
1	I	ūnus, a, um ein/eine	prīmus, a, um der/die/das erste
2	II	duo, ae, o usw.	secundus, a, um usw.
3	III	trēs, tria	tertius, a, um
4	IV	quattuor	quārtus, a, um
5	V	quīnque	quīntus, a, um
6	VI	sex	sextus, a, um
7	VII	septem	septimus, a, um
8	VIII	octō	octāvus, a, um
9	IX	novem	nōnus, a, um
10	X	decem	decimus, a, um
11	XI	ūndecim	ūndecimus, a, um
12	XII	duodecim	duodecimus, a, um
13	XIII	trēdecim	tertius decimus, a, um
14	XIV	quattuordecim	quārtus decimus, a, um

15	XV	quīndecim	quīntus decimus, a, um
16	XVI	sēdecim	sextus decimus, a, um
17	XVII	septendecim	septimus decimus, a, um
18	XVIII	duodēvīgintī	duodēvīcēsimus, a, um
19	XIX	ūndēvīgintī	ūndēvīcēsimus, a, um
20	XX	vīgintī	vicēsimus, a, um
100	C	centum	centēsimus, a, um
1000	M	mīlle	mīllēsimus, a, um

Die Grundzahlen von 4 bis 100 und der Singular von 1000 sind indeklinabel. Der Plural von *mīlle* kann dekliniert werden: *mīlia, ium.*
Die Ordnungszahlen werden dekliniert wie Adjektive der a/o-Deklination.
Beachte: ūn-dē-vīgintī: eins-von-zwanzig = 19
duo-dē-vīgintī: zwei-von-zwanzig = 18

Vokabeln

1 **iūstitia, ae f.**	Gerechtigkeit	*iustus*; Justiz
domāre domō, domuī, domitum	bändigen, zähmen	*domus*; Dompteur
3 **fortūna, ae f.**	Schicksal, Glück	E fortune
★**saevīre** saeviō, saevīvī, saevītum	wüten, rasen	*saevus*
4 **nōbilitās, nōbilitātis f.**	Berühmtheit, Adel	*nobilis*
5 **id agere, ut** (m. Konj.)	danach streben, darauf bedacht sein, dass	
ops, opis f.	Kraft, Macht; Pl. Reichtum, Einfluß	
plēbēius, ī m.	Plebejer	*plebs*
6 **proprius, a, um**	eigen, eigentümlich, wesenhaft	
7 **iste, ista, istud**	dieser (da)	
falsus, a, um	irrig, falsch	E false
8 ★**immō vērō**	nein im Gegenteil, nein vielmehr	
optimātēs, optimātium m.	Aristokraten, aristokratische Partei	*optimus*
9 **discordia, ae f.**	Zwietrscht, Uneinigkeit	
10 **oppōnere** oppōnō, opposuī, oppositum	entgegenstellen, einwenden	Opposition
11 •**invādere**, invādō, invāsī, invāsum	eindringen, angreifen	
12 **īcere** īciō, īcī, ictum	schlagen, treffen	
★**immātūrus, a, um**	unreif, zu früh	E immature
13 **plūs** (Adv.)	mehr	E plus
•**occīdere** occīdō, occīdī, occīsum	niederhauen, töten	

14	initium, ī n.	**Anfang, Beginn**	Initiative; E to initiate
15	★ dīiūdicāre	entscheiden, unterscheiden	*iudicare*
	Tib. Gracchus m.	Tiberius Gracchus	

Lektion 37

F Das Pronomen qui, quae, quod

	Singular			Plural		
Nom.	quī	quae	quod	quī	quae	quae
Gen.		cuius		quōrum	quārum	quōrum
Dat.		cui			quibus	
Akk.	quem	quam	quod	quōs	quās	quae
Abl.	quō	quā	quō		quibus	

Statt *cum quō (cum quā, cum quibus)* steht oft *quōcum (quācum, quibuscum)*

S

quī, quae, quod wird verwendet als Relativpronomen und als adjektivisches Interrogativpronomen.

1. **Das Relativpronomen**
a) richtet sich in **Numerus** und **Genus** nach seinem Beziehungswort im übergeordneten Satz; der **Kasus** wird vom Verbum des Relativsatzes bestimmt:
Marium agitābat cupīdō **cōnsulātūs, quem** appetere nōn audēbat.
b) Wie im Deutschen hat der lateinische Relativsatz meist die Funktion eines **Attributs**:

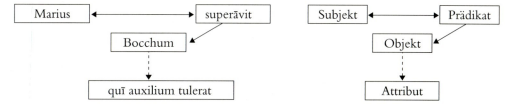

Der Relativsatz kann aber auch die Satzgliedposition eines **Subjekts** oder **Objekts** übernehmen:

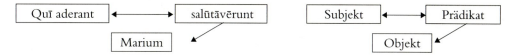

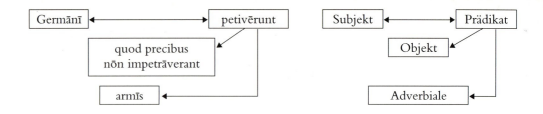

c) Der Modus der Relativsätze ist in der Regel der **Indikativ**. Ist der Relativsatz aber von einem Aci oder einem Gliedsatz im Konjunktiv abhängig, steht sein Prädikat ebenfalls im **Konjunktiv** (innere Abhängigkeit).

2. Das adjektivische Interrogativpronomen
tritt wie ein Adjektiv zu einem Substantiv hinzu:

Quī imperātor urbem ab hostibus dēfendet?	Welcher Feldherr wird die Stadt vor den Feinden verteidigen?

Vokabeln

1	locus equester	Ritterstand	*equus, eques*
	homō novus	Aufsteiger, Emporkömmling	
	quī, quae, quod	der, die das; welcher, welche, welches	
	*vetustās, vetustātis f.	Alter	*vetus*
	familia, ae f.	**Familie, Hausgemeinschaft**	E familiy
2	**industria, ae f.**	**Betriebsamkeit, Fleiß**	Industrie; E industry
	probitās, probitātis f.	Rechtschaffenheit, Tüchtigkeit	
	mīlitia, ae f.	**Kriegsdienst**	*miles*; Miliz
3	**cōnsulātus, ūs m.**	**Konsulat**	*consul*
	appetere	begehren, erstreben	*petere*; Appetit
	appetō, appetīvī, appetītum		
	audēre	wagen	
4	*praedīcere	voraussagen, vorschreiben	*dicere*; E to predict
	praedīcō, praedīxī, praedictum		
	• **cupere**	**begehren, wünschen**	
	cupiō, cupīvī, cupītum		
	• **ēvenit**	**es ereignet sich, geschieht, widerfährt**	*venire*; E event
	ēvēnit, ēventūrum est		
6	• contendere	sich anstrengen, eilen, kämpfen, behaupten	E to contend
	contendō, contendī, contentum		
9	**mandāre**	**auftragen, übergeben, anvertrauen**	Mandat, Mandant
	praeficere	voranstellen, an die Spitze stellen	*facere*; Präfekt
	praeficiō, praefēcī, praefectum		
10	• **ferre**	**tragen, ertragen, bringen, berichten**	
	ferō, tulī, lātum		
13	**impetrāre**	**durchsetzen, erreichen**	
14	• dēvincere	völlig besiegen	
	dēvincō, dēvīcī, dēvictum		

15	impetus, ūs m.	Ansturm, Angriff, Drang	
16 ★	dictitāre	oft sagen, immer wieder sagen	*dicere*
17 •	**dēfendere**	**abwehren, verteidigen**	
	dēfendō, dēfendī, dēfēnsum		
18	cōnfīdere	vertrauen	*fides*; E to confide
Imp	**discrīmen, discrīminis n.**	**Unterschied, Entscheidung, Gefahr**	diskrimieren
	honor, honōris m.	**Ehre, Ehrenamt**	E honour
	afficere	**versehen mit, behandeln**	*facere*; Affekt
	afficiō, affēcī, affectum		
	contemnere	**verachten, gering schätzen**	
	contemnō, contempsī, contemptum		
	licet	**es ist erlaubt**	*licentia*
	licuit		
	bōs, bovis m./f.	Rind, Ochse, Kuh	E beef
	C. Marius m.	Caius Marius	
	Iugurthīnus, a, um	jugurthinisch	
	Metellus, ī m.	Metellus	
	Iugurtha, ae m.	Jugurtha	
	Bocchus, ī m.	Bocchus	
	Cimbrī, ōrum m.	Kimbern	
	Teutonēs, Teutonum m.	Teutonen	
	Germānī, ōrum m.	Germanen	
	Rhodanus, ī m.	Rhône	

Lektion 38

Vokabeln

1	ingenium, ī n.	Anlage, Begabung	Genie; E genius
2	**cōnsuētūdō, cōnsuētūdinis f.**	**Gewohnheit, Sitte, Umgang**	
★	mihi est cōnsuētūdō cum (m. Abl.)	ich habe Umgang mit jmd.	
	dēdere	**übergeben, widmen**	*dare*
	dēdō, dēdidī, dēditum		
3	**libīdō, libīdinis f.**	**Begierde, Trieb, Willkür**	
4 ★	stimulus, ī m.	Stachel, Ansporn, Antrieb	stimulieren
5	**frūstrā>**	**vergeblich, vergebens**	Frust; E frustration
	novīs, rēbus studēre	einen Umsturz planen	
7	nōn īgnōrāre	genau kennen, genau wissen	
	mēns, mentis f.	**Geist, Verstand, Gedanke**	Mentalität; mental
8 ★	in diēs	von Tag zu Tag	
	accendere	**anzünden, entflammen**	
	accendō, accendī, accēnsum		
	condiciō, condiciōnis f.	**Bedingung, Lage**	Kondition; E condition
10	**iūdicium, ī n.**	**Prozess, Urteil, Gericht**	*iudicare*

	egestās, egestātis f.	Armut, Mangel	*egere*
11 ★	virīlis, virīle	männlich, mannhaft, tapfer	*vir*
	tolerāre	**ertragen, erdulden**	tolerieren; E tolerate
12 ★	prōscrīptiō, prōscrīptiōnis f.	Ächtung	*scribere*; Proskription
16	**referre**	**zurückbringen, berichten**	
	referō, rettulī, relātum		
	accūsāre	anklagen, beschuldigen	E to accuse
17	**furor, furōris m.**	**Raserei, Wut, Tollheit**	E furious
	• illlūdere	verspotten	
	illlūdō, illūsī, illlūsum		
	numerus, ī m.	**Zahl, Anzahl**	*numerare*; E number
18	patrēs cōnscrīptī m.	Senatoren	
	interitus, ūs m.	Untergang	*interire*
	cōgitāre	**denken, nachdenken, erwägen**	
	• **patēre**	**offen stehen, offenbar sein, sich erstrecken**	
	pateō, patuī		
	L. Catilīna m.	Lucius Catilina	

Lektion 39

F   **Die -nd-Form als Gerundium**

Die Deklination

	a-Konj.	e-Konj.	i-Konj.	kons. Konjugation	
(Nom.	laudāre	habēre	audīre	agere	capere)
Gen.	lauda**nd**ī	habe**nd**ī	audie**nd**ī	age**nd**ī	capie**nd**i
Dat.	lauda**nd**ō	*usw.*	*usw.*	*usw.*	*usw.*
Akk.	(laudāre)				
	ad lauda**nd**um				
Abl.	lauda**nd**ō				

Das Gerundium von **īre** lautet *eundī, eundō* usw.

S   1. Die -nd-Form als Gerundium dient als Ersatz für die fehlenden Kasus des substantivierten Infinitivs. Das Gerundium ist ein **Verbalsubstantiv**.

       Necessārium est interrogāre.   Es ist notwendig zu fragen./
                                               (Das) Fragen ist notwendig.

       Discimus interrogandō.   Wir lernen durch (das) Fragen.

2. Die -nd-Form als Gerundium wird übersetzt:
   a) im Genitiv durch einen Infinitiv mit „zu" oder einen Präpositionalausdruck:
   Caesarī potestās multandī erat.   Caesar hatte die Macht zu bestrafen / die Macht zum Bestrafen.

   b) im Ablativ durch einen Präpositionalausdruck oder durch einen modalen Gliedsatz:
   Īgnōscendō glōriam sibi peperit.   Durch Verzeihen erwarb er sich Ruhm. Dadurch, dass er verzieh, erwarb er sich Ruhm.

3. Die -nd-Form als Gerundium kann
   a) durch ein Adverb ergänzt werden
   Caesar flūmen citō trānseundō Pompeium oppressit.   Dadurch, dass Caesar den Fluss schnell überquerte, brachte er Pompeius in Bedrängnis.
   b) durch ein Objekt ergänzt werden.
   Adversāriīs īgnōscendō glōriam sibi peperit.   Dadurch, dass er den Feinden verzieh, erwarb er sich Ruhm.

Vokabeln

1★	veterānus, ī m.	Veteran	*vetus*
2	prōmptus, a, um	sichtbar, bereit, entschlossen	prompt
	societās, societātis f.	Gemeinschaft, Bündnis	*socius*; E society
7	facultās, facultātis f.	Möglichkeit, Fähigkeit	*facere*; fakultativ
	prīncipātus, ūs m.	höchste Stelle, Vorherrschaft, Vorrang	*princeps*
9	sententia, ae f.	Sinnspruch, Satz, Meinung	Sentenz; E sentence
	quārē	wodurch, warum, deshalb	
11	iacere, iaciō, iēcī, iactum	werfen, schleudern	
12	trādūcere, trādūcō, trādūxī, trāductum	hinüberführen	*ducere*
13	cōntiō, cōntiōnis f.	Volksversammlung	
14	cōgere, cōgō, coēgī, coāctum	zusammenbringen, versammeln, zwingen	*agere*
	trāicere, trāiciō, trāiēcī, trāiectum	hinüberbringen, übersetzen	*iacere*
16	• scrībere, scrībō, scrīpsī, scrīptum	schreiben	Manuskript
Imp	prōcēdere, prōcēdō, prōcessī, prōcessum	hervorgehen, vorwärts gehen, vorrücken	*cedere*; Prozedur; E proceed
	parātus, a, um	bereit, entschlossen	*parare*; parat
	īgnōscere, īgnōscō, īgnōvī, īgnōtum	Einsehen haben, verzeihen	

Gallicus, a, um	gallisch
Rubicō, ōnis m.	Rubikon
Pharsālus, ī f.	Pharsalus
Vellēius, ī m.	Vellejus

Lektion 40

F Das Pronomen idem, eadem, idem

	Singular			Plural		
Nom.	īdem	eadem	idem	iīdem	eaedem	eadem
Gen.		eiusdem		eōrundem	eārundem	eōrundem
Dat.		eidem			iīsdem	
Akk.	eundem	eandem	idem	eōsdem	eāsdem	eadem
Abl.	eōdem	eādem	eōdem		iīsdem	

m wird vor *d* zu *n*

S Der relative Satzanschluss

stellt eine enge Verbindung zwischen zwei selbstständigen Sätzen her. Dabei wird der zweite Satz durch ein Relativpronomen eingeleitet, das in diesem Fall mit einem Demonstrativpronomen zu übersetzen ist.

Augustus **urbem** excolere coepit. **Quam** multīs operibus pūblicīs ōrnāvit.

Augustus begann die Stadt Rom auszubauen. Diese/Sie schmückte er mit vielen öffentlichen Gebäuden.

Vokabeln

1	ubī prīmum (m. Ind. Perf.)	sobald (als)	
	★hērēs, hērēdis m/f.	Erbe, Erbin	E heir
2	★hērēditās, hērēditātis f.	Erbschaft	E heritage
4	**incertus, a, um**	**ungewiss, unsicher**	*certus*
5	★abaliēnāre	entfremden	*alienus*
	idem, eadem, idem	**derselbe, dieselbe, dasselbe**	identisch
7	cōnsultum, ī n.	Beschluss	*consulere*
	★augustus, a, um	ehrwürdig, erhaben	
8	★terrā marīque	zu Wasser und zu Lande	
9	★ab urbe conditā	seit Gründung der Stadt (Rom)	
	memoria, ae f.	**Gedächtnis, Andenken, Zeit**	Memoiren; E memory
10	āra, ae f.	Altar	
11	★excolere excolō, excoluī, excultum	ausschmücken	*colere*

cēnsēre (m. aci)	schätzen, meinen	
(m. ut)	beschließen	
cēnseō, cēnsuī, cēnsum		
māiestās, māiestātis f.	Größe, Würde, Hoheit	Majestät; E majesty
12 parum (Adv.)	zu wenig	
tot	so viele	
pūblicus, a, um	öffentlich, staatlich	*publice*; Publikum
iūs, iūris n.	Recht	*iure*; Jura
13 ★ marmoreus, a, um	aus Marmor	
14 celebrāre	besuchen, feiern	*celeber*; zelebrieren
Imp bibere	trinken	
bibō, bibī		
fōrma, ae f.	Form, Gestalt, Schönheit	
noctū (Adv.)	nachts	*nox*
hospes, hospitis m.	Gastfreund, Fremder, Gastgeber	
Octāviānus, ī m.	Oktavian	
Marcus Antōnius m.	Markus Antonius	
Actium, ī n.	Aktium	
Menaechmus, ī m.	Menaechmus	

Lektion 41

F Die -nd-Form als Gerundivum

a-Konjugation	e-Konjugation	i-Konjugation	kons. Konjugation
lauda**nd**us, a, um	dele**nd**us, a, um	audie**nd**us, a, um	age**nd**us, a, um capie**nd**us, a, um

Bei dieser -nd-Form handelt es sich um ein **Verbaladjektiv**.

S Die -nd-Form in prädikativer Funktion

1. **als Prädikatsnomen bei esse**

   drückt aus, dass etwas getan werden **muss/soll** bzw. (bei Verneinung) **nicht** getan werden **darf/soll**. Die handelnde Person steht dabei im Dativ (*dativus auctoris*).

Facultās laudanda (nōn) est.	Die Fähigkeit muß/soll (darf nicht/soll nicht) gelobt werden.
Mihi facultās laudanda est.	Die Fähigkeit muss/soll von mir gelobt werden. besser: Ich muss/soll die Fähigkeit loben.
Labōrandum est.	Es muss gearbeitet werden. besser: Man muss arbeiten.

2. als Prädikativum bei den Verben des Gebens und Nehmens

Bei Verben wie *dare, trādere, mittere, cūrāre* (lassen) u. a. drückt die prädikativ verwendete -nd-Form den **Zweck** aus:

Tibi epistulam legendam dō.	Ich gebe dir den Brief zum Lesen/zur Lektüre.
Caesar corvum emendum cūrāvit.	Der Kaiser ließ den Raben kaufen.

Vokabeln

1	**occurrere** occurrō, occurrī, occursum	**entgegenlaufen, begegnen, entgegentreten**	*currere*
	corvus, ī m.	Rabe	
	īnstituere īnstituō, īnstituī, īnstitūtum	**anfangen, einrichten, unterrichten**	*īnstitutum*
2	• stupēre stupeō, stupuī	stutzen, staunen	
3	**mīrus, a, um**	**wunderbar, sonderbar, erstaunlich**	*miraculum*
	• emere emō, ēmī, ēmptum	kaufen	
4	**invidia, ae f.**	**Missgunst, Neid, Abneigung**	*invidere*
5	• **afferre** afferō, attulī, adlātum/allātum	**herbeitragen, hinzufügen**	
6	**discere** discō, didicī	**lernen, kennen lernen**	*discipulus*
	exprimere exprimō, expressī, expressum	ausdrücken, darstellen	*premere*
8	**dīvidere** dīvidō, dīvīsī, dīvīsum	**trennen, teilen, verteilen**	dividieren
9	★ salūtātiō, salūtātiōnis f.	Begrüßung	*salutare*
10	**repetere** repetō, repetīvī, repetītum	**zurückfordern, wiederholen**	*petere*; E to repeat
	opera, ae f.	Arbeit, Mühe	
11	★ dictāre	diktieren, vorsagen	*dicere*
13	**satis** (Adv.)	**genug**	satt
14	• **addere** addō, addidī, additum	**hinzufügen**	
Imp	edere edō, ēdī, ēsum	essen	E to eat
	cadere cadō, cecidī, cāsūrus	fallen	*casus*
	Druida, ae m.	Druide	
	Vercingetorīx, Vercingetorīgis m.	Vercingetorix	

Lektion 42

Vokabeln

1	exemplum, ī n.	Beispiel, Vorbild	Exempel; E example
4	*honōrāre	ehren	*honor*
5	• pōnere	legen, stellen, setzen	E to put
	pōnō, posuī, positum		
	praenōmen, praenōminis n.	Vorname	*nomen*
7	*adversus (m. Akk.)	gegen, gegenüber	*adversarius*
	*convīcium, ī n.	Gezänk, Vorwurf	
	rūmor, rumōris m.	Geräusch, Gerücht	
	*patiēns, patientis	geduldig, ertragend	Patient
9	māiestātis accūsāre	wegen Majestätsbeleidigung anklagen	
11	praetermittere	vorbeigehen, lassen, unterlassen	*mittere*
	praetermittō, -mīsī, -missum		
12	• adhibēre	anwenden, hinzuziehen	
	adhibeō, adhibuī, adhibitum		
13	*prīstinus, a, um	früher, ehemalig	
	cōnservāre	bewahren, retten	*servare*; Konserve
	speciēs, speciēī f.	Aussehen, Gestalt, Schein	speziell
14	indūcere	einführen, verleiten	*ducere*; induktiv
	indūcō, indūxī, inductum		
16	damnāre	verurteilen	verdammen; E to damn
17	solitūdō, solitūdinis f.	Einsamkeit	*solus*; E solitude
19	nōmināre	nennen, benennen	*nomen*; nominieren
	vīlla, ae f.	Villa, Landhaus	E village
	Tiberius, ī m.	Tiberius	

Lektion 43

F Die Steigerung der Adjektive (1)

1. Die Bildung des Komparativs und Superlativs

positiv	Komparativ		Superlativ
	m, f	n	
altus	alt**ior**,	**ius**	alt**issimus, a, um**
gravis	grav**ior**,	**ius**	grav**issimus, a, um**
audāx	audāc**ior**,	**ius**	audāc**issimus, a, um**
vehemēns	vehement**ior**,	**ius**	vehement**issimus, a, um**
pulcher	pulchr**ior**,	**ius**	pulcher**rimus, a, um**
asper	asper**ior**,	**ius**	asper**rimus, a, um**
similis	simil**ior**,	**ius**	simil**limus, a, um**

2. Die Deklination des Komparativs

	Singular		Plural	
	m, f	n	m, f	n
Nom.	altior	altius	altiōrēs	altiōra
Gen.	altiōris		altiōrum	
Dat.	altiōrī		altiōribus	
Akk.	altiōrem	altius	altiōrēs	altiōra
Abl.	altiōre		altiōribus	

S Die Übersetzung des Komparativs und Superlativs

1. Der Komparativ

a) Die Person oder Sache, mit der jemand oder etwas verglichen wird, kann durch *quam* angefügt oder durch den Ablativ des Vergleichs (*ablativus comparationis*) ausgedrückt werden.

Vulpēs callidior quam corvus est.
Vulpēs callidior corvō est.   Der Fuchs ist schlauer als der Rabe.

b) Die Größe des Unterschiedes wird durch den Ablativ des Maßes (*ablativus mensurae*) ausgedrückt.

Vulpēs multō callidior corvō est.   Der Fuchs ist viel schlauer als der Rabe.

c) Wenn ein Vergleich fehlt, wird der Komparativ mit „zu" oder „ziemlich" übersetzt.

Vulpēs callidior est.   Der Fuchs ist ziemlich schlau.

2. Der Superlativ

kann auch mit „sehr" oder mit einem anderen verstärkenden Wort übersetzt werden (Elativ).

Vulpēs ad corvum: „Pulcherrima avis es."   Der Fuchs zum Raben: „Du bist ein sehr schöner / äußerst schöner / wunderschöner Vogel."

Vokabeln

1 vulpēs, vulpis f. — Fuchs
  fenestra, ae f. — Fenster
3 ★ penna, ae f. — Feder — E pen
4 fōrmōsus, a, um — wohlgestaltet, schön — *forma*
5 ★ splendidus, a, um — glänzend, prächtig — E splendid
6 **stultus, a, um** — **dumm, töricht**
7 **ōs, ōris n.** — **Mund, Gesicht**
  dolōsus, a, um — listig, trügerisch — *dolus*
8 ★ avidus, a, um (m. Gen.) — (be)gierig
9 ★ ingemīscere — (auf)seufzen — *gemitus*
  ingemīscō, ingemuī
  dēcipere — **täuschen** — *capere*; E to deceive
  dēcipiō, dēcēpī,
  dēceptum

1	rāna, ae f.	Frosch	
	prātum, ī n.	Wiese	Prater
	māgnitūdō, māgnitūdinis f.	**Größe**	*magnus*; E magnitude
2 ★	īnflāre	aufblasen	Inflation
	pellis, pellis f.	Fell, Haut, Pelz	Pelle
	num	ob, ob nicht (ind. Frage)	
3	**intendere**	**anspannen, sich anstrengen, beabsichtigen**	intendieren; E to intend
	intendō, intendī, intentum		
	vehemēns, vehementis	**heftig, nachdrücklich, energisch**	vehement
	contentiō, contentiōnis f.	**Anspannung, Anstrengung, (Wett)Streit**	*contendere*
	similis, simile	ähnlich	*simulare*
4	**grandis, grande**	**groß, alt**	
5	magis (Adv.)	mehr, lieber	
	rumpere	**brechen, zerreißen**	Eruption
	rumpō, rūpī, ruptum		
	• iacēre	liegen, daliegen	
	iaceō, iacuī		
6	humilis, humile	niedrig, gering	*humi*; E humble
	potēns, potentis	mächtig	*posse*; potent
	pār, paris	ebenbürtig, angemessen	Paar; E pair
Imp	facilis, facile	leicht (zu tun)	*facere*
	vānus, a, um	eitel, nichtig, leer	E vain
	animal, animālis n.	**Tier, Lebewesen**	*anima*; E animal
	vitium, ī n.	Fehler, Laster, Verstoß	
	• **intellegere**	**einsehen, verstehen, erkennen**	
	intellegō, -lēxī, -lēctum		
	Phaedrus, ī m.	Phaedrus	
	Macedonia, ae f.	Makedonien	

Lektion 44

F Die Steigerung der Adjektive (2)

Einige Adjektive bilden ihre Steigerungsformen mit verändertem Stamm:

bonus	gut	melior, -ius	besser	optimus, a, um	der beste
malus	schlecht	peior, -ius	schlechter	pessimus, a, um	der schlechteste
magnus	groß	maior, -ius	größer	māximus, a, um	der größte
parvus	klein	minor, -us	kleiner	minimus, a, um	der kleinste
multum	viel	plūs	mehr	plūrimum	am meisten
multī	viele	plūrēs, -a Gen: plūrium	mehr	plūrimī, ae, a	die meisten

257

Vokabeln

	Latein	Deutsch	Verwandt
3	beneficium, ī n.	Wohltat, Vergünstigung, Auszeichnung	*facere*
	patrōnus, ī m.	Patron, Anwalt	
	pendēre ē/ex (m. Abl.) pendeō, pependī	abhängen von	Pendel
5	rūs, rūris n.	Land, Landgut	*rusticus*
	dōnāre	schenken, beschenken	*donum*
6	vix (Adv.)	kaum	
7	• iuvāre, iuvō, iūvī, iūtum	erfreuen, unterstützen, helfen	
	★ quiēscere quiēscō, quiēvī, quiētum	ruhen, ausruhen	*quies*
9	cliens, clientis m.	Schützling, Klient	E client
11	• redūcere redūcō, redūxī, reductum	zurückführen	
	★ mūnera praestāre	Aufgaben/Pflichten erfüllen	
	quot?	wie viele?	
	versus, ūs m.	Vers	E verse
12	compōnere compōnō, composuī, compositum	zusammenstellen, ordnen, abfassen	*ponere*; Komponist; E to compose
13	trīgintā	dreißig	
14	peragere peragō, perēgī, perāctum	vollenden, zu Ende führen	*agere*
15	quamvīs (m. Konj.)	wenn auch (noch so)	
16	rūrī	auf dem Land	
	licet (m. Konj.)	wenn auch, mag auch	
	urbānus, a, um	städtisch, kultiviert	*urbs*; urban
Imp	concordia, ae f.	Eintracht	*discordia*
	prior, prius	der Frühere, der Vordere	Priorität; E priority
	posterior, posterius	der Spätere, der Hintere	*post*
	suprēmus, a, um	der Oberste, der Höchste	*supra*
	Domitiānus, ī m.	Domitian	

Lektion 45

S

Die -nd-Form als Gerundivum

Die -nd-Form **in attributiver Funktion** richtet sich als Verbaladjektiv in Kasus, Numerus und Genus nach ihrem Beziehungswort. Im Deutschen wird sie mit einem Infinitiv oder Präpositionalausdruck wiedergegeben:

Augustus cōnsilium Ovidiī relēgandī cēpit. — Augustus fasste den Plan Ovid zu verbannen / zur Verbannung Ovids.

Die -nd-Form in attributiver Funktion kann durch ein deutsches Adjektiv auf -wert oder -lich wiedergegeben werden:

fortūna nōn toleranda — ein unerträgliches Schicksal
industria laudanda — lobenswerter Fleiß

Vokabeln

3★	sponte suā	von selbst, freiwillig	spontan
	aptus, a, um	passend, geeignet	*aptare*
6	mihi persuāsum est	ich bin überzeugt	
	corrumpere	verderben, bestechen	*rumpere*; korrupt
	corrumpō, currūpī, corruptum		
8★	fulmen, fulminis n.	Blitz, Blitzschlag	fulminant
9 •	cōnscendere	besteigen	
	cōnscendō, -scendī, -scēnsum		
11	frīgus, frīgoris n.	Kälte, Frost, Schauer	E refrigerator
12 •	dīripere	plündern	
	dīripiō, dīripuī, dīreptum		
13	dolēre	Schmerz empfinden, leiden, bedauern	*dolor*; kondolieren
	doleō, doluī		
16	ōrāre	beten, bitten	*oratio, orator*
17	procul (Adv.)	fern, weit	
18	exul, exulis m.	Verbannter	
•	obīre	entgegengehen, besuchen	
	obeō, obiī		
Imp	praeceptum, ī n.	Vorschrift, Lehre	E precept
	miscēre	mischen, verwirren	E to mix
	misceō, miscuī, mixtum		
	mihi opus est (m. Abl.)	ich habe (etwas) nötig	
	praestat	es ist besser	
	praestitit		
	idōneus, a, um	geeignet, passend	
	P. Ovidius Nāsō m.	Publius Ovidius Naso, Ovid	
	Tomis, Tomidis f.	Stadt Tomi	
	Pontus Euxinus m.	Schwarzes Meer	
	Stygius, a, um	stygisch	
	Getae, ārum m.	die Geten	

Lektion 46

Vokabeln

1★	adoptāre	als Kind annehmen	adoptieren
2	disciplīna, ae f.	Unterricht, Lehre	*discipulus*; Disziplin
	attingere	berühren	*contingere*
	attingō, attigī, attāctum		
4 •	interficere	töten, niedermachen	*facere*
	interficiō, -fēcī, -fēctum		
	ubī (m. Ind. Perf.)	sobald	
6	difficilis, difficile	schwer, schwierig (zu tun)	*facilis*; E difficult
	omittere	unterlassen, übergehen, beiseite lassen	*mittere*; E to omit
	omittō, omīsī, omissum		

7 ★	artifex, artificis m.	Künstler	ars, facere; Artist
8	exiguus, a, um	klein, gering, schwach	
10	cantāre	singen	Kantate
	nē ... quidem	nicht einmal	
	repentīnus, a, um	plötzlich	
	• dēterrēre	abschrecken	terrere
	dēterreō, dēterruī, dēterritum		
12	factiō, factiōnis f.	Partei, Gruppe	
13 ★	plaudere	klatschen, Beifall klatschen	Applaus
	plaudō, plausī, plausum		
	Rōmae	in Rom	
15 ★	ascrībere	dazuschreiben, hinzufügen	scribere
	ascrībō, ascrīpsī, ascrīptum		
	priusquam	ehe, bevor	
	iūdex, iudicis m.	Richter	iudicare; E judge
	accēdere	heranrücken, hinzutreten	cedere
	accēdō, accessī, accessurus		
16	ēventus, ūs m.	Ausgang, Ergebnis, Erfolg	evenire
17 ★	antepōnere	voranstellen, vorziehen	ponere
	antepōnō, -posuī, -positum		
	★ aemulus, ī m.	Konkurrent, Rivale	
18 ★	meritus, a, um	verdient, billig, gerecht	meritum
19	corōna, ae f.	Kranz, Krone	E crown
	Terpnus, ī m.	Terpnus	

Lektion 47

F **Das Adverb**

Es wird meist vom Adjektiv gebildet und hat eine eigene **Form**.

a-/o-Deklination		3. Deklination	
Adjektiv	Adverb	Adjektiv	Adverb
molestus	molestē	brevis	breviter
miser	miserē	ācer	ācriter
pulcher	pulchrē	prūdēns	prūdenter

Ausnahmen sind: facilis – facile; difficilis – difficile; bonus – bene.

S 1. Das Adverb hat als Adverbiale die **Funktion** ein Verb nach Ort, Zeit oder Art und Weise näher zu bestimmen.

Caesar cum exercitū celeriter in Galliam pervēnit.
Cäsar gelangte *schnell* mit seinem Heer nach Gallien.

Noctū nāvēs solvit.
Nachts stach er in See.

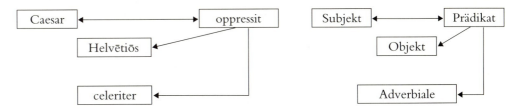

2. Einige Bestimmungen, die im Deutschen als Adverb aufgefasst werden, stehen im Lateinischen als **prädikatives Adjektiv (Prädikativum)**, wenn sich die nähere Bestimmung sowohl auf das Verb als auch auf ein Nomen im Satz bezieht.

Rōmānī mīlites incolumēs in castra rediērunt.

Die römischen Soldaten kehrten unversehrt ins Lager zurück.

Vergleiche:
Caesar prīmus imperātōrum Rōmānōrum omnium Britanniam adiit.
Caesar prīmum Galliam pācāvit, deinde Britannōrum gentēs subiēcit.

Von allen römischen Feldherren suchte Cäsar zuerst (= als Erster) Britannien auf.
Cäsar befriedete zuerst (= als Erstes) Gallien, darauf unterwarf er britannische Stämme.

Vokabeln

1	bellicōsus, a, um	kriegerisch, kriegslustig	*bellum*; E bellicose
	continēre **contineō, continuī, contentum**	**zusammenhalten, festhalten, umfassen**	
	molestē ferre	übel nehmen, sich ärgern	
4	**celer, celeris, celere**	**schnell**	*celeritas*
5	**supplex, supplicis**	**demütig, bittend, flehend**	*supplicium*
6	**concēdere** **concēdō, concessī, concessum**	**erlauben, weichen, zugestehen**	*cedere*; Konzessivsätze
7	★pertināx, pertinācis	beharrlich, hartnäckig	*tenere*
8	**opprimere** **opprimō, oppressī, oppressum**	**unterdrücken, überfallen**	
10	**pācāre**	**befrieden, unterwerfen**	*pax*; E to appease
11	auxilia, ōrum n.	Hilfstruppen	*auxilium*
	circiter (Adv.)	**ungefähr, etwa**	*circa*
	octōgintā	achtzig	
12	★nāvis onerāria f.	Lastschiff	
	★trāiectus, ūs m.	Überfahrt, Übergang	*traicere*
	• contrahere contrahō, contrāxī, contractum	zusammenziehen	
13	**sēcūrus, a, um**	**sorglos, unbekümmert**	*cura*; E secure
	vigilia, ae f.	Wache, Nachtwache	Vigil
	★nāvēs solvere	die Anker lichten, abfahren	

15	**incolumis, incolume**	unversehrt, heil
	continēns, continentis f.	Festland	*continere*
16 ★	supplicātiō, supplicātiōnis f.	Dankfest
	inopīnāns, inopīnantis	ahnungslos
	Helvētiī, ōrum m.	Helvetier
	Orgetorīx, Orgetorīgis m.	Orgetorix

Lektion 48

F Die Steigerung der Adverbien

1. Die Bildung des Komparativs und Superlativs

	Positiv	Komparativ	Superlativ
altus	altē	alt**ius**	altissim**ē**
gravis	graviter	grav**ius**	gravissim**ē**
felix	fēlīciter	fēlīc**ius**	fēlīcissim**ē**
vehemens	vehementer	vehement**ius**	vehementissim**ē**
pulcher	pulchrē	pulchr**ius**	pulcherrim**ē**
celer	celeriter	celer**ius**	celerrim**ē**
facilis	facile	facil**ius**	facillim**ē**

2. Unregelmäßig gebildet werden:

bene	gut	melius	besser	optimē	am besten
male	schlecht	peius	schlechter	pessimē	am schlechtesten
māgnopere	sehr	magis	mehr	maximē	am meisten
multum	viel	plūs	mehr	plūrimum	am meisten
paulum	wenig	minus	weniger	minimē	am wenigsten
diū	lange	diūtius	länger	diūtissimē	am längsten
saepe	oft	saepius	öfter	saepissimē	sehr oft
prope	nahe	propius	näher	proximē	am nächsten
		potius	lieber	potissimum	hauptsächlich

Vokabeln

1	• **praeesse**	vorstehen, leiten	
	praesum, praefuī,		
	praefutūrus		
3	**conventus, ūs m.**	Zusammenkunft, Gerichtstag	*convenire*
	līs, lītis f.	Streit, Zank	
5 ★	**socordia, ae f.**	Sorglosigkeit, Schlaffheit	
	perdūcere	ans Ziel bringen, hinführen	*ducere*
	perdūcō, perdūxī,		
	perductum		
7 ★	**nihilō minus** (Adv.)	nichtsdestoweniger	

8	igitur	also	
9	★ sēcūritās, sēcūritātis f.	Sorglosigkeit	*securus*
11	★ fidēlis, fidēle	treu, zuverlässig	*fides*
	indīcere	**ankündigen**	*dicere*
	indīcō, indīxī, indictum		
12	fidūcia, ae f.	Vertrauen, Zuversicht	*fides*
13	**metuere**	**fürchten, befürchten**	*metus*
	metuō, metuī		
14	ācer, ācris, ācre	scharf, heftig, eifrig	
	proeliō dēcertāre	bis zur Entscheidung kämpfen	
Imp	quō ... eō (mit Komparativ)	je ... desto	
	superior, superius	**weiter oben, überlegener, mächtiger**	*supra*
	opīniō, opīniōnis f.	**Meinung, Vermutung, guter Ruf**	E *opinion*
	Quīntilius Vārus m.	Quintilius Varus	
	Germānia, ae f.	Germanien	
	Arminius, ī m.	Arminius	
	Cheruscī, ōrum m.	Cherusker	
	Segestes, Segestis m.	Segestes	
	Ōceanus, ī m.	Ozean	
	Rhēnus, ī m.	Rhein	

Lektion 49

F

1. Die Indefinitpronomina I

Indefinitpronomina sind unbestimmte Fürwörter. Sie werden substantivisch oder adjektivisch verwendet. Zur Deklination vergleiche Lektion 9 (substantivisch) und Lektion 37 (adjektivisch).

quisque: jeder (Einzelne)

substantivisch	adjektivisch
quisque quidque	quisque, quaeque, quodque
cuiusque	cuiusque
usw.	*usw.*

2. Die verallgemeinernden Relativpronomina

a) quīcumque: welcher auch immer; jeder, der
Die Formen werden gebildet, indem an das Relativpronomen das Suffix[1] -*cumque* gehängt wird: cuiuscumque, cuicumque usw.

b) quisquis: wer auch immer; jeder, der
quidquid: was auch immer; alles, was

---

[1] von *suffigere*: anheften

Vokabeln

	Latein	Deutsch	Verwandt
2	solum, ī n.	Boden, Erdboden	
	consuēscere	sich gewöhnen	consuetudo
	consuēscō, consuēvī, consuētum		
	aequus, a, um	gleich, gerecht, gelassen	aequor
	quisquis, quidquid	jeder, der; alles, was	
4	ubicumque (Adv.)	wo auch immer	
5	★fōns, fontis m.	Quelle	Fontäne
6	singulī, ae, a	je einer, Einzelne	E single
7	tribuere	zuteilen, beimessen	Tribut
	tribuō, tribuī, tribūtum		
	quantus, a, um	wie groß, wie viel	Quantität; E quantity
	quisque, quidque	jeder, alles	
	vīctus, ūs m.	Lebensunterhalt, Lebensweise	vivere
	★lac, lactis n.	Milch	
8	★carō, carnis f.	Fleisch	Inkarnation
	cōnsistere in (m. Abl.)	bestehen aus	
9	socia, ae f.	Gefährtin	socius
10	nūdus, a, um	nackt	E nude
	sordidus, a, um	schmutzig	
11	★nūtrīx, nūtrīcis f.	Amme, Ernährerin	
12	★pōtāre	trinken, zechen	
	crīmen, crīminis n.	Vorwurf, Anklage, Verbrechen	kriminell; E crime
	crīminī dare	zum Vorwurf machen	
13	• cōnsulere	beraten, um Rat fragen, sorgen für	
	cōnsulō, cōnsuluī, cōnsultum		
	★ēbrius, a, um	betrunken, berauscht	
	sentīre	fühlen, meinen	sentimental; E to sense
	sentiō, sēnsī, sēnsum		
14	★sōbrius, a, um	nüchtern	
16	violāre	misshandeln, verletzen	E to violate
	quīcumque, quaecumque, quodcumque	wer auch immer; jeder, der; was auch immer; alles, was	
18	★commūnicāre	(mit)teilen	Kommunikation
	★hospitium, ī n.	Gastfreundschaft, Herberge	hospes; Hospital; E hospitality
Imp	fraus, fraudis f.	Betrug, Täuschung	E fraud
	āmittere	verlieren	mittere
	āmittō, āmīsī, āmissum		
	optimus quisque	gerade die Besten, alle Guten	
	rārus, a, um	selten, vereinzelt	raro; Rarität; E rare

Lektion 50

F Die Indefinitpronomina II

1. aliquis: (irgend)einer, jemand – aliquid: (irgend)etwas

substantivisch	adjektivisch
aliquis aliquid alicuius *usw.*	aliquī aliqua aliquod alicuius *usw.* Neutr. Pl.: aliqua

Nach *sī, nisi, nē, num* entfällt *ali-*.
Sī quis hoc scit, prūdēns est. — Wenn jemand dies weiß, ist er klug.

2. quisquam: (irgend)einer, jemand – ūllus: irgendeiner

substantivisch	adjektivisch
quisquam quicquam cuiusquam *usw.*	ūllus ūlla ūllum ūllīus (weiter wie ūnus Lekt. 28)

quisquam und *ūllus* stehen in Sätzen, die eine Verneinung ausdrücken:
Captīvī sine ūllā spē reditiōnis abductī sunt. — Die Gefangenen wurden ohne (irgend)eine Hoffnung auf Rückkehr abgeführt.
Neque quisquam eōs adiūvit. — Und niemand half ihnen.

3. quīdam: ein gewisser; Plural: einige, manche

substantivisch	adjektivisch
quīdam quaedam quiddam cuiusdam *usw.*	quīdam quadam quoddam cuiusdam *usw.*

m wird vor *d* zu *n*: Akk. Sg.: quendam, quandam
Gen. Pl.: quōrundam, quārundam

S Der Nominativ mit Infinitiv (n c i)

1. Wenn bestimmte Verben, von denen im Aktiv der a c i abhängig ist, ins Passiv gesetzt werden, tritt an die Stelle des Akkusativs der Nominativ (n c i: nominativus cum infinitivo).
Wie der a c i ist auch der n c i eine satzwertige Konstruktion.

a c i: Tacitus Flāvum valdē irātum fuisse trādit. — Tacitus überliefert, dass Flavus sehr zornig gewesen ist.

n c i: Flavus valdē irātus fuisse trāditur. — Es wird überliefert / man überliefert, dass Flavus sehr zornig gewesen ist = Flavus soll sehr zornig gewesen sein.

2. Der n c i steht bei

videor	man sieht, dass ich; ich scheine
dīcor	man sagt, dass ich; ich soll
putor	
iudicor	man glaubt, dass ich; ich soll
existimor	
iūbeor	man befiehlt, dass ich
vetor	man verbietet, dass ich
fertur/trāditur	man berichtet/überliefert, dass er, sie, es; er, sie, es soll

3. Für das Zeitverhältnis gelten beim n c i dieselben Regeln wie beim a c i.

Vokabeln

1	aliquī, aliqua, aliquod	irgendein, irgendeine	
	aliquis, aliquid	irgendjemand, irgendetwas	
2	expedītus, a, um	unbehindert, leicht bewaffnet, kampfbereit	*expedire*
	quidam, quaedam, quoddam	ein bestimmter, ein gewisser	
3	**multitūdō, multitūdinis** f.	Menge	*multi*; E multitude
	poscere	fordern, verlangen	
	poscō, poposcī		
5	**vāstāre**	verwüsten	*vastus*
	★raptor, raptōris m.	Räuber	*rapere*
6	★satiāre	sättigen, stillen	*satis*
	★trucīdāre	abschlachten, niedermetzeln	
9	**propinquus, a, um**	benachbart, nahe, verwandt; Subst.: Verwandter	*prope*
	dīlēctus, ūs m.	Auswahl, Aushebung	
	alibī (Adv.)	anderswo	Alibi
	servīre	dienen	*servus*; servieren
	serviō, servīvī, servītum		
10	**tribūtum, ī** n.	Abgabe, Steuer, Tribut	*tribuere*
11	★contumēlia, ae f.	Beleidigung, Kränkung	
	★conterere	zerreiben, aufreiben	
	conterō, contrīvī, contrītum		
13	★incitāmentum, ī n.	Antrieb, Anreiz, Triebfeder	*incitare*
15	**plērīque, plēraeque, plerāque**	**die meisten**	
16	quisquam, quicquam	irgendjemand, irgendetwas	
	fulgor, fulgōris m.	Glanz, Helligkeit	
17	**vulnerāre**	**verwunden**	
	proinde (Adv.)	also, demnach, ebenso	
18	**posterī, ōrum** m.	**Nachkommen, Nachwelt**	*post*; E posterity
Imp	**praemium, ī** n.	**Lohn, Belohnung**	Prämie; E premium
	mīlitāre	Kriegsdienst leisten	*miles*
	prōdere	**überliefern, verraten**	*dare*
	prōdō, prōdidī, prōditum		

• **vidērī** videor, vīsus sum	scheinen, angesehen werden als		*videre*
★ **disiungere** disiungō, disiūnxī, disiūnctum	trennen		*coniungere*
Agricola, ae m.	Agricola		
Britannī, ōrum m.	Britannier		
Calgācus, ī m.	Calgacus		
Oriēns, Orientis m.	Osten		Orient
Occidēns, Occidentis m.	Westen		Okzident

Lektion 51

Vokabeln

1 ★ **supplēre** suppleō, supplēvī, supplētum	ergänzen, auffüllen		*complere*; E to supply
2 ★ prīdem (Adv.)	längst, vor langer Zeit		
3 **disputāre**	erörtern, diskutieren		Disput; E to dispute
adeō (Adv.)	so sehr, so weit, bis dahin		
6 **disserere** disserō, disseruī, dissertum	erörtern, sprechen über		Dissertation
7 **memor, memoris** (m. Gen.)	sich erinnernd (an), im Bewusstsein (von)		*memorare, memoria*
8 **orīgō, orīginis f.**	Ursprung		Original; E origin
9 ★ usquam (Adv.)	irgendwo		
trānsferre trānsferō, -tulī, -lātum	hinüberbringen, übertragen		Transfer; E translate
11 ★ paenitet (m. Akk.)	es reut (jmd.)		
īnsīgnis, īnsīgne	ausgezeichnet, kennzeichnend		*signum*
12 • **trānsīre** trānseō, trānsiī, trānsitum	hinübergehen, überschreiten		
13 **meminisse (Perf.)** memini	sich erinnern		*memoria*
tantum (Adv.)	so sehr, so viel, nur		*tantus*
valēre valeō, valuī	gesund sein, stark sein, vermögen		*validus*
modo (Adv.)	soeben, eben, nur		
14 bene facere, quod	gut daran tun, dass		
15 **mora, ae f.**	**Aufschub, Verzögerung, Aufenthalt**		Moratorium
Italicī, ōrum m.	Italiker		
Iuliī, ōrum m.	Julier		
Alba, ae f.	Alba		
Porciī, ōrum m.	Porcier		
Tusculum, ī n.	Tusculum		
Balbus, ī m.	Balbus		
Hispānia, ae f.	Spanien		
Gallia Nārbōnēnsis f.	Gallia Narbonensis		

Lektion 52

F Die Deponentien

1. Als Deponens[1] bezeichnet man ein Verbum, das **passive Formen** mit **aktiver Bedeutung** hat.

    Die Deponentien dienten ursprünglich dazu, eine reflexive Handlungsart auszudrücken, die zwischen Aktiv und Passiv steht, das sog. **Medium**, wie z. B. *morārī*: sich aufhalten, *miserērī*: sich erbarmen, *querī*: sich beklagen usw.

    Bei den meisten Deponentien ist diese mediale Bedeutung jedoch nicht mehr zu erkennen: *lārgīrī*: schenken, *pollicērī*: versprechen, *nancīscī*: erreichen usw.

2. Die **Konjugation** der Deponentien ist identisch mit den bekannten Passivformen (vgl. S. 229).

Präsensstamm: Indikativ Präsens

a-Konjugation	e-Konjugation	i-Konjugation	kons. Konjugation	

moror
  ich verweile
	vereor
	  ich fürchte
		lārgior
		  ich schenke
			ūtor
			  ich gebrauche
				morior

morāris
  du verweilst
	verēris
	  du fürchtest
		lārgīris
		  du schenkst
			ūteris
			  du gebrauchst
				moreris

morātur
  er verweilt
	verētur
	  er fürchtet
		lārgītur
		  er schenkt
		usw.
			ūtitur
			  er gebraucht
				moritur

Konjunktiv Präsens

morer morēris	verear vereāris	lārgiar lārgiāris *usw.*	ūtar ūtāris	moriar moriāris

Indikativ Imperfekt

morābar morābāris	verēbar verēbāris	lārgiēbar lārgiēbāris *usw.*	ūtēbar ūtēbāris	moriēbar moriēbāris

Konjunktiv Imperfekt

morārer morārēris	verērer verērēris	lārgīrer lārgīrēris *usw.*	ūterer ūterēris	morerer morerēris

Futur I

morābor morāberis	verēbor verēberis	lārgiar lārgiēris *usw.*	ūtar ūtēris	moriar moriēris

---

[1] von *dēpōnere*: ablegen; d. h.: Das Verbum hat seine passive Bedeutung abgelegt.

Perfektstamm: Indikativ Perfekt

a-Konjugation	e-Konjugation	i-Konjugation	kons. Konjugation	

morātus sum
  ich verweilte
morātus es
  du verweiltest
	veritus sum
	  ich fürchtete
	veritus es
	  du fürchtetest
		lārgītus sum
		  ich schenkte
		lārgītus es
		  du schenktest
		usw.
			ūsus sum
			  ich gebrauchte
			ūsus es
			  du gebrauchtest
				mortuus sum
				
				mortuus es

Konjunktiv Perfekt

morātus sim morārus sis	veritus sim veritus sis	lārgītus sim lārgītus sis *usw.*	ūsus sim ūsus sis	mortuus sim mortuus sis

Indikativ Plusquamperfekt

morātus eram morārus erās	veritus eram veritus erās	lārgītus eram lārgītus erās *usw.*	ūsus eram ūsus erās	mortuus eram mortuus erās

Konjunktiv Plusquamperfekt

morātus essem morārus esses	veritus essem veritus esses	lārgītus essem lārgītus esses *usw.*	ūsus essem ūsus esses	mortuus essem mortuus esses

Futur II

morātus erō morārus eris	veritus erō veritus eris	lārgītus erō lārgītus eris *usw.*	ūsus erō ūsus eris	mortuus erō mortuus eris

Infinitive:

Präsens Perfekt Futur	morārī morātum esse morātūrum esse	verērī veritum esse veritūrum esse	lārgīrī lārgītum esse lārgitūrum esse	ūtī ūsum esse ūsūrum esse	morī mortuum esse moritūrum esse

Vokabeln	1 quā dē causā	daher, deshalb	

	2 **patefacere**
	  patefaciō, patefēcī,
	  patefactum
		öffnen	*patēre, facere*

	★inops, inopis	hilflos, arm	*ops, inopia*
	morārī **moror, morātus sum**	**(sich) aufhalten, verweilen**	*mora*
	3 **plebs, plebis** f. **largīrī** **largior, largītus sum**	**Volk, Pöbel** **schenken, spenden**	*plebeius*; Plebiszit
	efficere **efficiō, effēcī, effectum**	**fertig bringen, bewirken**	*facere*; Effekt
	incendium, ī n.	**Feuer, Brand,** **Brandstiftung**	*incendere*

4	suspicārī	verdächtigen, vermuten	
	suspicor, suspicātus sum		
6	verērī	sich scheuen, fürchten	
	vereor, veritus sum		
	pollicērī	wünschen, versprechen	
	polliceor, pollicitus sum		
7	ulcīscī	rächen, sich rächen, bestrafen	
	ulcīscor, ultus sum		
	versārī	sich befinden, sich aufhalten	*vertere*; versiert
	versor, versātus sum		
8 ★	īnsimulāre	(fälschlich) beschuldigen	*simulare*
	īrāscī	zornig werden, zürnen	*ira*
	īrāscor, īrātus sum		
9	obsequī	entgegenkommen, nachgeben, gehorchen	
	obsequor, obsecūtus sum		
	āspernārī	verachten, zurückweisen, verschmähen	
	āspernor, āspernātus sum		
	venerārī	anbeten, verehren	E to venerate
	veneror, venerātus sum		
11	fatērī	gestehen, bekennen	*fatum, fama*
	fateor, fassus sum		
12	sors, sortis f.	Los, Schicksal	Sorte; E sort
	nancīscī	erlangen	
	nancīscor, na(n)ctus sum		
	tergum, ī n.	Rücken	
13	tegere	decken, bedecken	*tectum*
	tegō, tēxī, tēctum		
	morī	sterben	*mors*
	morior, mortuus sum		
	affīgere	anheften, festmachen	fixieren
	affīgō, affīxī, affīxus		
14	ūrere	etw. verbrennen, einäschern	
	ūrō, ussī, ustum		
16	currus, ūs m.	Wagen	
	vehī	fahren	*Vehikel*
	vehor, vectus sum		
17	odium, ī n.	Hass	*odisse*
	miserērī (m. Gen.)	sich erbarmen	*miser; Misereor*
	misereor, miseritus sum		
	querī	klagen, sich beklagen	Querulant
	queror, questus sum		
18 ★	saevitia, ae f.	Wildheit, Grausamkeit	*saevire*
	★ absūmere	verbrauchen, vernichten	*sumere*
	absūmō, absūmpsī, absūmptum		
Imp	ūtī (m. Abl.)	gebrauchen, benutzen	E to use
	ūtor, ūsus sum		
	oblīvīscī (m. Gen.)	vergessen	
	oblīvīscor, oblītus sum		
	fruī (m. Abl.)	genießen	
	fruor (ūsus sum)		
	potīrī (m. Abl.)	sich bemächtigen	*potentia, potens*
	potior, potītus sum		

admīrārī	bewundern	*admiratio*
admīror, admīrātus sum		
adipīscī	erreichen, erringen	
adipīscor, adeptus sum		
sinere	lassen, zulassen	
sinō, sīvī, situm		
loquī	sprechen, reden	*eloquentia*; E locution
loquor, locūtus sum		
sequī (m. Akk.)	folgen	Sequenz
sequor, secūtus sum		
Chrīstiānus, a, um	christlich	
Chrīstiānī, ōrum m.	Christen	

Lektion 53

F   Die Imperative der Deponentien

	a-Konjugation	e-Konjugation	i-Konjugation	kons. Konjugation
2. P. Sg.	morāre!	verēre!	lārgīre!	sequere!
2. P. Pl.	morāminī!	verēminī!	lārgīminī!	sequiminī!

Die Partizipien der Deponentien

Partizip der Gleichzeitigkeit	morāns morantis *usw.*	verēns verentis *usw.*	lārgiēns lārgientis *usw.*	sequēns sequentis *usw.*
Partizip der Vorzeitigkeit	morātus, a, um	veritus, a, um	lārgītus, a, um	secūtus, a, um

Das Partizip Perfekt einiger Deponentien lässt sich aber auch gleichzeitig wiedergeben:
veritus: aus Furcht; *ratus*: in der Meinung; *cōnfīsus*: im Vertrauen auf

Die -nd-Formen der Deponentien

Gerundium   morārī, morandī *usw.*
Gerundivum   morandus, a, um *usw.*

Die Semideponentien

Wenige Verben bilden nur einen Teil ihrer Formen passivisch. Sie werden daher Semideponentien (Halbdeponentien) genannt. Die wichtigsten sind:

audēre	audeō	ausus sum	wagen
gaudēre	gaudeō	gāvīsus sum	sich freuen
solēre	soleō	solitus sum	gewohnt sein
cōnfīdere	cōnfīdō	cōnfīsus sum	vertrauen
revertī	revertor	revertī	zurückkehren
		reversus	zurückgekehrt

Vokabeln

6	• dēferre	herabtragen, berichten, anzeigen		
	dēferō, dētulī, dēlātum			
	an	ob, ob nicht		
7	cōnfitērī	gestehen, bekennen	*fateri*; Konfession	
	cōnfiteor, cōnfessus sum			
	★ minārī	drohen	*minae*	
	minor, minātus sum			
	cōnārī	versuchen, unternehmen		
	cōnor, cōnātus sum			
8	impellere	antreiben, veranlassen	*pellere*; Impuls	
	impellō, impulī, impulsum			
	prāvus, a, um	verkehrt, schlecht		
12	★ capitis damnāre	zum Tode verurteilen		
	culpa, ae f.	Schuld		
13	★ profitērī	öffentlich bekennen, erklären, angeben	*fateri*; Professor	
	profiteor, professus sum			
	★ congredī	zusammenstoßen, zusammentreffen, kämpfen	Kongress	
	congredior, congressus sum			
14	revertī	zurückkehren	*vertere*; Autoreverse	
	revertor, revertī			
17	★ imbuere	tränken, erfüllen mit		
	imbuō, imbuī, imbūtum			
18	assentīrī	beistimmen	*sentire*; E to assent	
	assentior, assēnsus sum			
Imp	proficīscī	aufbrechen, marschieren, reisen		
	proficīscor, profectus sum			
	cultus, ūs m.	Pflege, Verehrung	*colere*; Kult	
	Bīthȳnia, ae f.	Bithynien		
	Trāiānus, ī m.	Trajan		
	Chrīstus, ī m.	Christus		
	Ephesus, ī m.	Ephesus		

Lektion 54

F — Die Konjugation von fieri

fierī: werden, geschehen, gemacht werden; entstehen

Indikativ Präsens **Konjunktiv Präsens**
fīō   fīam
fīs   fīās
fit   fīat
fīmus   *usw.*
fītis
fīunt

	Indikativ Imperfekt	**Konjunktiv Imperfekt**	
	fīēbam	fierem	
	fīēbas	fierēs	
	fīēbat	fieret	
	usw.	usw.	

	Futur I	**Infinitiv Futur**	**Partizip Futur**
	fīam	futūrum, am, um esse	futūrus, a, um
	fīēs	oder	
	fīet	fore	
	usw.		

fierī dient im Präsensstamm als Passiv zu facere. Dies gilt auch für die Komposita mit –facere. Die Komposita mit Ablaut –ficere haben dagegen die übliche Passivbildung: efficere – effici

Vokabeln

1	**fierī**	werden, geschehen, gemacht werden	
	fīō, factus sum		
3	**extrā (m. Akk.)**	außerhalb	
4	**dōnec**	solange, solange bis	
5	**admovēre**	heranbewegen, näher rücken	*movere*
	admoveō, admōvī, admōtum		
	pōns, pontis m.	Brücke	
7	**somnium, ī** n.	Traum	
	caelestis, caeleste	himmlisch	*caelum*
	scūtum, ī n.	der Schild	
8 ★	circumflectere	(kreisförmig) umbiegen	*flectere*
	circumflectō, –flexī, –flexum		
9	**armātus, a, um**	bewaffnet	*arma*
10	**obviam (Adv.)**	entgegen	
	★ trānsgredī	hinübergehen, hinübersteigen, überschreiten	
	trānsgredior, trānsgressus sum		
	• concurrere	zusammenlaufen, zusammenstoßen	
	concurrō, concurrī, concursum		
11	**utrimque (Adv.)**	auf beiden Seiten	
12	**diēs nātālis** m.	Geburtstag	
13	labefierī	schwanken	
14 ★	īnspicere	hineinblicken, besichtigen	*aspicere*; inspizieren
	īnspiciō, īnspexī, īnspectum		
16	fundere	(aus)gießen, zerstreuen	
	fundō, fūdī, fūsum		
Imp	satisfacere	Genugtuung leisten, sich rechtfertigen	E satisfaction
	satisfaciō, –fēcī, –factum		
	Cōnstantīnus, ī m.	Konstantin	
	Maxentius, ī m.	Maxentius	
	Sibyllīnus, a, um	sibyllinisch	
	Tiberis, Tiberis m.	Tiber	

Lektion 55

Vokabeln

2 **profānus, a, um**	**unheilig, ungeweiht**	profan
abicere	wegwerfen, hinwerfen	iacere, conicere
abiciō, abiēcī, abiectum		
★testārī	bezeugen, als Zeugen anrufen	testamentum; E (to) test
testor, testātus sum		
3 **aeternus, a, um**	**ewig**	E eternal
4 ★līgneus, a, um	hölzern	
★lapideus, a, um	aus Stein	lapis
★surdus, a, um	taub	
★mūtus, a, um	stumm	
5 indīgnārī	sich empören, sich entrüsten	dignus
indīgnor, indignātus sum		
• **conicere**	**zusammenwerfen, werfen, vermuten**	iacere
coniciō, coniēcī, coniectum		
6 ★mihī vidētur	es scheint mir richtig, es scheint mir gut	
7 **prōicere**	**hinwerfen, preisgeben**	iacere; Projekt
prōiciō, prōiēcī, prōiectum		
8 **sacrāmentum, ī n.**	**Fahneneid, Diensteid**	sacer
9 ★**omnipotēns, omnipotentis**	allmächtig	omnis, potens
★temeritās, temeritātis f.	Unbesonnenheit, Verwegenheit	temere
arbitrārī	**meinen**	arbitrium
arbitror, arbitrātus sum		
11 **ingredī**	**einherschreiten, betreten**	
ingredior, ingressus sum		
15 **decēre**	**sich gehören; geboten sein**	dezent
decet, decuit		
16 saeculāris, saeculāre	weltlich	Säkularisierung
ita (Adv.)	**so**	
17 **factum, ī n.**	**Tat, Ereignis**	facere; E fact
vindicāre	**bestrafen**	
18 īnsuper (Adv.)	darüber, überdies, noch obendrein	
Marcellus, ī m.	Marcellus	
fortūnātus, ī m.	Fortunatus	
Agricolānus, ī m.	Agricolanus	

Lektion 56

S Relativsätze in Konjunktiv

Relativsätze stehen dann im **Konjunktiv**, wenn sie einen kausalen (Grund), finalen (Absicht), konzessiven (Einräumung) oder konsekutiven (Folge) **Nebensinn** beinhalten.

a) kausal

Librī Cicerōnis, quī arte dīcendī cēterōs scrīptōrēs superāret, iam antīquīs temporibus saepe legēbantur.	Die Werke Ciceros wurden schon im Altertum häufig gelesen, da er durch seine rhetorische Fähigkeit die übrigen Schriftsteller übertraf.

b) final

Itaque discipulī, quī linguam Latīnam discerent, librōs Cicerōnis legēbant.	Deshalb lasen die Schüler, die die lateinische Sprache lernen sollten (damit sie … lernten/um … zu lernen), die Werke Ciceros.

c) konzessiv

Etiam multī Chrīstiānī sē ad studium librōrum Cicerōnis, quī pāgānus esset, contulērunt.	Auch viele Christen widmeten sich dem Studium der Werke Ciceros, obwohl er ein Heide war.

d) konsekutiv

Etiam posteriōribus saeculīs nūllus scrīptor tam ēleganter linguā Latīnā ūsus est, quī Cicerōnī arte dicendī praestāret.	Auch in späteren Jahrhunderten bediente sich kein Schriftsteller so gewählt der lateinischen Sprache, dass er Cicero an rhetorischer Fähigkeit übertraf.

Merke besonders:

sunt, quī	es gibt Leute, die
(nōn) est, quod	es besteht (kein) Grund dazu, dass

Verschränkte Relativsätze

Ein verschränkter Relativsatz liegt dann vor, wenn im Relativsatz eine weitere Konstruktion (z. B. *a c i* oder *ablativus comparationis*) enthalten ist. Diese ist dann mit dem Relativsatz eng verbunden, d. h. verschränkt.
Für die Übersetzung empfiehlt es sich, den Relativsatz zunächst als selbständigen Satz wiederzugeben und ihn dann mit dem Hauptsatz zu verbinden.

a) Die Verschränkung mit einem a c i

Cicerō, quem clārissimum scrīptōrem fuisse cōnstat, iam antīquīs temporibus saepe legēbātur.

1. Schritt: Cicero wurde schon im Altertum oft gelesen. Es ist bekannt, dass er ein sehr berühmter Redner war.
2. Schritt: Cicero, *von dem bekannt ist*, dass er … war, wurde … gelesen.
oder:
Cicero, der, *wie bekannt ist*, ein … war, wurde … gelesen.
oder:
Cicero, der *bekanntlich* … war, wurde … gelesen.

b) Die Verschränkung mit einem ablativus comparationis

Hierōnymus vīdit lūmen, quō nihil clārius cōgitārī potest.

1. Schritt: Hieronymus sah ein Licht. Man kann sich nichts Helleres vorstellen als dieses.
2. Schritt: Hieronymus sah ein Licht, *im Vergleich zu dem* man sich nichts Helleres vorstellen kann.
oder:
Hieronymus sah *das hellste Licht*, das man sich vorstellen kann.

Vokabeln

2	carēre (m. Abl.) careō, caruī	entbehren, nicht haben	
3	sermō, sermōnis m.	Gespräch, Sprache	
	*incultus, a, um	ungepflegt, ungebildet	*colere*
4	*febris, febris f.	Fieber	E fever
5	*tribūnal, tribūnālis n.	Richterstuhl, Gerichtshof	Tribunal
8	**mentīrī** mentior, mentītus sum	**lügen**	
9	*thēsaurus, ī m.	Schatz(kammer)	E treasure
	cor, cordis n.	**Herz**	*concordia, discordia*
11	**lacrima, ae f.**	**Träne**	
12	•**aperīre** aperiō, aperuī, apertum	**öffnen, aufdecken**	
15	dīvīnus, a, um	göttlich	*deus*; E divine
	*librī dīvīnī m.	Bibel	
Imp	**mūnīre** mūniō, mūnīvī, mūnītum	**befestigen, schützen**	*moenia*
	obsidēre obsideō, obsēdī, obsessum	**belagern, besetzt halten**	*sedere*; E to obsess
	*praecipuē (Adv.)	vorzüglich, besonders	
	*apostolus, ī m.	Apostel	
	*cōnfugere cōnfugiō, cōnfugī	(sich) flüchten	*fugere*
	quidem (Adv.)	**wenigstens, zwar, freilich**	

*corripere
   corripiō, corripuī,
   correptum
	ergreifen, packen	*rapere*

*temperāre ā	sich von etwas fern halten, sich einer Sache enthalten	
latēre lateō, latuī	**verborgen sein**	latent

*discurrere
   discurrō, discurrī,
   discursum
	umherstreifen	*currere*

argentum, ī n.	**Silber, Geld**	Argentinien
*pāgānus, ī m.	Heide	
prosper prospera, prosperum	günstig, glücklich, gut	
vulgō (Adv.)	**allgemein**	
Hierosolyma, ae f. oder ōrum n.	Jerusalem	
Cicerōniānus, ī m.	Cicero-Verehrer	
Hierōnymus, ī m.	Hieronymus	
Damasus, ī m.	Damasus	
Alaricus, ī m.	Alarich	
Gothī, ōrum m.	Gothen	

Lektion 57

S   Das faktische quod

Es leitet einen Gliedsatz ein, der eine Aussage als Tatsache (*factum*) bezeichnet. Ein derartiger Gliedsatz kann die Funktion eines Subjekts, Objekts oder Adverbiale haben.

Das faktische *quod* steht

a) nach einem Demonstrativpronomen:

Bellum Saxōnicum hōc ā cēterīs bellīs differēbat, quod maximā animōsitate gerebātur.	Der Krieg gegen die Sachsen unterschied sich darin von den übrigen Kriegen, dass er mit sehr großer Feindseligkeit geführt wurde.

b) nach den unpersönlichen Ausdrücken mit einem beurteilenden Adverb:

bene   ⎫
male   ⎬ ēvenit, fit, accidit   es trifft sich ⎰ gut
opportūnē ⎭   ⎱ schlecht / günstig

Bene ēvēnit, quod Saxōnēs cum Francīs unus populus factī sunt.	Es trat der günstige Umstand ein, dass Sachsen und Franken ein Volk wurden.

Bei den Verben der Gemütsbewegung erkennt man den Übergang vom faktischen zum begründenden *quod*.

Karolus gaudēbat, quod Saxōnēs Chrīstiānam fidem suscepērunt.	Karl freute sich, dass/weil die Sachsen den christlichen Glauben annahmen.

ut mit dem Konjunktiv (Zusammenfassung)

Bedeutung	Übersetzung	Verneinung
Wunsch	dass	nē
Zweck (final)	dass, damit; (um) zu	nē
Folge (konsekutiv)	dass, sodass	ut nōn

Bei den Verben des Fürchtens und Hinderns bedeutet nē: dass

nē nōn / ut: dass nicht

Vokabeln

1 *rōbustus, a, um	stark, kräftig	robust
*statūra, ae f.	Gestalt, Wuchs	Statur
2 **faciēs, faciēī f.**	**Gesicht, Gestalt, Aussehen**	E face
*hilaris, hilare	heiter	
4 **efferre**	**herausheben, hinaustragen**	
efferō, extulī, ēlātum		
cōpiōsus, a, um	reich, wortreich	copia
5 patrius, a, um	väterlich, heimisch	patria; Patriot
6 *impendere	aufwenden	pendere
impendō, impendī, impēnsum		
7 *aequē ac	in gleicher Weise wie	
vērō (Adv.)	**aber, jedoch, wirklich**	
9 tabula, ae f.	Tafel, Gemälde	E table
10 vacuus, a, um	leer, frei	vakant
12 pietās, pietātis f.	Pflichtbewusstsein, Frömmigkeit	Pietät; E piety
13 *pulchritūdō, pulchritūdinis f.	Schönheit	pulcher
14 *aliunde (Adv.)	anderswoher	
15 *dēvehere	hinführen, herbeischaffen	
dēvehō, dēvēxī, devectum		
16 prae (m. Abl.)	vor, im Vergleich zu	
*venerābilis, venerābile	verehrungswürdig, ehrwürdig	venerari; E venerable
ecclēsia, ae f.	Kirche	
18 **auctōritās, auctōritātis f.**	**Ansehen, Einfluss, Macht**	auctor; Autorität; E authority
Imp **differre**	**sich unterscheiden**	Differenz; E to differ
differō, distulī, dīlātum		
*animōsitās, animōsitatis f.	Feindseligkeit	animosus; Animosität
cōnstantia, ae f.	**Beständigkeit, Standhaftigkeit**	constare; konstant
*distribuere	verteilen	tribuere; distributiv
distribuō, -tribuī, -tribūtum		
suscipere	**unternehmen, auf sich nehmen, übernehmen**	capere
suscipiō, suscēpī, susceptum		
Karolus, ī m.	Karl	
Einhardus, ī m.	Einhard	
Ravenna, ae f.	Ravenna	
Petrus, ī m.	Petrus	

Lektion 58

S cum (Zusammenfassung)

1. mit dem Indikativ:

Bezeichnung	Übersetzung	Erkennungssignale
iterativum	jedesmal wenn; sooft	oft mit Imperfekt
relativum	(damals) als; (dann) wenn	im HS oft: tum; eo tempore
inversivum	als (plötzlich); da	im HS oft: vix; modo; nondum
		im NS oft: subito
coincidens	dadurch, dass; indem	

2. mit dem Konjunktiv:

Bezeichnung	Übersetzung	Erkennungssignale
historicum	als; nachdem	
causale	weil; da	
concessivum	obwohl; obgleich	im HS oft: tamen
adversativum	während (dagegen)	

Vokabeln

1. asinus, ī m. — Esel
   cottīdiānus, a, um — **täglich, alltäglich** — *cottidie*
2. querēla, ae f. — Klage, Beschwerde — *queri*
   miseria, ae f. — **Elend, Unglück, Not** — *miser*; Misere
3. **malum, ī n.** — **das Übel, Unheil** — *malus, a, um*
   perferre — **überbringen, ertragen, aushalten**
      perferō, pertulī, perlātum
7. domesticus, a, um — häuslich, einheimisch — *domus*; E domestic
   *indulgentia, ae f. — Nachsicht, Güte
8. ergā (m. Akk.) — gegen
9. praeceptor, praeceptōris m. — Lehrer — *praecipere*
12. **haerēre** — **hängen, stecken, stecken bleiben** — kohärent E inherent
      haereō, haesī, haesūrus
13. **totiēns** — **so oft**
    *effluere — herausfließen — *flumen*
      effluō, effluxī
14. **plānē (Adv.)** — **völlig, deutlich**
    lūdibrium, ī n. — Spott, Gespött, Verhöhnung — *ludere*
    *lūdibriō habēre — jemanden verspotten
15. *contumācia, ae f. — Trotz, Widerspenstigkeit, Ungehorsam
17. *camēlus, ī m. — Kamel
    *saltāre — tanzen — Salto
18. tolerābilis, tolerābile — erträglich — *tolerare*; E tolerable

	• sūmere sūmō, sūmpsī, sūmptum	nehmen, auf sich nehmen	
19	prōmovēre prōmoveō, prōmōvī, prōmōtum	vorwärts bewegen	*movere*; promovieren
20	molestia, ae f.	Last, Ärger	*molestus*
	★ dēfatīgāre	ermüden, erschöpfen	
21	★ contumēliōsus, a, um	frech	*contumelia*
Imp	★ splendēre splendeō, splenduī	glänzen	*splendidus*
	frangere **frangō, frēgī, frāctum**	**brechen, zerbrechen**	Fraktur
	aliter (Adv.)	**anders**	*alius*
	★ aula, ae f.	Königshof, Palast	Aula
	★ intrōmittere intrōmittō, -mīsī, -missum	hineinlassen, vorlassen	*mittere*
	mortālis, mortāle	**sterblich, irdisch**	*mors*; Salto mortale
	★ frāternitās, frāternitātis f.	Verwandtschaft (als Bruder)	*frater*
	★ invictus, a, um	unbesiegt, unbesiegbar	*vincere*
	★ dītior, dītius	reicher (Komp. zu dives)	
	Aesōpus, ī m. Adamus, ī m.	Aesop Adam	

Lektion 59

Vokabeln

1	**etsī**	**wenn auch, obgleich**	
	vōtum, ī n.	Gelübde, Wunsch	Votum; E to vote
	numerare	zählen	*numerus*
2	★ excōgitāre	ausdenken, ersinnen	*cogitare*
	diūturnus, a, um	lang(dauernd)	*diu*
3	**experīrī** **experior, expertus sum**	**versuchen, erproben, erfahren**	Experte, Experiment
	senectūs, senectūtis f.	Greisenalter, Alter	senil
4	**assiduus, a, um**	**standhaft, beständig**	
	fūnus, fūneris n.	Bestattung, Leichenzug	*laudatio funebris*
5	**sānē (Adv.)**	**durchaus, allerdings, gewiss**	
6	★ obitus, ūs m.	Tod	*obire*
8	**concitāre**	**antreiben, erregen, aufwiegeln**	*incitare*
9	• **dīligere** **diligō, dīlēxī, dīlēctum**	**(hoch)schätzen, lieben**	
	innumerābilis, innumerābile	unzählbar	*numerare, numerus*
10	**commūnis, commūne**	**gemeinsam, allgemein**	Kommune/ Kommunion; E common
14	**ēripere** **ēripiō, ēripuī, ēreptum**	**entreißen**	*rapere*

inūtilis, inūtile	unbrauchbar, unnütz	*uti*
^Imp **rēs gestae f.**	**Taten**	
paene (Adv.)	**beinahe, fast**	
★nīmīrum (Adv.)	freilich, ohne Zweifel	*mirus*
ūtilitās, ūtilitātis f.	Nutzen, Vorteil	*uti*
Albertus Durerus m.	Albrecht Dürer	

Überblick über die Formenlehre

Die Konjugation der Verben

1. Die Formen des Präsensstammes

Indikativ

	a-	e-	i-	konsonantische	
Präsens Aktiv	laudō laudās laudat laudāmus laudātis laudant	habeō habēs habet habēmus habētis habent	audiō audīs audit audīmus audītis audiunt	agō agis agit agimus agitis agunt	capiō capis capit capimus capitis capiunt
Imperfekt Aktiv	laudābam laudābās laudābat laudābāmus laudābātis laudābant	habēbam habēbās habēbat habēbāmus habēbātis habēbant	audiēbam audiēbās audiēbat audiēbāmus audiēbātis audiēbant	agēbam agēbās agēbat agēbāmus agēbātis agēbant	capiēbam capiēbas capiēbat capiēbāmus capiēbātis capiēbat
Futur Aktiv	laudābō laudābis laudābit laudābimus laudābitis laudābunt	habēbō habēbis habēbit habēbimus habēbitis habēbunt	audiam audiēs audiet audiēmus audiētis audient	agam agēs aget agēmus agētis agent	capiām capiēs cpiēt capiēmus capiētis capient
Präsens Passiv	laudor laudāris laudātur laudāmur laudāminī laudantur	habeor habēris habētur habēmur habēminī habentur	audior audīris audītur audīmur audīminī audiuntur	agor ageris agitur agimur agiminī aguntur	capior caperis capimur capiminī capiuntur
Imperfekt Passiv	laudābar laudābāris laudābātur laudābāmur laudābāminī laudābantur	habēbar habēbāris habēbātur habēbāmur habēbāminī habēbantur	audiēbar audiēbāris audiēbātur audiēbāmur audiēbāminī audiēbantur	agēbar agēbāris agēbātur agēbāmur agēbāminī agēbantur	capiēbar capiēbaris capiēbātur capiēbāmur capiēbāmini capiēbantur
Futur Passiv	laudābor laudāberis laudābitur laudābimur laudābiminī laudābuntur	habēbor habēberis habēbitur habēbimur habēbiminī habēbuntur	audiar audiēris audiētur audiēmur audiēminī audientur	agar ageris agetur agemur agemini agentur	capiar capiēris capiētur capiēmur capiēminī capientur

Konjunktiv

	a-	e-	i-		konsonantische
Präsens Aktiv	laudem laudēs laudet laudēmus laudētis laudent	habeam habeās habeat habeāmus habeātis habeant	audiam audiās audiat audiāmus audiātis audiant	agam agās agat agāmus agātis agant	capiam capiās capiat capiāmus capiātis capiant
Imperfekt Aktiv	laudārem laudārēs laudāret laudārēmus laudārētis laudārent	habērem habērēs habēret habērēmus habērētis habērent	audīrem audīrēs audīret audīrēmus audīrētis audīrent	agerem agerēs ageret agerēmus agerētis agerent	caperem caperēs capiat capiāmus capiātis capiant
Präsens Passiv	lauder laudēris laudētur laudēmur laudēminī laudentur	habear habeāris habeātur habeāmur habeāminī habeantur	audiar audiāris audiātur audiāmur audiāminī audiantur	agar agāris agātur agāmur agāminī agantur	capiar capiāris capiātur capiāmur capiāmini capiantur
Imperfekt Passiv	laudārer laudārēris laudārētur laudārēmur laudārēminī laudārentur	habērer habērēris habērētur habērēmur habērēminī habērentur	audīrer audīrēris audīrētur audīrēmur audīrēminī audīrentur	agerer agerēris agerētur agerēmur agerēminī agerentur	caperer caperēris caperētur caperēmur caperēmini caperentur

Imperative

2. P. Sg 2. P. Pl.	laudā! laudāte!	habē! habēte!	audī! audīte!	age! agite!	cape! capite!

2. Die Formen des Perfektstammes

Aktiv

Perfekt		Plusquamperfekt		Futur II
Indikativ	Konjunktiv	Indikativ	Konjunktiv	Indikativ
laudāvī	laudāverim	laudāveram	laudāvissem	laudāvero
laudāvistī	laudāveris	laudāverās	laudāvissēs	laudāveris
laudāvit	laudāverit	laudāverāt	laudāvisset	laudāverit
laudāvimus	laudāverīmus	laudāverāmus	laudāvissēmus	laudāverimus
laudāvistis	laudāverītis	laudāverātis	laudāvissētis	laudāveritis
laudāvērunt	laudāverint	laudāverant	laudāvissent	laudāverint

Passiv

Perfekt		Plusquamperfekt		Futur II
laudātus sum	laudātus sim	laudātus eram	laudātus essem	laudātus erō
laudātus es	laudātus sīs	laudātus erās	laudātus essēs	laudātus eris
laudātus est	laudātus sit	laudātus erat	laudātus esset	laudātus erit
laudātī sumus	laudātī sīmus	laudātī erāmus	laudātī essēmus	laudātī erimus
laudātī estis	laudātī sītis	laudātī erātis	laudātī essētis	laudātī eritis
laudātī sunt	laudātī sint	laudātī erant	laudātī essent	laudātī erunt

3. Nominalformen

Infinitiv

Präsens Aktiv	laudāre	habēre	audīre	agere	capere
Präsens Passiv	laudārī	habērī	audīrī	agī	capī
Perfekt Aktiv	laudāvisse	habuisse	audīvisse	ēgisse	cēpisse
Perfekt Passiv	laudātum esse	habitum esse	audītum esse	āctum esse	captum esse

Partizip

Präsens Aktiv	laudāns, antis	habēns, entis	audiēns, entis	agēns, entis	capiēns, entis
Perfekt Passiv	laudātus, a, um	habitus, a, um	audītus, a, um	āctus, a, um	captus, a, um
Futur Aktiv	laudātūrus, a, um	habitūrus, a, um	audītūrus, a, um	āctūrus, a, um	captūrus, a, um

| nd-Formen | laudandus, a, um | habendus, a, um | audiendus, a, um | agendus, a, um | capiendus, a, um |

Zur Deklination des Partizip Präsens Aktiv siehe unten die Deklination der Nomina. Das Partizip Perfekt Passiv, das Partizip Futur Aktiv und das Gerundivum werden wie ein Adjektiv der a- und o-Deklination dekliniert.

Die Deklination der Nomina

a-Deklination

	Sg	Pl
Nom.	fēmina	fēminae
Gen.	fēminae	fēminārum
Dat.	fēminae	fēminīs
Akk.	fēminam	fēminās
Abl.	fēminā	fēminīs

o-Deklination

	Sg	Pl	Sg	Pl	Sg	Pl
Nom.	avus	avī	puer	puerī	templum	templa
Gen.	avī	avōrum	puerī	puerōrum	templī	temlōrum
Dat.	avō	avīs	puerō	puerīs	templō	templīs
Akk.	avum	avōs	puerum	puerōs	templum	templa
Abl.	avō	avīs	puerō	puerīs	templō	templis

konsonantische Deklination

	Singular				Pural			
Nom.	rēx	corpus	urbs	mare	rēgēs	copora	urbēs	maria
Gen.	rēgis	corporis	urbis	maris	rēgum	corporum	urbium	marium
Dat.	rēgī	corporī	urbī	marī	rēgibus	corporibus	urbibus	maribus
Akk.	rēgem	corpus	urbem	mare	rēgēs	corpora	urbēs	maria
Abl.	rēge	corpore	urbe	marī	rēgibus	corporibus	urbibus	maribus

Der Vokativ bei den Substantiven der konsonantischen Deklination entspricht dem Nominativ.
Bei den Substantiven der konsonantischen Deklination wie *urbs* lautet der Gen. Plur. auf *-ium*, bei den Substantiven wie *mare* lautet der Abl. Sing. auf *-i*, der Nom./Akk. Plur. auf *-ia* und der Gen. Plur. auf *-ium*.

u-Deklination

	Sg	Pl
Nom.	portus	portūs
Gen.	protūs	portuum
Dat.	portuī	portibus
Akk.	portum	portūs
Abl.	portū	portibus

e-Deklination

	Sg	Pl
Nom.	rēs	rēs
Gen.	reī	rērum
Dat.	reī	rēbus
Akk.	rem	rēs
Abl.	rē	rēbus

Adjektive der a- und o-Deklination

	Singular			Plural			Singular			Plural		
Nom.	altus	alta	altum	altī,	altae	alta	āter	ātra	ātrum	ātrī	ātrae	ātra
Gen.	altī	altae	altī	altōrum	altārum	altōrum	ātrī	ātrae	ātrī	ātrōrum	ātrārum	ātrōrum
Dat.	altō	altae	altō	altīs	altīs	altīs	ātrō	ātrae	ātrō	ātrīs	ātrīs	ātrīs
Akk.	altum	altam	altum	altōs	altās	alta	ātrum	ātram	ātrum	ātrōs	ātrās	ātra
Abl.	altō	altā	altō	altīs	altīs	altīs	ātrō	ātrā	ātrō	ātrīs	ātrīs	ātrīs

Wie bei den Substantiven der o-Deklination gibt es auch bei den Adjektiven auf *-er* Wörter, bei denen das *-e* in allen Kasus erhalten bleibt: *asper, aspera, asperum* (vgl. *puer – liber*).

Adjektive der 3. Deklination

	Singular								
Nom.	celeber	celebris	celebre	illūstris	illūstris	illūstre	fēlīx	fēlīx	fēlīx
Gen.		celebris			illūstris			fēlīcis	
Dat.		celebrī			illūstrī			fēlīcī	
Akk.	celebrem	celebrem	celebre	illūstrem	illūstrem	illustre	fēlīcem	fēlīcem	fēlīx
Abl.		celebrī			illūstrī			fēlīcī	
	Plural								
Nom.	celebrēs	celebrēs	celebria	illūstrēs	illūstrēs	ilūstria	fēlīcēs	fēlīcēs	fēlīcia
Gen.		celebrium			illūstrium			fēlīcium	
Dat.		celebribus			illūstrībus			fēlīcibus	
Akk.	celebrēs	celebrēs	celebria	illūstrēs	illūstrēs	illūstria	fēlīcēs	fēlīcēs	fēlīcia
Abl.		celebribus			illūstribus			fēlīcibus	

Einige einendige Adjektive der 3. Deklination wie *vetus, pauper, dīves* gehören zu den Konsonantenstämmen. Sie haben im Abl. Sing. den Ausgang *-e*, im Nom. Plur. Neutrum den Ausgang *-a*, im Gen. Plur. den Ausgang *-um*.

Partizip Präsens Aktiv

	Singular		Plural	
	m/f	n	m/f	n
Nom.	laudāns	laudāns	laudantēs	laudantia
Gen.	laudantis		laudantium	
Dat.	laudantī		laudantibus	
Akk.	laudantem	laudāns	laudantēs	laudantia
Abl.	laudante		laudantibus	

Pronomina

	Singular			Plural		
Nom.	quī	quae	quod	quī	quae	quae
Gen.		cuius		quōrum	quārum	quōrum
Dat.		cui			quibus	
Akk.	quem	quam	quod	quōs	quās	quae
Abl.	quō	quā	quō		quibus	

	Singular			Plural			Singular			Plural		
Nom.	hic	haec	hoc	hī	hae	haec	is	ea	id	iī	eae	ea
Gen.		huius		hōrum	hārum	hōrum		eius		eōrum	eārum	eōrum
Dat.		huic			hīs			ei			iīs (eīs)	
Akk.	hunc	hanc	hoc	hōs	hās	haec	eum	eam	id	eōs	eās	ea
Abl.	hōc	hāc	hōc		hīs		eō	eā	eō		iīs (eīs)	

Grammatisches Register

(Die Ziffern geben die Nr. der jeweiligen Lektion[en] an.)

Ablativ
    absolutus/mit Partizip 31, 33
    causae 14
    comparationis 43, 56
    instrumentalis 5
    mensurae 43
    modi 9
    qualitatis 14
    separationis 9
    temporis 10
a c i 13
Adhortativ 22
Adjektiv
    der a- und o-Deklination 6, 9
    der 3. Deklination 16
    Komparation 43, 44
Adverb 47, 48
Adverbiale 5, 14, 21, 30, 31, 32
Akkusativ
    als Objekt 2
    bei Ausrufen 9
    bei Richtungsangaben 9
    doppelter Akkusativ 35
Apposition 8
Attribut 4, 6, 14, 30
Begehrsätze 21
consecutio temporum 22
cum 5, 9, 18, 24, 58
Dativ
    als Objekt 3
    finalis 14
Deklination
    a-Deklination 3, 4, 6
    o-Deklination 3, 4, 6
    konsonantische Deklination 11

    e-Deklination 26
    u-Deklination 27
Deponentien 52, 53
Finalsatz 21
Fragesatz 9, 22
Futur 18
Genitiv
    als Attribut 4
    bei Adjektiven 32
    obiectivus 14
    partitivus 14
    possessivus 14
    pretii 32
    qualitatis 14
    subiectivus 14
Gerundium 39
Gerundivum 41, 45
Gleichzeitigkeit 13, 22, 30
Imperativ 3, 27
Imperfekt 5, 6, 10, 20
Infinitiv 2, 3, 6, 13, 25, 33
Interrogativsatz 8, 22, 37
Irrealis 20
Jussiv 22
Konditionalsatz 18, 20
Kongruenz 6
Konjunktiv 20, 21, 22, 37, 56
Konsekutivsatz 21
Nachzeitigkeit 33
n c i 50
nd-Formen 39, 41, 45
Nominativ 2
Objekt 3, 13, 21, 37
Optativ 22

Partizip
    coniunctum 26, 30, 33
    Futur Aktiv 33
    Perfekt Passiv 25, 26
    Präsens Aktiv 30
Passiv 25, 28
Perfekt 10, 13, 22, 25
Perfektstamm 10
Plusquamperfekt 11, 20
Potenzialis 22
Prädikat 2, 6
Prädikatsnomen 6, 14, 32, 33
Präpositionen 5, 9
Präsens 2, 6, 8, 22, 31
Präsensstamm 10
Prohibitiv 27
Pronomina
    Demonstrativpronomen 19, 35, 36, 40
    Indefinitpronomen 49, 50
    Interrogativpronomen 9, 37
    Personalpronomen 15, 19
    Possessivpronomen 18, 19
    Reflexivpronomen 19
    Relativpronomen 37, 49
quod (faktisch) 57
relativer Satzanschluss 40
Relativsätze 37, 56
Semideponentia 53
Stilfiguren 38
Subjekt 2, 6, 13, 37
ut 21, 57
Vokativ 3
Vorzeitigkeit 13, 22, 26
Zahlwörter 28, 36

Vokabelregister

(Die Ziffern geben die Lektion an, in der die Vokabel zum ersten Mal vorkommt. Die zweite Ziffer verweist auf die Lektion, in der die Stammformen ergänzt bzw. wiederholt werden.)

a/ab (m. Abl.)	von, von … her, von … an	11
★ a. Chr. n. (ante Christum natum)	vor Christi Geburt	17
★ ab urbe condita	seit Gründung der Stadt (Rom)	40
★ abalienare	entfremden	40
★ abducere, abduco, abduxi, abductum	wegführen, abbringen	15
abesse, absum, afui, afuturus	abwesend sein, entfernt sein, fehlen	15
abicere, abicio, abieci, abiectum	wegwerfen, hinwerfen	55
abire, abeo, abii	weggehen, abtreten	24
★ abscondere, abscondo, abscondi, absconditum	verbergen	31
★ absumere, absumo, absumpsi, absumptum	verbrauchen, vernichten	52
ac	und, und auch; wie, als	17
accedere, accedo, accessi, accessurus	heranrücken, hinzutreten	46
accendere, accendo, accendi, accensum	anzünden, entflammen	38
accidit, accidit	es ereignet sich	40
accipere, accipio, accepi, acceptum	annehmen, empfangen, vernehmen	15, 28
accusare	anklagen, beschuldigen	38
maiestatis accusare	wegen Majestätsbeleidigung anklagen	42
acer, acris, acre	scharf, heftig, eifrig	48
acies, aciei f.	Schärfe, Schlacht(ordnung)	26
★ acutus, a, um	spitz, scharf	25
ad (m. Akk.)	zu, bei, an	5
★ adamare	lieb gewinnen	28
addere, addo, addidi, additum	hinzufügen	17, 41
adducere, adduco, adduxi, adductum	hinführen, veranlassen	16, 28
adeo	so sehr, so weit, bis dahin	51
adesse, adsum, affui, affuturus	anwesend sein, da sein, helfen	8
adhibere, adhibeo, adhibui, adhibitum	anwenden, hinzuziehen	23, 42
adhuc	bis jetzt, immer noch	5
adimere, adimo, ademi, ademptum	wegnehmen, rauben, entreißen	11
adipisci, adipiscor, adeptus sum	erreichen, erringen	52
adire, adeo, adii	herangehen, aufsuchen, angreifen	24
adiuvare (m. Akk.), adiuvo, adiuvi, adiutum	unterstützen, helfen	15, 25
administrare	verwalten, verrichten	7
admirari	bewundern	52
admiratio, admirationis f.	Bewunderung, Erstaunen	16
admonere, admoneo, admonui, admonitum	(er)mahnen, erinnern	5
admovere, admoveo, admovi, admotum	heranbewegen, näher rücken	54
adolescere, adolesco, adolevi	heranwachsen	11
★ adoptare	als Kind annehmen	46
adulescens, adulescentis m.	junger Mann	23
adventus, us m.	Ankunft	29
adversarius	Gegner	5
★ adversus (m. Akk.)	gegen, gegenüber	42
adversus, a, um	von vorn, feindlich	20
★ advolare	herbeieilen	10
aedes, aedis f.	Tempel, Pl.: Haus	23
aedificare	bauen, erbauen	12
aedificium, i n.	Gebäude	5
aeger, aegra, aegrum	mühselig, krank	9
★ aemulus	Konkurrent, Rivale	46
★ aeque ac	in gleicher Weise wie	57
★ aequor, aequoris n.	Meer(esfläche)	26
aequus, a, um	gleich, gerecht, gelassen	49
★ aerarium	Schatzkammer, Staatskasse	7
aes, aeris n.	Erz, Geld	34
aestas, aestatis f.	Sommer	30
aestimare	schätzen	32
aetas, aetatis f.	Lebensalter, Zeit(alter)	26
aeternus, a, um	ewig	55
afferre, affero, attuli, allatum	herbeitragen, hinzufügen	16, 41
afficere, afficio, affeci, affectum	versehen mit, behandeln	37
affigere, affigo, affixi, affixum	anheften, festmachen	21, 52
affirmare	bekräftigen, behaupten	19
★ affligere, affligo, afflixi, afflictum	niederschlagen, beschädigen	19
ager, agri m.	Acker, Feld, Gebiet	15
agere, ago, egi, actum	betreiben, (ver)handeln	4
gratias agere	danken	13
id agere, ut (m. Konj.)	danach streben, dass	36
vitam agere	sein Leben verbringen	22
agitare	treiben, betreiben, veranstalten	23
agmen, agminis n.	Heereszug, Schar, Marsch	13
★ agricola m.	Bauer	20
★ albus, a, um	weiß	13
★ alea	Würfel(spiel)	23
alere, alo, alui, altum	(er)nähren, fördern	11
alibi	anderswo	50
alienus, a, um	fremd, abgeneigt	19
alii … alii	die einen … die anderen	31
aliquamdiu	eine Zeit lang	18
aliquando	irgendwann, einst	15
★ aliquantum	ziemlich viel, beträchtlich	20
aliqui, aliqua, aliquod	irgendein, irgendeine	50

aliquis, aliquid	irgendjemand, irgendetwas	50
* aliter (ac)	anders (als)	23
* aliunde	anderswoher	57
alius, alia, aliud	ein anderer	6
* alligare	anbinden	25
alter, altera, alterum	der eine von zweien, der eine, der andere	35
altitudo, altitudinis f.	Höhe, Tiefe	11
altum	Höhe, hohe See	8
altus, a, um	hoch, tief	6
amare	lieben	10
ambulare	spazieren gehen	5
* amens, amentis	von Sinnen, wahnsinnig	28
amicitia	Freundschaft	28
amicus, a, um	freundlich, befreundet; Subst.: Freund	7
amittere, amitto, amisi, amissum	verlieren	49
amoenus, a, um	lieblich, hübsch, idyllisch	18
amor, amoris m.	Liebe	27
* amphitheatrum	Amphitheater	14
* amphora	Krug, Amphore	16
* amplificare	vergrößern, vermehren	5
amplus, a, um	weit, groß	23
an	ob, ob nicht	53
* angulus	Ecke	19
angustus, a, um	eng, knapp	19
anima	Atem, Seele, Leben	29
animadvertere, animadverto, -verti, -versum	wahrnehmen, bemerken	23, 27
animal, animalis n.	Tier, Lebewesen	43
* animositas, animositatis f.	Feindseligkeit	57
animosus, a, um	mutvoll, beherzt	15
animus	Herz, Seele, Sinn, Geist	4
annus	Jahr	12
anser, anseris m.	Gans	16
ante (m. Akk.)	vor	7
antea	vorher, früher	20
* anteponere, antepono, -posui, -positum	voranstellen, vorziehen	46
antiquus, a, um	alt	6
* aper, apri m.	Wildschwein, Keiler	16
aperire, aperio, aperui, apertum	öffnen, aufdecken	24, 56
apertus, a, um	offen, offenkundig, klar	17
* apostolus	Apostel	56
apparere, appareo, apparui	erscheinen, sich zeigen	4
apparet, apparuit	es zeigt sich, es ist offenbar	15
appellare	ansprechen, nennen, ernennen (zu)	28
appellere, appello, appuli, appulsum	herantreiben, landen	25
appetere, appeto, appetivi, appetitum	begehren, erstreben	37
* apponere, appono, apposui, appositum	hinstellen, vorsetzen	23
apportare	herbeibringen	3
appropinquare	nahen, sich nähern	10
* aptare	bereitmachen	27
aptus, a, um	passend, geeignet	45
apud (m. Akk.)	bei	33
aqua	Wasser	3
ara	Altar	40
arbitrari	meinen	55
arbitrium	Urteil, Entscheidung	23
arbor, arboris f.	Baum	26
arcere, arceo, arcui	abhalten, abwehren	11
arcessere, arcesso, arcessivi, arcessitum	herbeiholen	32
arduus, a, um	steil, beschwerlich	8
arena	Sand, Kampfplatz	14
argentum	Silber, Geld	56
arma, orum n.	Waffen	17
armatus, a, um	bewaffnet	54
arripere, arripio, arripui, arreptum	an sich reißen	17, 26
ars, artis f.	Kunst, Geschicklichkeit	34
* artifex, artificis m.	Künstler	46
artificium	Kunstwerk	13
arx, arcis f.	Burg	17
* ascribere, ascribo, ascripsi, ascriptum	dazuschreiben, hinzufügen	46
asinus	Esel	58
asper, aspera, asperum	rau, schroff, mühsam	9
aspernari	verachten, zurückweisen	52
aspicere, aspicio, aspexi, aspectum	erblicken, ansehen	25
assentiri, assentior, assensus sum	beistimmen	53
assiduus, a, um	standhaft, beständig	59
at	jedoch, dagegen, aber	10
ater, atra, atrum	schwarz	31
atque	und, und auch	4
atrium	Atrium, Halle	7
atrox, atrocis	schrecklich, abscheulich	17
* animum attendere	Acht geben	5
* attentus, a, um	gespannt, aufmerksam	8
attingere, attingo, attigi, attactum	berühren	46
* attonitus, a, um	betäubt, erstarrt	31
auctor, auctoris m.	Urheber, Anstifter	33
auctoritas, auctoritatis f.	Ansehen, Einfluss, Macht	57
audacia	Kühnheit, Wagemut	15
audax, audacis	verwegen, kühn	24
audere, audeo, ausus sum	wagen	37, 53
audire, audio, audivi, auditum	hören	2, 13
auferre, aufero, abstuli, ablatum	wegtragen, wegnehmen	34
augere, augeo, auxi, auctum	vermehren, vergrößern	31
* augur, auguris m.	Vogelschauer, Weissager	12
* augustus, a, um	erhaben, augusteisch	40
* aula	Königshof, Palast	58
aura	Luft, Hauch	18
aureus, a, um	golden, aus Gold	29
auris, auris f.	Ohr	30
aurum	Gold	17
aut	oder	3
aut ... aut	entweder ... oder	14
autem (nachgest.)	aber, ferner	2

	auxilia, orum n.	Hilfstruppen	47		celer, celeris, celere	schnell	47
	auxilium	Hilfe	9		celeritas, celeritatis f.	Schnelligkeit	21
*	ave!	sei gegrüßt!	10		cena	Essen, Mahlzeit	4
	avia	Großmutter	2		cenare	speisen, essen	6
*	avidus, a, um (m. Gen.)	(be)gierig	43		censere, censeo, censui, censum	schätzen, meinen (m. aci) beschließen (m. ut)	40
	avis, avis f.	Vogel	16				
	avus	Großvater	2		centurio, centurionis m.	Hauptmann	23
					certamen, certaminis n.	Wettkampf, Kampf	11
	balneum	Bad; Pl.: Badeanstalt	10		certare	streiten, wetteifern	13
*	basilica	Basilika, Halle	5		certe	sicherlich, gewiss	18
	bellare	Krieg führen	15		certus, a, um	sicher, gewiss	9
	bellicosus, a, um	kriegerisch, kriegslustig	47		cessare	zögern, säumen	8
	bellum	Krieg, Kampf	5		ceteri, ae, a	die Übrigen	11
*	belua	Tier, Untier	14		ceterum	übrigens, doch	23
	bene (Adv.)	gut	10		cibus	Speise, Nahrung	6
	beneficium	Wohltat, Vergünstigung	44	*	cinis, cineris m.	Asche	31
*	benignitas, benignitatis f.	Güte, Freundlichkeit	28		circa (m. Akk.)	ungefähr, um … herum	21
*	benignus, a, um	freigebig, wohlwollend	27	*	circenses, circensium m.	Zirkusspiele	14
	bestia	Tier	4		circiter	ungefähr, etwa	47
*	bestiarius	Tierkämpfer	14		circuli ardentes	brennende Reifen	16
	bibere, bibo, bibi	trinken	40		circum (m. Akk.)	um, um herum	12
	bonus, a, um	gut, tüchtig	6		circumdare, circumdo, -dedi, -datum	umgeben, herumlegen	12, 29
	bos, bovis m/f.	Rind, Ochse, Kuh	37				
*	botulus	Wurst	6	*	circumflectere, circumflecto, -flexi, -flexum	kreisförmig umbiegen	54
	bracchium	Arm	20				
	brevi (Adv.)	in Kürze, bald	16				
	brevis, e	kurz	21	*	circumsonare	umtönen	30
				*	circus	Zirkus	10
	cadere, cado, cecidi, casurus	fallen	41	*	cito	schnell	4
	caelestis, e	himmlisch	54		civilis, e	bürgerlich, öffentlich	29
	caelum	Himmel, Klima	18		civis, civis m.	Bürger, Mitbürger	13
	calamitas, calamitatis f.	Unglück, Schaden	15		civitas, civitatis f.	Staat, Bürgerschaft, Bürgerrecht	21
*	caligo, caliginis f.	Rauch, Dunkel	31				
	calliditas, calliditatis f.	Schlauheit	24		clades, cladis f.	Niederlage, Schaden	32
	callidus, a, um	klug, schlau	24		clam	heimlich	27
*	camelus	Kamel	58		clamare	schreien, (laut) rufen	3
	campus	Feld, Ebene	2		clamor, clamoris m.	Lärm, Geschrei	14
	canere, cano, cecini	singen, spielen	18	*	clarissimus, a, um	sehr berühmt	21
	canis, canis m.	Hund	17		clarus, a, um	hell, klar, berühmt	6
	cantare	singen	46		classis, classis f.	Flotte, Klasse, Stand	21
	capere, capio, cepi, captum	fassen, nehmen	18, 34		claudere, claudo, clausi, clausum	einschließen, versperren	25
	captivus	Gefangener	21				
	caput, capitis n.	Kopf, Haupt(stadt)	16	*	clemens, clementis	gütig, sanft	29
	carere (m. Abl.), careo, carui	entbehren, nicht haben	56		cliens, clientis m.	Schützling, Klient	44
	carmen, carminis n.	Lied, Gesang, Gedicht	13		cogere, cogo, coegi, coactum	zusammenbringen, zwingen	39
*	caro, carnis f.	Fleisch	49				
	carus, a, um	lieb, teuer, wertvoll	26		cogitare	denken	38
	casa	Hütte	8	*	cognatio, cognationis f.	Verwandtschaft	34
*	caseus	Käse	4		cognomen, cognominis n.	Beiname	23
	castra, orum n.	Lager	24		cognoscere, cognosco, cognovi, cognitum	erkennen, kennen lernen	10, 31
	casus, us m.	Fall, Zufall	31				
*	catena	Kette	29	*	cohors praetoria	Leibwache (des Kaisers)	23
*	caupona	Kneipe, Wirtshaus	19		colere, colo, colui, cultum	bebauen, pflegen, verehren	33
	causa	Grund, Ursache, Angelegenheit, Prozess	7		collis, collis m.	Hügel	12
					collocare	aufstellen, errichten	8
	causā (m. Gen.)	wegen, um … willen	14		colloquium	Unterredung, Gespräch	7
*	cavea	Höhlung, Käfig	18	*	collum	Hals	29
	cedere, cedo, cessi, cessurus	gehen, weichen, nachgeben	17, 33		colonus	Bauer, Siedler	32
	celeber, celebris, celebre	belebt, viel besucht, gefeiert	30	*	columna	Säule	5
	celebrare	besuchen, feiern	40		comes, comitis m.	Gefährte, Begleiter	21

* comitium	Komitium	7
* commeare	verkehren, fahren	32
commemorare	erwähnen, berichten	50
commendare	anvertrauen	26
commovere, commoveo, commovi, commotum	bewegen, veranlassen	29
* communicare	(mit)teilen	49
communis, e	gemeinsam, öffentlich	59
comparare	erwerben, vergleichen	17
comperire, comperio, comperi, compertum	erfahren	9, 22, 33
complures, complurium	mehrere	17
componere, compono, composui, compositum	zusammenstellen, ordnen	44
comprehendere, -prehendo, -prehendi, -prehensum	erfassen, ergreifen	25
conari	versuchen, unternehmen	53
concedere, concedo, concessi, concessum	erlauben, zugestehen, nachgeben	47
* concinere, concino, concinui	ertönen	14
concitare	antreiben, erregen	59
concordia	Eintracht	44
concurrere, concurro, concurri, concursum	zusammenlaufen, zusammenstoßen	17, 54
condere, condo, condidi, conditum	gründen, bergen	11, 28
condicio, condicionis f.	Bedingung, Lage	38
se conferre, confero, contuli	sich begeben	17
conficere, conficio, confeci, confectum	anfertigen, vollenden	21, 26
confidere, confido, confisus sum	vertrauen	37, 53
confirmare	stärken, befestigen	26
confiteri, confiteor, confessus sum	gestehen, bekennen	53
confligere, confligo, conflixi, conflictum	unterwerfen, kämpfen	32
* confugere, confugio, confugi	Zuflucht nehmen	56
* congredi, congredior, congressus sum	zusammenstoßen, kämpfen	53
conicere, conicio, conieci, coniectum	(zusammen)werfen, vermuten	15, 55
coniugium	Ehe	33
coniungere, coniungo, coniunxi, coniunctum	verbinden, vereinigen	27
coniunx, coniugis f.	Gattin	17
conquirere, conquiro, -quisivi, -quisitum	aufspüren	53
conscendere, conscendo, -scendi, -scensum	besteigen	20, 45
conscius, a, um (m. Gen.)	eingeweiht, mitwissend	20
consecrare	weihen	33
conservare	bewahren, retten	42
considerare	betrachten, überlegen	20
considere, consido, consedi, consessum	sich setzen, sich niederlassen	15, 37
consilium	Rat, Absicht, Plan, Entschluss	9
consistere, consisto, constiti	sich hinstellen, Halt machen	7
consistere in (m. Abl.)	bestehen aus	49
conspicere, conspicio, conspexi, conspectum	erblicken, ansehen	29
constantia	Beständigkeit, Standhaftigkeit	57
constare, consto, constiti	feststehen, kosten	56
constat	es steht fest, es ist bekannt	13
constituere, constituo, -stitui, -stitutum	festsetzen, beschließen	11
consuescere, consuesco, consuevi, consuetum	sich gewöhnen	49
consuetudo, consuetudinis f.	Gewohnheit, Sitte	38
consul, consulis m.	Konsul	17
consulatus, us m.	Konsulat	37
consulere (m. Akk.) (m. Dat.) consulo, consului, consultum	beraten, um Rat fragen sorgen für	7, 22, 49
consultum	Beschluss	40
contemnere, contemno, contempsi, contemptum	verachten, gering schätzen	37
contendere, contendo, contendi, contentum	sich anstrengen, eilen, kämpfen	3, 37
contentio, contentionis f.	Anspannung, (Wett)Streit	43
contentus, a, um (m. Abl.)	zufrieden	19
* conterere, contero, contrivi, contritum	zerreiben, aufreiben	50
continens, continentis f.	Festland	47
continentia	Mäßigung, Enthaltsamkeit	23
continere, contineo, continui, contentum	zusammenhalten, umfassen	7, 47
contingere, contingo, contigi, contactum	berühren, gelingen	21
contio, contionis f.	Volksversammlung	39
contra (m. Akk.)	gegen	5
contrahere, contraho, contraxi, contractum	zusammenziehen	21, 47
* contumacia	Trotz	58
* contumelia	Beleidigung, Kränkung	50
* contumeliosus, a, um	frech	58
convenire, convenio, conveni, conventum	zusammenkommen; m. Akk.: sich treffen mit	10
conventus, us m.	Zusammenkunft, Gerichtstag	48
convertere, converto, converti, conversum	wenden, hinwenden, verwandeln	19
* convicium	Gezänk, Vorwurf	42
conviva, ae m.	Gast	10
convivium	Gastmahl, Gelage	23
convocare	zusammenrufen	24
copia	Menge, Vorrat; Pl.: Truppen	6
copiosus, a, um	reich, wortreich	57
* coquus	Koch	16
cor, cordis n.	Herz	56
corona	Kranz, Krone	46
corpus, corporis n.	Körper	11
* corripere, corripio, corripui, correptum	zusammenraffen	56
corrumpere, corrumpo, corrupi, corruptum	verderben, bestechen	45
corvus	Rabe	41
cottidianus, a, um	täglich	58
cottidie	täglich	10

cras	morgen	18
creare	verursachen, erschaffen, wählen	35
credere, credo, credidi, creditum	glauben, vertrauen	18, 31
crescere, cresco, crevi, cretum	wachsen, zunehmen	32
crimen, criminis n.	Vorwurf, Anklage, Verbrechen	49
cruciatus, us m.	Marter, Qual	27
crudelis, e	roh, grausam	23
* crudelitas, crudelitatis f.	Rohheit, Grausamkeit	12
* cruentus, a, um	blutig, blutbefleckt	23
crux, crucis f.	Kreuz, Marter	21
* cubare, cubo, cubui	liegen	18
culpa	Schuld	53
cultus, us m.	Pflege, Verehrung	53
cum (m. Abl.)	mit, zusammen mit	5
cum (m. Konj.)	als, nachdem, da, weil, obwohl, während (hingegen)	23
cum (m. Ind.)	wenn, immer wenn, als, als plötzlich	14
cum … tum	sowohl … als auch besonders	33
cuncti, ae, a	alle	6
cupere, cupio, cupivi, cupitum	begehren, wünschen	11, 37
cupiditas, cupiditatis f.	Verlangen, Gier, Leidenschaft	14
cupidus, a, um (m. Gen.)	begierig, verlangend	32
cur?	warum?	11
cura	Sorge, Sorgfalt	9
curare	(be)sorgen, pflegen	34
* curatio, curationis f.	Behandlung, Kur	18
curia	Kurie	5
currus, us m.	Wagen	52
cursus, us m.	Lauf, Kurs, Fahrt	27
custodia	Wache, Haft, Gewahrsam	11
custodire, custodio, custodivi, custoditum	bewachen, schützen	4
custos, custodis m.	Wächter, Hüter	12
damnare	verurteilen	42
* capitis damnare	zum Tode verurteilen	53
* damnum	Verlust, Schaden	6
dare, do, dedi, datum	geben	3, 10, 27
de (m. Abl.)	von … herab, von, über	5
dea	Göttin	4
* debellare	niederkämpfen	29
debere, debeo, debui, debitum	müssen, schulden	22, 28
decem	zehn	13
decere, decet, decuit	sich ziemen	55
decernere, decerno, decrevi, decretum	entscheiden, beschließen	13, 34
decimus, a, um	zehnter, der Zehnte	10
decipere, decipio, decepi, deceptum	täuschen	43
* declamare	aufsagen, vortragen	18
declarare	erklären, verkündigen, aufzeigen	35
dedere, dedo, dedidi, deditum	übergeben, widmen	38
deducere, deduco, deduxi, deductum	hinabführen, wegführen	28
deesse, desum, defui, defuturus	fehlen, mangeln	15
* defatigare	ermüden, erschöpfen	58
defendere, defendo, defendi, defensum	abwehren, verteidigen	5, 13, 37
deferre, defero, detuli, delatum	herabtragen, hinabtragen, berichten, anzeigen	21, 53
deficere, deficio, defeci, defectum	abfallen, ausgehen, fehlen	9, 32
* animo deficere	den Mut verlieren	9
deicere, deicio, deieci, deiectum	herabwerfen, niederwerfen	17
deinde	dann, danach, darauf	5
delectare	erfreuen, Freude machen	7
delere, deleo, delevi, deletum	zerstören, vernichten	13, 34
* deliberare	erwägen, überlegen	22
deligere, deligo, delegi, delectum	auswählen	35
demonstrare	zeigen, beweisen, darlegen	4
demum	erst, endlich	9
denique	endlich, schließlich	25
dens, dentis m.	Zahn	16
* densus, a, um	dicht	31
deplorare	bejammern	31
descendere, descendo, descendi, descensum	herabsteigen	31
* describere, describo, descripsi, descriptum	beschreiben	30
deserere, desero, deserui, desertum	verlassen, im Stich lassen	26
* desertus, a, um	verlassen	8
desiderare	ersehnen, vermissen	34
desistere, desisto, destiti	aufhören	3
desperare (de)	verzweifeln (an), die Hoffnung aufgeben (auf)	26
deterrere, deterreo, deterrui, deterritum	abschrecken	20, 46
deus	Gott	5
* devehere, deveho, devexi, devectum	hinführen, herbeischaffen	57
devincere, devinco, devici, devictum	völlig besiegen	17, 37
* devorare	verschlingen	25
dexter, dextra, dextrum	rechts	9
dextra	die rechte Hand, Rechte	10
dicere, dico, dixi, dictum	sagen, behaupten, (er)nennen	10, 27
* dictare	diktieren, vorsagen	41
dictator, dictatoris m.	Diktator	35
* dictitare	oft sagen	37
dies, diei m./f.	Tag/Termin, fester Zeitpunkt	26
dies natalis m.	Geburtstag	54
* in dies	von Tag zu Tag	38
differre, differo, distuli, dilatum	sich unterscheiden	57
difficilis, e	schwer, schwierig (zu tun)	46
* diffusus, a, um	ausgedehnt, ausgebreitet	21
digitus	Finger, Zehe	25
dignus, a, um (m. Abl.)	würdig, wert	32

* diiudicare	entscheiden, unterscheiden	36	
dilectus, us m.	Auswahl, Aushebung	50	
diligentia	Sorgfalt, Umsicht	9	
diligere, diligo, dilexi, dilectum	hoch schätzen, lieben	2, 59	
* dimidius, a, um	halb, zur Hälfte	33	
dimittere, dimitto, dimisi, dimissum	entsenden, entlassen, aufgeben	32	
diripere, diripio, diripui, direptum	plündern	21, 45	
* dirus, a, um	unheilvoll, grässlich	27	
discedere, discedo, discessi, discessum	weggehen, auseinander gehen	32	
discere, disco, didici	lernen	41	
disciplina	Unterricht, Lehre	46	
discipulus	Schüler	22	
discordia	Zwietracht, Uneinigkeit	36	
discrimen, discriminis n.	Unterschied, Entscheidung, Gefahr	37	
* discumbere, discumbo, discubui	sich zu Tische legen, sich lagern	16	
* discurrere, discurro, discurri, discursum	umherstreifen	56	
* disiungere, disiungo, disiunxi, disiunctum	trennen	50	
displicere, displiceo, -plicui	missfallen, nicht behagen	18	
disputare	erörtern, diskutieren	51	
dissentire, dissentio, dissensi, dissensum	abweichen, nicht übereinstimmen	15	
disserere, dissero, disserui	erörtern, sprechen über	51	
dissuadere, dissuadeo, dissuasi, dissuasum	abraten	32	
* distrahere, distraho, distraxi, distractum	auseinander ziehen	29	
* distribuere, distribuo, -tribui, -tributum	verteilen	57	
* ditior, ditius	reicher	58	
diu	lange Zeit, lange	10	
* diutius	länger	3	
diuturnus, a, um	lang, lang dauernd	59	
diversus, a, um	verschieden	9	
dives, divitis	reich	16	
dividere, divido, divisi, divisum	trennen, teilen, verteilen	41	
divinus, a, um	göttlich	56	
divitiae, arum f.	Reichtum	32	
docere, doceo, docui, doctum	lehren, unterrichten	19, 29	
dolere, doleo, dolui	Schmerz empfinden, bedauern	45	
dolor, doloris m.	Schmerz, Kummer	27	
dolosus, a, um	listig, trügerisch	43	
dolus	List, Täuschung	24	
domare, domo, domui, domitum	bändigen, zähmen	36	
domesticus, a, um	häuslich, einheimisch	58	
* domi	zu Hause	6	
domicilium	Wohnsitz	8	
dominus	Herr	10	
domum	nach Hause	9	
domus, us f.	Haus	27	
donare	schenken, beschenken	44	
donec	solange, solange bis	54	
donum	Geschenk, Gabe	5	
dormire, dormio, dormivi	schlafen	4, 10	
dubitare	zögern, zweifeln	3	
ducere, duco, duxi, ductum	führen, ziehen, glauben, halten für	19, 28	
dum (m. Ind. Präs.)	während	17	
duo, duae, duo	zwei	11	
durus, a, um	hart(herzig)	22	
dux, ducis m.	Führer	17	
e/ex (m. Abl.)	aus, von … aus	5	
* ebrius, a, um	betrunken	49	
ecce!	sieh da!	2	
ecclesia	Kirche	57	
edere, edo, edi, esum	essen, fressen	41	
edere, edo, edidi, editum	herausgeben, veröffentlichen	26	
educare	erziehen	11	
efferre, effero, extuli, elatum	herausheben, hinaustragen	57	
efficere, efficio, effeci, effectum	fertigbringen, bewirken	52	
* effluere, effluo, effluxi	herausfließen	58	
* effodere, effodio, effodi, effossum	ausgraben, umgraben	25	
effugere, effugio, effugi	entfliehen, entkommen	21	
egere (m. Abl.), egeo, egui	bedürfen, nötig haben	9	
egestas, egestatis f.	Armut, Mangel	38	
ego	ich	15	
egregius, a, um	hervorragend, ausgezeichnet	17	
* electio, electionis f.	Wahl, Auswahl	23	
elephantus	Elefant	14	
eloquentia	Beredsamkeit	23	
emere, emo, emi, emptum	kaufen, nehmen	6, 19, 41	
eminere, emineo, eminui	herausragen, hervorragen	16	
emittere, emitto, emisi, emissum	herauslassen, fallen lassen	21, 27	
enim (nachgest.)	denn, nämlich	26	
* enumerare	aufzählen	29	
eo	dorthin	22	
epistula	Brief	23	
eques, equitis m.	Reiter, Ritter	17	
equester, equestris, equestre	Reiter-, Ritter-	37	
equus	Pferd	4	
erga (m. Akk.)	gegen	58	
eripere, eripio, eripui, ereptum	entreißen	59	
errare	irren, sich täuschen	9	
error, erroris m.	Irrtum, Irrfahrt	24	
esse, sum, fui, futurus	sein, existieren	3	
est (m. Gen.)	es ist Aufgabe, Zeichen von	14	
et	und, auch	2	
et … et	sowohl … als auch	14	
etiam	auch, sogar	2	
etsi	wenn auch, obgleich	59	
evadere, evado, evasi, evasurus	hinausgehen, entkommen	26	
evenit, evenit	es ereignet sich, geschieht	4, 37	

Latein	Deutsch	Lektion
eventus, us m.	Ausgang, Ergebnis, Erfolg	46
evertere, everto, everti, eversum	umstürzen, zerstören	24, 34
evocare	herausrufen, vorladen	34
*excelsus, a, um	aufragend, erhaben	18
*excidere, excido, excidi	herausfallen	16
excipere, excipio, excepi, exceptum	ausnehmen, aufnehmen	9, 27
excitare	aufwecken, erregen	15
exclamare	ausrufen	17
*exclamatio, exclamationis f.	Ausruf	30
*excogitare	ausdenken, ersinnen	59
*excolere, excolo, excolui, excultum	ausschmücken	40
*excutere, excutio, excussi, excussum	abschütteln	31
exemplum	Beispiel, Vorbild	42
exercere, exerceo, exercui	üben, betreiben, quälen	22
exercitus, us m.	Heer	32
exiguus, a, um	klein, gering	46
exire, exeo, exii	herausgehen	24
existimare	schätzen, urteilen, meinen, halten für	15
expedire, expedio, expedivi, expeditum	bereitmachen	21
expeditus, a, um	unbehindert, kampfbereit	50
expellere, expello, expuli, expulsum	hinausstoßen, vertreiben	11, 28
experiri, experior, expertus sum	versuchen, erproben	59
explorare	erkunden, auskundschaften	8
exponere, expono, exposui, expositum	auseinander setzen, darlegen	11
exprimere, exprimo, expressi, expressum	ausdrücken, darstellen	41
expugnare	erobern, bezwingen	13
expugnatio, expugnationis f.	Eroberung	24
exspectare	warten, erwarten	2
*exstare	vorhanden sein, herausstehen	7
exstinguere, exstinguo, exstinxi, exstinctum	auslöschen, vernichten	27
exstruere, exstruo, exstruxi, exstructum	aufschichten, errichten	12, 27
extra (m. Akk.)	außerhalb	54
exul, exulis m.	Verbannter	45
fabula	Fabel, Geschichte, Erzählung	5
facere, facio, feci, factum	machen, tun, machen zu	11, 25
bene facere, quod	gut daran tun, dass	51
*facetiae, arum f.	Scherz, witzige Einfälle	18
facies, faciei f.	Gesicht, Gestalt, Aussehen	57
facilis, e	leicht (zu tun)	43
facinus, facinoris n.	Tat, Untat, Verbrechen	21
factio, factionis f.	Partei, Gruppe	46
factum	Tat, Ereignis	55
facultas, facultatis f.	Möglichkeit, Fähigkeit	39
fallere, fallo, fefelli	betrügen, täuschen	6, 17
falsus, a, um	irrig, falsch	36
fama	Sage, Gerücht; guter, schlechter Ruf	8
fames, famis f.	Hunger	32
familia	Familie, Hausgemeinschaft	10
familiaris, familiaris m/f.	Vertrauter, Freund, Freundin	35
fateri, fateor, fassus sum	gestehen, bekennen	52
fatum	Schicksal, Verhängnis	18
favere (m. Dat.), faveo, favi	gewogen sein, begünstigen	20
*febris, febris f.	Fieber	56
*fecundus, a, um	fruchtbar	32
felix, felicis	glücklich, erfolgreich	16
femina	Frau	3
fenestra	Fenster	43
*fera (bestia)	wildes Tier	11
fere	etwa, fast, meist	35
ferre, fero, tuli, latum	(er)tragen, bringen	16
moleste ferre	übel nehmen, sich ärgern	47
ferrum	Eisen, Schwert	17
ferus, a, um	wild, ungezähmt	11
fessus, a, um	ermüdet, erschöpft	8
*festinare	sich beeilen	10
*fidelis, e	treu, zuverlässig	48
fides, fidei f.	Treue, Vertrauen	24
*fidem habere	Glauben schenken	24
fiducia	Vertrauen, Zuversicht	48
fieri, fio, factus sum	werden, geschehen, gemacht werden	54
filia	Tochter	10
filius	Sohn	11
fingere, fingo, finxi, fictum	gestalten, bilden	23, 31
finire, finio, finivi, finitum	begrenzen, beendigen	29
finis, finis m.	Ende, Grenze, Ziel; Pl.: Gebiet	14
finitimus, a, um	angrenzend, benachbart	13
firmus, a, um	fest, stark, standhaft	35
flagitare	(dringend) fordern	14
*flagrare	brennen, lodern	34
flamma	Flamme, Feuer, Glut	7
*viam flectere	einen Weg einschlagen	9
florere, floreo, florui	blühen	30
flos, floris m.	Blüte, Blume	33
fluctus, us m.	Flut, Woge	27
flumen, fluminis n.	Fluss, Strömung	11
*foedus, a, um	hässlich, schändlich	11
foedus, foederis n.	Bündnis, Vertrag	27
*fons, fontis m.	Quelle	49
forma	Form, Gestalt, Schönheit	40
formosus, a, um	wohlgestaltet, schön	43
fortasse	vielleicht	9
fortis, e	kräftig, tapfer	24
fortitudo, fortitudinis f.	Tapferkeit	13
fortuna	Schicksal, Glück	36
forum	Forum, Marktplatz	4
fossa	Graben	12
frangere, frango, fregi, fractum	brechen, zerbrechen	58
frater, fratris m.	Bruder	11
*fraternitas, fraternitatis f.	Verwandtschaft (als Bruder)	58
fraus, fraudis f.	Betrug, Täuschung	49
frequentare	zahlreich, häufig besuchen	6
frigus, frigoris n.	Kälte, Frost, Schauer	45
frons, frontis f.	Stirn, Gesicht, Vorderseite	25

fructus, us m.	Frucht, Ertrag	30
*fruges, frugum f.	Feldfrüchte	33
*frugifer, frugifera, frugiferum	Frucht tragend, fruchtbar	30
frui (m. Abl.), fruor (usus sum)	genießen	52
frumentum	Getreide	6
frustra	vergebens, vergeblich	38
fuga	Flucht	25
fugare	vertreiben, in die Flucht schlagen	12
fugere, fugio, fugi, fugiturus	fliehen, meiden	15
*fugitivus	Flüchtling	28
fulgor, fulgoris m.	Helligkeit, Glanz	50
*fulmen, fulminis n.	Blitz, Blitzschlag	45
*fumus	Rauch	31
fundere, fundo, fudi, fusum	(aus)gießen, zerstreuen	54
funditus	von Grund aus, völlig	24
funus, funeris n.	Bestattung, Leichenzug	59
furor, furoris m.	Raserei, Wut, Tollheit	38
futurus, a, um	(zu)künftig	29
gaudere, gaudeo, gavisus sum	sich freuen	2, 53
gaudium	Freude	6
*gemini, orum m.	Zwillinge	11
gemitus, us m.	Stöhnen, Seufzen	29
gens, gentis f.	Geschlecht, Gattung, (Volks)stamm	12
genus, generis n.	Geschlecht, Gattung, Art	23
gerere, gero, gessi, gestum	tragen, führen, ausführen	13, 29
gignere, gigno, genui, genitum	erzeugen, hervorbringen	11
gladiator, gladiatoris m.	Gladiator	14
*gladiatorius, a, um	Gladiatoren-	12
gladius	Schwert	17
gloria	Ruhm, Ehre	5
*grammaticus	Grammatiklehrer	10
grandis, e	groß, alt	43
gratia	Gunst, Dank	9
gratus, a, um	angenehm, dankbar	9
gravis, grave	schwer, gewichtig, ernst	30
grex, gregis m.	Herde	11
habere, habeo, habui, habitum	haben, halten, halten für	8, 10, 25
in animo habere	im Sinn haben, vorhaben	8
habitare	wohnen, bewohnen	2
haerere, haereo, haesi, haesurus	hängen, stecken bleiben	58
*haruspex, haruspicis m.	Opferbeschauer	12
*hereditas, hereditatis f.	Erbschaft	40
*heres, heredis m/f.	Erbe, Erbin	40
heri	gestern	10
*heu	weh!, o weh!	26
hic (Adv.)	hier	8
hic, haec, hoc	dieser, diese, dieses	35
*hilaris, hilare	heiter	57
hodie	heute	2
homo, hominis m.	Mensch	14
homo novus	Aufsteiger, Emporkömmling	37
honor, honoris m.	Ehre, Ehrenamt	37
*honorare	ehren	42
hora	Stunde	10
horrere (m. Akk.), horreo, horrui	schaudern, zurückschaudern vor	29
*horreum	Scheune	19
*horribilis, horribile	schrecklich	29
hortus	Garten	9
hospes, hospitis m.	Gastfreund, Fremder	40
*hospitium	Gastfreundschaft, Herberge	49
hostis, hostis m.	Feind, Landesfeind	13
huc	hierher	18
humanitas, humanitatis f.	Menschlichkeit, Bildung	22
humanus, a, um	menschlich, gebildet	22
*humi	auf dem Boden	14
humilis, e	niedrig, gering	43
iacere, iaceo, iacui	liegen	5, 43
iacere, iacio, ieci, iactum	werfen, schleudern	39
iactare	(hin und her) werfen, schleudern	16
*se iactare	prahlen, sich brüsten	16
iam	schon, nun, bereits	3
ianua	Türe, Zugang	25
ibi	dort, da	2
icere, ico/icio, ici, ictum	schlagen, treffen	36
idem, eadem, idem	derselbe, dieselbe, dasselbe	40
idoneus, a, um	geeignet, passend	45
igitur	also	48
ignis, ignis m.	Feuer, Brand	17
ignorare	nicht kennen, nicht wissen	13
ignoscere, ignosco, ignovi, ignotum	Einsehen haben, verzeihen	39
ignotus, a, um	unbekannt	9
ille, illa, illud	jener, jene, jenes	35
illudere, illudo, illusi, illusum	verspotten	13, 38
illustris, illustre	hell, klar, berühmt	16
imago, imaginis f.	Bild, Abbild	29
*imbuere, imbuo, imbui, imbutum	tränken, erfüllen mit	53
immanis, e	ungeheuerlich, riesig	25
*immaturus, a, um	unreif, zu früh	36
imminere, immineo, imminui	hineinragen, drohen	20
*immo vero	nein im Gegenteil	36
immolare	opfern	5
immortalis, e	unsterblich	17
impellere, impello, impuli, impulsum	antreiben, veranlassen	53
*impendere, impendo, impendi, impensum	aufwenden	57
imperare	befehlen, gebieten	23
imperator, imperatoris m.	Feldherr, Kaiser, Herrscher	13
imperitus, a, um (m. Gen.)	unerfahren (in)	6
imperium	Reich, Befehl, Herrschaft	5
impetrare	durchsetzen, erreichen	37
impetus, us m.	Ansturm, Angriff	37
implere, impleo, implevi, impletum	anfüllen, erfüllen	24, 25
implorare	anflehen, erflehen	9
imprimis	vor allem, besonders	7
improbus, a, um	schlecht, dreist	6

in (m. Abl.)	in, an, auf	5
in (m. Akk.)	in, gegen … hin, zu, nach	10
incedere, incedo, incessi, incessum	einherschreiten	13, 31
incendere, incendo, incendi, incensum	anzünden, entflammen	26
incendium	Feuer, Brand, Brandstiftung	52
*inceptum	Vorhaben, Unternehmung	20
incertus, a, um	ungewiss, unsicher	40
incidere, incido, incidi	hineingeraten, stoßen auf	19
incipere, incipio, coepi, inceptum	anfangen, beginnen	14
*incitamentum	Antrieb	50
incitare	antreiben, erregen	4
includere, includo, inclusi, inclusum	einschließen	19, 29
incola m.	Einwohner, Bewohner	8
incolere, incolo, incolui	bewohnen, siedeln	12
incolumis, e	unversehrt, heil	47
incommodum	Nachteil, Niederlage	20
*incultus, a, um	ungepflegt, ungebildet	56
inde	von da, dann, daher	9
*indicare	anzeigen, verraten	5
indicere, indico, indixi, indictum	ankündigen	48
indicium	Anzeige	31
*indignari	sich empören	55
inducere, induco, induxi, inductum	einführen, verleiten	42
*induere, induo, indui, indutum	anziehen, anlegen	29
*indulgentia	Nachsicht, Güte	58
industria	Betriebsamkeit, Fleiß	37
*ineptus, a, um	unpassend, albern	18
infans, infantis m/f.	Kind	31
*infelix, infelicis	unglücklich	27
inferre, infero, intuli, illatum	hineintragen, (einem etw.) zufügen	16, 27
*inflammare	entflammen	13
*inflare	aufblasen	43
*ingemiscere, ingemisco, ingemui	(auf)seufzen	43
ingenium	Anlage, Begabung	38
ingens, ingentis	gewaltig, riesig	16
ingredi, ingredior, ingressus sum	einherschreiten, betreten	55
inimicus	Feind	12
inire, ineo, inii	betreten, beginnen	24
consilium inire	einen Plan fassen	24
initium	Anfang, Beginn	36
iniuria	Unrecht, Beleidigung	12
iniustus, a, um	ungerecht	11
innocens, innocentis	unschuldig	30
innumerabilis, e	unzählbar	59
inopia	Not, Mangel	32
*inops, inopis	hilflos, arm	52
inquit	er sagt, er sagte	13
inscius, a, um	unwissend, ohne Wissen	33
insidiae, arum f.	Hinterhalt, Überfall	11
insignis, insigne	ausgezeichnet	51
*insimulare	(fälschlich) beschuldigen	52
*inspicere, inspicio, inspexi, inspectum	hineinblicken, besichtigen	54
instare, insto, institi	bevorstehen, drohen	34
instituere, instituo, institui, institutum	anfangen, einrichten	41
institutum	Einrichtung, Vorhaben	12
insula	Insel, Wohnblock	18
insuper	darüber, überdies	55
integer, integra, integrum	rein, untadelig	12
*integritas, integritatis f.	Redlichkeit, Lauterkeit	32
intellegere, intellego, intellexi, intellectum	einsehen, verstehen	19, 43
intendere, intendo, intendi, intentum	anspannen, beabsichtigen	43
inter (m. Akk.)	zwischen, während	5
interdum	manchmal	14
interea	inzwischen	13
interesse (m. Dat.), intersum, interfui	teilnehmen	15
interficere, interficio, -feci, -fectum	töten, niedermachen	11, 46
interim	unterdessen	10
interire, intereo, interii	zugrunde gehen, untergehen	24
interitus, us m.	Untergang	38
interrogare (num)	fragen (ob), bitten	9, 43
intrare	eintreten, betreten	3
*intromittere, intromitto, -misi, -missum	hineinlassen, vorlassen	58
inutilis, e	unbrauchbar, unnütz	59
invadere, invado, invasi, invasum	eindringen, angreifen	15, 36
invenire, invenio, inveni, inventum	finden, erfinden	3, 11, 35
investigare	aufspüren, erkunden	33
*invictus, a, um	unbesiegt	58
invidere (m. Dat.), invideo, invidi, invisum	beneiden	18
invidia	Missgunst, Neid	41
invitare	einladen	5
invitus, a, um	wider Willen, unwillig	33
*iocosus, a, um	scherzhaft	19
ipse, ipsa, ipsum	selbst, persönlich	36
ira	Zorn, Wut	28
irasci, irascor, iratus sum	zornig werden, zürnen	52
iratus, a, um	zornig, erzürnt	16
ire, eo, ii, itum	gehen	24
irritus, a, um	erfolglos, vergeblich	20
is, ea, id	dieser, diese, dieses; er, sie, es	19
iste, ista, istud	dieser (da)	36
ita	so	55
itaque	daher, deshalb	2
iter, itineris n.	Reise, Marsch, Weg	25
iterum	wiederum, zum zweiten Mal	4
iterum atque iterum	immer wieder	4
iubere, iubeo, iussi, iussum	auftragen, befehlen	14, 27
iucundus, a, um	erfreulich, angenehm	6
iudex, iudicis m.	Richter	46
iudicare	urteilen, beurteilen, halten für	35
iudicium	Prozess, Urteil, Gericht	38

iure	mit Recht	21
ius, iuris n.	Recht	40
iussu	auf Befehl	27
iustitia	Gerechtigkeit	36
iustus, a, um	gerecht, richtig	22
iuvare, iuvo, iuvi, iutum	unterstützen, helfen	44
iuvat	es erfreut	7
iuvenis, iuvenis m.	junger Mann	11
iuventus, iuventutis f.	Jugend	17
* iuxta (m. Akk.)	nahe bei, dicht neben	23
labefieri	schwanken	54
labor, laboris m.	Arbeit, Anstrengung, Mühe	30
laborare	arbeiten, sich anstrengen, leiden	30
* lac, lactis n.	Milch	49
* lacerare	zerreißen, zerfleischen	14
lacessere, lacesso, lacessivi, lacessitum	reizen, herausfordern	28
lacrima	Träne	56
laetus, a, um	froh, fröhlich	6
* lapideus, a, um	aus Stein	55
lapis, lapidis m.	Stein	25
largiri, largior, largitus sum	schenken, spenden	52
latere, lateo, latui	verborgen sein	56
latro, latronis m.	Räuber	11
latus, a, um	breit, ausgedehnt	6
laudare	loben	19
laudatio, laudationis f.	Lobrede	35
* laudatio funebris f.	Leichenrede	35
laus, laudis f.	Lob, Ruhm	19
* lavare, lavo, lavi, lautum	waschen	16
* lectica	Sänfte, Tragbett	16
lectus	Bett, Liege	5
legatus	Gesandter, Unterfeldherr	28
legere, lego, legi, lectum	sammeln, lesen, auslesen	6, 10, 33
legio, legionis f.	Legion	13
* lepus, leporis m.	Hase	16
lex, legis f.	Gesetz, Gebot	26
libenter	gern	5
liber, libera, liberum	frei, ungebunden	9
liber, libri m.	Buch	6
liberalis, e	gütig, freigebig	23
liberare	befreien, freisprechen	12
liberi, orum m.	Kinder	2
libertas, libertatis f.	Freiheit	14
libertus	Freigelassener	23
libido, libidinis f.	Begierde, Trieb, Willkür	38
* libra	Waage, Gewicht	17
* librarius, a, um	Buch-	6
* libri divini m.	Bibel	56
licentia	Willkür, Zügellosigkeit	12
licet (m. Konj.)	wenn auch, mag auch	44
licet, licuit	es ist erlaubt	37
* ligneus, a, um	hölzern	55
lingua	Zunge, Sprache	19
lis, litis f.	Streit, Zank	48
littera	Buchstabe; Pl.: Wissenschaften, Brief, Literatur	10
litus, litoris n.	Küste, Strand	18
loca, orum n.	Plätze, Gegend	6
locus	Ort, Platz, Rang	6
locus equester	Ritterstand	37
longe	weit, weitaus, bei weitem	15
longus, a, um	lang, ausgedehnt, weit	15
loqui, loquor, locutus sum	sprechen, reden	52
luctus, us m.	Trauer	27
ludere, ludo, lusi	spielen, scherzen	23
ludibrium	Spott, Gespött	58
* ludibrio habere	(jemanden) verspotten	58
ludus	Spiel, Schule	8
lumen, luminis n.	Licht, Augenlicht	29
* lupa	Wölfin	11
lux, lucis f.	Licht	27
luxuria	Üppigkeit, Genusssucht	30
* luxuriosus, a, um	prächtig, herrlich	23
maestus, a, um	betrübt, traurig	26
magis	mehr, lieber	43
magister, magistri m.	Lehrer	10
magistratus, us m.	Beamter, Amt, Behörde	34
* magna ex parte	zum großen Teil	23
magnificus, a, um	großartig, prächtig	7
magnitudo, magnitudinis f.	Größe	43
magnus, a, um	groß, bedeutend, wichtig	6
maiestas, maiestatis f.	Größe, Würde, Hoheit	40
maiores, maiorum m.	Vorfahren	16
malle, malo, malui	lieber wollen	27
malum	das Übel, Unheil	58
malus, a, um	schlecht, böse, schlimm	6
mandare	übergeben, anvertrauen	37
mane	in der Frühe, morgens	6
manere, maneo, mansi, mansurus	andauern, bleiben	3, 27
manus, us f.	Schar, Hand(voll)	27
mare, maris n.	Meer	18
* marmoreus, a, um	aus Marmor	40
mater, matris f.	Mutter	26
matrimonium	Ehe	28
maximus, a, um	der Größte, sehr groß	6
* mecum	mit mir	5
* mediocris, mediocre	mittelmäßig	31
* medium	Mitte	7
medius, a, um	der Mittlere, mitten	9
membrum	Glied	18
meminisse (Perf.), memini	gedenken, sich erinnern	51
memor, memoris (m. Gen.)	sich erinnernd (an)	51
memoria	Gedächtnis, Andenken	40
mens, mentis f.	Geist, Verstand	38
mensis, mensis m.	Monat	32
mentiri, mentior, mentitus sum	lügen	56
mercator, mercatoris m.	Kaufmann	18
merces, mercedis f.	Lohn, Sold	30
* mergere, mergo, mersi, mersum	eintauchen, versenken	21
meritum	Verdienst, Lohn, Wohltat	27
* meritus, a, um	verdient	46
merx, mercis f.	Ware	19

metuere, metuo, metui	fürchten, befürchten	48
metus, us m.	Furcht, Besorgnis	31
meus, a, um	mein	16
★ mihi	mir	9
miles, militis m.	Soldat	13
militare	Kriegsdienst leisten	50
militaris, e	soldatisch, wehrfähig	17
militia	Kriegsdienst	37
★ mille; Pl.: milia	tausend	17
★ mimus	Schauspieler, Posse	14
minae, arum f.	Drohung(en)	28
★ minari	drohen	53
★ minimum	sehr wenig	23
minimus, a, um	der Kleinste, der Geringste	44
★ ministerium	Dienst, Amt	22
minuere, minuo, minui, minutum	(ver)mindern	32
mirus, a, um	wunderbar, sonderbar	41
miscere, misceo, miscui, mixtum	mischen, verwirren	45
miser, misera, miserum	elend, unglücklich	9
misereri (m. Gen.), misereor, miseritus sum	sich erbarmen	52
miseria	Elend, Unglück, Not	58
mittere, mitto, misi, missum	schicken, entsenden, gehen lassen	14, 32
modicus, a, um	mäßig, besonnen, bescheiden	23
modo (Adv.)	eben, nur	51
modus	Maß, Art, Weise	24
moenia, moenium n.	Stadtmauer(n)	11
molestia	Last, Ärger	58
molestus, a, um	lästig, beschwerlich	15
monere, moneo, monui, monitum	(er)mahnen, erinnern	24, 26
mons, montis m.	Berg	17
monstrum	Wunderzeichen, Ungeheuer	25
monumentum	Denkmal, Grabmal	4
mora	Aufschub, Verzögerung, Aufenthalt	51
morari	(sich) aufhalten, verweilen	52
mori, morior, mortuus sum	sterben	52
mors, mortis f.	Tod	12
mortalis, e	sterblich, irdisch	58
mortuus, a, um	gestorben, tot	15
mos, moris m.	Sitte, Brauch; Pl.: Charakter	16
motus, us m.	Bewegung, Erregung, Aufruhr	27
movere, moveo, movi, motum	antreiben, bewegen, beeinflussen	4, 31
mox	bald	2
mulier, mulieris f.	Frau	12
★ multare	bestrafen	12
multi, ae, a	viele	6
multitudo, multitudinis f.	Menge	50
multo (b. Komp.)	um vieles	31
munire, munio, munivi, munitum	befestigen, schützen	56
munus, muneris n.	Aufgabe, Amt, Gladiatorenspiel, Geschenk	14
murus	Mauer	11
mutare	ändern, wechseln, tauschen	25
★ mutus, a, um	stumm	55
nam	denn, nämlich	2
nancisci, nanciscor, nanctus sum	erlangen	52
narrare	erzählen	4
natio, nationis f.	Volk(sstamm)	13
natura	Natur, Wesen	23
natus, a, um	geboren	16
navigare	zu Schiff fahren, segeln	19
navis, navis f.	Schiff	19
★ navis oneraria f.	Lastschiff	47
ne (m. Konj.)	dass nicht, damit nicht	21
-ne (Fragepartikel)	etwa?	8
ne … quidem	nicht einmal	46
nec	und nicht, auch nicht, aber nicht	27
necare	töten	11
necessarius, a, um	notwendig, nahe stehend; subst.: Verwandter	6
necesse est	es ist nötig	20
nefarius, a, um	verbrecherisch, ruchlos	11
nefas n.	Unrecht, Frevel	34
negare	verneinen, leugnen	23
★ neglegentia	Nachlässigkeit	23
neglegere, neglego, neglexi, neglectum	vernachlässigen	10, 27
negotium	Geschäft, Aufgabe, Tätigkeit	6
nemo	niemand	22
neque	und nicht, auch nicht, aber nicht	27
neque … neque	weder … noch	3
nescire, nescio, nescivi	nicht wissen, nicht kennen	17
neve	und nicht, oder nicht	22
nex, necis f.	(gewaltsamer) Tod, Mord	23
nihil	nichts, in keiner Weise	26
★ nihil nisi	nichts außer, nur	16
★ nihilo minus (Adv.)	nichtsdestoweniger	48
★ nimirum	freilich, ohne Zweifel	59
nisi	wenn nicht, außer	18
nix, nivis f.	Schnee	31
nobilis, e	berühmt, vornehm, adelig	16
nobilitas, nobilitatis f.	Berühmtheit, Adel	36
nobis (Dat.)	uns	8
noctu (Adv.)	nachts	40
nolle, nolo, nolui	nicht wollen	27
nomen, nominis n.	Name	16
nominare	(be)nennen	42
non	nicht	2
non iam	nicht mehr	4
non ignorare	genau kennen, genau wissen	38
non modo … sed etiam	nicht nur … sondern auch	7
non solum … sed etiam	nicht nur … sondern auch	13
nondum	noch nicht	16
nonne? (Fragepartikel)	nicht?, denn nicht?, etwa nicht?	8
nonnulli, ae, a	einige	9
nonnumquam (Adv.)	bisweilen, manchmal	5

Latein	Deutsch	Lektion
nonus, a, um	neunter, der Neunte	10
nos (Nom.)	wir	9
noster, nostra, nostrum	unser	18
* notissimus, a, um	sehr bekannt, der Bekannteste	7
notus, a, um	bekannt	6
novem	neun	28
novus, a, um	neu, neuartig	11
nox, noctis f.	Nacht	17
nubes, nubis f.	Wolke	31
nudus, a, um	nackt	49
nullus, a, um	kein, keiner	27
num (Fragepartikel)	etwa?, etwa gar?	8
numerare	zählen	59
numerus	Zahl, Anzahl	38
numquam	nie, niemals	20
nunc	nun, jetzt	5
nuntiare	melden, verkünden	23
* nusquam	nirgends	31
* nutrix, nutricis f.	Amme, Ernährerin	49
ob (m. Akk.)	gegen … hin, wegen	12
* obducere, obduco, obduxi, obductum	überziehen, bedecken	31
obesse, obsum, offui	hinderlich sein, schaden	15
obire, obeo, obii	entgegengehen, sterben	24
* obitus, us m.	Tod	59
oblivisci (m. Gen.), obliviscor, oblitus sum	vergessen	52
obscurus, a, um	dunkel	26
obsequi, obsequor, obsecutus sum	gehorchen	52
obsidere, obsideo, obsedi, obsessum	belagern, besetzt halten	56
obviam	entgegen	54
occidere, occido, occidi, occisum	niederhauen, töten	4, 16, 36
* occultare	verbergen	21
occupare	einnehmen, besetzen, beschäftigen	12
occurrere, occurro, occurri, occursum	entgegenlaufen, begegnen	41
octavus, a, um	achter, der Achte	32
octo	acht	28
octoginta	achtzig	47
oculus	Auge	19
* odisse (Perf.), odi	hassen	30
odium	Hass	52
offerre, offero, obtuli, oblatum	entgegenbringen, anbieten	30
officium	Dienst, Amt, Pflicht	12
oleum	Olivenöl	19
olim	einst	8
* oliva	Olive	4
omittere, omitto, omisi, omissum	unterlassen, übergehen	46
omnino	überhaupt, gänzlich	20
* omnipotens, omnipotentis	allmächtig	55
omnis, e	jeder, ganz; Pl.: alle	16
* onustus, a, um	beladen, voll	19
opera	Arbeit, Mühe	41
opinio, opinionis f.	Meinung, Vermutung, guter Ruf	48
oportet, oportuit	es gehört sich, es ist nötig	10
oppidum	Landstadt, Festung	21
opponere, oppono, opposui, oppositum	entgegenstellen, einwenden	36
opprimere, opprimo, oppressi, oppressum	unterdrücken, überfallen	21, 47
oppugnare	bekämpfen, angreifen	24
ops, opis f.	Kraft, Macht; Pl.: Reichtum, Einfluss	36
optare	wünschen	22
optimates, optimatium m.	Aristokraten, aristokratische Partei	36
optimus, a, um	der Beste, sehr gut	18
* opulentus, a, um	reich, mächtig	13
opus, operis n.	Werk, Bauwerk	23
ora	Küste	18
oraculum	Götterspruch, Orakel	26
orare	beten, bitten	45
oratio, orationis f.	Rede, Vortrag	32
orator, oratoris m.	Redner	35
orbis, orbis m.	Kreis, Erdkreis	21
* orbis terrarum	Erdkreis	21
ordo, ordinis m.	Reihe, Ordnung, Stand	23
origo, originis f.	Ursprung	51
ornamentum	Ausrüstung, Schmuck	30
ornare	schmücken, ausstatten	6
os, oris n.	Mund, Gesicht	43
ostendere, ostendo, ostendi, ostentum	zeigen, darlegen	9, 17, 24
otium	Muße, freie Zeit	30
* ovis, ovis f.	Schaf	25
pacare	befrieden, unterwerfen	47
* paedagogus	Lehrer, Erzieher	10
paene	beinahe, fast	59
* paenitet (m. Akk.)	es reut (jmd.)	51
* paganus	Heide	56
palus, paludis f.	Sumpf	12
panis, panis m.	Brot	14
par, paris	ebenbürtig, angemessen	43
parare	(vor)bereiten	4
paratus, a, um	bereit, entschlossen	39
parcere (m. Dat.), parco, peperci	sparen, schonen	29
* parcus, a, um (m. Gen.)	sparsam (mit)	23
parentes, parent(i)um m.	Eltern	31
parere, pareo, parui	gehorchen	22
pars, partis f.	Teil, Seite	21
parum (Adv.)	zu wenig	40
parvus, a, um	klein, gering	12
* pascere, pasco, pavi, pastum	füttern, weiden	25
pastor, pastoris m.	Hirte	11
patefacere, patefacio, patefeci, patefactum	öffnen	52
pater, patris m.	Vater	16
patere, pateo, patui	offen stehen, sich erstrecken	5, 38
* patiens, patientis	geduldig, ertragend	42
patres conscripti m.	Senatoren	38

patria	Vaterland, Heimat	15
patrius, a, um	väterlich, heimisch	57
patronus	Patron, Anwalt	44
pauci, ae, a	wenige	15
paulatim	allmählich	31
paulo post	wenig später, bald darauf	11
paulum	ein wenig	31
pauper, pauperis	arm	16
pavor, pavoris m.	Angst, Furcht	46
pax, pacis f.	Friede	17
pecunia	Geld	6
* pecus, pecudis f.	Vieh, Kleinvieh, Schaf	25
pellere, pello, pepuli, pulsum	treiben, schlagen, stoßen	31
pellis, pellis f.	Fell, Haut, Pelz	43
penates, penatium m.	Hausgötter, Haus	26
pendere e/ex (m. Abl.), pendeo, pependi	abhängen von	44
* pendere, pendo, pependi	abwägen, zahlen	17
* penetrare	eindringen, durchdringen	33
* penna	Feder	43
per (m. Akk.)	durch, hindurch, über … hin	5
peragere, perago, peregi, peractum	vollenden	44
peragrare	durchziehen	17
perdere, perdo, perdidi, perditum	verderben, zugrunde richten, verlieren	15
perducere, perduco, perduxi, perductum	ans Ziel bringen, hinführen	48
peregrinus, a, um	fremd; subst.: Ausländer	6, 57
perferre, perfero, pertuli, perlatum	überbringen, ertragen	58
perficere, perficio, perfeci, perfectum	durchsetzen, vollenden	34
perfidus, a, um	treulos	27
pergere, pergo, perrexi, perrectum	fortfahren, weiterziehen	27
* periculosus, a, um	gefährlich	15
periculum	Gefahr	20
perire, pereo, perii	zugrunde gehen, umkommen	24
peritus, a, um (m. Gen.)	erfahren, kundig	32
permittere, permitto, permisi, permissum	überlassen, erlauben	22, 33
pernicies, perniciei f.	Verderben, Untergang	26
perniciosus, a um	verderblich	29
perpetuus, a, um	durchgehend, ununterbrochen	34
perseverare	fortfahren (etwas zu tun), beharren auf	31
persona	Person, Maske	18
persuadere (m. Dat.), persuadeo, persuasi, persuasum	überreden (m. ut), überzeugen (m. aci)	23, 26
mihi persuasum est	ich bin überzeugt	45
* pertinax, pertinacis	beharrlich, hartnäckig	47
pertinere, pertineo, pertinui	sich erstrecken	5
pervenire, pervenio, perveni, perventum	hinkommen, gelangen	9, 13, 29
pes, pedis m.	Fuß	16
petere, peto, petivi, petitum	(er)bitten, eilen, angreifen	14, 28
* philosophus	Philosoph	22
pietas, pietatis f.	Pflichtbewußtsein, Frömmigkeit	57
pirata, m.	Seeräuber	20
placare	versöhnen, beruhigen	5
placere, placeo, placui	gefallen	8, 18
plane	völlig, deutlich	58
* plaudere, plaudo, plausi, plausum	(Beifall) klatschen	46
plebeius	Plebejer	36
plebs, plebis f.	Volk, Pöbel	52
plenus, a, um	voll	27
plerique, pleraeque, pleraque	die meisten	50
* plerumque	meistens	23
plurimi, ae, a	sehr viele, die meisten	44
plurimum	am meisten, sehr viel	23, 48
plus	mehr	36
poena	Strafe, Buße	21
* poenas dare (m. Gen.)	büßen (für etw.)	21
poeta m.	Dichter, Poet	14
* pollex, pollicis m.	Daumen	14
polliceri, polliceor, pollicitus sum	wünschen, versprechen	52
* pomum	Apfel, Obstfrucht; Pl.: Obst	4
pondus, ponderis n.	Gewicht, Pfund	17
ponere, pono, posui, positum	legen, setzen, stellen	16, 42
pons, pontis m.	Brücke	54
pontifex, pontificis m.	Priester, Oberpriester	35
populus	Volk	5
* porcus	Schwein	16
porta	Tor, Tür, Pforte	17
portare	tragen, bringen	3
portus, us m.	Hafen	27
poscere, posco, poposci	fordern, verlangen	50
posse, possum, potui	können, vermögen	8
post (Adv.)	später, nachher	31
post (m. Akk.)	hinter, nach	21
postea	später, nachher	11
posteri, orum m.	Nachkommen, Nachwelt	50
posterior, posterius	der Spätere, der Hintere	44
postquam (m. Perf.)	nachdem	11
postremo	zuletzt, schließlich	5
postulare	fordern, verlangen	5
* potare	trinken, zechen	49
potens, potentis	mächtig	43
potentia	Macht, Gewalt	5
potestas, potestatis f.	Macht, Amtsgewalt	19
potiri (m. Abl.), potior, potitus sum	sich bemächtigen	52
potius; potissimum	lieber; hauptsächlich	48
prae (m. Abl.)	vor, im Vergleich zu	57
praebere, praebeo, praebui, praebitum	darreichen, gewähren	9, 25
se praebere	sich zeigen, sich erweisen (als)	35
praeceptor, praeceptoris m.	Lehrer	58
praeceptum	Vorschrift, Lehre	45
* praecipue	vorzüglich, besonders	56
praeclarus, a, um	herrlich, vortrefflich	7
praeda	Beute	13

* praedicare	ausrufen, rühmen	35
* praedicere, praedico, praedixi, praedictum	voraussagen, vorschreiben	37
praedo, praedonis m.	Räuber, Seeräuber	15
praeesse, praesum, praefui, praefuturus	vorstehen, leiten	15
* praefectus	Befehlshaber, Präfekt	17
praeficere, praeficio, praefeci, praefectum	voranstellen, an die Spitze stellen	37
praemium	Lohn, Belohnung	50
praenomen, praenominis n.	Vorname	42
* praeruptus, a, um	abschüssig, steil	17
praesidium	Schutz, Besatzung	17
praestare (m. Dat.), praesto, praestiti	jemanden übertreffen	11
se praestare	sich zeigen, sich erweisen	35
* munera praestare	Pflichten erfüllen	44
praestat, praestitit	es ist besser	45
praeter (m. Akk.)	an … vorbei, außer	18
praeterea	außerdem, sonst noch	9
praetermittere, praetermitto, -misi, -missum	vorbeigehen lassen, unterlassen	42
praetor, praetoris m.	Prätor	34
praevalere, -valeo, -valui	sehr stark sein, die Oberhand behalten	31
pratum	Wiese	43
pravus, a, um	verkehrt, schlecht	53
preces, precum f.	Bitten	22
premere, premo, pressi, pressum	drücken, bedrängen	31
pretium	Preis, Wert	17
* pridem	längst, vor langer Zeit	51
primo	anfangs, zuerst	16
primum	zum ersten Mal	33
primus, a, um	der Erste, der Vorderste	8
princeps, principis m.	der Erste, der Fürst	15
principatus, us m.	höchste Stelle, Vorrang	39
prior, prius	der Frühere, der Vordere	44
* pristinus, a, um	früher, ehemalig	42
priusquam (m. Ind./Konj.)	ehe, bevor	46
privare (m. Abl.)	berauben, befreien von	11
pro (m. Abl.)	für, anstelle von, vor	21
probitas, probitatis f.	Rechtschaffenheit, Tüchtigkeit	37
procedere, procedo, processi, processum	hervorgehen, vorrücken	39
procul	fern, weit	45
prodere, prodo, prodidi, proditum	überliefern, verraten	50
prodesse, prosum, profui, profuturus	nützlich sein, nützen	15
proelium	Gefecht, Schlacht	17
proelio decertare	bis zur Entscheidung kämpfen	48
profanus, a, um	unheilig, ungeweiht	55
profecto	wirklich, in der Tat	21
* proferre, profero, protuli, prolatum	vorantragen, hervorbringen	29
proficisci, proficiscor, profectus sum	aufbrechen, marschieren	53
* profiteri, profiteor, professus sum	öffentlich bekennen	53
* profugus	Flüchtling, Verbannter	18
* profundus, a, um	tief, unermesslich	29
prohibere, prohibeo, prohibui, prohibitum	abhalten, verhindern	21, 25
proicere, proicio, proieci, proiectum	hinwerfen, preisgeben	55
proinde	also, demnach, ebenso	50
promittere, promitto, promisi, promissum	versprechen	26
promovere, promoveo, promovi, promotum	vorwärts bewegen	58
promptus, a, um	sichtbar, bereit, entschlossen	39
pronuntiare	vortragen, (aus)sprechen	57
prope (m. Akk.)	nahe bei	26
properare	eilen, sich beeilen	8
propinquus, a, um	benachbart, nahe, verwandt; subst.: Verwandter	50
propositum	Plan, Vorsatz	18
proprius, a, um	eigen, eigentümlich	36
propter (m. Akk.)	wegen	15
* proscriptio, proscriptionis f.	Ächtung, Proskription	38
prosper, prospera, prosperum	günstig, glücklich	56
provincia	Provinz	19
proximus, a, um	der Nächste, der Letzte	25
prudens, prudentis	klug, erfahren	35
publice	öffentlich	35
publicus, a, um	öffentlich, staatlich	40
* pudicus, a, um	schamhaft, ehrbar	12
puella	Mädchen	4
puer, pueri m.	Junge, Kind	3
pugna	Kampf	15
pugnare	kämpfen	13
pulcher, pulchra, pulchrum	schön	10
* pulchritudo, pulchritudinis f.	Schönheit	57
punire, punio, punivi, punitum	bestrafen	25
putare	glauben, meinen, halten für	16
qua de causa (rel. Anschluß)	daher, deshalb	52
quaerere, quaero, quaesivi, quaesitum	suchen, fragen	26
* viam quaerere ex (amico)	(den Freund) nach dem Weg fragen	9
qualis, quale	wie (beschaffen), was für ein, welch	22
quam	als, wie	20
quamquam	obwohl, obgleich	11
quamvis (m. Konj.)	wenn auch (noch so)	44
quando?	wann?	6
quantopere	wie sehr	22
quantum	wie viel, wie sehr	58
quantus, a, um	wie groß, wie viel	49
quare	weshalb; deshalb	39
quartus, a, um	vierter, der Vierte	17
quasi	(gleich)wie, gleichsam	22
* quassare	heftig schütteln, wackeln	31
quattuor	vier	10

Latein	Deutsch	Lektion
-que	und	3
quem?	wen?	4
querela	Klage, Beschwerde	58
queri, queror, questus sum	klagen, sich beklagen	52
qui, quae, quod	welcher, welche, welches; der, die, das	37
quia	weil	11
quicumque, quaecumque, quodcumque	wer auch immer; jeder, der; was auch immer; alles, was	49
quid?	was?	4
quidam, quaedam, quoddam	ein Bestimmter, ein Gewisser	50
quidem	wenigstens, zwar, freilich	56
* quiescere, quiesco, quievi, quietum	ruhen, ausruhen	44
quin etiam	ja sogar	16
quinque	fünf	28
quis?	wer?	4
quisquam, quicquam	irgend jemand, irgend etwas	50
quisque, quidque	jeder, alles	49
quisquis, quidquid	jeder, der; alles, was	49
quo … eo	je … desto	48
quo?	wohin?	26
quod	weil, dass	11/57
quomodo?	wie? auf welche Weise?	11
quondam	einst, einmal	7
quoque (nachgest.)	auch	13
quot?	wie viele?	44
rana	Frosch	43
rapere, rapio, rapui, raptum	raffen, wegschleppen, rauben	13, 30
rapina	Raub, Raubzug	21
* raptor, raptoris m.	Räuber	50
raro (Adv.)	selten, nur selten	6
rarus, a, um	selten, vereinzelt	49
ratio, rationis f.	Berechnung, Vernunft, Grund	24
recipere, recipio, recepi, receptum	zurücknehmen, aufnehmen	20, 27
animum recipere	wieder Mut fassen, sich erholen	20
recitare	vorlesen, vortragen	18
* reclamare	zurückrufen, laut rufen, (laut) widersprechen	6
* recreare	erfrischen	18
rectus, a, um	gerade, recht, richtig	9
recusare	ablehnen, sich weigern	21
reddere, reddo, reddidi, redditum	zurückgeben, machen zu	11, 33
* redemptio, redemptionis f.	Loskauf, Rückkauf, Freikauf	21
redire, redeo, redii	zurückgehen	24
reducere, reduco, reduxi, reductum	zurückführen	24, 44
referre, refero, rettuli, relatum	zurückbringen, berichten	38
* refrigerare	abkühlen	18
regere, rego, rexi, rectum	lenken, leiten, regieren	28
regina	Königin	27
regio, regionis f.	Richtung, Gegend	19
regnare	herrschen	11
regnum	Königsherrschaft, Königreich	11
religio, religionis f.	Religion, religiöse Bedenken, Achtung vor dem göttlichen Gesetz	34
relinquere, relinquo, reliqui, relictum	zurücklassen, verlassen	5, 18, 26
reliquiae, arum f.	Überreste	5
reliquus, a, um	übrig, restlich	26
* relucere, reluceo, reluxi	zurückleuchten, wieder erstrahlen	31
remanere, remaneo, remansi, remansurus	(zurück)bleiben	20
removere, removeo, removi, remotum	entfernen, wegschaffen	21
* renavigare	zurücksegeln	20
* renovare	erneuern	32
repellere, repello, reppuli, repulsum	zurückstoßen, abweisen	24, 26
repentinus, a, um	plötzlich	46
reperire, reperio, repperi, repertum	(er)finden, erfahren	2
repetere, repeto, repetivi, repetitum	zurückfordern, wiederholen	41
* reportare	zurückbringen, überbringen	34
* reputare	überdenken	20
res, rei f.	Sache, Ding, Besitz	26
res adversae f.	Unglück	26
res gestae f.	Taten	59
res publica f.	Staat	26
res secundae f.	Glück	26
* resalutare	zurückgrüßen	10
resistere, resisto, restiti	widerstehen, Widerstand leisten	13
* resonare	widerhallen, ertönen	19
respondere, respondeo, respondi, responsum	antworten, erwidern	3, 28
* responsum, i n.	Antwort	9
restituere, restituo, restitui, restitutum	wieder herstellen	34
retinere, retineo, retinui	festhalten, beibehalten	12
reverti, revertor, reverti	zurückkehren	53
rex, regis m.	König	11
ridere, rideo, risi	lachen, verlachen	16
ripa	Ufer	11
* robustus, a, um	stark, kräftig	57
rogare	fragen, bitten	3
Romae	in Rom	46
rostra, orum n.	Rednerbühne	7
* rotundus, a, um	rund	7
ruina	Sturz, Untergang; Pl.: Ruinen	5
rumor, rumoris m.	Geräusch, Gerücht	42
rumpere, rumpo, rupi, ruptum	brechen, zerreißen	43
ruri	auf dem Land	44
rursus	wieder	31
rus, ruris n.	Land, Landgut	44
rusticus, a, um	ländlich, bäuerlich; subst.: Bauer	15
sacer, sacra, sacrum	heilig, geweiht	12

sacerdos, sacerdotis m/f.	Priester, Priesterin	13
sacramentum	Fahneneid	55
saecularis, e	weltlich	55
saeculum	Zeitalter, Jahrhundert	12
saepe	oft	6
* saevire, saevio, saevivi, saevitum	wüten, rasen	36
* saevitia	Wildheit, Grausamkeit	52
saevus, a, um	wild, wütend	11
* salire, salio, salui	springen	30
* saltare	tanzen	58
* saluber, salubris, salubre	heilsam, gesund	18
salus, salutis f.	Gesundheit, Wohlergehen, Rettung	20
salutare	(be)grüßen	3
* salutatio, salutationis f.	Begrüßung	41
* salvete!	seid gegrüßt!	3
salvus, a, um	wohlbehalten, unverletzt	13
sanctus, a, um	heilig	7
sane	durchaus, allerdings, gewiss	59
sanguis, sanguinis m.	Blut, Blutvergießen	29
sapientia	Weisheit, Einsicht	35
* satiare	sättigen, stillen	50
satis	genug	41
satisfacere, satisfacio, -feci, -factum	Genugtuung geben, Kaution leisten, sich rechtfertigen	54
saxum	Stein(block), Fels	17
scaena	Bühne, Theater, Szene	18
* scaenicus, a, um	theatralisch, Bühnen-	14
scelestus, a, um	frevelhaft, verbrecherisch	14
scelus, sceleris n.	Verbrechen, Frevel	34
scientia	Wissen, Kenntnis, Wissenschaft	5
scire, scio, scivi, scitum	wissen, verstehen	14
scribere, scribo, scripsi, scriptum	schreiben	23, 39
scriptor, scriptoris m.	Schriftsteller	22
scutum	der Schild	54
se (Akk.)	sich	7
secare, seco, secui	(ab)schneiden	16
* secedere, secedo, secessi	beiseite gehen, weggehen	21
secundus, a, um	der Zweite, der Folgende, günstig	36
securitas, securitatis f.	Sorglosigkeit	48
securus, a, um	sorglos, unbekümmert	47
sed	aber, sondern, jedoch	2
sedere, sedeo, sedi	sitzen	3, 18
sedes, sedis f.	Wohnsitz, Sitz	21
seditio, seditionis f.	Aufstand	22
* sedulus, a, um	fleißig	10
semper	immer	5
senator, senatoris m.	Senator	13
senatus, us m.	Senat	32
senectus, senectutis f.	Greisenalter, Alter	59
sententia	Satz, Meinung	39
sentire, sentio, sensi, sensum	fühlen, meinen	49
septem	sieben	28
sequi (m. Akk.), sequor, secutus sum	folgen	52
* serenus, a, um	heiter	18
sermo, sermonis m.	Gespräch, Sprache	56
sero	spät, zu spät	9
servare	bewahren, retten	7
servire, servio, servivi	dienen	50
servitus, servitutis f.	Knechtschaft, Sklaverei	15
servus	Sklave	6
severus, a, um	streng, ernst	10
sex	sechs	28
sextus, a, um	sechster, der Sechste	12
si	wenn, falls	18
sibi (Dat.)	sich	17
sic	so, auf diese Weise	22
* siccare	trocken legen	12
sidus, sideris n.	Sternbild, Gestirn	29
signum	Zeichen, Feldzeichen	13
silva	Wald	2
similis, e	ähnlich	43
simul	gleichzeitig, zugleich	23
simulacrum	Bild(nis), Götterbild	8
simulare	heucheln, nachbilden	30
sine (m. Abl.)	ohne	14
sinere, sino, sivi, situm	lassen, zulassen	52
singularis, e	einzeln, einzigartig	17
singuli, ae, a	je einer, Einzelne	49
sinister, sinistra, sinistrum	links	9
situs, a, um	gelegen	7
* sobrius, a, um	nüchtern	49
* socer, soceri m.	Schwiegervater	12
socia	Gefährtin	49
societas, societatis f.	Gemeinschaft, Bündnis	39
socius	Gefährte, Bundesgenosse	25
* socordia	Sorglosigkeit	48
sol, solis m.	Sonne	29
solere, soleo, solitus sum	gewohnt sein, pflegen	23, 53
solitudo, solitudinis f.	Einsamkeit	42
sollicitare	beunruhigen, aufwiegeln	5
solum	Boden	49
solus, a, um	allein, einsam	8
solvere, solvo, solvi, solutum	lösen, (be)zahlen	15, 29
* naves solvere	die Anker lichten, abfahren	47
somnium	Traum	54
somnus	Schlaf	4
sordidus, a, um	schmutzig	49
sors, sortis f.	Los, Schicksal	52
spatium	Zwischenraum, Zeitraum	21
species, speciei f.	Aussehen, Gestalt	42
* spectaculum	Schauspiel	16
spectare	betrachten	4
* spectator, spectatoris m.	Zuschauer	14
spelunca	Höhle	12
sperare	hoffen, erwarten	33
spes, spei f.	Hoffnung	26
* splendere, splendeo	glänzen	58
* splendidus, a, um	glänzend, prächtig	43
* sponte sua	aus eigenem Antrieb, freiwillig	45
stare, sto, steti	stehen, zum Halten kommen	3, 19
statim	sofort, sogleich	3
statua	Statue, Standbild	9

statuere, statuo, statui, statutum	aufstellen, beschließen	26
* statura	Gestalt, Wuchs	57
* stimulus	Stachel, Ansporn	38
* strepitus, us m.	Geräusch, Lärm, Getöse	29
studere (m. Dat.), studeo, studui	sich bemühen um, studieren	9, 10
studium	Eifer, Beschäftigung	15
stultus, a, um	dumm, töricht	43
stupere, stupeo, stupui	stutzen, staunen	5, 41
suadere, suadeo, suasi, suasum	raten, anraten, zureden	22
sub (m. Abl. bzw. Akk.)	unter	13
subicere, subicio, subieci, subiectum	unterwerfen	29
subire, subeo, subii, subitum	herangehen, auf sich nehmen	24
subito	plötzlich, unerwartet	26
succedere, succedo, successi, successum	nachfolgen, nachrücken, gelingen	23, 42
sumere, sumo, sumpsi, sumptum	nehmen, auf sich nehmen	21
* supplicium sumere de	die Todesstrafe vollziehen an	21
summus, a, um	der Oberste, der Höchste	6
* sumptuosus, a, um	teuer, verschwenderisch	23
sunt	sie sind	2
superare	überwinden, übertreffen, besiegen	11
superbus, a, um	hochmütig, stolz, erhaben	12
superesse, supersum, superfui	übrig sein, übrig bleiben	15
superior, superius	weiter oben, überlegen, mächtiger	48
supplere, suppleo, supplevi, suppletum	ergänzen, anfüllen	51
* supplex, supplicis	demütig bittend, flehend	47
* supplicatio, supplicationis f.	Dankfest	47
supplicium	Folter, Hinrichtung	21
supra (m. Akk.)	oberhalb, über	30
supremus, a, um	der Oberste, der Höchste	44
* surdus, a, um	taub	55
* surgere, surgo, surrexi, surrectum	sich erheben, aufstehen	4, 10
* sus, suis m/f.	Schwein, Sau	16
suscipere, suscipio, suscepi, susceptum	unternehmen, auf sich nehmen	57
suspicari	verdächtigen, vermuten	52
sustinere, sustineo, sustinui, sustentum	aushalten, ertragen	7
suus, a, um	sein, ihr	19
taberna	Laden, Wirtshaus	3
* tabernarius	Budeninhaber	6
tabula	Tafel, Gemälde	57
tacere, taceo, tacui	(ver)schweigen	30
talis, tale	so beschaffen, solch	16
tam	so, in solchem Grade	15
tamen	trotzdem, dennoch	12
tamquam	wie, gleich wie	31
tandem	endlich	3
tantopere	so sehr, in solchem Grade	21
tantum	so sehr, so viel, nur	51
tantus, a, um	so groß, so viel	21
* taurus	Stier	13
tectum	Dach, Haus	7
tegere, tego, texi, tectum	decken, bedecken	52
telum	Geschoss	17
temere	unüberlegt, leichtfertig	20
* temeritas, temeritatis f.	Unbesonnenheit, Verwegenheit	55
* temperare a	sich fern halten von	56
tempestas, tempestatis f.	(Un)wetter, Sturm, Zeit	20
templum	Tempel	4
temptare	versuchen, angreifen	5
tempus, temporis n.	Zeit, Lage	14
* tenebrae, arum f.	Finsternis, Dunkelheit	31
* tenebrosus, a, um	finster, dunkel	33
tenere, teneo, tenui, tentum	halten, festhalten	21
* tenuare	auflösen, schwächen	31
tergum	Rücken	52
terra	Erde, Land	19
* terra marique	zu Wasser und zu Lande	40
terrere, terreo, terrui, territum	(er)schrecken	15, 28
terror, terroris m.	Schrecken	31
tertius, a, um	dritter, der Dritte	17
* testamentum	Testament	22
* testari	bezeugen, als Zeugen anrufen	55
theatrum	Schauplatz, Theater	10
thermae, arum f.	warme Bäder, Thermen	10
* thesaurus	Schatzkammer, Schatz	56
timere, timeo, timui	(sich) fürchten, besorgt sein um	12
timidus, a, um	furchtsam, ängstlich	15
timor, timoris m.	Furcht, Besorgnis	14
toga	Toga	12
tolerabilis, e	erträglich	58
tolerare	ertragen, erdulden	38
tollere, tollo, sustuli, sublatum	aufheben, beseitigen	16, 31
tot	so viele	40
totiens	so oft	58
totus, a, um	ganz	12
tradere, trado, tradidi, traditum	übergeben, überliefern	12, 35
traducere, traduco, traduxi, traductum	hinüberführen	39
trahere, traho, traxi, tractum	ziehen, schleppen	14, 29
traicere, traicio, traieci, traiectum	hinüberbringen, übersetzen	39
* traiectus, us m.	Überfahrt, Übergang	47
* transcendere, transcendo, transcendi	hinübersteigen, überschreiten	17
transferre, transfero, -tuli, -latum	hinüberbringen, übertragen	51
* transfigere, transfigo, -fixi, -fixum	durchbohren	27
* transgredi, transgredior, transgressus sum	hinübergehen, überschreiten	54
transilire, transilio, transilui	(hin)überspringen	11
transire, transeo, transii	hinübergehen, überschreiten	24
transportare	hinüberbringen, übersetzen	25

*	tremere, tremo, tremui	zittern, beben	2		vel	oder	3
*	tremor, tremoris m.	Beben, Zittern	31		vel … vel	entweder … oder	3
	tres, tria	drei	16		velle, volo, volui	wollen	27
	tribuere, tribuo, tribui, tributum	zuteilen, zuweisen	49		velut	wie, wie zum Beispiel	5
*	tribunal, tribunalis n.	Richterstuhl	56	*	venatio, venationis f.	Jagd	14
*	tribunus	Tribun, Offizier	23		vendere, vendo, vendidi, venditum	verkaufen	6, 10 30
	tributum	Abgabe, Tribut	50	*	venditio, venditionis f.	Verkauf	22
*	triclinium	Speisezimmer	16		venenum	Gift	23
	triginta	dreißig	44	*	venerabilis, e	ehrwürdig	57
*	triumphator, triumphatoris m.	Triumphator	12		venerari	anbeten, verehren	52
	triumphus	Triumph, Triumphzug	12		venire, venio, veni, ventum	kommen	3, 11, 28
*	trucidare	niedermetzeln	50	*	venter, ventris m.	Bauch	16
	tu	du	15		ventus	Wind	19
*	tuba	Trompete	14		verbera, um n.	Prügel, Schläge	29
	tum	da, dann, damals	2		verbum	Wort	10
	tunc	dann, damals	5		vereri, vereor, veritus sum	sich scheuen, fürchten	52
	turba	Verwirrung, Trubel	7		vero	aber, jedoch, wirklich	57
	tutus, a, um (a)	geschützt (vor), sicher (vor)	21		versari	sich befinden, sich aufhalten	52
	tuus, a, um	dein	18		versus, us m.	Vers	44
	tyrannus	Alleinherrscher, Gewaltherrscher	12		vertere, verto, verti, versum	wenden, drehen	14, 31
					verus, a, um	wahr, richtig	9
	ubi	wo	2		vesper, vesperi m.	Abend, Westen	8
	ubi (primum) (m. Ind. Perf.)	sobald (als)	40		vesperi	am Abend, abends	9
	ubicumque	wo auch immer	49		vester, vestra, vestrum	euer	28
	ubique	überall	3		vestis, vestis f.	Kleid, Kleidung	29
	ulcisci, ulciscor, ultus sum	(sich) rächen, bestrafen	52		veteranus	Veteran	39
	ullus, a, um	irgendein, irgendeiner	31		vetus, veteris	alt	16
	ultimus, a, um	der Äußerste, der Letzte	12	*	vetustas, vetustatis f.	Alter	37
*	umerus	Schulter	26		vexare	quälen, heimsuchen	22
	umquam	jemals	19		via	Weg, Straße	6
	unda	Welle, Woge	18		victor, victoris m.	Sieger	14
	unde?	woher?	4		victoria	Sieg	17
	undique	von allen Seiten, überall	30		victus, us m.	Lebensunterhalt, Lebensweise	49
	unus, a, um	einer	14	*	victus, a, um	besiegt	17
	urbanus, a, um	städtisch, kultiviert	44		vicus	Wohngebiet, Dorf	15
	urbs, urbis f.	Stadt	11		videre, video, vidi, visum	sehen	2, 10, 27
	urere, uro, ussi, ustum	etw. verbrennen	52		videri, videor, visus sum	scheinen	31
*	usquam	irgendwo	51	*	mihi videtur	es scheint mir richtig	55
	usque ad (m. Akk.)	bis zu, bis nach	5	*	vigil, vigilis	wachsam	17
	ut (m. Ind.)	wie	4		vigilia	Wache, Nachtwache	47
	ut (m. Konj.)	dass, damit, um zu; sodass	22		villa	Villa, Landhaus	42
	uti (m. Abl.), utor, usus sum	gebrauchen, benutzen	52		vincere, vinco, vici, victum	siegen, besiegen	5, 15, 32
	utilitas, utilitatis f.	Nutzen, Vorteil	59		vincula, orum n.	Fesseln, Gefängnis	15
	utinam (m. Konj.)	wenn doch!, hoffentlich!	20		vindicare	bestrafen	55
	utrimque	auf beiden Seiten	54		vinum	Wein	3
	uxor, uxoris f.	Ehefrau, Gattin	23		violare	verletzen	49
					vir, viri m.	Mann	3
	vacuus, a, um	leer, frei	57		vires, virium f.	Kräfte, Streitkräfte	11
*	vae	wehe, ach	17		virgo, virginis f.	Mädchen, junge Frau	11
	valde	sehr	2	*	virgo Vestalis	Vestapriesterin	11
	valere, valeo, valui	gesund sein, vermögen	51	*	virilis, e	männlich, tapfer	38
	vanus, a, um	eitel, nichtig, leer	43		virtus, virtutis f.	Tüchtigkeit, Tapferkeit, Tugend	13
	varius, a, um	bunt, mannigfaltig	6		vis; Pl.: vires	Kraft, Gewalt, Menge	34
	vastare	verwüsten	50		visitare	besuchen	2
	vastus, a, um	weit, unermesslich	8				
	vehemens, vehementis	heftig, nachdrücklich	43				
	vehi, vehor, vectus sum	fahren	52				

vita	Leben	4		* volunt	sie wollen	2
vitare	meiden, vermeiden	18		voluntas, voluntatis f.	Wille	27
vitium	Fehler, Laster, Verstoß	43		voluptas, voluptatis f.	Vergnügen, Lust	14
* vituperare	tadeln	10		votum	Gelübde, Wunsch	59
vivere, vivo, vixi, victurus	leben	12, 27		vox, vocis f.	Stimme, Wort	16
				vulgo	allgemein	56
vix	kaum	44		vulgus, i n.	Menge, Masse, Volk	31
vobis (Dat.)	euch	8		vulnerare	verwunden	50
vocare	rufen, nennen	3		vulpes, vulpis f.	Fuchs	43
volare	fliegen, eilen	2		vultus, us m.	Miene, Gesichtsausdruck	27

Eigennamenverzeichnis

Achilles	Achill, griechischer Held im trojanischen Krieg (24)
Actium	Ort an der Westküste Griechenlands (40)
Adamus	Adam (58)
Aeneas	trojanischer Held; Sohn des → Anchises und der Göttin → Venus; mythischer Ahnherr der Römer (26)
Aequi	die Äquer, Bergvolk in Mittelitalien (13)
Aesopus	Aesop, sagenhafter griechischer Begründer der antiken Fabeldichtung (58)
Aetna	Ätna, Vulkanberg auf → Sizilien (13)
Africa	die römische Provinz Africa im Gebiet des 146 v. Chr. eroberten und zerstörten → Carthago (5)
Agamemnon	griechischer Oberbefehlshaber vor → Troja (24)
Agricola	Cnaeus Iulius Agricola (40–93 n. Chr.); 77–84 Statthalter der Provinz → Britannien (50)
Agricolanus	Aurelius Agricolanus; hoher kaiserlicher Beamter (praefectus); Vorsteher mehrerer Diözesen (55)
Agrippina	Gattin des Kaisers → Claudius; ihr Sohn → Nero ließ sie 59 n. Chr. töten (22)
Alaricus	Alarich; König der Westgoten; eroberte im August 410 Rom (56)
Alba Longa	Stadt südöstlich von Rom; heute Castelgandolfo (11)
Allia	Fluss in Mittelitalien (17)
Alpes	die Alpen (17)
Amulius	Sohn des → Procas; vertrieb seinen Bruder → Numitor von der Herrschaft (11)
Anchises	Vater des → Aeneas (26)
M. Antonius	82–30 v. Chr.; zunächst Verbündeter, später Gegner des → Octavian (8)
Apollo	Gott der Weissagung, der Künste und Wissenschaften (26)
Appius Claudius Caecus	römischer Politiker; Konsul 307 und 296 v. Chr. (32)
Arminius	Fürst der → Cherusker, der unter → Tiberius zunächst im römischen Heer diente. Vernichtete im Jahre 9 n. Chr. mit seinen Truppen die drei Legionen des Quintilius → Varus (48)
Ascyltus	Figur aus → Petrons Roman „Gastmahl des Trimalchio" (18)
Asia	Kleinasien; seit 129 v. Chr. römische Provinz (5)
Augustus	(63 v. Chr.–14 n. Chr.); Adoptivsohn → Cäsars; erster römischer Kaiser; seit 27 v. Chr. Ehrenname des Octavianus (8)
Baiae	Bäderstadt am Golf von Neapel; heute Baja (30)
Balbus	Die Cornelii Balbi stammten aus Gadez. Lucius Cornelius Balbus erhielt von → Pompeius 72 v. Chr. das römische Bürgerrecht (51)
Bithynia	Bithynien, Königreich im nordwestlichen Kleinasien; seit 74 v. Chr. römische Provinz (53)
Bocchus	König von Mauretanien; um 110–80 v. Chr. (37)
Brennus	Führer der Gallier beim Vorstoß auf Rom und Sieger in der Schlacht an der → Allia 387 v. Chr. (17)
Britanni	die Britannier (50)
Britannia	Britannien; seit dem 1. Jh. n. Chr. römische Provinz (5)
Brutus	Lucius Iunius Brutus; legendärer Begründer der Republik und des Konsulats im Jahr 509 v. Chr. (12)
Caesar	Caius Iulius Caesar (100–44 v. Chr.); römischer Politiker; eroberte 58–51 v. Chr. → Gallien; im Bürgerkrieg siegte er über seinen Gegner → Pompeius und wurde danach Alleinherrscher (21)
Calgacus	Anführer der Kaledonier; 84 n. Chr. von → Agricola besiegt (50)
Caligula	Caius Caesar Caligula (12–41 n. Chr.); seit 37 römischer Kaiser (23)
Campania	Kampanien; schöne und fruchtbare Landschaft in Mittelitalien (17)
Campus Martius	das Marsfeld; Ebene zwischen Kapitol, Quirinal und Tiber (52)

Camillus	Marcus Furius Camillus; eroberte 396 v. Chr. als Diktator → Veii (13)
Cannae	Dorf in Apulien, wo → Hannibal 216 v. Chr. in einer Schlacht dem römischen Heer eine vernichtende Niederlage zufügte (17)
Capitolium	das Kapitol, einer der sieben Hügel Roms mit einer befestigten Burg und dem Tempel für die römische Göttertrias → Iuppiter, → Iuno und → Minerva (4)
Capua	bedeutendste Stadt in Kampanien (30)
Carthaginienses	die Karthager; Einwohner der Stadt → Carthago (34)
Carthago	Karthago; Stadt in Nordafrika (27)
Cassius Chaerea	Tribun der Prätorianerkohorte; tötete 41 n. Chr. Kaiser → Caligula (23)
Catilina	Lucius Sergius Catilina; römischer Senator; versuchte 63 v. Chr. den amtierenden Konsul → Cicero zu ermorden und gewaltsam die Macht an sich zu reißen (38)
Cato	Marcus Porcius Cato (234–149 v. Chr.); sittenstrenger römischer Politiker (7)
Ceres	Göttin des Ackerbaus; Schwester → Iuppiters (33)
Charon	Fährmann in der Unterwelt (29)
Cherusci	die Cherusker, germanischer Volksstamm zwischen Weser und Elbe (48)
Cicero	Marcus Tullius Cicero (106–43 v. Chr.); römischer Politiker, Anhänger und zeitweise Wortführer der Senatspartei (Optimaten); einer der größten Redner Roms; Verfasser mehrerer Schriften zur Redekunst und Philosophie (7)
Cimbri	die Kimbern, germanischer Volksstamm (37)
Cineas	Kineas; Diplomat des Königs → Pyrrhus in den Verhandlungen mit Rom (32)
Circus Maximus	älteste und größte Arena in Rom, vorwiegend für Wagenrennen benutzt (4)
Claudius	10 v. Chr.–54 n. Chr.; seit 41 römischer Kaiser (23)
Colosseum	eigentlich: das Flavische Amphitheater; eingeweiht 80 n. Chr. unter Kaiser → Titus; diente als größtes römisches Amphitheater vor allem für Gladiatorenkämpfe und Tierhetzen (4)
Concordia	Göttin der Eintracht (7)
Constantinus	Konstantin der Große (280–337); ab 324 Alleinherrscher im römischen Reich (54)
Creusa	Ehefrau des → Aeneas (26)
Cumae	heute Cuma; Stadt am Golf von Neapel; älteste griechische Kolonie in Italien (30)
Cyclopes	die Zyklopen; riesige Menschen fressende Ungeheuer mit einem runden Auge mitten auf der Stirn (24)
Damasus	Papst von 366–384 n. Chr. (56)
Diana	Göttin der Jagd, Beschützerin der Frauen (34)
Dido	sagenhafte Gründerin und Königin der Stadt → Carthago (27)
Domitianus	Titus Flavius Domitianus, Sohn des → Vespasian und Bruder des → Titus; römischer Kaiser 81–96 n. Chr. (44)
Durerus	Albrecht Dürer (1471–1528); bedeutender deutscher Zeichner, Maler und Kupferstecher (59)
Einhardus	Einhard (um 770–840 n. Chr.); im Kloster Fulda und am Hof Karls des Großen erzogen; Biograf Karls des Großen (50)
Elysium	Ort der Seligen in der Unterwelt (29)
Encolpius	Figur aus → Petrons Roman „Gastmahl des Trimalchio" (18)
Ephesus	Stadt an der kleinasiatischen Küste (53)
Epirus	Landschaft in Westgriechenland (32)
Etrusci	die Etrusker (12)
C. Fabricius	Konsul 282 v. Chr., Zensor 275 v. Chr.; galt als Beispiel für Unbestechlichkeit und Unerschrockenheit (32)
Faustulus	Hirte des Königs → Amulius; rettete der Sage nach die ausgesetzten Kinder → Romulus und → Remus (11)
Flavus	→ Cherusker im römischen Heer; Bruder des → Arminius (50); Eigenname eines Gladiators (15)
Fortuna	Göttin des Glücks (10)
Fortunatus	Statthalter (praeses) in Tanger (55)
Galli	die Gallier; römischer Sammelname der keltischen Stämme (15, 17)

Gallia	Gallien; Land zwischen Rhein, Alpen, Mittelmeer, Pyrenäen und Atlantik (15); als Gallia (cisalpina) römische Provinz in Norditalien (37)
Gallia Narbonensis	seit 118 v. Chr. römische Provinz mit der Hauptstadt Narbo, dem heutigen Narbonne in Südfrankreich (51)
Germani	die Germanen; römische Sammelbezeichnung für alle germanischen Stämme (37)
Germania	römische Bezeichnung für die beiden linksrheinischen Provinzen Germania inferior und Germania superior, aber auch für das nicht unterworfene rechtsrheinische Gebiet (Germania libera) (48)
Germanicus	römischer Imperator 15 v. Chr.–19 n. Chr.; Bruder des Kaisers → Claudius, Vater des Kaisers → Caligula (23)
Getae	die Geten, ein Reitervolk in der heutigen Ukraine und am Unterlauf der Donau (45)
Gothi	die Westgoten (56)
Gracchus	Tiberius Sempronius Gracchus; Volkstribun 133 v. Chr.; scheiterte mit seinen Reformen am Widerstand der Optimaten (36)
Graeci	die Griechen (24)
Graecia	Griechenland (32)
Hannibal	karthagischer Feldherr 247–183 v. Chr. (17)
Hasdrubal	karthagischer Feldherr im 1. Punischen Krieg (35)
Hector	Sohn des → Priamus; trojanischer Held, wird von → Achilles im Zweikampf getötet (26)
Helena	Ehefrau des spartanischen Königs → Menelaus, von → Paris wegen ihrer Schönheit geraubt (24)
Helvetii	die Helvetier; keltischer Stamm im Gebiet der heutigen Schweiz (47)
Henna	heute Enna; Stadt auf → Sizilien (33)
Hieronymus	Kirchenvater (347–420 n. Chr.); übersetzte die Bibel ins Lateinische (Vulgata) (56)
Hierosolyma	Jerusalem (56)
Hispania	Spanien; seit 198 v. Chr. römische Provinz (51)
Homerus	griechischer Dichter im 8. Jh. v. Chr.; ihm werden die großen Epen Ilias und Odyssee zugeschrieben (10)
Horatius	Quintus Horatius Flaccus (Horaz); römischer Dichter 65–8 v. Chr. (30)
Ida	Gebirge in der Nähe Trojas (26)
Ilioneus	Name eines Trojaners (28)
Italici	Italiker; Einwohner Italiens mit römischem Bürgerrecht (seit 88 v. Chr.) (51)
Iugurtha	König von Numidien, wurde nach einem langen Krieg (112–105 v. Chr.) von C. → Marius besiegt (37)
Iulii	die Iulier; Angehörige der gens Iulia (51)
Iulus	Sohn des → Aeneas (26)
Iuno	Schwester und Ehefrau → Iuppiters, Schutzgöttin der Frauen (5)
Iuppiter	Jupiter; höchster Gott und Schützer des römischen Reiches (5)
Karolus	Karl (der Große); 747–814; seit 768 König der Franken und römischer Kaiser seit 800 (57)
Laocoon	Laokoon; trojanischer Priester (24)
Latinus	König von → Latium (28)
Latium	Landschaft in Mittelitalien (28)
Lavinia	Tochter des Königs → Latinus (28)
Livia	58 v. Chr.–29 n. Chr.; Ehefrau des → Augustus; Mutter des Kaisers → Tiberius (8)
Livius	Titus Livius (59 v. Chr.–17 n. Chr.); verfasste eine römische Geschichte (ab urbe condita) in 142 Büchern (12)
Lucilius	Schüler des → Seneca (22)
Lucius Calpurnius (Piso)	römischer Konsul 133 v. Chr. (33)
Lucretia	Name einer Römerin (12)
Luna	Mondgöttin (4)
Lydia	Lydien; Landschaft im westlichen Kleinasien (15)
Lydus	Name eines Gladiators (15)
Macedonia	Makedonien; Landschaft im Norden Griechenlands (43)

Magna Graecia	Bezeichnung für das Gebiet der griechischen Küstenstädte in Unteritalien und Sizilien (32)
Maharbal	Reiteroberst → Hannibals (17)
Manlius	römischer Heerführer, der sich im Kampf gegen die Gallier auszeichnete; dreimal Konsul und dreimal Diktator (17)
Marcellus	Christ und römischer Zenturio (55)
C. Marius	Angehöriger des Ritterstandes (158–86 v. Chr.); bekleidete insgesamt siebenmal das Konsulat; Führer der Popularen (37)
Mars	römischer Kriegsgott; der Sage nach auch der Vater des → Romulus und des → Remus (11)
Martialis	Martial (ca. 40–104 n. Chr.), römischer Dichter aus Spanien; verfasste 15 Bücher Epigramme (14)
Maxentius	(ca. 279–312 n. Chr.); römischer Kaiser ab 306, wurde von → Konstantin an der Milvischen Brücke besiegt (54)
Menelaus	König von Sparta, Ehemann der → Helena (24)
Mercurius	Merkur; römischer Gott, u. a. Schutzpatron der Straßen und Wege, der Reisenden und Kaufleute, aber auch der Diebe (9)
Messana	Messina, Stadt auf Sizilien (32)
Metellus	Quintus Caecilius Metellus Numidicus, führte den Krieg gegen → Iugurtha, bis er von C. → Marius abgelöst wurde (37)
Minerva	Göttin der Künste, des Handwerks und der Wissenschaften (5)
Molon	berühmter Rhetor und Grammatiker auf der Insel → Rhodos (21)
Neapolis	Neapel, Stadt in → Kampanien (32)
Neptunus	Neptun, römischer Gott des Meeres (20)
Nero	(37–68 n. Chr.); seit 54 römischer Kaiser (23)
Numitor	König von → Alba Longa, von seinem Bruder → Amulius aus der Herrschaft vertrieben (11)
Octavianus	siehe Augustus
Orcus	Bezeichnung für das Totenreich (29)
Orgetorix	Stammesfürst der → Helvetier (47)
Ostia	Hafenstadt Roms an der Tibermündung (18)
Ovidius	Publius Ovidius Naso (Ovid), 43 v. Chr.–18 n. Chr.; römischer Dichter (45)
Palatium	der Palatin, einer der sieben Hügel Roms, auf dem sich seit dem 1. Jh. n. Chr. die Kaiserpaläste befanden (5)
Paris	Sohn des trojanischen Königs → Priamus (24)
Petronius	Petron, Konsul und Prokonsul in Bithynien; bei → Nero verleumdet, beging er 66 n. Chr. Selbstmord; Verfasser des Romans „Satyricon" (16)
Phaedrus	(ca. 15 v. Chr.–ca. 55 n. Chr.); römischer Fabeldichter (43)
Pharmacussa	kleine Insel im Jonischen Meer, südlich von Milet (21)
Pharsalus	Stadt in Thessalien (Nordgriechenland) (39)
Plinius	Caius Plinius Caecilius Secundus (Plinius der Jüngere), 61/62–ca. 112 n. Chr.; römischer Politiker; bekannt vor allem durch seine Briefe (22)
Pluto	Gott der Unterwelt; Bruder → Iuppiters und der → Ceres (33)
Poeni	die Punier; antiker Name der → Karthager (17)
Polyphemus	→ Zyklop auf Sizilien; Sohn → Neptuns (25)
Pompei	Pompeji; Stadt in Kampanien am Fuße des Vesuvs (30)
Pompeius	Cnaeus Pompeius Magnus (106–48 v. Chr.); römischer Feldherr und Politiker; führte und beendete 67 v. Chr. erfolgreich den Krieg gegen die Seeräuber; im Bürgerkrieg 48 von → Cäsar besiegt (21)
Pontus Euxinus	das Schwarze Meer (45)
Porcii	die Porcier; Angehörige der gens Porcia (51)
Priamus	König von → Troja (24)
Priscus	Name eines Gladiators (14)
Procas	König von → Alba Longa, Vater des → Amulius und des → Numitor (11)
Proserpina	römische Göttin; Tochter der → Ceres und Gemahlin des → Pluto (33)
Publius Mucius	römischer Konsul 133 v. Chr. (33)

Pyrrhus	(319/18–272 v. Chr.); König von → Epirus (32)
Ravenna	Stadt in Oberitalien (57)
Remus	Zwillingsbruder des → Romulus (11)
Rhea Silvia	Tochter des → Numitor; Mutter der Zwillinge → Romulus und → Remus (11)
Rhenus	der Rhein (48)
Rhodanus	die Rhône (37)
Rhodus	Rhodos; Insel vor der Südwestküste Kleinasiens; die Hauptstadt gleichen Namens war ein bekannter und beliebter Studienort für die Römer (21)
Romulus	sagenhafter Gründer Roms; Sohn des Gottes → Mars und der → Rhea Silvia (8)
Rubico	der Rubikon; Grenzfluss zwischen Italia und → Gallia (cisalpina) (39)
Sabini	die Sabiner; Volksstamm in Mittelitalien (13)
Saturnus	Saturn; altrömischer Gott der Saaten und des Ackerbaus (7)
Scipio	Publius Cornelius Scipio Aemilianus Africanus (184–129 v. Chr.); römischer Politiker und Feldherr; als Konsul beendete er 146 v. Chr. den dritten Punischen Krieg mit der Einnahme und Zerstörung → Karthagos (34)
Segesta	Stadt auf Westsizilien (34)
Segestani	die Segestaner; Einwohner der Stadt → Segesta (34)
Segestes	Fürst der → Cherusker, treuer Anhänger des römischen Legaten → Varus (48)
Seneca	(ca. 4 v. Chr. in Cordoba–65 n. Chr.); römischer Politiker, Dichter und Philosoph (23)
Servius Tullius	sechster der sieben sagenhaften Könige Roms (12)
Sibylla	Sibylle; Priesterin des → Apollo und Seherin (29)
Sicilia	Sizilien; erste römische Provinz (32)
Siculi	die Sikuler; Bewohner der Insel Sizilien (33)
Styx	Fluss in der Unterwelt (29)
Suetonius	Gaius Suetonius Tranquillus (ca. 70 n. Chr. in Nordafrika bis ca. 121 n. Chr.); römischer Geschichtsschreiber und Verfasser von Kaiserbiografien (23)
Sulpicius	Quintus Sulpicius Longus; 390 v. Chr. Konsulartribun; führte mit → Brennus die Verhandlungen über den Loskauf der Stadt Rom von der Belagerung durch die Gallier (17)
Syracusae	Syrakus; Stadt auf Sizilien (32)
Tarentini	die Tarentiner; Einwohner der Stadt → Tarent (32)
Tarentum	Tarent; Stadt in Unteritalien (32)
Tarquinii	die Tarquinier; etruskisches Königsgeschlecht (12)
Tarquinius Priscus	fünfter der sieben sagenhaften Könige Roms (12)
Tarquinius Superbus	siebter und letzter römischer König; von L. Iunius → Brutus um 510 v. Chr. aus der Stadt vertrieben (13)
Tartarus	Platz in der Unterwelt, an dem die Menschen nach ihrem Tode für ihre Verbrechen bestraft wurden (29)
Terpnus	berühmter Kitharöde; Lehrer des Kaisers → Nero (46)
Teutones	die Teutonen; germanischer Volksstamm (37)
Tiberis	der Tiber (54)
Tiberius	42 v. Chr.–37 n. Chr.; römischer Kaiser seit 14 n. Chr. (42)
Titus	Titus Flavius Vespasianus (38–81 n. Chr.); römischer Kaiser seit 79 n. Chr.; eroberte 70 n. Chr. Jerusalem (13)
Tomis	Tomi; Stadt am Schwarzen Meer; heute Konstanza (41)
Traianus	Marcus Ulpius Traianus (53–117 n. Chr.); römischer Kaiser seit 98 n. Chr. (53)
Trimalchio	Hauptfigur in → Petrons Roman „Gastmahl des Trimalchio" (16)
Troia	Troja; Stadt in der Landschaft Troas im NW Kleinasiens; bekannt durch den Sagenkreis um den trojanischen Krieg (18)
Troiani	die Trojaner (24)
Turnus	Fürst der Rutuler; Gegner des → Aeneas (28)
Tusculum	Stadt in → Latium (51)
Ulixes	Odysseus; griechischer Held vor → Troja (24)
Varus	P. Quin(c)tilius Varus; römischer Legat in Germanien, wurde 9 n. Chr. mit seinen drei Legionen von → Arminius vernichtend geschlagen (48)

Veii	Veji; Etruskerstadt nördlich von Rom (13)
Velleius	Velleius Paterculus (20 v. Chr.–30 n. Chr.); römischer Geschichtsschreiber (39)
Venus	Göttin der Liebe; Mutter des → Aeneas (26)
Vercingetorix	gallischer Fürst und Anführer des Aufstandes gegen → Caesar 52 v. Chr. (41)
Vergilius	Publius Vergilius Maro (Vergil); 70–19 v. Chr.; römischer Dichter und Verfasser der Aeneis (10)
Verres	73–70 v. Chr. Proprätor auf Sizilien; wegen seiner erpresserischen Amtsführung von → Cicero vor Gericht angeklagt (34)
Verus	Name eines römischen Gladiators (14)
Vespasianus	Titus Flavius Vespasianus (9–79 n. Chr.); römischer Kaiser seit 69 n. Chr. (13)
Vesta	Göttin des Herdfeuers (7)
Volsci	die Volsker; italischer Volksstamm (13)